清淨寂靜无動之樂無色界諸天受
極寂靜解脫之樂又由六種殊勝故
苦樂殊勝應知一形量殊勝二柔軟
殊勝三緣殊勝四時殊勝五心殊勝
六所依殊勝何以故如如身量漸增
入如是如是苦轉殊勝如如依止
入柔軟如是如是苦轉殊勝如如
苦緣漸更猛盛衆多差別如是如是

小林芳規著

角筆文獻研究導論

上巻　東アジア篇

汲古書院

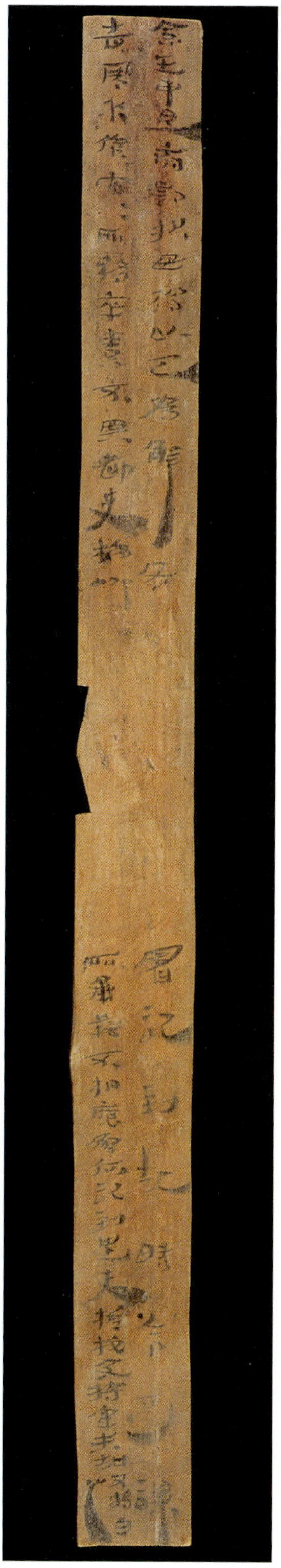
（B）

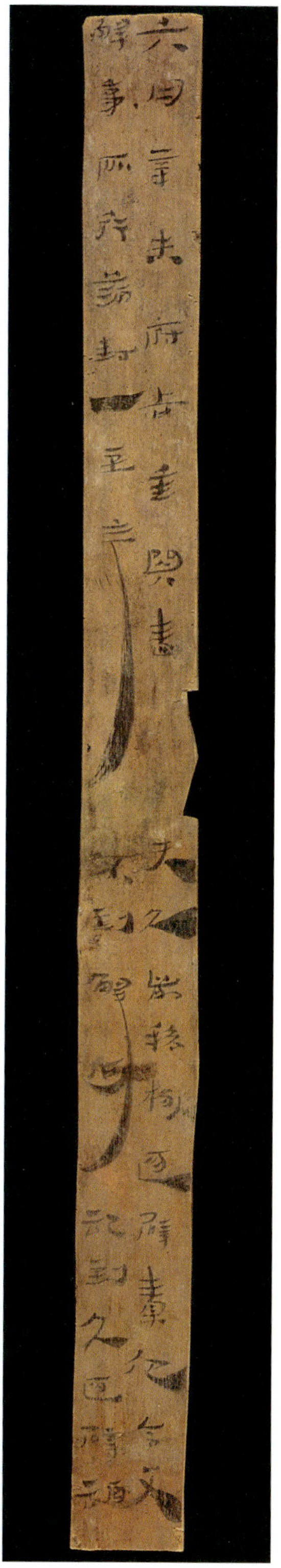
（A）

①居延漢簡（1049簡）　臺灣臺北市中央研究院歴史語言研究所藏

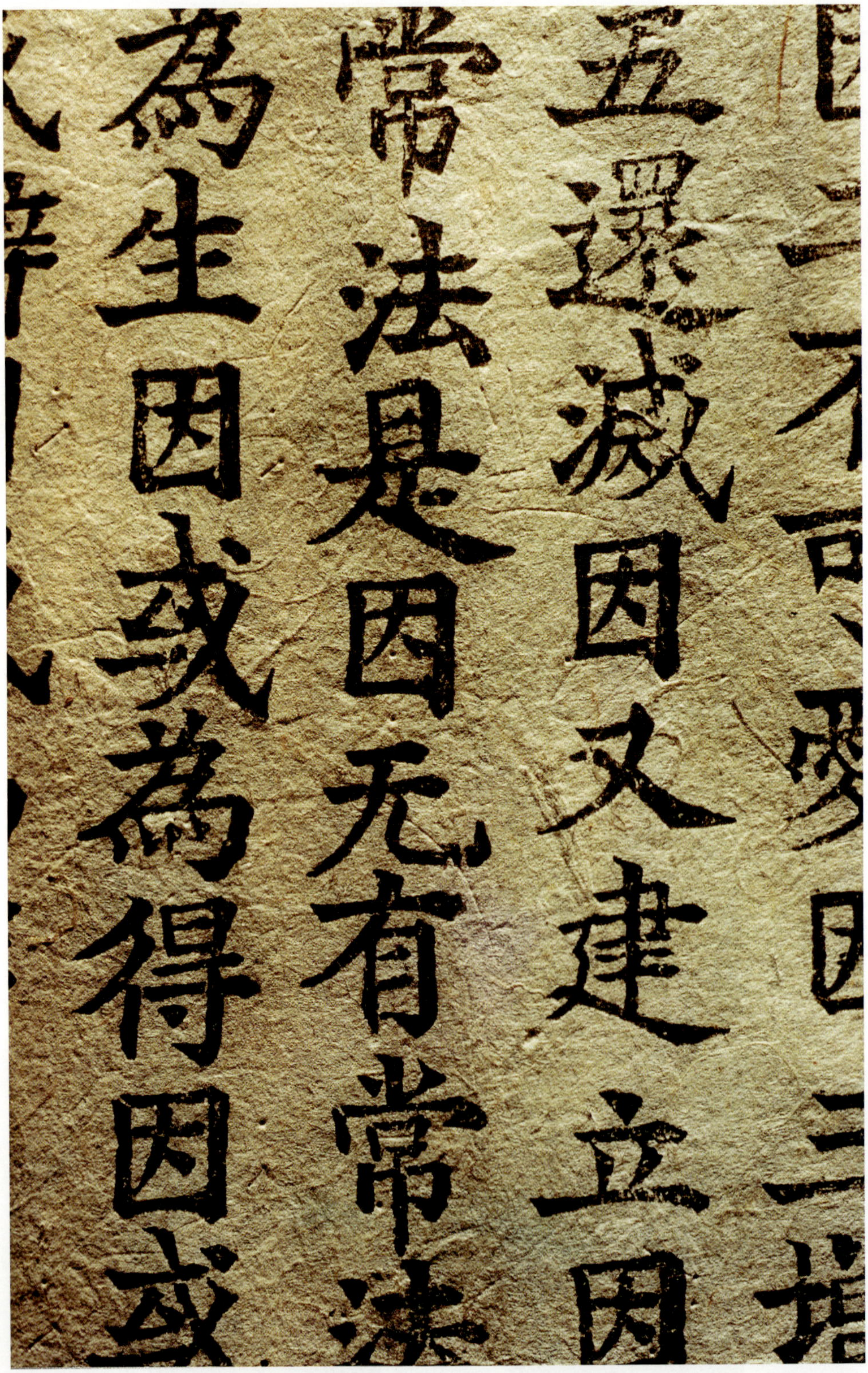

五還滅因又建立因
常法是因无有常法
為生因或為得因或

②初雕高麗版　瑜伽師地論巻第五（第十五張）

大韓民國ソウル市誠庵古書博物館藏

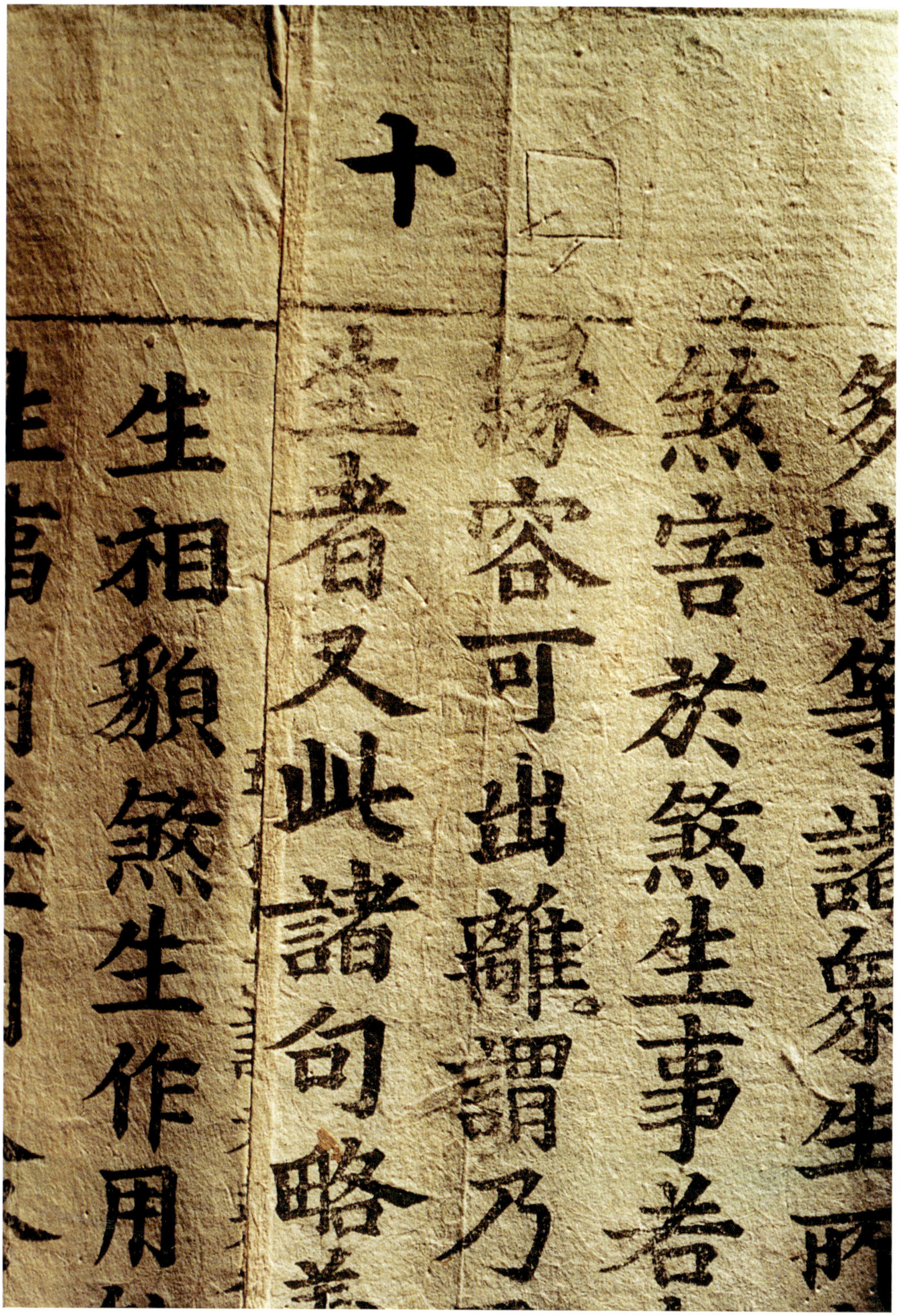

③初雕高麗版　瑜伽師地論卷第八（第十張）

大韓民國ソウル市誠庵古書博物館藏

④高野長英獄中角筆詩文（第三紙・第四詩文）

岩手縣水澤市高野長英記念館保管

緒　言

海彼の中國大陸に生まれ開花した高い文化が、曾て朝鮮半島を經て、古代日本の文化の醞釀に大きく與ったことは、古代の史書の說き來った所であり、近年發掘されつつある金石文を始めとする考古資料もそれを物語っている。その文字自體が中國大陸に生まれたものであり、それを木簡や紙本に書き記すための毛筆も、大陸で考案されて、近代的な筆記具が日常生活に定着するまでは、筆記具の中心的な存在として、朝鮮半島でも日本でも使用されて來た。しかし、當時でも毛筆による方式が唯一の筆記方法ではなく、毛筆とは別にもう一種の筆記具と、それを使って書かれた文獻群との、今日に遺存していることが、近時判明して來た。角筆とそれで書かれた古文獻とが、これである。

角筆で書かれた古文獻は、わが國で、第一號が發見されてから今日までの四十年間に、次々と發掘されて點數は三千點を越え、文獻の種類も多様となり、使用地域も日本列島の全域にわたって來ている。三千點を越える文獻が、從來の古文獻を對象とする研究において見逃されて來たのは、その表記面の特異さにある。角筆は、象牙や木や竹を材質とする箸のような形の筆記具であり、その尖端を以て、板面や和紙の面を直接に傷付け凹ませることによって文字や訓點の符號や圖繪を書いた。角筆で書かれた文字等は、毛筆による墨色・朱色のような色彩ではなく、紙面に凹みとして殘された迹であるから、視覺に訴えることが弱く、通常の見方では見逃されてしまうことになる。その上、古代の文字は、毛筆で黑々と書くものという〝常識〟も災いしたと思われる。

この凹み文字等の記された古文獻が、日本列島だけではなく、中國大陸の古文獻にも存することが判り、この度、朝鮮半島の古文獻からも見出されるに至り、共通の筆記方法として、大陸から半島を經て傳來した文字文化の一つであろうと考えられるようになった。

先ず、中國大陸では、一九八五年（昭和六十年）のシルクロードの調査において二千年前の漢代木簡に角筆で書入れたと見られる符號を見出し、北京では清代の紙本からも角筆による符號の書入れを確認した。一九九三年の八月から九月にかけての約三週間のヨーロッパ調査で、幸いにも、大英圖書館藏スタイン蒐集の敦煌文獻から角筆による文字や諸符號を書入れた經典の數點を見出すことに惠まれた。その後の第二次・第三次調査でスタイン蒐集本から三十四點、ペリオ蒐集になるフランス國立圖書館藏本から七點、併せてヨーロッパの敦煌本の角筆書入れ文獻は、計四十三點が確認され、二〇〇〇年秋の臺灣調査では、臺北市國家圖書館特藏書の中の敦煌文獻にも角筆の書入れが見付けられた。中國大陸で角筆が使われてその文獻が少なからず遺存することが分り、中國大陸に角筆の源があるだろうという見通しを得た。

次に、朝鮮半島では、二〇〇〇年七月の第一次調査において、ソウル市内の各大學校圖書館と誠庵古書博物館とから、十一世紀の初雕高麗版を始め十九世紀書寫本に至る三十點餘の角筆書入れの文獻を發見することが出來た。特に、初雕高麗版の幾本かには、日本のヲコト點に當る點吐が角筆で當時の朝鮮語の訓讀を表すために全卷にわたって施されていた。ヲコト點は日本獨自のものであるという所説がこの時點で崩れることになった。又、複數の種類の點吐（ヲコト點）が見出されたことから、韓國獨自の點吐の諸系統の存在も推定され、日本のヲコト點が南都僧の間で創案されたというヲコト點起源説も再考を迫られるに至った。その後の二〇〇二年七月までの數次の訪韓調査でも角筆文獻が次々と見出されて約二倍になっている。これが契機となり、奈良時代に新羅から將來されたと見られる新羅經典の判比量論からも、八世紀前半に新羅語による新羅の加點方式で角筆を以て書入れた假名や類音字や諸符號も見出された。わが國の古代文化における兩國の交流の面からこの新出資料群に對峙する必要が生じて來た。

日本列島で三千點餘の角筆文獻が見出されたのは、一九九二年に廣島大學の定年退官を機に角筆文獻の全國調査を企て、その後の十箇年程の間に、北は北海道から南は沖縄縣石垣島に至る、全國踏査を行い得た結果である。それまでは、曾て都が置かれ古代文化の中心であった京都・奈良の古社寺の經藏から、筆者の生涯の課題とする漢文訓讀史の基礎資料等を發掘し調査する間に、副產物として見付かった凹み文字等のある文獻を集め整理し考察する所があった程度で、點數も二百點程に過ぎなかった。發掘點數が飛躍的に增加するに伴い、當初は漢文の訓點記入に用いられるものと見られた角筆書入れは、訓點資料だけではなく、古文書や平假名文の古典、片假名交り文の敎義書、手紙、圖繪の下繪など多樣な文獻にも用いられて、その內容も多種であり、使用者も貴族や僧侶の識者だけでなく、文字文化が民衆に浸透するに伴い、角筆も庶民の間にも擴がり使用され、全國的に用いられた實情も次第に明らかになっている。

右のようにして、中國大陸と朝鮮半島と日本列島との、言語も文化も歷史も違う三つの國のそれぞれの古典籍文書の中の、漢字という文字を同じくする文獻を通して、凹みの文字・符號という共通項が得られることになったのである。その特異な表記の故に、今まで埋もれ眠っていた新資料が掘り出されたことによって、これを漢字文化圈という同じ土俵に上げて、比較することにより相違と共通點とを見出し、綜合的な立場からそれぞれの特質を考え、相互の關聯を認めることが出來るならば、東アジアにおける文字文化の傳流と變容の一經路を、具體的な資料によって明らかにすることに繫がると考えられる。

本書は、前著『角筆文獻の國語學的研究』(研究篇・影印資料篇　二册、昭和六十二年〈一九八七〉、汲古書院刊)を公刊してから十五年を經たに過ぎない。舊著では、京都・奈良という古代文化の中心地だった古都の古寺社の經藏から見出された角筆文獻の百五十一點を取上げて、主に國語史の視點から、日本の角筆文字の備忘的・一時的な面に注目して、口頭語資料としての價値を中心に論じようとした。その時點では、海外からは中國大陸で漸く漢代木簡の角筆書入れを知り、淸代の角筆資料を得た程度であった。その知見は、校了間際だった前著の終りに、補章の更に補說を設けて取敢えず報じたが、この十五年の間に海外から、中國大陸の敦煌文獻、朝鮮半島の初雕高麗版のような角筆文獻として重要な資料を含む諸文獻が發掘され始めて、日本の角筆文獻を相對的に觀察する必要も生じた。日本でもその後の發掘によって新知見も加わった。本書は、角筆文獻が、日本全國から見付かったこと、中國大陸だけでなく朝鮮半島からも見出すことが出來たのを機として、これまでに得た情報を提供すべく纏めたもので、前著に對する姉妹篇である。

しかし、角筆文獻研究は、その基礎作業である發掘調査が緒に着き、漸く見通しが立って來たばかりの段階である。敦煌文獻は、大英圖書館の約一萬四千點を始め、パリのフランス國立圖書館の約七千點、北京の中國國家圖書館の約一萬五千點、舊レニングラード東洋學研究所に約一萬一千點、日本國内に約千點等、世界中で五萬點近くが現存するという。その總てに角筆による書入れがある譯ではないが、大英圖書館で第一次に調査した十六點のうちの過半數に當る九點に角筆の書入れが確認され、第三次の調査では二十點のうち十九點の角筆文獻が見付かっている。これによれば、數萬點の中には、まだまだ少なからざる角筆書入れの文獻が埋もれているに違いない。

韓國においても、調査に訪れた四つの大學校圖書館の總てから角筆文獻が見出された。各大學校圖書館の厖大な藏書量の中から探し出すことは容易ではないが、一日に一大學校で、しかも限られた時間内にも拘らず、それぞれ數點ずつの角筆文獻が見付かったのである。誠庵古書博物館では、九十巻餘藏せられるという初雕高麗版の中から、任意に取出された一包十巻を開披した總てに角筆の書入れが認められた。その中の一巻の瑜伽師地論巻第八には、全巻にわたり朝鮮語の點吐と口訣とが角筆によって稠密に施されていたのである。僅か一週間の調査でさえ、各所から三十點餘、しかも韓國語史上の良質な資料が見出されたのである。その後の數次の訪韓調査によって六十點程が數えられている。今後の調査次第では、韓國全土から大量の角筆文獻が發掘されることも期待される。

日本國内でも、各縣内の各所からの發掘が續いている。「點の調査」から「面の調査」へと進め、所藏書の「悉皆調査」が行われるならば、更に大量の角筆文獻が日の目を見ることになるであろう。

從って、本書は、角筆文獻の全體像を解明し論じようとするものではない。又、角筆文獻から得た知見について體系的に論じようとするものでもない。前著から十五年の間に得た角筆と角筆文獻の知見を、次の段階への據り所とし心覺えとして、記錄して置こうとするものである。新たに發掘する都度、時には發見のドラマの感動を抑え切れずに、纏めて置き、發表した小論が基になっている。それを整え筋を通すべく新たにも書加えて成したものである。

角筆文獻が文化史資料となるためには、先ず十分な史料批判が必要である。角筆文獻には、その角筆を以て奥書識語として書寫年時や筆者名等を書入れたものは極めて少ない。史料としては負の面である。それ故に意味なきものとして放置することも許されよう。しかし敦煌文獻や新羅寫本・高麗刊本の節博士・四聲點などは角筆によって初めて多くの資料が得られ、初雕高麗版の點吐（ヲコト點）が角筆によって初めて發見されたというプラス面に目を向けるなら、負をカバーしつつ新たな價値を發見する必要があろう。奥書識語の無い文獻資料は他にもある。平安初期の訓點資料に奥書識語の無い文獻が多く存し、韓國の口訣資料には、奥書識語の無いのが普通である。しかし、平安初期加點の西大寺本金光明最勝王經によってそれまで空白だった平安初期語の一面が解明され、口訣研究によってハングルより前の高麗語の一面が解明された。書誌・文字・言葉遣い・朱墨書との關聯などを綜合し考慮することで、凡その時代や筆者の環境を推定することによって新しい資料價値を見出すこともある。考古資料に編年を考えるように、角筆文獻の内部事項から編年を作るのも今後の課題であろう。

このような解決すべき問題を抱えながらも、敢えて本書を公けにするのは、筆者には、全世界に遺存するであろう角筆文獻を調査し盡すことは、もはや出來ないし、その全體像が見えるまで調査する時間が殘されていないからである。本書がその方向に向う一里塚の役を果すことになればと願うところにある。

本書の構成は、右に述べた事情から、「東アジア篇」と「日本國内篇」とに大きく分けた。東アジア篇では、中國大陸と朝鮮半島を扱い、中國大陸には臺灣に移管された資料にも觸れ、日本列島と比較してそれぞれの角筆文獻の性格を考えようとした。東アジア篇を日本國内篇と別部としたのは、日本國内では一應全縣下の調査が終了したのに對して、海外では漸くそれぞれの角筆文獻の存在を確認し得たに過ぎず、初動調査の段階にある點に差があるからである。中國・韓國と日本とで、各言語の性格や文化事情の異なりに對應して相違があることも理由である。

東アジア篇を最初に置いたのは、古代文化の流れに配慮すると共に、日本列島だけでなく、東アジアの中國大陸と朝鮮半島において角筆文獻が存した事實と、その性格を把えることによって、わが國の角筆文獻の特性がより明らかになると考えたからである。前著の末尾に中國漢代木簡の知見を補記したが、前著の續篇としての本書が、先ずはそれを受けることから始める意をも含ませてある。

日本國内篇は、三千點餘の角筆文獻の多様さから、幾つかの視點を設けて説いている。その最後に、筆記具としての角筆について、日本國内から見出した四十本の角筆遺物について紹介した。その殆どが前著公刊後に發掘されたものである。

尚、本書には別卷として資料篇一册を添えて、東アジア篇と日本國内篇の基礎としての角筆文獻の諸資料を影印によって出來るだけ多く收載して示すことを主とし、併せて關係資料を附して參考に供そうとしている。

本書で取上げた角筆文獻は、それぞれの所藏者の溫かい御理解と御世話のもとに調査させて頂いたものであり、成果ありとすれば、それはその御厚情の賜物である。

先ず、海外では、イギリスの大英博物館・大英圖書館、フランスの國立圖書館、中國の甘肅省博物館、北京大學附屬圖書館、臺灣の中央研究院歴史語言研究所、國家圖書館、韓國の誠庵古書博物館を始め湖林博物館、檀國大學校東洋學研究院資料室・東國大學校・高麗大學校・延世大學校の各中央圖書館が擧げられる。

大英博物館・大英圖書館の敦煌文獻・オリエント文獻竝びにヨーロッパ文獻古寫本の調査ではユーイン・ブラウン首席研究員(當時)の親身の御世話を頂き、中國部門のフランセス・ウッド女史を始め同館の關係各位の御高配と御世話を忝うした。又、その調査は、廣島大學名譽教授吉澤康和氏と同玲子夫人と共に行ったものであり、トヨタ財團の研究助成を得た。敦煌文獻の角筆文字・符號の寫眞撮影は吉澤康和教授により、掲載に當ってはフランセス・ウッド主任の御高配を頂いた。

その後の大英圖書館とフランス國立圖書館の調査は、吉澤教授と藤田惠子氏によって行われ、兩館の關係者の御世話を頂いた。筆者は調査すべき敦煌文獻の選定を行ったが、調査資料は兩氏の勞に負うている。

中國における調査には、社會科學院考古研究所の王仲殊前所長、陳公柔研究員を始め關係各位、甘肅省博物館の薛英群氏、蘭州大學歴史系の馬明達氏、北京圖書館の任金城善本部長、北京大學東方語言文學系の孫宗光教授竝びに關係教授と同圖書館の關係各位の格別な溫情ある御高配を賜った。

臺灣の調査では、臺北市の中央研究院歴史語言研究所において、黃寬重所長を始め、陳仲玉研究員の御高配により、劉增貴研究員竝びに關係者の御世話を頂いて、宿願の居延漢簡と居延筆を拜觀調査することが出來た。その寫眞掲載の御許可を頂き、劉增貴研究員には居延漢簡の解讀につき教示を得た。又、臺灣大學附屬圖書館の特藏室と書庫の調査に惠まれ、國家圖書館の特藏室では、盧錦堂主任、顧力仁氏を始め關係各位の御世話を頂いた。臺灣におけるこれらの調査には謝逸朗教授の御盡力と御配慮を忝うしている。

韓國における調査とその成果は、南豐鉉教授を始め李丞宰教授、康仁善副教授、尹幸舜助教授の御世話と御協力の賜物であり、移點資料の惠與と多くの教示を頂いた。貴重文獻の閲覽調査に當っては、誠庵古書博物館の趙炳舜館長の格別の御厚情と御世話を賜り、高麗大學校の鄭光教授、延世大學校の林龍基教授、竝びに檀國大學校東洋學研究院資料室、東國大學校中央圖書館、高麗大學校中央圖書館、延世大學校中央圖書館、國立ソウル大學校奎章閣の關係各位、又、湖林博物館の吳允善館長を始め李喜寬學藝研究室長と關係各位の御高配と御世話を忝うした。誠庵古書博物館から發見された初雕高麗版を始めとする貴重な角筆文獻の寫眞撮影とその本書掲載については、趙館長から溫かい御快諾を頂いた。

韓國における角筆文獻調査に踏切る切掛けとなったのは、西村浩子氏の建國大學校常虛紀念圖書館の調査であり、同氏はその後の訪韓調査に度〻同行されて協力され、韓國の研究者との共同研究の一員としても活躍されている。又、韓國における角筆文獻の發見に基づく、日本古訓點との關聯についての考證の發表については、朝鮮學會理事で富山大學教授の藤本幸夫氏の御盡力を忝うした。同氏は、韓國の口訣研究の諸論考を始め關係資料を惠與下され、韓國語とその研究資料について種々の教示を賜った。

韓國の角筆文獻の發見が契機となって、日本に將來された新羅撰述の古經卷から、新羅方式で施したと見られる角筆の假名

・字音注や諸符號が見出されることになった。大谷大學圖書館藏判比量論である。この調査は平成十四年の一月から十二月まで六回に及んだが、調査を御許可下さり便宜を賜った同館の沙加戸弘前館長と木場明志現館長、調査に際し御世話と御協力を惜しまなかった同館の尾崎正治氏と關係各位の恩情を忝うし、貴重な寫眞の撮影と本書掲載についても御高配を得た。高橋正隆前教授には御世話と御協力の上、種々の御教示を賜った。

次に、日本國内の角筆文獻の調査では、宮内廳正倉院事務所・書陵部、奈良・京都を始め諸地方の古寺社、記念館等、竝びに北海道から沖繩に至る全國各地の文書館・歴史資料館・民俗資料館・博物館・美術館・公立圖書館・大學附屬圖書館・個人文庫が擧げられる。

その芳名を、凡そ日本國内篇に取上げた資料に沿って擧げると次のようである。先ず、宮内廳では正倉院事務所の杉本一樹氏と關係各位、書陵部の森縣氏、中村一紀氏、文化廳の藤本孝一氏、池田壽氏、大東急記念文庫の岡崎久司氏、村木敬子氏と關係各位、天理大學附屬天理圖書館の田淵正雄氏と關係各位、奈良・京都の古寺關係では、法隆寺の高田良信猊下、東大寺圖書館の狹川普文館長、新藤佐保里氏、横内裕人氏、坂東俊彥氏、石山寺の鷲尾隆輝猊下、鷲尾遍隆副座主、故田中稔氏、築島裕氏を始めとする石山寺文化財綜合調査團々員、醍醐寺の故岡田戒玉猊下、故岡田宥秀猊下、麻生文雄猊下、仲田順和猊下、故齋藤明道師、岡田祐雄師、長瀨福男氏、淸水紀尚氏、田中景子氏及び醍醐寺當局各位、故佐和隆研先生、故寶月圭吾先生、故菊地勇次郎先生、大隅和雄氏を始めとする醍醐寺文化財研究所研究員、隨心院の蓮生善隆猊下、市橋眞明氏、隨心院聖教類調査團々員、東寺の砂原秀遍猊下と關係各位竝びに東寺觀智院調査團々員、大覺寺の岡田高功猊下、山本玄雄師、黑田知正師と關係各位竝びに大覺寺聖教調査團々員、高山寺の小川千惠師と築島裕氏を始めとする高山寺典籍文書綜合調査團々員、仁和寺當局各位竝びに花野憲道師、仁和寺御經藏典籍文書調査團々員各位、地方では、廣島縣三原市御調八幡宮の故桑原季彥名譽宮司、桑原國雄宮司、山口縣宇部市恆石八幡宮の白石正子氏、山口市龍藏寺の宮原隆史師、宮崎縣都城市立圖書館の稻丸滿文館長と關係各位、三重縣桑名市鎭國守國神社の嵯峨井和風宮司、岩手縣水澤市立高野長英記念館の佐久間賢氏と關係各位、山形縣鶴岡市立圖書館の關係各位、沖繩縣立圖書館の吉川安一前館長、山內彰現館長を始め國吉綾子氏、源河美津子氏と關係各位、沖繩縣立博物館の當間一郎館長、萩尾俊章氏、沖繩縣公文書館の宮城悅二郎館長、喜納健勇副館長、宮城剛助副參事、佐久川政要課長、垣花優子氏、大灣ゆかり氏と關係各位、北谷町教育委員會の當山憲一教育長、中村愿氏、石垣市立八重山博物館の黑島爲一前館長、眞志喜浩三現館長、宮良芳和氏と關係各位、沖繩縣の調査に御世話を賜った榮野川敦氏、廣島縣安藝中野の小原千秋氏、賴山陽史跡資料館の荒木淸二氏と關係各位、廣島大學角筆資料研究室と福尾文庫等々に溫かい御世話と御厚情を賜った。これらの諸機關に所藏される角筆と角筆文獻の資料篇等への寫眞掲載については、各所藏者及び關係の方々の溫かい御允許を賜り、撮影に當っては該篇に芳名を掲げさせて頂いた方々の御盡力を賜っている。

又、近世角筆文獻を主とする調査でお世話になった諸機關等を北から南の順に掲げると次のようである。

〔北海道〕北海道立文書館、北海道大學附屬圖書館、北海道立圖書館、他、〔青森縣〕弘前市立圖書館、〔岩手縣〕水澤市立圖書館、〔宮城縣〕宮城縣圖書館、栗原郡金成町舊有壁本陣佐藤鐵太郎氏、〔秋田縣〕秋田市立中央圖書館、〔山形縣〕鶴岡市立圖書館、米澤市立米澤圖書館、〔茨城縣〕茨城縣立歷史館、水府明德會彰考館、〔栃木縣〕足利學校遺蹟圖書館、〔群馬縣〕群馬縣立文書館、〔埼玉縣〕埼玉縣立文書館、〔千葉縣〕國立歷史民俗博物館、他、〔東京都〕東京大學國語研究室、青山學院大學日本文學科研究室、早稻田大學演劇博物館、東京都立中央圖書館、東洋文庫、五島美術館、他、〔神奈川縣〕神奈川縣立公文書館、同金澤文庫、〔山梨縣〕山梨縣立圖書館、〔長野縣〕信州大學附屬圖書館、松本市立中央圖書館、〔新潟縣〕新潟大學附屬圖書館、新潟縣立文書館、長岡市立阪之上小學校、佐渡郡眞野町山本修巳氏、新潟縣立佐渡高等學校、三島郡和島村良寛の里・歷史民俗資料館、南蒲原郡下田村諸橋轍次記念館、他、〔富山縣〕富山縣立圖書館、〔石川縣〕金澤大學附屬圖書館、石川縣立圖書館、金澤市立圖書館、〔福井縣〕敦賀市立圖書館、今立郡朽飯八幡神社、本照寺、〔岐阜縣〕岐阜縣立圖書館、岐阜市立圖書館、大垣市立圖書館、〔靜岡縣〕靜岡縣立中央圖書館、濱松市立中央圖書館、〔愛知縣〕名古屋大學附屬圖書館、愛知教育大學附屬圖書館、〔三重縣〕三重大學附屬圖書館、三重縣立圖書館、津市圖書館、高田中高等學校圖書館、谷川士清舊宅、西來寺、上野市立圖書館、尾鷲市中村山土井家文庫、龜山市歷史博物館、桑名市立圖書館、鈴鹿市立圖書館、久居市圖書館、本居宣長記念館、松阪市射和文庫、〔滋賀縣〕滋賀大學附屬圖書館、彥根城博物館、守山市善慶寺、他、〔京都府〕京都大學人文科學研究所、京都大學文學部國語國文學研究室、大谷大學圖書館、龍谷大學圖書館、東山御文庫、京都國立博物館、京都府立總合資料館、立本寺、福勝寺、來迎院如來藏、大通寺、青蓮院、泉涌寺、勸修寺、他、〔大阪府〕武田財團杏雨書屋、大阪女子大學、堺市立圖書館、大阪大學附屬圖書館、大谷女子大學、大阪外國語大學附屬圖書館、他、〔兵庫縣〕書寫山圓教寺、〔奈良縣〕西大寺、唐招提寺、阪本龍門文庫、他、〔和歌山縣〕高野山學園、正智院、大明王院、本覺院、〔鳥取縣〕鳥取大學附屬圖書館、米子市吉祥院、八頭郡金剛幢院東光寺、〔島根縣〕島根大學附屬圖書館、島根縣立圖書館、松江市松江鄉土館、松江市松江赤十字病院病歷圖書室、出雲市立圖書館、多聞院、大田市立圖書館、江津市立圖書館、江津市教育委員會、濱田市立圖書館、益田市立圖書館、安來市立圖書館、大原郡大東町立圖書館、隱岐鄉土館、水若酢神社、津和野町立圖書館、八束郡見德寺、熊野大社、〔岡山縣〕岡山市恩德寺、舊閑谷學校、金光圖書館、邑久郡朝日寺、〔廣島縣〕廣島大學附屬圖書館、廣島修道學園（舊藩校資料）、廣島縣立文書館、廣島市立中央圖書館、牛田早稻田神社、不動院、大竹市大瀧神社、尾道市立大學附屬圖書館、尾道市立圖書館、庄原市立圖書館、竹原市海藏寺、廣島縣立歷史博物館、三原市立圖書館、三次市立圖書館、安藝郡道隆寺、嚴島神社御文庫、比婆郡正安寺、雙三郡三和町鄉土資料館、山縣郡眞敎寺、他、〔山口縣〕山口大學附屬圖書館、山口縣立文書館、山口縣立山口圖書館、乘福寺、善生寺、禪昌寺、岩國市立中央圖書館、岩國市宗淸寺、宇部市西光寺、新南陽市立圖書館、三汲寺、萩市立圖書館、長壽寺、見島神社、防府市岩淵觀音寺、圓通寺、長樂寺、阿武郡桂光院、寶宗寺、大島郡淨福寺、西方寺、普門寺、玖珂郡雲照寺、善住寺、熊毛郡常春寺、萬德寺、他、〔香川縣〕香川大學附屬圖書館、香川縣歷史博物館、香川縣立文書館、香川縣立圖書館、香川縣瀨戶內海歷史民俗資料館、高松市歷史資料館、坂出市鎌田共濟會鄉土博物館、丸龜市立資料館、大川郡造田公民館、引田町歷史民俗資料館、水主神社、木田郡栗山記念館、小豆郡土庄町立中央圖書館、仲多度郡金刀比羅宮圖書館、多度津文化財保存會、三豊郡豊濱町立圖書館、本山寺、〔德島縣〕德島大學附屬圖書館、德島縣立圖書館、德島市立圖書館、正福寺、阿南市史編さん室、阿南市立富岡小學校、鳴門教育大學附屬圖書館、昌住寺、阿波郡尊光寺、海部郡大日寺、藥王寺、美馬郡願勝寺、眞樂寺、東福寺、三好郡春音寺、三好中央公民館、〔高知縣〕高知大學附屬圖書館、高知縣立圖書館、高知市自由民權記念館、安藝市立歷史民俗資料館、宿毛市立圖書館、南國市高知縣立歷史民俗資料館、高岡郡佐川町公民館、〔愛媛縣〕愛媛大學附屬圖書館、松山大學附屬圖書館、愛媛縣立圖書館、太山寺、今治市河野美術館、宇和島市光國寺、三浦舊庄屋田中家、大洲市立博物館、大洲市立圖書館、愛媛縣立大洲高等學校、新居濱市立圖書館、越智郡大山祇神社、淨圓寺、西光寺、上浮穴郡土居一成氏、北宇和郡吉田町立圖書館、松浦郁郎氏、毛利元彥氏、周桑郡溫芳圖書館、近藤篤山邸、西宇和郡二宮淳氏、東宇和郡開明學校、〔福岡縣〕久留米市民圖書館、〔佐賀縣〕岩藏寺（舊藏）、〔長崎縣〕長崎縣立長崎圖書館、〔大分縣〕大分大學附屬圖書館、大分縣立大分圖書館、臼杵市立圖書館、杵築市立圖書館、竹田市立圖書館、日田市立淡窓圖書館、廣瀨資料館、別府市立圖書館、下毛郡耶馬溪文庫、〔熊本縣〕熊本大學附屬圖書館、熊本縣立圖書館、熊本市立圖書館、人吉市圖書館、熊本縣立人吉高等學校、熊本縣立鹿本商工高等學校、〔宮崎縣〕宮崎縣立圖書館、日南市立圖書館、都城市立圖書館、南那珂郡西明寺（舊藏）、〔鹿兒島縣〕鹿兒島大學附屬圖書館、鹿兒島縣立圖書館、鹿兒島縣歷史資料センター黎明館、鹿兒島市尙古集成館、大島郡伊仙町立歷史民俗資料館、瀨戸內町立圖書館鄉土館。

右揭の諸機關の館長を始め關係各位の御高配と御厚情を得た。この全國調查は、一九九二年以來、十箇年程を費して行ったものであり、一九九七年・一九九八年・一九九九年には文部省科學研究費補助金の助成を得て、九名の研究分擔者と五名の研究協力者と共に、西日本各地を主對象として行った成果が含まれている。從って、右の機關の中には分擔者・協力者等の調查に負うものも含まれている。特に、新潟縣下については鈴木惠氏にその殆どを負うている。又、岐阜縣・島根縣は豊田尙子氏に、三重縣は山本眞吾氏に、山口縣は柚木靖史氏に、德島縣は原卓志氏に、高知縣は上野智子氏に、愛媛縣は西村浩子氏に、主に負うている。本書日本國內篇にはこれらの諸氏の調査資料に據った所がある。

科學研究費による調査研究の遂行には、徳島文理大學の村崎正人理事長を始め事務關係各位のお世話を忝うした。又、十箇年にわたる日本全國調査には村崎理事長の御理解と御高配に負う所が大きい。

本書の校正には、沼本克明氏・松本光隆氏・山本眞吾氏の校閲を得た。

本書が兎も角も、このような形に纏り得たのは、以上の方々の恩賚であって、感謝に堪えない。

本書のような困難にして犧牲も多い出版を快く引受けて遂げて下さった汲古書院の坂本健彦前社長（現、取締役相談役）、石坂叡志社長の御厚意ある盡力と義氣、終始獻身的に意欲的に進め完成の功を爲して頂いた編集長の大江英夫氏、本書を理解して下さり長期にわたる印刷を進捗して下さった中台整版・日本フィニッシュ株式會社と關係各位の御好意も有難く忘れ難い。元汲古書院の社員で、現敬和學園高等學校教諭の石川力氏には前著に續いて竝々ならぬ御世話になった。内容の細部にわたり詳細に檢討照合され、有益な敎示を得た。これらの諸の高恩に浴し、心から感謝の念を表す次第である。

平成十四年十二月

小林芳規　識

角筆文獻研究導論　上卷　東アジア篇　目次

凡例

一、本研究は、角筆文獻についての所在とそれに基づく考察を行った東アジア篇と日本國內篇と、その所據資料を寫眞によって示した影印を主とする資料篇とより成り、便宜上、東アジア篇を上卷、日本國內篇を中卷（時代別視點を主とする）と下卷（地域別視點を主とする）の三册に製本して、資料篇の一册を併せて計四册を以て一具とする。資料篇の凡例は當該册に揭げてあるので參勘されたい。

一、日本國內から見出された角筆文獻については、整理・論述の都合上、凡そ發掘順に、［一］〜［三三一〇］のように角筆文獻番號を附した。近世の漢籍刊本には、同書名、同版のものが多いので、區別する意圖もある。中國大陸所在の角筆文獻は、［中一］〜［中二〇］で示した。

一、角筆の書入れ時期は、室町時代以前のものは注記したが、符號のみのものや近世のものは、原則として注記しなかった。

一、原本の用例は、本書においては最も基本的な部分であるから、所要の長さと忠實な引例とを必要とし、併せて、追試に堪えうる便を持っていることが望ましい。しかし、印刷する上は、必ずしも寫眞による如き復元は出來ず、寧ろ、角筆による凹みの文字等がヲコト點・古體假名等においては、論述に支障のない限りで、約束に從って、原文の內容は變えずに、現代樣式の見易い形に直すことが、論旨を通す意圖からは有用である。このような點を考慮して、次の如き種々の約束に從って擧例することにした。

一、角筆の文字等は、原本通りに紙面を凹ませた形で印刷することは困難であるので、通常の活字印刷で示したが、擧例に當っては、(角筆)「　」、「　」(角) 等の注記を附して、墨書等の文字と區別が出來るように配慮した。但し、論述上から角筆の擧例であることが明らかな場合には、注記しないことがある。角筆による凹みの文字等の實態については、資料篇に揭げた寫眞を參照されたい。東アジア篇と日本國內篇には必要に應じて資料篇の影印の部の頁數を「(資料篇、五頁)」のように示して、當該例を寫眞によって確認しうるよう配慮したが、主なものを擧げるに留め、總てを盡してはいない。

一、原本の文字や符號等が毛筆で墨色以外で書かれた場合は、その筆色を「(墨)」「(朱)」「(白)」等のように注記した。例えば、「云《イハク(朱)》」は、「イハク」が朱筆で書かれている意である。

一、漢文の訓點を用例とする場合には、原漢文のままに引用することを原則とした。その漢字に施されたヲコト點は平假名で示し、假名點をば現行の片假名で示し、又、原漢文には無いが、讀解上、筆者の推測によって補って讀んだ際には、（　）に片假名を括して示した。又、不讀の漢字には〔　〕を括して示すことを原則とした。

但し、日本國内篇第二章第四節のように、訓點の假名のうち、女手・平假名の字體の使用を問題とする際には、原本に從ってその女手・平假名で示し、原本の省畫體の假名と區別した所がある。その場合にはヲコト點の翻字と紛れないように配慮した。

一、尚、省畫體の中に用いられている「レ」は「ン」に翻字し、要すれば原字形を示し又は注記した。

一、返點は、古點本には諸形式があり、現行の形式を規範として見ると、不統一・不徹底に見える所がある。これを忠實に翻字することは、表記上返點の研究には有用でも、本書論述の用例としては、却って讀み難いことになる。從って、それらの甚しい相違箇所においては、現行に改め、私に返點を施した所がある。

一、用例文の句讀點は、大體、原本の句讀の符號に應じて、「。」「・」（又は「、」）で區別して示すべく努めた。但し、必ずしも總てを忠實に翻字してはいない。原本に缺く爲に筆者が加えた所もある。

一、原文の漢字に施された聲點は、原則として原文の形に從って表し、更に「(平)」「(平輕)」「(上)」「(去)」「(入輕)」「(入)」（それぞれ「平聲」「平聲輕」「上聲」「去聲」「入聲輕」「入聲」を示す）の注記を加えることを原則とした。但し、論述が聲調を直接の對象としない箇所等で注記を省いた所がある。角筆や朱筆の聲點は、「(平、角)」「(上、朱)」のように注記して示した。

一、原本の奥書・識語や本文の用例等の引用には、原本の行取・配字に從うことを原則とし、行末には「／」を附すべく努めたが、忠實に復元していない所もある。

一、特に、近世の和刻本については次のように扱った。

(1)附刻の假名は必要に應じて翻字した。その際、角筆假名等は「(角)」、朱假名は「(朱)」、墨假名は「(墨)」と注記した。無注記が附刻假名である。附刻假名のうち、「〆」は「シテ」に、「ヿ」は「コト」に直して翻字した所がある。附刻の假名竝びに合符や句切點は原則として生かしたが、一部省いた所がある。

(2)刊記が無く刊行の年時の不明の場合は、「江戸初期刊」「江戸中期刊」「江戸後期刊」として區別したが、教示者の推定に從ったものがあり、又、筆者が未見のため推定し得ないものは「江戸時代刊」とした。後刷か否かについては、明らかなものは注記したが、總てにわたってはいない。

(3)四書又は五經において、本來一具であって一點とすべきものの、所藏者が整理の都合上、各書名ごとに一點としたものがある。これについては所藏者の整理に從ったものがある。

(4)册數が複數に及ぶ場合、角筆の書入れを確認した册數を「二册（三册ノ内）」のように注記したが、調査の時間の都合等から、總ての册について確認することが出來なかったものがある。

一、用例の所在には、原則として、原本の卷數・丁數と行數を示すことに努めた。卷子本は通し行數を示し、粘葉裝・綴葉裝・袋綴裝は丁數と表裏の別と行數、折本裝は折數と表裏の別と行數とを示すべく努め、卷數は「卷（第）三」（時に「第」を省くことがある）、丁數と表裏の別とは「四オ（ウ）」、折數と表裏の別とは「五折オ（ウ）」（時に「五ォ（ウ）」とも示す）と示す。行數は算用數字で示した。例えば「卷三18」「四オ5」「五折ウ2」のようである。但し、調査の都合等により、所在の數字を明示し得ないものもある。

一、漢字の字體は、特殊なものを除き、通行活字體に改めた。用例文の活字體は、常用漢字の字體に對立する、舊字體に從った。常用漢字によると、「芸《クサギル》・藝《オキテ》」の區別を失い、「證《ショウ》（正《シャウ》）」の如き字音假名遣の混亂が避けられなくなる。從って、二體系擇一の立場からは、舊活字體系に從うことにしたのである。

但し、原本から用例を引用するに際しては、次のような諸字は、原本の字體に從って兩字のそれぞれを用いた。

与・與　弁・辨・辯　円・圓　躰・體　糸・絲　着・著　礼・禮　弥・彌　珎・珍　万・萬

一、時代區分は、概ね次に據った。

奈良時代（和銅〜延曆）　平安初期（延曆〜昌泰）　平安中期（延喜〜長保）　平安後期（寛弘〜應德）　院政期（寛治〜元曆、但し院政初期〈寛治〜元永〉を使用することあり）　鎌倉初期（文治〜寛喜）　鎌倉中期（貞應〜弘安）　鎌倉後期（正應〜元弘）　南北朝時代（建武・正慶〜明德・元中）　室町初期（應永〜嘉吉）　室町中期（文安〜延德）　室町後期（明應〜永祿）　桃山時代（元龜〜慶長）　江戸初期（元和〜延寶）　江戸中期（天和〜安永）　江戸後期（天明〜慶應）

但し、年代判定の困難なものについては、「室町時代」「江戸時代」のように記した場合がある。

一、過去の音聲や音韻の表記に當っては、［　］や／／の符號を使用しなかった。本書が對象とした文獻を通して考えられる過去の音聲や音韻は、直接に現實音として體驗したのではなく、あくまでも推定せられたものであり、且つその體系を記述するのに筆者の用意が未だ十分でなく、符號の誤用によって生ずる混亂を避けようとしたことによる。

一、行論中、新しい術語には說明を附すべく努めた。「同音字」は漢字音の注音に中國撰述の韻書や音義等に基づく反切と共に同音の漢字を用いた際の注音字を指し、「類音字」は、本書では特に角筆による漢字の注音を指すことにした。

一、朝鮮半島の古文獻から新たに見出された角筆の文字や符號には、新出の故に、新たな術語を使用したり、日本の古訓點の術語との關係を示したりすることが必要のものがある。本書では、次のように用いる。

點吐（角筆點吐・墨筆點吐）——朝鮮半島において漢文を朝鮮語で訓讀する際に、漢字の字面に記入した符號。主に吐を表すのに用いる。日本のヲコト點と形態や文法的機能を擔う所が通ずる。角筆で書入れたものを「角筆點吐」、墨筆で書入れたものを「墨筆點吐」と呼ぶ。漢字借用表記である「口訣」（日本の假名に通ずる）とは區別して用いる。本書では日本との關聯等を考慮して「點吐（ヲコト點）」として用いることがある。

返讀符・返點（逆讀點）——漢文訓讀において漢文と語序が異なる場合に、漢字配列のまま反倒して讀むことを表す符號。韓國では「逆讀點」というが、本書では朝鮮半島古文獻についても返讀符・返點の用語を使う。

四聲點・聲點——漢字音の聲調である四聲を表す符號。日本では圏點（「。」）、胡麻點（「•」）を主として用い、朝鮮半島では他に半圓點（「ɔ」「c」）も用いる。角筆では線（「＼」「／」「一」）も用いる。

節博士（梵唄譜）——佛教聲樂である「聲明」の樂譜。詞章の漢字の周圍に施される線を以て、旋律の動きを可視的に表した符號。朝鮮資料の八世紀から十八世紀に見られ、西洋の八世紀から九世紀のグレゴリオ聖歌にあるネウマ式に通ずる。朝鮮資料では數行にわたる線（A型）と行間に施す譜（B型）とがある。聲明の譜である「節博士」が日本では十世紀以降に天台宗・眞言宗で陀羅尼の譜に用いられたのに對して廣く梵唄に用いたので「梵唄譜」と呼ぶことにするが、本書では、形態・機能がB型に通ずるので、「節博士」の用語を使う。

一、引用文獻名は、明治以降の單行本については『　』を附すが、それ以前の書物には括弧を附さないのを原則とした。但し必要に應じて「　」を附したものもある。

一、本文中における研究者の敬稱は、「博士」又は「氏」を附すに止めた。又その著書・論文名を參考として引用する際には、敬稱を省いた。

一、本書說明文の假名遣は、現代假名遣に從ったが、漢字の字體は、既述の、用例の字體との釣合を考えて、舊活字體に從うことにした。

角筆文獻研究導論　上巻　東アジア篇

序説

東アジア篇は、漢字文化圏のうち、日本の古代文化に深刻な影響を及ぼした、中國大陸と朝鮮半島を取上げた。先ず、その源流に位置すると考えられる中國大陸を第一章とし、その傳播經路の位置にある朝鮮半島を第二章に續けた。これは、中國大陸が先で、朝鮮半島がその後という角筆文獻の發掘された順序でもある。次に、この二章を承け日本列島の角筆文獻と對比させて、東洋の漢字文化圏の國情を異にする三つの地域における角筆文獻の性格を考えたのが第三章である。

中國の角筆文獻を取上げた第一章は、前著『角筆文獻の國語學的研究』公刊（一九八七年）後に、イギリス大英圖書館、フランス國立圖書館、臺灣の國家圖書館の調査によって、それぞれの機關に所藏される敦煌文獻から、角筆による漢字や符號の書入れが見出された、その報告である。併せて、日本の古訓點との關係に言及した。

第二章は、近時の現地調査によって、朝鮮半島からも角筆文獻が諸所から見出され始めた、その報告を基本とする。就中に、十一世紀の初雕高麗版には、角筆で朝鮮語の口訣と點吐（ヲコト點）が加點されていた。點吐の他に返讀符、四聲點、節博士等も見られる。これらの符號は、角筆書入れの發見によって、大韓民國（以下、本文では「韓國」を用いる）でも使用されたことが、初めて知られたものであり、それを通じて復元される言語は、朝鮮語史の新資料として新分野を開拓する役割を果すと考えられる。併せて、これらの符號が日本の古訓點と親近性を見せることから、日本の古訓點と比較し、その關聯について現時點で考えられる所を述べた。

第三章は、角筆の書入れを通して、中國と韓國と日本との、角筆文字・符號のそれぞれの性格の異同を調べ、傳流の一端を見ようとしたものである。東アジア篇の纏めの役割を擔わせ、一方、日本國内篇の前置きの役割を與えている。

尚、この東アジア篇の末尾に附章を加えた。

第一章　中國大陸の角筆文獻

第一節　中國大陸の角筆文獻への視線

第一項　日本における角筆文獻發掘の現況

鉛筆が近代的な筆記用具として、日常の言語生活に使われるようになるまでの、江戸時代以前においては、毛筆が主要な筆記用具であった。被寫面として、中國大陸で紙が發明された西暦一世紀以降は言うまでもなく、それより前の竹簡や木簡が使用された時代にも、筆記具としては、毛筆がその主役を果していた。日本の古代文化も、毛筆によって培われて來た。

しかし、毛筆とは別に、これとは全く異なった方式で文字の書かれることが、鉛筆發明以前の古代に行われていた。角筆で、被寫面を直接に傷つけ凹ませて文字が書かれたのである。角筆は、箸一本のような形で長さが小尺一尺（二十四糎餘）乃至、六寸（約十八・二糎）であり、その一方の先端を削り尖らせてあるから、形狀が鉛筆に酷似する。ただ、これで文字を書いた場合、鉛筆が紙面に黑鉛の迹を黑く留めるのに對して、角筆は紙面に色は付かずに凹みとして文字の迹が殘るだけである點に大差がある。このように紙面を直接に傷つけ凹ませて文字を書いたことは、平安時代の蜻蛉日記や篁物語の記文から知られる。(1)そこでは男女間の特殊な手紙を書くのに使われているが、それだけではなく、大學寮や寺院における學問の場でも、墨書本文の校異や漢文の訓點等を記入するのに角筆が使われたことを示す記文(2)も傳わっている。

その角筆という用具の遺物も發見されつつある。先ず、象牙製の角筆が、三重縣桑名市吉野丸の鎮國守國神社藏の樂翁松平定信公所持品中に遺存していた。(3) これは昭和六十年に確認したものである。次に、竹製の角筆も、東京國立博物館に清原宣條調達のものをもとにした一具が藏せられていた。(4) 更に、木製の角筆も廣島縣三原市の御調八幡宮の古經藏から出現した（日本國內篇第九章第三節）。これらの遺物は、いずれもその先端が使い古されたように黑ずんで光澤を帶びたり、或いは古代紙の纖維が附着したりしていて、その先端で文字等が書かれたことを物語っている。

この角筆を以て、紙面等を凹ませて文字などが書かれた文獻を角筆文獻と呼ぶ。角筆文獻は、その第一號が昭和三十六年九月に發見せられて以來、平成十四年十二月までに、紙本については日本の全國にわたる調査によって、古寺社や歷史民俗資料館・古文書館等から三千點餘が見出されている。その書かれた時代は、奈良時代から大正時代にわたっており、その最古は正倉院聖語藏維摩詰所說經卷上（本文は紙本墨書で五月一日經）に書入れられた角筆の句切點であり、次いで正倉院文書の大納言藤原家牒（天平勝寶元年〈七四九〉に書寫上申）に書入れられた角筆の文字である。最新は、沖繩縣立圖書館東恩納文庫の尙泰侯實錄（大正三年寫本）に書入れられた角筆の漢字である。角筆の書かれた圖書の內容は、漢籍や佛書の墨書本文に、角筆で訓點を書入れたものが多いが、そればかりでなく和書の伊勢物語や平家物語の平假名文や、親鸞上人の片假名文等の墨書本文に、その注解や讀み方等を記入したものもあり、別に、墨書本文とは直接の關係がなく、白紙部分に角筆の文字等を書入れた文獻も見出されて來ている。これらについては日本國內篇で具體的に述べる。

角筆で書かれた言語には、毛筆の言語の慣習や傳統によるきまりの埒外にある言語事象が現れたり、從來知られて來た言語の歷史的な變化の結果が毛筆文獻に比べて早期に現れたり、俗語が投影されたりしている。これらは言語における日常性の露呈と深く係っている事柄である。角筆で書かれた言語の中には、毛筆による言語に比べると、言語規範力が弱く、口頭語の反映と考えられる事象も現れるものがある。(5) それは、角筆が紙面を凹ませて書く方式であり、その言語行動が私的で一時的で備忘的であることと深く係っていると考えられる。

一方、角筆は、文字を書くだけでなく、古代繪畫における下繪の技法にも用いられている。法隆寺金堂壁畫の下繪に凹刻線が見られることは既に指摘されているが、その用具が何であるかは明らかにされていない。[6] しかしその迹の狀態は角筆を以て線描したと見て矛盾がなく、若しそうとすれば、八世紀初頭[7]には、この技法が本邦でも用いられたことになる。中國の神龍二年（七〇六）に造られた陝西省乾縣の永泰公主唐墓と章懷太子唐墓との壁畫の下繪に角筆の下書きが用いられていることは後述する。法隆寺金堂壁畫と同じ技法が板壁繪にもあり、室生寺金堂內陣後壁の傳帝釋天曼荼羅や、藤原時代末期の富貴寺大堂の內陣小壁の如來形坐像に、凹線狀をなす下繪線が認められ、特に富貴寺大堂の場合は、像の輪廓のみならず、眉目・衣褶線まで凹線狀の、箆で壓した線と思われる下繪線が認められることが指摘されている。[8] 又、天曆五年（九五一）に創建された醍醐寺五重塔壁畫側壁連子窓羽目板繪に凹線で下圖がとられていることについて、[9] 秋山光和博士は、「各尊とも同じ下圖に從って燒筆のようなもので板の面にしるしづけていったものと推察される。しかしその具體的な方法については充分に確かめがたい」と說かれる。筆者も醍醐寺の厚意により實見の機を得たが、その用具を確定することは難しく、「板面より淺く凹んで」「滑らか」であり「光澤をもつ」凹みの迹から推定するに、象牙か木か竹製などの角筆かと考えられ、法隆寺金堂壁畫の凹刻線に通ずるものと思われる。これらは、被寫面が土壁や板壁であるが、紙本でも、勸修寺藏本覺禪抄の深沙大將圖像の下繪に凹線が存し、[10] 又、鎌倉中期寶治二年（一二四八）に高山寺の仁眞が書寫した高山寺藏不空羂索事（第三部八三號）一帖の卷末に添えられた圖の、松の樹枝・藤の枝竝びに二人の人物を、角筆の凹みで輪廓を描き、その上から墨筆を以てなぞっている。[11] この下繪の凹みは、その迹の形狀と、當時の高山寺で明惠上人とその弟子達の間で角筆が使われ、その文獻が現存していることとから見て、[12] 角筆で付けられたと考えられる。この方式で紙本に下繪を畫いたものは、院政期寫の東寺觀智院金剛藏の五字眞言鈔常喜院（第二八五箱一七號）に貼附された料紙の菩薩の下繪（日本國內篇第三章第一節、五四二頁）、南北朝時代寫の石山寺藏玄祕抄の十六神像の下繪、東寺觀智院金剛藏の六字（又別四〇箱一號）の壇圖の下繪を始め、江戶時代寫の東寺觀智院金剛藏の三類形圖（又別七箱一五號）の下繪や醍醐寺藏石淵寺贈僧正角畫一鋪、他にも多數が認められる（日本國內篇第五章第一節、六六九頁參照）。

繪畫の下繪の場合、被寫面は、鎌倉時代以降は紙本の例が見られるが、溯ると土壁や板壁であったのと併行して、文字の場合も、被寫面が紙本だけでなく、溯って、上代の木簡にも凹刻線による書入れが認められる。七世紀終から八世紀初に書入れられたと見られる藤原宮木簡六七七號の「三日□　入」「二女□」の凹みの文字や、奈良時代の平城宮木簡三〇〇七號の凹みの横線等は、角筆のような用具で書かれたと認められるものである。(13)

以上のことから考えると、角筆の起源とも係って、新たな問題が生じて來る。即ち、角筆を使うことは日本で獨自に考案されたのであるのか、或いは日本の古代文化が中國大陸から齎された時に、角筆も亦、中國から直接に又は間接に輸入されたものであるのか、という問題である。

第二項　江戸時代の學者による「漢遺物」の推測

江戸時代には、角筆が皇室や堂上家や古寺等の一部に古式として遺存する一方、藩校や庶民の間でも使われたが、本來の用法や實態が分らなくなってしまっていたらしく、角筆について詮索した文章が、諸家の随筆などに散見する。(14)その中に、角筆が「漢遺物」であるという説が見られる。

その第一は、村瀬栲亭の秇苑日渉巻之十二(15)の「代指」の條に、次のように説いているものである。

博士家授㆓人句讀㆒、菅原氏、削㆓象牙㆒如㆑筆、上琢㆓小浮圖㆒、鑿㆑孔繫㆓細條㆒、謂㆓之角筆㆒、清原氏、用㆑竹、長短小大、皆有㆓定制㆒、以指㆓點經籍㆒、（俗云㆓字沙式㆒）所㆑謂代指也、三柳軒雜識曰、塊玉如㆑筍名㆓代指㆒、講筵進講時、以點㆓顯經籍㆒、漢遺物

（傍線筆者）

角筆は俗に字沙式《ジサシ》ともいい、代指とも同一物であって、漢遺物であるとしている。

その第二は、大枝流芳の雅遊漫録巻二(16)の「經橈」の條に、次のように説いているものである。

經橈書籍ヲ看ルニ紙ヲ翻ス爲ノ器也、手ニテ反セバ手澤ニ汚レン事ヲ惡テナリ、書ヲ愛スル人必ズ備フベシ、象牙或ハ竹ニテ造ル

藝文類聚曰後漢李尤《ノ》經橈《カノ》銘《ニ》曰瞻《ルニ》レ之《ヲ》在《レハ》レ前《ニ》忽焉《トシテ》 在レ後進《ミ》レ新《ニ》習レ故《ニ》不レ舍《テ》二於口《ニ》一子在《イマシテ》二 川《ノ》上《ニ》一逝《ク》者《ハ》如《シ》レ斯《ノ》及レ年《ニ》廣學無《シ》二問《ヲ》不《コト》一レ知

ここでは、「後漢の李尤が經橈」として引用している。この經橈について、秇苑日渉巻之十二「代指」には、

東涯先生六帖、以二經橈一爲二字沙式一、雅遊漫錄爲二讀書翻紙之具一、未レ知二孰是一

として、「字さし」と同一物とする說を紹介し、雅遊漫錄の「翻紙之具」とするのを疑っている。經橈が角筆と同じとすれば、古くは巻子本が主であったから、「翻紙之具」とするのは事實に合わない。又、近藤正齋の牙籖考附錄(17)にも、

唐土ニ之ヲ經橈ト云、事文類聚玉堂紀實ニ所謂ル以レ籖指ト一云モノ、其製不レ可レ考、今暫ク本朝ノ製ヲ圖ス略圖、以レ竹爲レ之不レ去レ皮

と說いている。これらによれば、江戸時代の學者の中に、角筆と同じ機能のものが中國大陸で使われ、しかも漢や後漢の時代の遺物であると考える人のあったことが知られる。ただ實物についてその證を得たとも思われず、單なる推測の域を出ないようである。

これらの說を受けて、明治時代にも、日本における角筆の使用が、中國の唐の習俗によったものであると說く學者がいた。那珂通高が「洋々社談」第四十一號（明治十一年四月二十九日）で、「點圖角筆擬唐俗說(18)」に述べたものである。そこでは、「我カ邦中古ノ俗多クハ唐ニ擬ス文事最多シ」として、秇苑日渉巻之十二「代指」の條にある「漢遺物」の說と、雅遊漫錄巻二の「後漢李尤《ノ》經橈《カノ》銘」の說とに基づいて、「盖代指經橈共ニ漢ヨリ出テ、其ノ來ルコト遠シト雖唐時猶コレヲ用キル者アリシニ由リ遺唐留學生等齎ラシ來リテ其ノ制ニ擬セシナラン」と述べている。角筆の遺物や角筆文獻を實地に見たとも思われず、實證性に缺ける故に、「顧フニ當時聖上御セシ所ノ書籍必應ニ唐本ナルヘクシテ唐本ハ紙質脆薄破レ易レハ角筆ノ能ク一々遺忘ヲ誌スヘキニ非ス」とするも、日本に傳來した唐寫本や宋版に現に角筆による凹みの書入れがあるという事實に反する言辭があり、又、「代指ハ其ノ用唯字ヲ指ニ止マリテ角筆ハ兼ネテ遺忘ヲ誌スノ具ト云ヘハ或ハ同シカラサルニ似タリ」としつつも結

局は「角筆即代指タルコト疑無シ」として遺忘をも誌したとするものの、「其ノ初ハ唯コレヲ字指ト云フニ過キサリシ」と説く如き、後世の名稱を以て古代の用法を誤推した文言もあるが、ともあれ、角筆の源が中國にありと言及した點は注目せられるのである。

尙、雅遊漫錄卷二によれば、「木筆」も角筆の異稱としている。「木筆」[19]は、佩文韻府によれば中國の文獻にもその語が載っている。これが江戸時代の學者の詮索した物と同一であるかどうか確かめ得ないが、『新疆出土文物』[20]のうち一九六七年に吐魯番縣阿斯塔那から出土した唐時代の「木筆架」によれば、それに架けられた三本の木筆は、形態や機能が角筆に通ずるように見られる。

第三項　日本に將來された宋版における角筆の書入れ

日本に將來せられた宋版の中に、宋人が中國で角筆を用いて書入れたかと考えられる文獻が、二點見出されている。

その第一は、京都高山寺藏の重要文化財、宋版法藏和尚傳一帖である。この書本は、南宋時代の紹興十九年（一一四九）の板で、この年紀を持った刊記がある。この宋版に角筆による書入れが存する。句切を示す角筆の凹みによる「＼」と、人名や特示すべき語の右傍に施した角筆の凹みによる縱線の注示符が認められるのである。角筆の書入れには、本邦の點本に見られるような假名やヲコト點は一切見られない。角筆の句切は、次のようである。

別記中概見藏之軌躅可聳人視聽者掇而聚之＼（角）古來爲傳之體不同
時屬端午天后遣使送衣五事＼（角）其書曰蕤賓應節角黍登期景候稍炎
亦猶藏之探玄傳通佛意演法宗趣以喩世間而掩映衆說＼（角）使不混淆開群生之目深感佛恩耶＼（角）

巻首から三分の一邊までに散在する。角筆の注示符は、次のように人名や「灌頂」のような注示すべき語の右傍に縦線を施している。

有慧文禪師學龍樹法授衡岳思（角）　思傳智顗（角）　顗付灌頂（角）

搜玄者•（朱）索（角）　隱之離辭•（朱）探玄者鉤（角）　深之異語•（朱）

別に、墨書・朱書の音義（欄外）と朱點（句切點・注示符・鉤句頭符・聲點）とがある。墨書の音義は、

羘則郎切与臧同／狶音喜未年屬羊狶亥年屬猪

（本文）作起乎證聖羘（朱）　年•（朱）功成乎聖歷狶（朱）　歲•（朱）計益九千偈•（朱）勒成八十巻

のようであり、朱の句切點と注示符は、

其書曰•（朱）蕤（朱）　賓應節•（朱）角（朱）　黍登期•（朱）景候稍炎•（朱）

のようであり、朱の鉤符と朱聲點は次のようである。

（朱）「事將顯實・語（朱）　不艾繁•（朱）

就婆羅門長（平、朱）年•（朱）

是ﾂ行（去、朱）者誦花嚴•（朱）

この書入れの性格を考える手掛りとして、先ず巻末に墨書で「嘉禾比丘　行忠□（?）」とある奥書が注目せられる。この奥書の筆致と、本文に書入れられた墨書・朱書の音義注文及び朱書の句切・注示符・聲點の筆致とが同じであるから、これらの墨書及び朱書の書入れは、比丘行忠の手に成ると見られる。右の奥書の中の「嘉禾」は、普通名詞としては穗の多くついた、めでたい穀の意であるが、この意味ではここは通じ難い。地名とすれば、宋時代に浙江省に置かれた郡名の「嘉禾」が顧みられる。讀史方輿紀要・浙江によると、宋の政和七年（一一一七）に置かれ「嘉禾郡」と稱し、慶元（一一九五―一二〇〇）の初に「嘉興府」と改められている。このように「比丘」「沙門」に地名を冠することは、例えば宋版金光明文句護國記四帖（高山寺藏、重書）にも、

「愼江沙門　如湛述」と見られる所である。「嘉禾」が右のように解せられるならば、宋版法藏和尚傳の上梓せられた紹興十九年（一一四九）は、丁度「嘉禾郡」の存置せられていた時となる。さすれば、本文中に書入れられた墨書・朱書の音義注文も朱書の句切・注示符・聲點も、紹興十九年以降、慶元の初（一二〇〇）の間に、「比丘行忠」の手に成ったものとなる。宋人の書入れであれば、假名やヲコト點の皆無であるのは當然となる。その書入れのうち、朱書の聲點は、半圓形の一筆書の「C」「Ɔ」の形態であって、日本における聲點の一般的形態とは異なっている。これと同形の使用例は、僅かに日本では室町時代以降に「破音字點」として用いられた例を知る程度である。[21] 又、朱書の縦線を人名や特示語の傍に施す使い方も、日本の場合と異なっている。日本でも、室町時代以降に「朱引」が訓點の一種として用いられているが、形態も機能も甚しく相違している。

では、宋版法藏和尚傳に書入れられた、角筆による句切の「＼」と注示符の縦線とは、誰が何處で加えたものであろうか。角筆書が朱書より先に書入れられたとすれば、角筆も十二世紀後半に中國大陸で使われたことになる。しかし、角筆書と朱書との先後關係は、現段階では確定し難い。角筆が後とすれば、この宋版が本邦に將來せられた後に角筆の書入れがなされた可能性が無くもないことになる。しかし、角筆の句切と注示符との使い方が朱書の場合に良く通じており、特に縦一本線を漢字の右傍等に施す方式が、日本の朱引とは異なり古點本に例を見ないことに注目するならば、角筆の書入れも、朱書と殆ど時期を接して、中國大陸の恐らく「嘉禾」の地において、比丘行忠かその關係者によってなされたと見るのが穩當であろう。

宋版に角筆の書入れがある第二は、京都東寺觀智院金剛藏の宋版般若心經疏、同疏詒謀鈔二帖（第二九七箱一號）である。この二本は、南宋時代の板で、二帖とも、その卷頭に東大寺僧俊乘坊重源が墨書で書入れたとされる「奉渡日本國僧重源」の署名がある。重源は紀季重の子で、仁安二年（一一六七）に入宋し、翌年歸朝したことが諸記錄に見られる。[22] しかし、入宋を疑う説もある。[23] 建久六年（一一九五）三月に東大寺大佛殿を落成したことは著名である。この宋版の兩帖に、全卷にわたり角筆の書入れが存するのである。尙、兩帖ともに表紙右裾に「杲寶」の自署があり、般若心經疏詒謀鈔の後表紙見返には、賢寶が本書を入手した由の墨書が、「正平七年壬辰（一三五二）三月比江州下向時「不慮（擦消）」感得之／末學賢寶」と書入れられている。兩帖を包んである紙帙の內側には東寺僧賢賀の寛保元年（一七四一）の修補記があり、本書傳來の由緒が記されている。

角筆の書入れは、文頭（末）を示す句切符と、特示すべき語句の傍に施した縱線の注示符とであって、これが紙背にも及んでいる。日本の點本に見られるような假名やヲコト點は一切見られない。角筆の文頭（末）を示す符號は、

圓釋題竟(缺畫)二釋文╲(角)此經無序及流通譯人省之（疏）

のようであり、角筆の注示符は次のようである。

初又二一約五蘊略明(角)二歷諸法廣示（疏）

空(角)　卽是色（疏）

頌謂以少言攝集多義(角)　施他(角)　誦持今云二十萬頌（詒謀鈔）

注示符は、本書では左傍に施されている。角筆の書入れのみで、朱書や墨書の書入れは全くない。角筆の凹みによる句切符と注示符の書入れ狀況は、宋版法藏和尙傳に角筆で書入れられた句切符・注示符に通ずる。さすれば、重源が將來したにせよ、或いは宋商から入手したにせよ、その內容から見て本文獻の角筆書も、恐らく宋で書入れられたものと考えられる。

尙、仁和寺藏の國寶、三十帖策子の三十帖のうちの十二帖にも、角筆の凹みによる句切點と合點とが書入れられていることを築島裕博士が見出され、報告されている。[24] 筆者もその一部を實見する機を得て、角筆の短線の句切符とその上から朱點を加えているのを確認した。日本の訓點本に見る如き假名やヲコト點の書入れはない。本文獻は、弘法大師空海が、入唐中に自ら執筆し又經生をして書寫せしめたものを、歸朝に際して將來した經典である。この角筆の書入れが、唐土でなされたのか、歸朝將來後に日本においてなされたのか定かではないが、角筆の書入れの內容は、右揭の宋版二種のそれに通ずる所がある。

第四項　中國大陸の加點資料

角筆の源流が中國大陸にあるか否かの問題について、第二項では江戸時代の學者等が「漢遺物」と推測していることを擧げ、第三項では日本に將來された宋版の二種に書入れられている角筆書の內容から、宋代に中國で角筆が使用せられたであろうと推定した。その推定のうちの具體的な據所として、角筆で書入れられた句切符や注示符等の形態が、本邦の訓點本における形態と異なっていることがあった。その角筆による句切符や注示符等と同じ形態の書入れが、中國大陸の加點本にも行われていることが確認せられ、その裏付けが得られることになった。

昭和六十年（一九八五）秋、北京に「日本學研究センター」が設立されるに伴い、その客員教授として招聘され、中國大陸において角筆文獻に關する調査を行う機會に惠まれることになった。講義や研究指導の僅かな間隙をぬって、角筆に關する情報や角筆文獻の探査の手懸りを得るべく努めた。三箇月餘の短期間であったが、幸いにも幾つかの知見を得ることが出來た。

先ず、中國の加點本一般について、句切符や注示符が朱書・墨書等で書入れられていて、日本に將來した宋版に角筆で書入れられた句切符や注示符等に通ずるものであることを具體的な古鈔本・古版本について確かめることが出來た。この句切符や注示符は現在でも中國において行われている方式であるが、溯って古鈔本・古版本でも見られるのである。

筆者の調査し得た例を示す。北京圖書館藏の書集傳輯錄纂註六卷又一卷朱子說書綱領輯錄一卷なる元版十帖（善本番號六五七六）に、次掲のような句切點と縱線の注示符と聲點とが朱書で書入れられていることを、原本調査により確認した。[25]

○尚書有不必解者、(朱)有須著意解者、(朱)有略須解者、(朱)有不可解者、(朱)如仲虺(朱)之誥太甲(朱)諸篇、(朱)只是熟讀、(朱)義理分明、(朱)何俟於解、(朱)如洪範(朱)則須著意解、(朱)如典謨(朱)諸篇稍雅奧、(朱)亦須略解、(朱)若如盤誥(朱)諸篇已難解、(朱)而康誥之屬則已不可

解矣、(朱)

○書集傳序

慶元己未冬、(朱)先王文(朱)公、(朱)令。(平、朱)沉作書集。傳(去、朱)、(朱)明年先生歿、(朱)又十年始克成編、(朱)總若干萬言、(朱)嗚呼、(朱)書豈。易(去、朱)言哉、(朱)

慶元己未の年は、日本の正治元年（一一九九）に當る。この本は、袋綴裝、一頁十行、一行二十字、注雙行、縱二六・〇糎、横一六・一糎であり、元代の延祐戊午（五年〈一三一八〉）十月朔日男眞卿の序を持つ同年の版で、これに翌年の延祐六年に王元亮が朱點を加えたものであることが、次の巻末識語で知られる。

（巻第四、巻末）（朱書）「延祐己未八月點校訖」

（巻第六、巻末）（朱書）「王元亮點校訖」（右と同筆）

十帖の本文中に施された句切點・注示符・聲點もこれと同筆蹟であるから、元代に中國大陸において中國人により加點せられたことが分る。この加點の形態が、院政・鎌倉時代に日本に將來せられた先掲の二種の宋版に角筆で書入れた句切・注示符と同じなのである。これらの角筆の加點が、中國大陸で書入れられた可能性が一層大きくなるのである。

同種の例は他にも認められる。北京圖書館藏の廣雅疏證十巻の清嘉慶刻本八帖（善本番號三〇二一）にも、「己未（嘉慶四年〈一七九九〉）四月廿七日校竟」云々の墨書識語と同筆蹟の墨書の句切點が施されている。又、同圖書館藏の論衡三十巻の宋乾道三年（一一六七）紹興府刻宋元明遞修本八帖（善本番號六八九七）にも、「光緒甲申（十年〈一八八四〉）」の識語と同筆の朱書による句切點と注示符等が施されている。類例は他にも少なくはない。

中國大陸において、漢籍や佛典の本文を讀解するに際して、墨書の本文中に句切點や「破音字點」とその「四聲の枠を示す點」や縱線を、朱書・墨書で書入れることが、既に溯って二、三世紀書寫の樓蘭文獻や、五世紀から十世紀までに書寫された敦煌文獻に行われていることは、石塚晴通氏が豐富な圖版によって示されている。(26) これによれば、樓蘭出土文獻（S.Ⅲ.513・

514）で二、三世紀頃のものとされ、漢籍の一部かとされる斷片に朱筆の句讀點と墨筆の科段點とが施されており、又、十誦比丘波羅提木叉戒本（S.797、建初二〈四〇六〉年）にも科段を示す墨點が施され、妙法蓮華經卷第八（S.2577）には七世紀末頃加點とされる朱筆の句讀點・「破音字點」が詳密に施され、論語集解卷第九（S.618）の七世紀末乃至八世紀初期頃書寫・加點本には、全卷に朱筆にて句讀點・「破音字點」及び「破音字の四聲の枠を示す點」が詳密に見られるという。縱線符號も、文心雕龍（S.5478）の八世紀後半期書寫とされる書本に朱筆で科段を示すのに用いられており、又、維摩經義記卷第四（S.2732）の大統五年（五三九）の書寫識語と保定二年（五六二）の加點識語の上に朱筆の棒線が引かれているという。

筆者も、北京圖書館において、新疆自治區出土の論語一卷で景龍四年（七一〇）の書寫識語のある寫本に朱筆の句切點と校合書入れのあるものを實見した。このような樓蘭・敦煌等の西域出土の書本に施された句切點・「四聲の枠を示す點發」・縱線符號は、形態や機能から見れば、元版に朱筆で施された句切點・聲點・縱線の注示符に通ずる。更に年代的にも中國中央文化を反映する面でもその間隙を埋める書本を探して確かめる必要はあるものの、元版の加點が中國獨自の加點の歷史の上に立つものであって、少なくとも日本の訓點の逆輸入による所産とは考え難い。さすれば、日本に將來せられた先揭の宋版二種に書入れられた角筆の加點も、中國大陸で爲されたものと見得ることになる。

中國大陸において、紙本以前の木簡にも句切符や文頭標示符等の書入れの見られることは知られる所である。一九五九年七月に甘肅省武威城南十五公里の磨咀子第六號漢墓から出土した儀禮簡四百六十九枚にも、墨書で諸種の「標號」の中に、「•」（中圓點）、「。」（圓圈）、「▲」（三角形）の「章句號」が書入れられてあり、又、「ㄴ」（鉤）が、句讀に相當する所に、

•獻祝邊燔從如初義」及佐食如初卒以爵入于房•賓三獻如初」燔從如初」爵止•延于戶內」主婦洗酌致爵于主人」

（特性第二十七簡）

のように用いられたり、語句の竝列する所にも、「諸公卿大夫」諸公卿大夫」のように用いられたりして施されていることが指摘せられている。これらの符號は、この古典を讀解・誦習する際に墨書本文中に直接に施されたものであり、「乃墓主生前

誦習的經本」であったと推斷されている。(27) この二千年前の武威漢簡に、爪迹様の書入れがあることと、それに係る先端の尖った筆が同時に出土しているという教示を、北京の社會科學院考古研究所において、王仲殊所長の御高情を忝うし、同研究所の陳公柔教授より得る幸いに恵まれることになった。同教授の直話によると、曾て同研究所の陳夢家教授が武威磨咀子出土の漢代の儀禮簡を調査された折に、墨書本文の中に爪迹様の句切線のような凹みの書入れや、各簡の行末を示す凹みの横線などが存することを見付けられた由である。又、武威の二號墓から出土した竹製の筆は、筆毛が既に無くなっているが、反對側の先端が削り尖らせてある。(28) この先端が何故に尖っているかについて、陳夢家教授は一案では筆に作る時に材料の竹の先が自然に尖ってしまったとされると共に、別案としてこの尖端で武威漢簡の板面を凹ませて爪迹様の書入れをしたと考えられたそうであるが、證明する手立てがないために論文や著書には發表せられず、陳公柔教授に語られたままで、物故せられたとのことであった。筆者は、これを居延筆(29)の「鋭頂之木」とその「刻文」とに併せ考え、更に日本で發見せられた角筆とそれで書いた凹みの文字や訓點との關聯を考えて、陳夢家教授の考えられた別案の可能性の大なることを思うと共に、同教授が彼の大陸の騒然たる世情の中で、五十歳半ばにして鬼籍に入られたのが痛恨遣る方なかった。

そこで、武威漢簡の爪迹様の凹みが如何なるものか、その確認の機を希求していた所、歸國直前に甘肅省蘭州市の甘肅省博物館において、それを實見する機に恵まれることになった。この調査には同博物館の薛英群氏と蘭州大學歷史系敦煌學研究室の馬明達氏の御芳情を賜り、又同大學の郭來舜氏の御世話を忝うした。爪迹様の凹みは、例えば次のようである(漢字の字體は現行活字體に改めて示す。儀禮經文の解釋には現行と一致しないものがある)。

○儀禮、泰射(第八十八簡)

(上略)薦脯醢折一(凹線)俎皆有祭澤獲者薦右東面拜一(角)受爵司射一(角)北面拜送一(凹線)爵澤獲者就其薦坐左執爵祭脯醢興取肺坐祭述(「凹線」は綴簡用の繩の凹みか)

○儀禮、特牲(第十九簡)

（上略）加于甑擧獸一(角)乾魚一一(角)亦如之一(角)尸實擧一(角)于菹豆佐食一(角)羞庶羞四豆（下略）

○儀禮、服傳（第十一簡）

（上略）有北宮異居而同財有餘一(角)則一(角)歸之宗不足一(角)則資於宗（下略）

尙、特性第十三簡の「宗人遣佐食及執事涗出・主人降及賓涗出」の上の「涗出」の中下には章句を示すと見られる墨丸（中圓點）が施されているが、[30] これに重ねるようにして爪迹様の凹みで横短線二本が施されている。爪迹様の凹みの横短線は、丁度句讀を示す漢字句に施されているように見られ、その位置も文字間で稍右寄り乃至文字間の中央である。その凹みの線は、明らかに板面より淺く凹んでおり、滑らかな感じで、條彫のように鋭く切れ込んだ迹とは異なる。それは、日本の藤原宮木簡や平城宮木簡に板面を淺く凹ませて角筆で書入れたと考えられる迹に通じ、日本の紙本の角筆文獻における滑らかな凹みにも一脈通じている。尙、各簡の中には、行頭字の上方に木簡を束ね連ねる折に用いた繩の迹と見られる微かな凹み狀の幅廣の横線が認められるが、文章中に讀解のために施された横短線の凹みとは異なっている。

武威漢簡の四百六十九枚の全木簡を調査したのではなく、その約一割程度しか實見していないので、爪迹様の横短線が確かに句讀と科段とを示す爲に書入れたと斷定することは憚られるが、その機能や加點の位置が文字間の右横乃至は中央であることや、句讀の示し方が後世のようには詳密でないこと等が、彼の樓蘭や敦煌の加點本に朱書・墨書で施された「句讀」や「科段」に通ずることから、その可能性は少なくはない。少なくとも、板面を凹ませて意圖的に符號等を書入れたことは間違いなく、その凹みの迹から見れば、角筆で書入れたものと見ることが出來そうである。武威漢簡についての筆者の調査の當面の目的は、この角筆による書入れの有無を確かめることにあったから、その事實を共に確認し合うに止め、その具體的な詳細な調査研究は、當事者の發表に俟つことにした。

武威漢簡を調査せられた薛英群氏の敎示によると、武威磨咀子の漢墓から完整な毛筆が四隻出土しており、墨の殘物も出土しているという。そのうちの毛筆一隻と墨とを實見した。毛筆は竹製で、形態は居延筆と同じく、一端に筆毛がすげ納れられてこれを痲の絲で巻き固めてあり、反對側の先端に「鋭頂之木」が冒せられている。但しその尖端は損傷している。筆管長一九・〇糎、筆毛頭長一・〇糎で、筆管には「白馬作」の刻銘が白粉入で彫まれている。又、敎示によると、一九七二年から七六年に居延考古隊が居延の破城子・肩水金關等において漢代の木簡二萬餘枚を發掘した折、新たに居延筆一隻が出土したが保存が良好でなかった由であり、その居延新簡にも約百枚に一枚の割合で諸種の刻號が存するという。彼の山東省臨沂市金雀山周氏漢墓から出土した竹製の毛筆(31)は、この出土品そのものの都合にて實見することは叶わなかったが、筆毛とは反對側の「斜削」した先端の機能は、薛英群氏によると、木簡を束ね綴じた時の綴じ誤りの繩を解く爲に用いられたとされる。居延筆の「鋭頂之木」は、形態が異なるから機能も必ずしも同じとは限らず、多目的に供せられたことも考えられる。いずれにせよ、武威漢簡に角筆と思われる凹みの書入れのあることは否定し得ない。

中國から歸國して二年經った、一九八七年(昭和六十二年)十月二日附で、薛英群氏から次の趣旨の知らせ(原文、中國語)が屆いた。

御承知のことですが、近年來私はずっと簡牘學研究に取り組んでおります。正に先生がおっしゃった通りに幾らかの木牘には確かに角筆で書かれたと見られるような傍書が見付かりました。但し、長い年月が經ったので、あまりにも察覺しにくいようですが、擴大鏡を使って仔細に觀察したら、はっきりとその筆畫を見ることが出來ました。これは、疑いなく先生の豫見が實證されたものです。

薛英群氏は、居延考古隊が新たに發掘した二萬枚餘の漢代の居延新簡の解讀に當っているとのことである。

さて、武威漢簡の凹みの横短線が、句切や科段を示すとすれば、墨書の符號と共に、樓蘭の紙本より二、三百年も溯って、句讀點が角筆でも加點されていたことになる。日本における現存最古の角筆文獻の維摩詰所説經巻上甲本・乙本が、奈良時代に角筆で句切を斜線の形態で書入れてあること(32)との關聯が改めて考えられてくる。中國における加點方式が、角筆という用具とも一緒に直接又は間接に傳來せられたことも考えてみる必要があろう。

日本に將來せられた先掲の宋版二種に加點された角筆の書入れが、その符號の形態等から中國大陸で爲されたものとすれば、角筆の使用は、漢代の西域だけでなく、後世までも大陸の各地で行われていたことが考えられる。それが日本に傳來したとすれば、恐らく唐代前後に、他の文物と共に齎された可能性が大きい。

後世の中國の紙本に、角筆の書入れの存することは、現存する書本で確認せられる。北京大學附屬圖書館の善本の中から角筆で書入れたと見られる符號が見付けられたのである。宋の孫甫撰述の唐史論斷三巻の寫本三册（善本番號一二五三）に見られる。端平二年（一二三五）の刻本に基づいて書寫した本文には、朱書と綠書とによる本文校異や注解の字句が多く書入れられている。これらの書入れは、第三册の巻末にある識語によって、光緒辛丑（二七年〈一九〇一〉）九月に伍氏の粤雅堂叢書本を借りて朱筆でその本文字句の異同を校合し、十月初三日に又、四庫鈔本を借りて綠筆で再び校合したものであることが分る。その校合に際して、本文の當該字を先ず角筆によると見られる鉤線や斜線を以て抹消したり生かしたりし、その後から傍や上欄に朱書で訂正すべき字句を注記している。例えば、次のようである。

○而説稱忠王奇表・比之聖祖・事果使乎・盖炤成方娠・（第二册）（「」」は朱書。「使乎」二字を角筆の鉤符「┐」にて抹消す。上欄（朱書）「使伍本作便炤作昭」、（綠書）「四庫本正作使作炤」）

○朝廷漸治。國威可漸振笑。「矣」（朱）奈何不能用讓能之言。（第三册）（「笑」を角筆の斜線〈左下り〉にて抹消。更に白塗す）

その他にも認められる。角筆の凹みは極めて淺く薄いので漫然と見るならば見落してしまう。その凹みの迹は、爪による迹とは明らかに異なり、又針書とも異なる。日本の紙本に角筆を以て書入れた凹みに通ずるものである。

北京大學附屬圖書館からは、その後、一九九四年（平成六年）三月の調査で、柚木靖史氏が、計十四點の角筆の書入れ文獻を見出した。[33] 次の諸文獻である。（〔中三〕〜〔中一六〕は中國で見付けられた角筆文獻の整理番號である）

删後文集（清代板）　四册　〔中三〕

角筆ノ四聲點・句切點

益古演段（同治十二年〈一八七三〉古荷池精舍板）　二冊　〔中四〕

角筆ノ四聲點・句切點

注顔氏家訓（清代戊辰夏成都板）　四冊　〔中五〕

角筆ノ句切點（讀點ト句點ヲ區別）

石屛詩集（清嘉慶道光間臨海宗氏板）　六冊　〔中六〕

角筆ノ句切點

遼年代表（清代板、光緒三十一年〈一九〇五〉跋）　六冊　〔中七〕

角筆ノ句切點

青華祕文（明代板）　一冊　〔中八〕

角筆ノ右傍點（注示符）・句切點　他ニ朱點（角筆點ニ重ネ書）

異説征西演義全傳（乾隆五十年〈一七八五〉重板）　四冊　〔中九〕

角筆ノ句切點（讀點ト句鉤點ヲ區別）

金石綠全傳（咸豐癸丑〈三年、一八五三〉板）　四冊　〔中一〇〕

角筆ノ句切線

水滸傳（乾隆丙辰〈元年、一七三六〉板）　六冊　〔中一一〕

角筆ノ句切線

玉釧緣（清代板）　六十四冊　〔中一二〕

角筆ノ句切點

餘墨偶談四集（清代癸未板）　四冊　〔中一三〕

角筆ノ句切點　他ニ墨書（角筆ニ重ネ書）
蝴蝶媒（清代、積經堂藏板）　二册〔中一四〕
角筆ノ句切鉤線
周禮注疏校勘記（同治十三年〈一八七四〉板）　四册〔中一五〕
角筆ノ句切鉤線
鐵琴銅劍樓藏書目錄（清代末板）　十册〔中一六〕
角筆ノ句切鉤線

いずれも明・清代の木版本であり、角筆の書入れは、句切や四聲點に用いられている。この種の角筆文獻は他にも遺存するらしく、調査を進めれば、更に多くが見出されるであろう。

明・清代の角筆文獻は、北京以外の地からも見付けられ始めている。栾竹民氏の調査とその教示によれば、四川省重慶市の西南師範大學附屬圖書館から、次の四點の角筆書入れ文獻を確認したという。

方輿攷證（清代板、道光十年〈一八三〇〉序）　十九册〔中一七〕
角筆ノ句切線（一九九七年二月二十日確認）
樂府辨類（清・曹林自筆本、曹林は江蘇震澤縣八角亭人、乾隆壬申〈十七年、一七五二〉擧人）　三十卷〔中一八〕
角筆ノ句切點・斜線（二〇〇〇年八月中確認）
詩鵠約編（清・王繩祖編、光緒壬午〈八年、一八八二〉板）　上三卷、中三卷、下三卷、附編三卷〔中一九〕
角筆の句切點（圈點）（二〇〇〇年八月中確認）
中晩唐詩主客圖（高密李石桐評選、乾隆甲午〈三十九年、一七七四〉長夏高密李懐民識、退思軒藏板）　上下二册〔中二〇〕
角筆の句切線（二〇〇〇年八月中確認）

角筆の書入れは句切等の符號であるが、今後の調査によって更に多くが見出される可能性がある。

第五項　終りに

中國大陸において、未だ、北京と重慶という特定の地しか調査が及んでいないが、中國全土に及べば、各地から角筆書入れ文獻の見出されることが期待される。萬卷の善本等の中から、有るか無いか分らぬ角筆の書入れを探すことは、恰も大海で針を探すようなものであり、しかも限られた僅かの時日の暇をさいての調査である。現時點では右掲の程度であるが、ともかくも中國においても、木簡や古鈔本、更に明・清代の書本・版本に角筆の書入れがあることを知り得たことは、角筆の源が中國にあったことを考えしめる有力な材料を得たことになる。ただ、今までに知り得た角筆の書入れは、いずれも符號である。從って、日本の角筆文獻のように文字の語句や文章の書入れにも、角筆が用いられたかどうか探査を續ける必要が新たに生じて來る。

最後に、角筆が中國大陸から日本に傳來したとする場合、その時期を考える一資料として、繪畫の下繪技法に凹線が用いられていることに言及しておく。わが國で下繪技法に凹線が用いられていることについては先に觸れたことであり、その古例として法隆寺金堂壁畫が擧げられる。[34] この佛教繪畫に唐畫の様式があり、作者の一人に大寶元年（七〇一）に入唐し養老二年（七一八）に歸朝した道慈が擬せられている。[35] 一方、陝西省乾縣の永泰公主唐墓は、中宗の神龍二年（七〇六）に造られたもので、その壁畫の下繪に凹刻線が施されていることは良く知られる所である。[36] 筆者も、昭和六十年（一九八五）十一月二十六日に現地を訪れて實見した。現狀の壁畫は大部分が摸寫複製であり、原物は同墓中の入口より壁畫群三群目で通路に永泰公主碑文のある奥に當り、海石榴の花をドーム型の天井一杯にわたり七劃、奥行十七列、計百十九劃に畫いたもののみであることを、同所乾陵博物館の李自成氏に教示された。一劃は縦五一・〇糎、横二五・〇糎のものと、縦二四・〇糎、横二五・〇糎のものとが縦に交互に配せられ、それぞれの中に海石榴が描かれている。百十九の繪は一見、二、三種の型紙で下繪を取ったかの如くであるが、仔細に見ると一圖ごとに少異がある。各圖とも、先ず輪廓を淺く滑らかな凹みの線で描いてあり、その上から墨色を重ね書して輪廓を浮き立たせ、更に花は赤色、葉は綠色、莖は茶色で彩色し、種子は黒く塗ってある。凹みの線は少なくとも二種は認められ、花や葉の輪廓が細目であるのに對して莖の輪廓はそれより稍太目である。その凹みの迹は、決して針描きでなく、條彫のように鋭く切れ込んだ線でもない。その淺く滑らかな凹みは、正に日本の紙本の下繪に見られる凹みに通ずる。その用筆は朽筆、やき筆等と説かれているが、その凹みの迹から見れば、日本の角筆文獻に用いられた角筆と同種のものと考えて差支えなさそうである。

永泰公主唐墓の裏側に當る位置に、同じく唐代神龍二年（七〇六）に巴州から移造された章懷太子李賢（六五四—六八四）の墓があり、一九七一年に發掘され五十餘幅の壁畫が發見されている。この壁畫にも、下繪に凹線が施されているものがある。李自成氏によれば、この壁畫は原物のまま展示されているという。墓の構造は永泰公主墓に似ているが、壁畫には海石榴の畫が無くて人物畫を主とし、下繪の凹線は、石槨前室の左右各四面壁に、「觀鳥扑蟬圖」「狩猎出行圖」「禮賓圖」等が描かれ、その中に認められる。例えば、右側の石槨室に最も近い壁に描かれた女官は、赤味を帶びた細い凹みの線で下繪が描かれ、その上から墨色を重ね書して輪廓が取られて黒く色付けされている。この右隣に描かれた樹枝も先ず輪廓を凹みで取りその上から墨色を重ね書するが、墨のはげ落ちた箇所は赤味を帶びた細い凹みの線が現れている。左側の石槨室に最も近い壁に描かれた女官の顔では、左眉（向って右）を描くのに、凹線で右上りの眉を描いた下繪には重ね書せずに、これを無視した形で墨色で眞横に眉を引き描かれている。その下繪の凹線の迹を見ると、木片の先端を焼いた時に生ずる炭粉のような附着物は全く認められない。淺く滑らかな凹みの線は、日本の角筆と同種の用具で施した迹を示している。その用具が何であったかは定め難いが、永泰公主唐墓の壁畫の下繪に用いた凹線と同様であり、角筆と同じ機能のものと考えられる。

法隆寺金堂壁畫の下繪に用いた凹線が角筆によったものと見られるならば、この下繪の技法そのものも、唐畫の方式に學んだことを考えてみる必要があろう。

注

(1) 拙著『角筆文獻の國語學的研究 研究篇』(汲古書院、昭和六十二年七月刊) 第一章「角筆の記文」。
(2) 注(1)文獻。
(3) 注(1)文獻、八二頁「補注」に附記。
(4) 注(1)文獻、七六頁。
(5) 拙稿「國語史料としての角筆文獻」(『築島裕博士還暦記念國語學論集』昭和六十一年三月)。
(6) 龜田孜「壁畫災前災後」(「佛敎藝術」第三號、「失われた法隆寺壁畫特集」、昭和二十四年三月)。
(7) 小林太市郎「法隆寺金堂壁畫の研究」(「佛敎藝術」第三號、昭和二十四年三月) では、道慈が養老二年 (七一八) 歸朝頃から天平五年 (七三三) 前後に金堂壁畫は作られたものと推定されている。
(8) 平田寛「木畫師小考」(「佛敎藝術」第六十六號、昭和四十二年十二月)。
(9) 秋山光和「醍醐寺五重塔壁畫の様式と技法に就いて」(「美術研究」一九五號、昭和三十三年一月)。
柳澤孝・宮次男「壁畫の様式と技法」(『醍醐寺五重塔の壁畫』昭和三十四年三月)。
(10) 中野玄三「密教圖像と鳥獸戲畫」(「學叢」第二集、昭和五十五年)。
(11) 注(1)文獻、六五八頁。
(12) 注(1)文獻、五八三頁。
(13) 注(1)文獻第四章、六四九・六五〇頁。
(14) 注(1)文獻、五六頁。
(15)『日本隨集全集 一』による。

(16)『日本隨筆全集　八』・『日本隨筆大成』（二期一二）による。

(17)「牙籤考附錄」は『近藤正齋全集　三』に收められているが、この引用は古事類苑所引によった。

(18)古田東朔氏の教示による。

(19)江戶時代の岡山の畫人、大森黃谷（一七八四―一八五二）の書殘した備忘紙（切紙一紙、大國美津子氏藏）にも、「木筆《ボクヒツ》《ジツキ》ニ云物アリ／元ニ條《フサ》有頭ニ粲《スイ》有／源氏物語につましるしと云／もの是也」と寫していて、木筆が字突（角筆）と同じと考えていたことを示している。源氏物語乙女卷の「つまじるし」も角筆で記したと見ているのは注目される。大森黃谷（滿宜）は、和氣郡尺所村の富豪大森家の出で、若年より書を好み、中年より三都に住み、諸國を巡見し文人畫を好くしたという（廣島縣立歷史博物館、菅波哲郎氏教示）。

(20)新疆維吾爾自治區博物館編『新疆出土文物』（文物出版社、一九七五年刊）。注(1)文獻、六五六頁。

(21)沼本克明博士の教示によれば、高山寺藏本新譯華嚴經音義一帖（重書一四號）の鎌倉時代安貞二年（一二二八）書寫本に室町時代に朱書で加筆した聲點に「ↄ」が見られる。二箇所だけであり、しかも破音字點であって、中國大陸における傳統を承けるものである。又、この破音字點は江戶時代の唐音資料にも用いられている（崎村弘文「岡嶋冠山著『唐音學庸』の字音」〈均社論叢〉一三號、昭和五十八年五月〉。尙、韓國の角筆點にも用いられている（本書東アジア篇第二章第一節、一五四頁）。

(22)元亨釋書卷第十四・重源傳、本朝高僧傳卷第六十五・重源傳等。

(23)山本榮吾「重源入宋傳私見」（『日本歷史』第一九九號、昭和三十九年十月）。

(24)築島裕「三十帖策子古訓點所見」（『弘法大師眞蹟集成　解說』昭和四十九年十月）。注(1)文獻、一〇〇一頁。

(25)北京圖書館善本部長任金城氏の好意により、原本を調査し得たものである。

(26)石塚晴通「樓蘭・敦煌の加點本」（『墨美』第二〇一號、昭和四十五年六月）。

(27)甘肅省博物館・中國科學院考古研究所編著『武威漢簡』（一九六四年九月刊）七〇・七一頁。

(28)注(27)文獻『武威漢簡』八六頁所揭圖版參照。

(29)注(1)文獻第四章、六四五頁。

(30)注(27)文獻『武威漢簡』圖版肆甲本特性（一）、釋文、九六頁。

(31)沈毅「山東臨沂金雀山周氏墓群發掘簡報」（『文物』第三四二期、一九八四年十一月）。尙、注(1)文獻、六五四頁參照。

(32) 注(1)文獻第二章、一一八頁。
(33) 柚木靖史「中國(北京)明清時代の角筆文獻―中國における角筆文獻大量發見の可能性を探る―」(『一の坂川姫山國語國文論集』平成九年五月)。
(34) 本書日本國内篇第一章も參照。
(35) 注(7)文獻。
(36) 注(8)文獻參照。

第二節　臺灣移存の角筆文獻──居延漢簡の角筆文字──

第一項　臺灣の角筆文獻調査までの經緯

中國大陸で、これまでに見付かった角筆文獻は、いずれも角筆で符號を書入れたものであった。それでは、角筆で漢字を書込んだ文獻は無いのであろうか。前節に紹介した薛英群氏の知らせによれば、居延新簡の中には、「角筆で書かれたと見られるような傍書が見付かり」「擴大鏡を使って仔細に觀察したら、はっきりとその筆畫を見ることが出來」たという。その居延新簡について確認することは出來ていないが、一九三一年に居延から發掘された居延漢簡の中に、角筆で書いた文字らしい書入れを、此の度、確認することが出來た。

中華民國二十年（一九三一）一月に西北科學攷査團の團員フォルケ＝ベリーマン（Folke Bergman）が、額濟納舊土爾扈特旗のム＝ドルブルヂン（穆兜倍而近）地方で、居延城趾の西方十六粁餘の地において、管の儘の完好な一本の筆を、漢代木簡と共に發見したという。居延は、蒙古の額濟納舊土爾扈特旗に在り、漢代に甲渠候官の置かれた地である。出土した筆は、その地名を冠して「居延筆」と呼ばれる。(1)

この居延筆と共に出土した約一萬餘點の木簡（居延漢簡）の年代は、それに墨書された年紀により、征和三年（西暦前九十年）十月から後漢はじめの建武七年（西暦三十一年）四月匈奴の壓迫を受けて後漢がここを抛棄した時までという。(2)

その居延筆と、一萬餘點の居延漢簡とは、一九三七年七月に蘆溝橋事變が勃發し損傷を避けるために、關係資料と共に祕かに北京から天津・青島・上海を經て香港に運ばれ、その後アメリカに渡り、一九六五年に再びアメリカから臺灣に運回された[3]。現在は、臺北市の中央研究院歴史語言研究所に保管されている。

一萬餘點の居延漢簡は、解讀せられた成果が、一九四〇年に、勞榦著『居延漢簡考釋之部』[4]に公刊された。その中、第三十五葉の七一一番目の釋文に次のようにある（釋文の行取・注記の位置は原文のまま）。

七一一　會壬申旦前對狀毋得以它爲解各　署記到起時令可課（左側無字處有刻文）
告肩水候官所移卒責不與都吏移卿　所擧藉不相應解何記到遣吏檢按
及時未知不得白之（一八三・一五A）

解讀者の勞榦の注記に「左側無字處有刻文」とある文句が注目せられた。この木簡の解讀は、一九五九年にも、中國科學院考古研究所編輯『居延漢簡甲編』[5]として再び公刊された。（釋文の行取・注記の位置等は原文のまま。釋文中の傍線は私に附したもので前引の勞榦の釋文と異なるもの）

會壬申旦前對狀毋得以己爲解各　署記到起時令可課
告肩水候官＝所移卒責不畏都吏移鄉　所擧籍不相應解何記到遣吏＝
檢校及將軍未知不得白之　（左側刻文當字空白處）（一〇四九A）

この釋文にも亦「刻文」が空白の處にあるという解讀者の注記が附せられている。この木簡は木簡番號が一〇四九號であり、刻文はそのA面にある。一九八〇年十二月に中國社會科學院考古研究所から公刊された『居延漢簡甲乙編』[6]の同木簡の釋文（下册）には注記が全く附されていない。注記を省略されたのか、或いは臺北市南港區の中央研究院歴史語言研究所に保管されている原簡に當り得ず寫眞に據ったために見難かったのか[7]、その邊の事情は詳かでない。その解讀文を左に揭げる（傍線は私に附したもので「甲編」と異なる字）。

會壬申旦府對狀毋得以它爲解各　署記到起時令可課
告肩水候ニ官ニ所移卒責不與都吏移□　所擧籍不相應解何記到遣吏抵校及將軍未知又將白之
（一八三・一五B）（甲一〇四九A）

右の注記にある用語の「刻文」とは、刻石文にも通じ、岩石や土器等の面を刻み凹ませて記した「文」と見られるが、ここでは被寫面が木簡であるから、木の板面を刻み凹ませて文字又は模様等を書いたものの意に用いたと考えられる。この一〇四九號A面の寫眞は、勞榦編『居延漢簡圖版之部』と前引の中國社會科學院考古研究所『居延漢簡甲乙編』の圖版（上册）とに出ている。この内、後者の『居延漢簡甲乙編』の圖版の寫眞（甲圖版捌貳）は鮮明さを缺いていて、墨書の文字さえ讀み難い所が多いが、前者の勞榦編『居延漢簡圖版之部』に所載の寫眞は、後者に比べて墨書の文字も鮮明に寫っている。この寫眞によると、この木簡のA面は墨書が二行に書かれ、右行・左行ともに中央部に八字か九字分の空白がある。その空白の處の左側の行に刻文の陰影が認められる。墨書で左行の上半分に「告肩水候ニ官ニ所移卒責不與都吏移鄕」と書かれた十七字目の「鄕」と見える字の下の空白處に、「鄕」と見える字の最終畫の縱線に續けるようにして、やや右寄りの位置に、凹みの文字又は模様のような陰影が辛うじて認められる。寫眞であるために内容は未詳であるが、「左側無字處有刻文」とあるのに當るとすれば、この陰影であろう。(9) この陰影について、前著では、次のように記しておいた。(8)

この「刻文」の陰影は、墨書の「都吏移鄕」の文意を補うために書入れたものであろうか。寫眞だけでは確かではなく、内容が解讀されないために、その書入れの意圖も明らかでなく、又、用具も定かにはし得ないが、「刻文」の陰影がこのようであれば、その凹みの迹は、本邦の上代木簡に角筆樣に書入れられた文字の凹みに通じていて、少くとも刀子や釘などの金屬具で附けた凹みとは異なっている。

右の一〇四九號木簡の出土地は、『居延漢簡甲編』所載の「本編簡册索引」の「出土地」注記によると、「地灣」という場所であり、内容は「書檄」とある。同書所載の「額濟納河流域略圖」によると、「地灣」（Ulandurbeljin）は額濟納河の下方の灣曲した東岸、肩水金關の近くの地で、漢の烽臺と小堡が置かれた所である。尙、『居延漢簡甲乙編』下册に附載されている「額濟納河流域漢代亭障分布圖」によると、この地に障と亭隧の多數あったことが知られる。

一九八五年（昭和六十年）の正月、廣島大學の研究室で、勞榦編『居延漢簡考釋之部』の七一一番目の釋文中に「左側無字處有刻文」とある注記に出遇ってから十五年間、この「刻文」の正體が何であるか、私の腦裏から離れなかった。思いがけなく、この木簡を、あの居延筆と共に實地に閱覽調查する機に惠まれることになった。

第二項　臺北市中央研究院における調查

二〇〇〇年九月二十日臺北市南港區の中央研究院歷史語言研究所において、黃寬重所長の允許を得、陳仲玉研究員の御高配により、劉增貴研究員竝びに關係者の御世話を頂いて、居延漢簡一〇四九と居延筆とを拜觀調查することが出來た。これには謝逸朗教授の御配慮を忝うした。

劉增貴研究員は、居延漢簡の解讀に當られていて、一〇四九簡の文面の解釋について、當日は無論、歸國後も貴重な教示を惜しまれなかった。劉研究員の解讀された本文は左のようである。

六月辛未府告金關嗇　夫久前移拘逐辟橐他令史

解事所行蒲封一至今　不到解何記到久逐辟詣（183、15A）

會壬申旦府對狀毋得以它爲解各　署記到起時令可課

告肩水候官候官所移卒責不與都吏楊卿　所擧籍不相應解何記到遣吏抵校及將軍未知不將白之（183、15B）

「183、15」は原簡編號で、Aは表面、Bは裏面を指す。（勞榦の翻字では「會壬申」をAとする）

劉研究員は、一枚の木簡の兩面に書かれ、木簡の文章は簡要で他に證すべき資料が無いので確かな意味が分らず、推測の域を出ないと斷われた上で、次の趣旨を教示された。

木簡の文章は、Aの「六月」の面から讀み起し、Bの「會壬申旦」の面に續く。(10) 大意は以下のようである。

六月辛未に都尉府は金關の嗇夫の久（人名）に公文書を送った。その公文書は「この前、私は來拘（驗問又は查辨、或いは拘捕）の逐辟（人名）に封した公文書を槖他令史の解事（人名）から出したが、今になっても來ていない。どういうわけでしょうか。」この公文書が到達したら、久と逐辟は官に詣でなければいけない。

壬申（翌日）の旦に會うように府に來てもらって狀（公文書）を照合しますので、如何なる口實があろうとも來なければならない。各々は公文書を受け取った時間を書いて私たち府の者の檢査考察を受けるのが良い。

（小林注　都尉—兵馬を掌る官。嗇夫—鄉の訴訟を聽き賦稅を收めることを掌る職。令史—文書事務を掌る官）

都尉府が肩水候官に告げる。「候官が送って來た兵卒の債務記錄が良くない。(11) 都吏の楊さんが擧げた名籍と合わない。如何なることであろうか。この文書を受け取ったら官吏を派遣して調べに行かせなさい。又、將軍はこの事を知っているかどうか。こちらから將軍に報告します。」

（小林注　候官—斥候のことを掌る官。都吏—所屬の縣を巡察し官吏の成績を調査する官）

この木簡は、縱二三・二糎、幅が上端一・八糎、下端一・七糎で、一〇四九B面の縱左側上から一〇糎の箇所に二糎にわたる切込みがある。この切込みは、木簡を束ねる時に繩をかけるのに使ったものであろう。一〇四九B面には「會壬申旦」に始まり、「令可課」に終る一行と、「告肩水候官」に始まり、「將白之」に終る一行と、計二行が書かれている。その間、「會壬申旦」の行では、「各」と「署」との間、「告肩水候官」の行では「楊卿」と「所擧」との間に、繩をかけるための空白が約五糎餘ある。その空白部で、左行の「楊卿」の「卿」字の最終畫に續くようにして「刻文」の「口」が、右寄りに記されている。「口」の橫線は〇・五糎、縱線は〇・二糎であり、第二畫目の橫線の最終畫は強く抑えて次の縱線に續ける爲に凹みが深くなっている。又第三畫の横線の最終畫も、強く抑えてある。單なる長方の矩形を書いたというよりは、文字を書いたようにも見える。（口繪寫眞及び資料篇、五頁參照）

勞榦が『居延漢簡考釋之部』の解讀に使用したという紙燒寫眞も同研究所に保管されていて、劉研究員が見せて下さった。その寫眞はネガの表裏を逆に燒付けたものであったが、「楊卿」の下に確かに「刻文」が寫し出されている。原木簡について見るに、その刻文の迹は、寫眞のものよりは薄れているが、角筆スコープで見ると明らかに凹みが殘っている。板面を凹ませて記したその凹みは、金屬などの條彫りではなく、日本の平城宮木簡に角筆で書入れたものと同じ迹である。恐らく角筆で板面を凹ませて書入れたものであろう。

この「刻文」が意圖的に書入れられたと見ると、何を意味するのであろうか。長方形とすれば、何らかの符號となる。しかし符號とした場合、何を表す符號なのか不明である。「楊卿」から空白部を挾んで續いて行く先の「所擧」に同じ符號があれば、字句の連續を示す符號として「□……□」を用いたことになるが、「所擧」の方には刻文が無い。又、第一行の空白部を挾む「各」にも「署」にも刻文は全く付けられていない。從って、字句を連續する符號とも考え難い。符號として他に考え難いとすれば、一應、文字として見る必要がある。文字として見るとすると、どうなるか。筆畫の終畫を抑えている所から考えると、漢字の「口」字が候補となる。居延漢簡第一號「永元器物簿」には助數詞として「一口」のように「口」が墨書され、何箇所も記されている。その中には長方形の「口」が何字か見られ、横線が○・五糎、縱線が○・二糎である。「刻文」の「口」と寸法が合う。

漢字の「口」とすれば、一〇四九Bの文章の中で、如何なる意味と役割をしているのであろうか。

劉研究員の教示によると、「候官が送って來た兵卒の債務記錄」と巡察官の「楊さんが擧げた名籍」とが符合しないという文脈である。原本では、

都吏楊卿「口」所擧籍

とある。「擧」は「言也」として「いう」の意があり、又「記す」の意もある。居延漢簡でも、それぞれ、

甲渠候漢疆敢言之府移擧曰甲渠候所移鄣應（二八七）

第十候長相敢言之官移府擧書曰六月乙丑甲渠（一三六〇）

のように兩方の意に用いている。「藉」が「名籍」の意とすれば、書かれた名簿のことになる。居延漢簡には「名藉」の語は屢〻用いられている。「藉」は一字でも用いられる。

校甲渠候移正月盡三月四時吏名藉第十二隧長張宣史案府藉宣不使不相應　解何（七一六）

從って、「楊卿が記した名籍」と見るのが穩當であろう。ただ、「楊卿」の下の「刻文」を漢字「口」と見ることが若し出來るとすると、「楊卿が口頭で擧げた所に基づいて記した名籍」と解することは出來ないであろうか。或いは「藉」が「事の次第」「事柄の情況」「事の理由」の意とすれば、「口頭」で擧げたという刻文の書入れ意圖が分り易くなる。原文では字體は「籍」でなく「藉」である。「口」が「口頭で」という意で用いられることは、時代が降るが、唐の孟獻忠撰の金剛波若經集驗記に、

夜臥之間忽見一僧以錫杖爲捺口云「汝持經之故與汝療之」（卷上）

とあり、石山寺藏平安初期白點では「捺口《ナテクチツカラ》云」と訓讀している。

居延漢簡では「永元器物簿」に見るように「口」は物を數える助數詞として用いられている。一方、口頭で語る場合には、「言」を用いて、

敝辭曰初敢言候擊敝數十下脅痛不耐言（六八八）

のように墨書では表している。從って、「口」を「口でいう」の意に用いたとするのは、居延漢簡の墨書の方式に合わないことになる。しかし角筆を以て凹みで書入れることが、墨書の方式と異なって、俗語的な表現が反映したとも考えることは出來ないであろうか。若しそうなら、墨書の文意を角筆で注記したことになる。

但し、「刻文」の「口」が漢字であるか否かは、僅かにこの箇所のみであるから、現段階では特定することは出來ない。

薛英群氏が指摘された「幾らかの木牘には確かに角筆で書かれたと見られるような傍書」を原木簡について確認する必要を痛感する。

尚、右の居延漢簡と同時に拝觀調査した居延筆については、日本國内篇第九章補説（一四九八頁）で述べる。

第三項　臺北市國家圖書館特藏組に保管される敦煌文獻の角筆書入れ

二〇〇〇年九月の訪臺の折には、二十一日の臺灣大學附屬圖書館の特藏室と書庫の調査を行い、二十二日には、臺北市の國家圖書館の特藏室で、貴重書の調査を行った。國家圖書館では、楊守敬手記本を中心に、宋・元版、朝鮮本（寫本・刊本）を拝觀調査して、敦煌文獻の中から角筆による書入れを確認することが出來た。特藏室では盧錦堂主任、顧力仁氏を始め關係各位の御世話を頂いた。これらの調査には謝逸朗教授の御配慮を忝うした。

角筆の書入れを確認した敦煌文獻は、瑜伽論手記巻第十一の一巻（敦127、08867）である。巻子本で、巻首を缺く。薄い小豆色の楮紙に、墨界を施し、一行に二十八字を書いている。巻尾はあるが、尾題が無い。軸も佚している。本文最終行の「修等引行故作文言被染汙心言」の下に朱書で「第十一巻欲終」と書入れられている。紙背の各紙繼目に「福恵」の墨書がある。法量は、天地二八・七糎、界高二六・四糎、界幅一・五糎である。『國立中央圖書館善本書目』によると「六朝人寫巻子本」とある。

本文には、朱書の科段點・句切點（文末と句末）と校異の漢字が書入れられているが、別に角筆の科段點・句切點が、朱書と重なって施されている。角筆の凹みに朱書が嵌っているので、先に角筆の點が書かれ、後から朱書でその上に重ね書したと見られる。例えば次のようである。

「●」(角の上朱)卅四段内攝作意者分二「二」(朱)様「・」(朱)」

第廿九段遍引作意相攝分二「●(角の上朱)」
「●(角の上朱)」言觀察究竟等者謂除我慢病故
「●(角の上朱)」言世間靜慮等者此中有□四

角筆は、右のような符號の他に、漢字の傍書らしい書入れもあるが、凹みが薄くなっていて解讀することが出來ない。例えば、

　文言受所作住差別應光

の「受所」の右傍に角筆の文字らしい凹みがある。他にも漢字の校異らしい角筆の凹みがあるが未詳である。

角筆の書入れを確認し得たのは、科段點・句切點の符號であるが、六朝時代の敦煌文獻に角筆による書入れが行われ、その迹が殘っている事實が判明した。

二十世紀の初、中國の敦煌の第十七窟から發掘され、スタインによってイギリスに運ばれ、現に大英圖書館に藏せられる敦煌文獻や、ペリオによってフランスに運ばれ、現にパリの國立圖書館に藏せられる敦煌文獻にも、角筆の符號や漢字の書入れがあることは、臺灣に先立つ現地調査で既に明らかになっている。これらについては、次節以下に述べるが、ヨーロッパ所在の敦煌文獻だけでなく、世界の各地に散在する敦煌文獻の中にも、角筆の書入れがあることを窺わせる資料として、意味があると考えられる。

注

(1) 居延筆の發見の狀況と居延筆の形狀については、馬衡「記漢居延筆」(國立北京大學「國學季刊」第三卷第一號、中華民國二十一年〈一九三二〉三月出版)による。尙、拙著『角筆文獻の國語學的研究研究篇』六四四頁參照。
(2) 森鹿三「居延の早期簡」(「墨美」第九十二號、昭和三十四年十二月)、及び藤枝晃『文字の文化史』(昭和四十六年十月岩波書店刊、八四頁)。
(3) 邢義田「傅斯年・胡適與居延漢簡的運美及返臺」(「中央研究院歷史語言研究所集刊」第六十六本・第三分、中華民國八十四年〈一九九五〉九月)。

（4）勞榦『居延漢簡考釋之部』（「中央研究院歴史語言研究所 專刊之二十一」、上海商務印書館一九四九年刊）があるが、ここでは「同研究院 專刊之四十」、臺北同研究院一九六〇（中華民國四十九）年版によった。

（5）中國科學院考古研究所編輯『居延漢簡甲編』（「考古學 專刊乙種第八號」、科學出版社一九五九年出版）。

（6）中國社會科學院考古研究所『居延漢簡甲乙編』（「考古學 專刊乙種第十六號」、中華書局一九八〇年十二月出版）。

（7）中國社會科學院考古研究所『居延漢簡甲乙編』（一九八〇年十二月出版）の圖版（上册）所收の當木簡の寫眞は、極めて不鮮明で、墨書の文字さえ讀み難い所が多い。同考古研究所の徐苹芳副所長の直話によると、解讀は寫眞に據られた由である。

（8）勞榦『居延漢簡圖版之部』（「中央研究院歴史語言研究所 專刊之二十一」、臺北、同研究所一九五七〈中華民國四十六〉年初版印行）。ここでは一九七七（中華民國六十六）年再版による。尙、『居延漢簡甲編』はこの木簡の寫眞を圖版捌貳に掲載している。

（9）勞榦『居延漢簡考釋之部』の七一一番目の釋文以下ここまでは、前著『角筆文獻の國語學的研究研究編』に述べた所を再録したものである。「刻文」に注目した經過と特にそこに掲げた三種の解讀文は、今回の調査で原木簡を實見することが出來たのに基づいて解讀するに當り必要なので、敢えて再録することにした。

（10）勞榦『居延漢簡考釋之部』では一〇四九Aと一〇四九Bと解讀されたが、劉增貴研究員はB→Aとし、「一〇四九B」が183/15A、「一〇四九A」を183/15Bと改めている。

（11）「不」を「良くない」と解釋したのは小林の卑見である。居延漢簡には、動詞に上接しない「不」の用法が次のように見られる。

文人子惠尊卽去日夜逐難到□水不而交難亭留侍難（附四）

第三節　大英圖書館藏敦煌文獻 觀音經（S.5556）の角筆加點

第一項　はじめに

第一節で觸れたように、中國大陸において、五世紀から十世紀にかけて書かれた、敦煌文獻の中に、墨書や朱書の加點が存することは、夙に石塚晴通氏が指摘され、雜誌「墨美」(1)を始めとして諸所で説かれている。その加點は、毛筆・木筆で墨や朱の「色」を以て書加えたものであり、內容は、科段や句讀を示す符號、「破音字點」と呼ばれる點など、主として「符號」である。

筆者も一九九三年の八月から九月にかけて約三週間、イギリスの大英博物館と大英圖書館において、角筆文獻の發掘調査をする機に恵まれた。(2)幸いにも、大英圖書館藏の敦煌文獻の中から、紙の面を押し凹ませて文字や符號を書入れた文獻を見付けることが出來た。(3)その凹みの迹は、わが國の角筆文獻の凹みと同じである。尚、大英博物館においては、Harley 家文書などヨーロッパ文獻の十一世紀から十五世紀の手寫本からもヘブライ語らしい語句などを紙面を凹ませて書入れた文獻を見出すことが出來た。(4)

ここでは、そのうち、先ず敦煌文獻の觀音經（S.5556）を取上げ、その本文に書加えられた、角筆によると見られる凹み文字と符號（以下、角筆の文字・符號と記す）について報告することにする。この觀音經を最初に取上げたのは、他の文獻に比べて角筆の書入れが多く、且つ、その全文を一應手寫することが出來たからである。しかし、限られた時日における匆々の調査であり、その上、長い年月を經る間に凹みが薄くなって見難い所もあり、未だ完全には解讀し得ていない。にも拘らずここに發表しようとするのは、敦煌文獻にも角筆の書入れがあるという事實を、例を以て示し、今後、敦煌文獻を調査する場合に、角筆の文字や符號の書入れにも注意が及ぶことを願うからである。

一九九三年の調査において、大英圖書館藏の敦煌文獻から、角筆の書入れを確認したのは、次の七點である。

①十誦比丘波羅提木叉戒本（紙背「十誦律」）　一巻　建初二年（四〇六）比丘德祐書寫　（S.797）

角筆の科段符、鉤點、句切點、合符、注示符、補入符

②大比丘尼羯磨　一巻　大統九年（五四三）書寫、比丘尼賢玉供養讀誦　（S.736）

角筆の合符等

③大般涅槃經巻第三十九　一巻　貞觀元年（六二七）令狐光和讀誦　（S.2231）

角筆の注示符

④瑜伽師地論巻第三十　一巻　大中十一年（八五七）沙門法成説畢記、比丘恆安隨聽加點　（S.5309）

角筆の科段符、句切點（句切の大中小に應じて點三つ、二つ、一つを區別、その上から朱點を重ね書）、注示符、文字（?）の書入れ

⑤妙法蓮華經觀世音菩薩普門品第二十五　一帖　戊申年令狐幸深書寫讀誦　（S.5556）

角筆の本文校合（ミセケチ符號・顚倒符號）、角筆の漢字による音注・義注、科段符、句切符、合符、注示符、節博士

⑥般若波羅蜜多心經　一巻　（S.4406）

角筆の注示符

⑦救諸衆生苦難經　一巻　戊戌年清信弟子羅什德讀誦　（S.3696）

角筆の合符、四聲點(?)

一九九三年の第一次の調査で閲覧し得た敦煌文獻は計十六點であり、右掲以外の九點のうちの二點からは、一九九四年の第二次の調査で角筆の書入れが認められたから、[5] 調査した過半數の文獻に角筆の書入れがあったことになる。大英圖書館には約一萬四千點（整理されたもの八千點餘、[6] 殘りは未整理という）の敦煌文獻が收藏されている由であるから、その一千分の一を閲覧し調査したに過ぎない。

右掲の七點のうち、最古は、①十誦比丘波羅提木叉戒本の一卷で、建初二年（四〇六）に敦煌城の南で比丘德祐が書寫したものであることが奥書から分る。スタイン蒐集で、年代の明記された敦煌文獻の最古とされる。この書寫本には、墨書による科段の符號「✓」が書込まれている。このことは、石塚晴通氏の指摘された所である。[7] その同じ科段の符號が、角筆でも書かれていて、墨書の科段符號の施されていない箇所にも見られる。別に、角筆の凹みで、鉤點（資料篇、六頁）、句切點、合符、注示符（注意すべき語句の傍らに附す符號）、補入符なども施されている。

この五世紀の文獻を始めとして、②大比丘尼羯磨の一卷で、六世紀の大統九年（五四三）書寫、比丘尼賢玉供養讀誦の本、③大般涅槃經卷第三十九の一卷で、七世紀の貞觀元年（六二七）令狐光和讀誦の本、④瑜伽師地論卷第三十の一卷で、九世紀の大中十一年（八五七）に沙門法成が講說し、比丘恆安が聽講して加點した本から、⑤妙法蓮華經觀世音菩薩普門品第二十五の一卷で十世紀の書寫加點と見られる本まで、それぞれに注記したような角筆の書入れが認められた。角筆は、敦煌文獻にも、五世紀から十世紀にわたって、使われていたことが判明したのである。

その中の、⑤妙法蓮華經觀世音菩薩普門品第二十五（別稱「觀音經」）の一帖には角筆による文字と符號とが多量に書入れられている。スタインの蒐集で、S.5556 の番號が附されているものである。

第二項　妙法蓮華經觀世音菩薩普門品第二十五（S.5556）の書誌と角筆加點との關係

妙法蓮華經觀世音菩薩普門品第二十五（以下「觀音經」と稱す）は、粘葉裝桝型本の一帖で、縦一五・二糎、横一一・七糎の比較的小型の厚手の册子本である。一頁に六行又は七行（糊代のある頁が六行、そうでない頁は七行）を、一行十字又は十一字に書き、全十五丁で、別に共紙表紙を存する。外題は無いが、内題が「妙法蓮華經觀世音菩薩普／門品第廿五」とあり、尾題に「觀音經一卷」とある。奥書は、本文と同筆の墨書で、

　戊申年七月十三日弟子令狐幸深寫書

　耳讀誦

　　願深讀誦

とあり、追筆を以て、

　本生衆生修久今身

　　願深誦　　善男子善女人

と記し、「願深讀誦」の下方に別筆で、

　陳之之之之

　陳伍爲書記之耳

と加筆している（資料篇、七頁）。この後に、「曲子望江南」文の十九行が二丁にわたって附せられている。

奥書の「戊申年」は、本文の墨書が木筆による字體であることと、粘葉裝桝型の裝幀・紙質等から見て、西暦九四八年と考えられる。(8) 後述のように、角筆の符號の内容からも十世紀と見るのが穩當と思われる。敦煌文獻の性格から見て、西暦一〇〇〇年以降には降らない。九四八年はわが國の平安中期天暦二年に當る。

現裝は、各丁が糊離れしているのを紙紐で假綴しているが、第一丁の表裏が錯簡になっている。(9) この一丁は、本來は現裝第四丁裏の次に位置すべきものである。『敦煌寶藏』第四十三册（中華民國七十五年〈一九八六〉八月初版本）にこの觀音經（S.5556）の全文の寫眞が載っているが、その寫眞も錯簡のままである。本稿では、以下の用例を例示するに當り、丁數は現裝の錯簡のままで擧げることにする。

本文を墨書で書寫した「令狐幸深」は、奥書によると、戊申年七月十三日に書寫し、引續き讀誦している。追筆の「願、深、讀誦」等の筆蹟も、幸深の手と見られ、本文中に誤字を訂正して傍記した文字と同じ筆蹟であるから、幸深は、觀音經の本文を書寫し、引續き讀誦し、その折に本文の字句を校訂したことが知られる。「令狐」は、複姓で一族を示すのでその出自が知られる。(10) 敦煌文獻の中にも、角筆を書入れた右掲③の「令狐光和讀誦」のように、奥書にその姓が屢〻見られる。

この令狐幸深が書寫し讀誦した觀音經の墨書本文の漢字本文の行間・字間や字面に、角筆で書入れた文字や符號の多量に存することが、此の度の調査で認められた。それが各丁表裏ともに存し、全巻にわたっている。丁によっては各行とも稠密に書入れられている。その例を、十一丁表3行と4行で示すと次のようである。

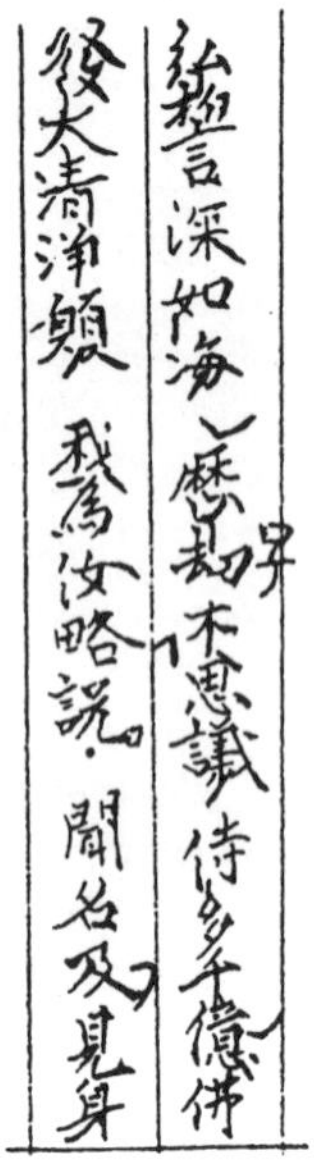

「弘-誓」の中央の縦線、「如-海」の左寄りの縦線、「海」「議」「願」それぞれの字面下端の斜線、「歴」の上の「✓」（資料篇、一〇頁）や、字の左傍・右傍の諸符號など、本文の漢字以外の符號が、角筆で施されたものである。「劫」の右傍の「号」のような凹みの書入れは未解讀である。

この角筆を書入れた時期は、同じ角筆によるミセケチの符號から、幸深が讀誦に際して本文の字句を校訂した時と考えられる。角筆によるミセケチの符號は、當該の誤字の漢字の右下に施し、右上から左下にかけてやや長めの斜線を引いたものである。その右下に薄墨書で訂正した漢字の「怙」「功」などを書加えている。例えば次のようである。

於 苦 惱 死 厄 能 爲 作 依 苦/ト怙（墨）（十三ウ3）（「ト」（墨書））

是 人 恐/功（墨） 德 不 少 （十四オ1）（「恐」を墨でも抹消）

本文の「苦」「恐」の漢字の右下に施した斜線が、角筆によるミセケチの符號である。その右下に薄墨で書加えた「怙」「功」が訂正した漢字であり、その筆蹟が、幸深の奥書に「願深讀誦」などと追筆したものと同じである。しかも訂正して書加えた「怙」字の字面上の右肩には、角筆の符號らしい書入れも見られる。このことから考えると、角筆の書入れも、幸深の手になるものと見られる。

尙、角筆で附した顚倒符號もある。次の箇所である。

緊 那 羅 摩 睺 羅 伽 人 非 等 人✓ 身 （八ウ2）

「人非人等」とあるべき本文を、「等」と「人」との語順を誤って書いたので、讀誦の折に、「人」の右傍に顚倒符號の「✓」（資料篇、一〇頁）を角筆を以て書入れたと考えられる。その角筆の顚倒符號を避けるようにしてやや上寄りに、墨書の顚倒符號が書加えられている。本文の誤字を訂正するに際して、角筆によるミセケチの斜線を施し、後に薄墨書で、「苦」に「ト」を傍書したり、「恐」を塗抹したりするのに通ずる。

しかし、次項で取上げる角筆の文字や符號は、角筆による凹みだけであり、その上から墨書で重ね書するようなことは一切していない。その爲に、角筆による多種多量の加點が、今まで見逃されて來たわけである。

第三項　觀音經に角筆で施された加點の內容

觀音經（S.5556）に角筆で施された文字や符號を、內容により類別して示すと、以下に掲げるようになる。敦煌の他の角筆文獻との比較などによる解釋は、後に觸れることにする。

㈠　漢字による音注の例

假黑風吹其舩舫漂墮羅刹「切」（角）鬼國（二一ウ5〜6）

咸卽起慈「自」（角）心（十一ウ6）

角筆で記された漢字で、最初に見付けたのが、本文の墨書「羅刹鬼」の「刹」字の右傍に書入れられた「切」字である。偏を「七」に書き旁に「刀」を書いた凹みの字が、淺く幅廣の線で記されている。角筆の凹みを見慣れていない眼では見落されてしまいそうである（資料篇、八頁）。この右傍に書入れられた「切」は、本文の「羅刹鬼」の「刹」字に附せられた字音注と見られる。「刹」と「切」とは、中國中古音では聲母は同じであるが韻母が異なる。この點については後述する。

第二例目の、本文の墨書「慈心」の「慈」の右傍に角筆で書入れられた「自」は、大振りの字形で行間一杯に書かれていて、歸國後に調査ノートを見て氣付いたものである。原本で確かめる必要を覺えるが、「自」であるとすれば、「慈」の字音注と見られる。

(二) 漢字による義注の例

得度「滿」(角)者 即現自在天身而 （六ウ5）

或在須弥峯峯(墨) 爲人所推「進」(角)墮 （十一ウ2）

この第一例目の、本文の墨書「得度者」の「得」字の右傍に書入れられた角筆の文字「滿」は、凹みが淺いために極めて讀み難い。偏の三水「氵」は見易かったが、旁の筆畫を認めるのに時間を要し、二日目に草冠が漸く見えて來て、「滿」字と解讀したのである（資料篇、九頁）。「得度者」の解釋を角筆の「滿」で表したと考えられる。修行等の條件を滿したの意か。

第二例目の、本文の墨書「爲人所推墮」の右傍に角筆を以て草書體で「進」字を書入れたのは、「人の爲に推墮さる」の「推」の解釋を表したものと見られる。慧琳の一切經音義（五苦章句經）には、玉篇を引いて、「推、顧野王云自後排進曰推」とあり、新撰字鏡（巻十、八ウ）にも「推」に「進也」の注がある。因みに、わが國の訓點資料では、龍光院藏妙法蓮華經平安後期白點(11)（明算加點）が「人に推し墮(サ)所ることを爲《被也》れらむに」と訓讀し、妙一記念館藏假名書法華經の鎌倉中期寫本が「ひとのためにおしおとされんにも」と讀んでいる。

以上の、(一)漢字による音注、(二)漢字による義注に擧げた例の外にも、角筆で漢字を書入れたらしい箇所が、九箇所程認められたが、凹みも淺くて解讀することが出來ていない。

以下には、角筆の凹みで記した諸種の符號を、その形態と機能により類別して示す。

(三) 諸種の符號

(1) ✓□ （科段を示す符號。角筆の凹み）（一例）

善應諸方所弘‐誓深如」海ヽ歷‐劫「ヲ」(角)不思議　（十一ォ2〜3）

文頭に當る漢字の直上の空白箇所に、角筆で「✓」が書入れられている。わが國の鎌倉時代の雁點（鈍角の返點）の形に似ている。右の例では、「歷」字の上にこの符號が角筆で書かれている（資料篇、一〇頁）。その上から白點[12]の胡麻點「・」を重ね書している。

右の鈍角の返點のような符號は、敦煌文獻で建初二年（四〇六）に書寫された先掲①十誦比丘波羅提木叉戒本にも、既に、角筆と墨書とで書入れられて使われていて、墨書については石塚晴通氏が科段を示す墨點[13]として指摘されたものである。

觀音經の右の箇所を、龍光院藏妙法蓮華經平安後期白點では、「善く諸の方所に應するを。弘誓の深(キ)こと海の如(シ)。劫を歷ても思議(ス)へ(カラ)不。」と訓讀している。科段には大小あり、ここでは小科段に用いた例と見られる。

(2) ⌐／（文末を示す符號。角筆の凹み）（五例）

无盡意觀世音菩薩有如是自在神力遊於娑婆世界尒時无盡意菩薩以偈問曰　（十ウ3〜6）

汝聽觀音行善應諸方所弘‐誓深如」海ヽ歷‐劫「ヲ」(角)不思議侍‐多千億佛發大清淨願　（十一ォ2〜4）

漢字の字面の下邊中程に斜線を右上から左下に角筆で引いた凹みがある。用例を集めてみると、何れも文末に當る漢字に施されている。この第一例では「世界」の「界」に施されていてここで文が終る。次の「尒時」から始まる文の直前にある。第二例の「如海」の「海」に施されているのも文末である（資料篇、一一頁）。右述の科段符の直前にある。「思議」の「議」、「大清淨願」の「願」に施されたのも、それぞれが文末に當っている。他の例もすべて文末に施されていて、この符號は、文末を示す符號と見られる。

但し、加點は任意であって、文末の漢字のすべてに施されているわけではない。角筆の加點は實用的であって、わが國の初期の訓點施入が恣意的であるのに似ている。この加點施入の態度は、文末を示す符號の加點だけではなく、科段を示す符號を始め、以下に述べる諸符號にも通ずる。

(3) □十（讀點。文末より小さい句切り。角筆の凹み）（三例）

其中一人作是唱言（四オ2）

无盡意菩薩白佛・言（五ウ4）

漢字の字面の下邊中程に短い縱線を角筆で引いた凹みがある。用例を集めてみると、文末よりも小さい句切の漢字にあり、讀點に當ると考えられる。

(4) □-□（合符一。本來の熟語。角筆の凹み）（九例）

恭敬觀世音菩-薩（一オ2）

珊瑚虎珀眞-珠（二ウ4）

一時禮-拜供養（五オ6）

□□（十例）

威神之力巍巍如是（四ウ3）

此无盡意菩薩及四衆天龍夜叉（十オ2〜3）

漢字と漢字との字間に縱線を角筆で引いた凹みがある。「菩-薩」「眞-珠」「禮-拜」のように漢字と漢字との中央にあるものは、この二字で一概念を表す本來の熟語であり、合符の機能を示している。漢字と漢字との右寄りにある縱線も「巍巍」「四衆」のように、同じく熟語を示す合符と見られる。形が「夜叉」のように縱線でなく圓弧に見えるものもある（資料篇、一一頁）。

(5) □□（合符二。別語を熟合する符號。角筆の凹み）（八例）

澍墮羅刹「切」(角)鬼國（二ウ6）

佛言若復有人受持觀世音菩薩名號（五オ5）

所」欲空（害）身者　（十二オ3）

漢字と漢字との字間に角筆で引いた凹みの縦線のうち、中央や右寄りに對して、左寄りに引かれたものがある。「羅刹鬼」國」「有」人」「所」欲」のようであり、科段の符號の例文中の「如」海」（資料篇、一一頁）もこれに當る。これらは、「羅刹鬼」と「國」との別語を熟合して「羅刹鬼國」とするような機能を示す符號と見られる。

合符が、中央や右寄りに施して本來の熟語を示し、左寄りに施して別語の熟語を示すという、位置の違いによって機能の違いを表すのは、合符としての機能分化が行われたことを意味する。

漢字の字面下邊の斜線で文末を示し、縦線で讀點を示したのも、句切符[14]における機能分化である。

(6) □□□（注示符。注意すべき語句を示す符號。角筆の凹み）（七例）

應以佛身得度者　（六オ2）

應以自在天身得「滿」（角）度者　（六ウ5）

應以比丘比丘尼優婆塞優婆夷身得度者　（七ウ5）

主に二字以上の漢字にわたって、その右傍又は左傍に縦長線（時には圓弧線）を角筆で施したものがある。注意すべき語句であることを示したもので、私に「注示符」と呼ぶ。右の例では、「得度」「優婆塞」の右傍の縦長線がこれである。

(7) 節博士（「偈」部分〈十丁裏～十三丁裏〉に主に用いる）

(ア) □念彼觀音力釋然得解脱　（十二オ2）

衆生被困厄　（十二ウ3）（七例）

□不思議侍多千億佛　（十一オ3）

念彼觀音力　（十一ウ3）（四例）

(イ)□咸即起慈「自」(角)心（十一ウ6）

□一心稱觀世音菩薩名號（四オ4）

□佛告觀世音菩薩（十オ1）

(ウ)□咸即起慈「自」(角)心（十一ウ6）

釋然得解脱（十二オ2）

(エ)□念彼觀音力不能損一毛（十一ウ4）

佛子何因緣名爲觀世音（十一オ1）

(オ)□龍魚諸鬼難 念彼觀音力 波浪不能沒（十一ウ1）

念彼觀音力（十二オ1）

□廣大智慧觀 悲觀及慈觀（十三オ2）

□聞名及見身（十一オ4）

□若惡獸圍繞（十二オ5）

□種種諸（惡）趣（十二ウ6）

疾走无邊方（十二オ6）

これらの角筆で書入れられた諸符號は、觀音經の中の「偈」の箇所（十丁裏〜十三丁裏）に主として用いられている。「偈」以外では、「觀世音菩薩」などの名號を唱える所に見られる。形態によって(ア)〜(オ)に分類してみた。(ア)・(イ)・(ウ)・(エ)は、わが國の節博士で後世云う「ソリ反」「ヲル下」「ユリ搖」「スグ」に形が通ずる。(ア)は「ソリ反」に通ずる形で、當該漢字の右肩から起筆するものと、右傍の中程から起筆するものとがある。わが國の古博士加點資料にも、例えば石山寺藏胎藏界儀軌永承七年（一〇五二）書寫加點本の[15]「偈」の中の「速」「惹」「洛」などに同じ形の博士が朱書で附せられている。(イ)は「ヲル下」に通ずる形で、當該漢字の左裾から起筆するものと、左傍の中程から起筆するものとがある。わが國の古博士加點資料にも、例えば大東急記念文庫藏金剛界儀軌長元七年（一〇三四）成尋加點本の[16]眞言陀羅尼讃の中の「薩」「怛」に類似の形の博士が朱書で附せられている。(ウ)は「ユリ搖」に通ずる形で、當該漢字の右傍の中程から起筆している。わが國の古博士加點資料では、例えば高山寺藏十二天法平安後期初頭加點本の[17]「羅」「多」などの朱書の博士に似た形が見られる。(エ)は「スグ」に通ずる形で、當該漢字の左傍に主として施されている。わが國の古博士加點資料では、例えば石山寺藏不動念誦次第長暦元年（一〇三七）書寫加點本の眞言陀羅尼讃の中に「你」「底」「嚩」などの朱書の博士に同じ形が見られる。

(ア)〜(エ)の形態は、單純なものであり、わが國の鎌倉時代の博士に見られるような複雜な形ではなく、形態は直線・弧線であり、機能とも古博士に通ずると見られる。

(オ)の諸形については未詳の點が多い。(ア)〜(エ)のバリエーションが含まれているかも知れず、或いは節博士以外の符號であることも考慮しなければならないが、敦煌文獻に墨書で節博士を加えたと見られる「陀羅尼呪」(S.5483, S.165)があり、その博士と形態が良く通ずる。これについては後述する。

節博士については筆者は暗く、その旋律との關係については聲明研究者に委ねざるを得ないが、觀音經(S.5556)に角筆で施された右掲の諸符號が節博士と考えられた理由は、次下の諸點である。

第一に、これらの符號が觀音經の中でも「偈」の箇所に主として書加えてあることである。沼本克明博士[18]によると、わが國の初期の節博士加點も、經典全體でなくその中の偈や陀羅尼呪の部分に施されているとされる。但し敦煌文獻の中には、後述のように節博士を墨書で施した獨立文獻があるが、「諸星母陀羅尼呪」「尊勝陀羅尼神呪」のように、陀羅尼呪を獨立して記した文獻である。

第二に、「偈」の中でも、その全字句に施すのではなく、部分的な加點であることである。これも、わが國の初期の節博士加點資料(19)の加點態度に通ずる。

第三に、觀音經（S.5556）の右掲の諸符號は聲調と關係のないことが擧げられる。例えば、(ア)では「ソリ反」に當る同じ符號が「力」「被」「觀」に施されているが、これらの漢字はいずれも聲調を異にしている。又、(ア)の第三例中の「億」には、「ソリ反」に當る符號と共に、字面右下の斜線（左上から右下に引く線）が角筆で施されている。この斜線は次に述べるように四聲點と見られ、入聲を示している。わが國の節博士も沼本克明博士(20)によれば、古くは聲調とは別で、聲點では十分に表し得ない「旋律の抑揚と發音の繼續時間（長さ）を線分の方向と長さでより正確に表示するために考察された」と考えられ、節博士がアクセント記號化するのは院政期に入ってからとされたのに合う。

第四に、節博士の形態が直線・弧線で單純であり、わが國の古博士の形に通ずることである。この點については既に述べた所である。

第五は、敦煌文獻の「陀羅尼呪」に墨書で施された節博士と形が似ていることである。この事についても既述した通りである。

以上の諸點を綜合して考え、右掲の符號を節博士と見た次第である。

(8)四聲點か

□ 饒益（一ォ4）　多千億佛（十一ォ3）

□ 不思議（十一ォ3）

□ 眞-珠（二ウ4）　无盡意（五ウ1）

漢字の字面上の四隅（但し左上隅の例は不見）に當る所に、角筆で左上から右下に引いた凹みの斜線がある。漢字の右裾に加えた斜線は、「益」「億」字にあって入聲を示す符號とみて字音に適う。右肩に加えた斜線は「思」字にあって去聲を示す符號と見て適う。左裾に加えた斜線のうち、「珠」は平聲に合う。但し「盡」は上聲字で合わない。角筆であるか紙の傷であるか原本について確かめたい所である。このような問題點を含むものの、これと同形の斜線で聲調を表した例は後述のように、わが國の十世紀の角筆加點資料に見られる。觀音經（S.5556）に角筆で施されたミセケチ符號や節博士とは、長さや方向・位置が明らかに異なっている。

第四項　敦煌の角筆文獻における他の六文獻との比較

前項に類別して掲げた觀音經（S.5556）の角筆の加點を、大英圖書館藏の敦煌文獻から見出した他の六點の角筆文獻に施された角筆の加點と比べてみると、基本的には、他の角筆文獻にも同種の符號が使われていて、通ずるものであることが知られる。六點の角筆文獻の例は第三節の注末の［附載一］に掲げる。

⑴科段を示す符號

觀音經（S.5556）に見られた「✓」の符號は溯って西暦四〇六年書寫の①十誦比丘波羅提木叉戒本の角筆書入れで既に用いている。その角筆の形態と機能は、墨書の科段符號と同じである。このことは先に述べた所である。

⑵・⑶句切を示す符號

觀音經（S.5556）では、文末點と讀點とを斜線か縱線かで區別していた。句切を示す符號は、①十誦比丘波羅提木叉戒本で用いられているが、當該字の中下に離れて角筆の點を施すものである。しかも文末點と讀點とを區別せず、機能に對する形態が未分化である。この他に、點三つ、點二つ、點一つを角筆で施したものが、④瑜伽師地論卷第三十の大中十一年（八五七）に沙門法成が講說しこれを比丘恆安が聽講した本に見られる。句切の大中小に應じて、角筆の點を三つ、二つ、一つと區別している。

(4)・(5)合符

　觀音經（S.5556）では合符は、中央や右寄りが本來の熟語、左寄りが別語の熟合を示して位置の違いで區別されていた。漢字と漢字との間に縱線を角筆で引いて合符に用いることは他の角筆文獻でも見られるが、①十誦比丘波羅提木叉戒本では、中央と左寄りの縱線を用いて機能による區別は見られず、④瑜伽師地論卷第三十、⑦救諸衆生苦難經戊戌年羅什德讀誦では右寄りと中央の縱線を用いる（資料篇、六頁）が、やはり機能による區別はしていない。機能に對する形態が未分化である。

　句切を示す符號と合符とにおいて、觀音經（S.5556）が、形態の違いや位置の違いで機能の違いを示しているのは、日本における訓點の發達(21)に徴すれば、機能未分化のものよりも發達したことを窺わせるものであり、九世紀より降る、十世紀の角筆加點であることを考えさせる。

(6)注示符

　觀音經（S.5556）の注示符と同じ形態・機能の符號が角筆で、①十誦比丘波羅提木叉戒本、③大般涅槃經卷第三十九貞觀元年令狐光和讀誦、④瑜伽師地論卷第三十、⑥般若波羅蜜多心經にもそれぞれ使われている。右傍の縱長線だけでなく、左傍の縱長線もある。

(7)節博士

　六點の角筆文獻には確認できていない。

(8)四聲點、他

　四聲點を表すと思われる斜線が⑦救諸衆生苦難經に見られるが、角筆の斜線の向きが右上から左下であり用例も少ないので保留する。文字に關して、④瑜伽師地論卷第三十の角筆の書入れの中に、觀音經（S.5556）の十一丁表3行の「歴劫」の「劫」字の右傍に書入れられた「号」のような凹みと酷似するものがあるが、解讀することが出來ず、文字か否かを確定し得ない。

第五項　敦煌文獻における墨書及び朱點・墨點との關係

以上の觀音經（S.5556）を主とする敦煌文獻に書入れられた、角筆による文字や符號を、敦煌文獻に墨書や朱書の「色」で書いたものと比較して、その異同を通じて、角筆の文字や符號の資料的價値を考えることにする。

先ず、㈠漢字の音注について見る。觀音經（S.5556）の「羅刹鬼」の「刹」字に對して、角筆で「切」と音注した例を取上げる。このような注音の方法は、敦煌文獻の墨書の音注資料にも見られる。「開蒙要訓一卷」はその例を示している。開蒙要訓は、千字文と竝んで童蒙教科書として流行したらしく、敦煌文獻には多くの寫本が殘っている。[22] 天成四年（九二九）の奥書を持つ本（P.2578、『敦煌寶藏』第一二二冊に所收）は、「天成四年九十八日敦煌郡學士郎張□□（墨消）[23]音」（奥書）とあり、首尾を存する一〇九行から成り、一字の被注漢字に對して一字の注音を施している。注音の方法は、反切ではなく直音による。次の例のようである。

　盗道　私　竊切（一〇三行目、被注字の五字〜七字）

被注字の「盗」に對して小字を以て「道」と注音し、又、被注字の「竊」に對して小字を以て「切」と注音している。高田時雄氏は、この對が四四二、同音等を除くと二三六對を數えている。[24] この開蒙要訓（P.2578）の注音の「切」は、被注字「竊」と聲母韻母とも同音である。

これに對して、觀音經（S.5556）に角筆で書入れた注音の「切」は、本文「羅刹鬼」の「刹」に對しては、中國中古音で聲母は同じであるが、韻母が異なる。「切」が屑韻であるのに對して、「刹」は鎋韻である。

羅常培氏は『唐五代西北方音』（國立中央研究院歷史語言研究所單刊、中華民國二十二年）において、「漢藏對音」資料の千字文・

金剛經・阿彌陀經・大乘中宗見解の各殘卷と、注音本開蒙要訓を資料として、その音韻を考察し、現代西北方言と比較している。高田時雄氏も、著書『敦煌資料による中國語史の研究』において、敦煌を含む「河西方言」の九世紀と十世紀を課題として、その音韻と語法とについて考察し、音韻の考察には開蒙要訓の他、四點の音注資料と「藏漢對音資料」を主としている。チベット文字音注については筆者は門外漢である。音注資料には、一點が十數行のものもあり、聲母韻母とも同音のものを除くと、非同音は五資料併せても三六一對であるから、敦煌の九、十世紀の音韻體系の全貌を窺うには、必ずしも十分とはいえないが、羅常培氏を始め、高田氏の歸納された「河西方言の韻母體系」においても、屑韻と鎋韻とは通韻せず、別の韻母として區別されている。

若しそうであるなら、觀音經（S.5556）の「羅刹鬼」の「刹」に對して、角筆で「切」と音注したのは、右の韻母體系とは異なって通韻した反映となる。それが個人差なのか地域差なのか、或いは誤解に基づく結果であるか、種々考えてみる必要がある。いずれにしても、角筆の書入れが當時、實際にこの經典を讀誦した折の用例であるだけに、注音資料よりも有效な第一等資料となると考えられる。

觀音經（S.5556）の本文の「慈心」の「慈」の右傍に角筆で書入れた「自」については、原本で確認する必要があるが、若し字音注であるなら、被注字の「慈」に對して「自」も、聲母は同じであるが韻母が異なっている。しかし、「慈」の之韻と「自」の脂韻とは、坂井健一氏『魏晉南北朝字音研究』によれば、既に魏晉南北朝から北方音では通用している。河西方言でも通用したことを高田時雄氏が指摘している(25)。

これらの問題に關して、角筆による音注の書入れの例が、もっと多量に拾われ、蒐集し整理することが出來るなら、更に進んで當時の音韻の實情を知ることになるであろう。そのためには、先ずは各地に現存する多量の敦煌文獻について、角筆の書入れを發掘する調査が必要になって來るのである。

次に、墨書・朱書の諸種の符號との關係について見る。㈢の⑴の科段を示す符號のうち、「✓」が既に①十誦比丘波羅提木叉戒本（西暦四〇六年寫）に墨書だけでなく角筆でも書入れて使われ、それが觀音經（S.5556）の角筆にも使われていることは既述の通りである。この符號は、墨書では、大義章巻第五大統十六年（五五〇）書寫本（S.6492）にも見られる。[26] 句切を示す符號のうち、點三つ、點二つ、點一つを句切の大中小に應じて使い分けていることが、④瑜伽師地論巻第三十で見られたが、點三つ、點二つ、點一つは朱點だけでなく角筆でも使われている。しかも同じ箇所に朱點と角筆點とが施されている所も見られる。その書入れの先後の關係を詳しく調べると、先ず角筆の凹みで點三つ、點二つ、點一つを施しておき、後からその上をなぞるように朱點三つ、二つ、一つを重ね書している。それは、朱書が角筆の凹みに嵌ってかすれていることから判る。この經巻は、奥書によって、大中十一年（八五七）に沙門法成が講説した所を比丘恆安が聽講し乍ら加點したことが知られるが、聽講に際しては角筆で書入れを行い、後から朱書でなぞったということが考えられる。

(2)・(3)の句切を示す符號については、句點と讀點とを區別することが、朱書でも、七世紀後半の金剛般若波羅蜜經傳外傳巻下（S.6877）に見られることを、石塚晴通氏が指摘していられる。[27] 觀音經（S.5556）の角筆が、字面下邊の斜線か縱線かで句讀を區別しているのは、形は異なるが、機能を分化させている點では相通ずる。

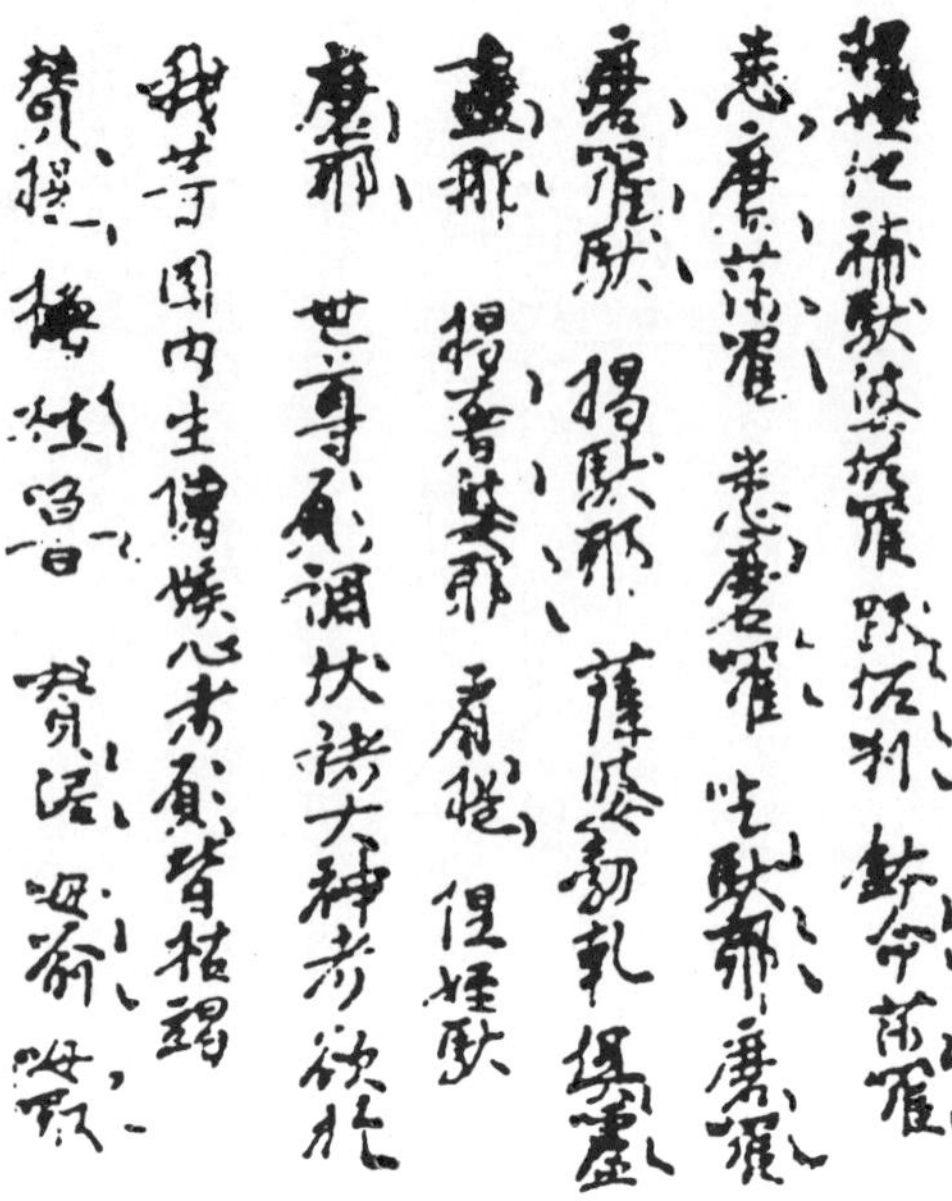

(4)・(5)の合符が、角筆に使用されているのに對して、墨書・朱書では未だその報告に接しない。精査すれば墨書・朱書でも使用例が得られるかも知れない。

(6)注示符も、角筆に使用されているものの、墨書・朱書では同形の使用例の報告に接しない。維摩經義記巻第四の大統五年（五三九）書寫・保定二年（五六二）僧雅加點本（S.2732）の「保定二年歳次壬午」云々の巻末識語の字面上に引かれた朱筆の棒線は先講の識語を消したものと[28]

されるが、墨書や朱書で字句の右傍に傍點や圏點を施すことは後世良く行われているので、その使用例が溯って得られるかも知れない。

符號のうち、特に(7)節博士について見るに、敦煌文獻の中に墨書で節博士を附したと考えられる資料が二點見出された。一つは、諸星母陀羅尼呪（S.5483）の一巻（『敦煌寶藏』第四十三册所收）で、巻尾を缺き、内題を含めて全二十七行を存する。もう一つは、尊勝陀羅尼神呪（S.165）の一巻（『敦煌寶藏』第二册所收）で、首尾を存し、内題とも二十四行、末尾に「常信呪本」の墨書奥書がある。諸星母陀羅尼呪の本文の第十行目から十六行目までを、『敦煌寶藏』により右頁に掲げる。「呪」の漢字の右傍の墨書の符號が、觀音經（S.5556）の(7)節博士を角筆で施したと見られるもの、特にその(オ)の諸符號に似ている。

諸星母陀羅尼呪（S.5483）も尊勝陀羅尼神呪（S.165）も、共に、この符號を附した本文の「陀羅尼呪」だけで獨立した資料である。この點では、觀音經（S.5556）が妙法蓮華經巻第八の観世音菩薩普門品の本文中の「偈」の部分を主として節博士を附したのとは異なっているが、その内容が「呪」であり「偈」であって、讀誦に際し旋律に係わる箇所に附せられている點は相通ずるのである。

尚、(8)四聲點については、石塚晴通氏が敦煌文獻を資料として破音の法から四聲點に發展したことを説き、四聲の枠を文字の四角を利用して朱點で示す破音字點を七世紀末期の例を以て示され、更に、破音の機能を離れて單に四聲の枠を指定する機能として加點されたかと見られる朱點、即ち聲點と見做して良いものが九世紀後半以降十世紀に散見するとされる。(29)十世紀の、觀音經（S.5556）の四隅に角筆で施された斜線が四聲點であるとすれば、それに連續する可能性があるが、朱點の聲點の確例が更に必要である。

第六項　日本における十世紀の訓點との比較

本節の最後に、觀音經（S.5556）の角筆の加點を、日本の十世紀の訓點と比較したところ、共通點のあることについて述べる。

第一の共通點は、合符が位置を違えることで機能の違いを示すことの一致である。觀音經（S.5556）の角筆では、既述のように、漢字と漢字との間の中央の縦線が熟語として一語、左寄りの縱線が別語の熟合を表した。わが國の十世紀の訓點でも、石塚晴通氏(30)によると、岩崎文庫本日本書紀平安中期點（初點）において、眞中の縦線の合符が和語として一語、左側の縦線の合符が和語として二語であることを示している。中國語と日本の和語との相違はあるが、合符としての形態と機能は共通している。

第二の共通點は、四聲を示す符號として漢字の四隅に斜線を施すことの一致である。觀音經（S.5556）の四隅に角筆で施された斜線が四聲を示す符號であるなら、同じ符號がわが國の十世紀の漢籍加點本や天台宗比叡山關係僧加點佛書の角筆の訓點に見られる。その角筆點資料は次の諸文獻である。

岩崎文庫藏毛詩唐風平安中期角筆點
岩崎文庫他藏古文尚書平安中期角筆點（延喜頃）
守屋本妙法蓮華經平安中期角筆點（沙彌空海筆本。天台宗比叡山關係僧加點）
石山寺藏大聖歡喜天法平安中期角筆點（天台宗比叡山僧加點か）

それぞれの書誌的事項とその具體的な用例は既に前著に掲げたので(31)省略するが、いずれも角筆による加點で四聲を示していることと、その施す位置と、左上から右下へ引いた斜線という形態が全く一致している。

第三の共通點は、節博士の一致である。既に述べたように、觀音經（S.5556）の角筆の節博士と見られる符號が、わが國の古博士と形態や用法（偈や陀羅尼呪の部分に施されること、部分的な加點であること、四聲と關係のないこと）において一致している。沼本克明博士の蒐集され掲げられた資料の中では、大東急記念文庫藏金剛界儀軌の長元七年（一〇三四）點が最も古く、その朱博士の加點者は天台宗寺門派の成尋であり、次いで石山寺藏不動念誦次第の長暦元年（一〇三七）の朱博士で、加點者が天台宗山門派の僧となっている。しかし筆者の調査では、溯って十世紀加點の來迎院如來藏熾盛光讚の康保四年（九六七）加點本に「野」「弩」「捨」などの古博士が使われている。第三節の注末の［附載二］に掲げた通りである。この本は折紙一通で、奥書に「以康保四年（九六七）十月十二日奉讀法性寺座主之」とあり、節博士と同筆の墨假名は當時の字體である。法性寺は天台座主法性房尊意を開山とする。尊意は慈覺大師圓仁の入室長意の孫弟子である。來迎院は天台宗山門派で比叡山の麓にあるから熾盛光讚が如來藏に傳存されたのも故なしとしない。又、慈覺大師の四代後の弟子の阿彌陀房明靖も古博士を使ったふしがある。明靖は天暦六年（九五二）に師の戒壇上綱智淵から大日經を受學している。[32] 圓仁の弟子の安然（八四一―九〇五）の胎藏界大法對受記卷第二[33]によると、「今玄法寺兩卷三卷儀軌出其梵文、慈覺大師傳其詠曲」として、慈覺大師圓仁がその梵語讚の詠法を傳えたとある。その梵唄は、天台宗山門派の大原來迎院の僧良忍（一〇七二―一一三二）によって魚山の聲明として弘められた。これらによると、平安時代の節博士の使用は、天台宗山門派の僧によって始められ、その源は慈覺大師の傳えた所あたりにあった可能性がある。

以上の、合符と四聲點と節博士とにおいて、觀音經（S.5556）の角筆の加點が、わが國の十世紀の訓點と一致したのは、或いは偶然であったかも知れない。しかし節博士の使用が天台宗山門派の僧の間で始まり、しかも承和五年（八三八）から十年間入唐した慈覺大師が詠法を傳えたという記文と、角筆の四聲點が天台宗山門派の僧の間に使われていることとの間には關聯があるかも知れない。漢籍のヲコト點に用いた博士家點が天台宗の點法から傳わったことについては、中田祝夫博士の推論[34]がある。漢籍のヲコト點加點資料で現存最古は、宇多天皇宸翰の周易抄一卷である。その書寫は、紙背文書等から譲位された年の寛平九年（八九七）四月八日以降、甚しく隔らない時と考えられる。[35] そのヲコト點は慈覺大師點（中田祝夫博士の假稱された「乙點圖」）であり、その慈覺大師點が天台宗山門派の比叡山關係僧の間で使われたことは現存する訓點本から知られる。[36] 漢籍に角筆で施した斜線の四聲點も、ヲコト點と共に天台宗山門派の僧から傳わった可能性がある。しかし別途に遣唐使と共に渡唐して留學した者が學んで傳えたと考える餘地もなくはない。

岩崎文庫本日本書紀平安中期點（初點）の加點者は特定し得ないが、日本書紀の講説者は大學の博士であり、元慶講の善淵愛成、延喜講の文章博士藤原春海、承平講の矢田部公望は、日常、大學寮で漢籍の訓讀を講じていた人物である。日本書紀の師説と漢籍の師説とが基本的に大同であり、兩訓讀語に古訓法に關して共通點が認められるのは、[37] そのことに係わっている。これは訓讀についてのことであるが、符號についても、ヲコト點が漢籍と同じ點法である以上、合符の用法にも、漢籍を通じて天台宗山門派僧からの影響が全く無かったとは言えない。合符における機能分化は、平安中期（十世紀）から見られ、この時期では慈覺大師點資料と漢籍訓讀資料に用いられ、ヲコト點を用いない資料でも東寺金剛藏悉曇藏卷三のように天台宗山門派の比叡山關係の資料には用いられている。合符の機能分化も、天台宗の比叡山僧、中でも慈覺大師の流邊から使い始められたと推定される。[38] 合符の機能分化も、中國大陸での使用と偶然一致したとも、或いは渡唐者の誰かが學び傳えたとも考えられるが、わが國の訓點資料では天台宗の比叡山僧、中でも慈覺大師邊から始まっていることに徵すれば、節博士が慈覺大師の傳えた所に源があった可能性のあること、角筆の四聲點も天台宗山門派の比叡山關係僧の間で使われたことと併せて、これらの符號は、わが國の平安初期の天台宗の渡唐僧、敢えて特定するなら慈覺大師らが、彼の地でその知識を學び、わが國に將來したか、或いは朝鮮半島の影響によったかということも考えられる。

石塚晴通氏は、敦煌文獻等に見られる科段や句切・點發等の手法が、八世紀には日本に傳えられたと說いていられる。[39] 筆者は、九、十世紀に、新たな密教の傳來と共にわが國に傳えられ、密教の訓點本を基に使用され出した訓點の符號があったのではないかと推測する。[40] それには、もっと多くの資料によって實證する必要がある。中國の曾ての首都で書寫し學習された古文獻を多量に得ることが難しいが、時代の降った元・明・清の古文獻について角筆の書入れという視點から調査することは多量に現存する狀況から見て可能であろう。その中に角筆書入れ文獻が少なからず存するであろうことは、第一節に掲げたように、極一部の調査ではあったが、角筆文獻の確認されたことから豫測される。

ともあれ、大英圖書館を始め、フランス國立圖書館、舊レニングラード東洋學研究所等のヨーロッパの博物館・圖書館等や、中國の國家圖書館、又、わが國の博物館・大學圖書館等に所藏される、五萬點に近いという敦煌文獻について、角筆の加點を調査することが必要である。

注

（1）石塚晴通「樓蘭・敦煌の加點本」（「墨美」第二〇一號、昭和四十五年六月）。
同「敦煌の加點本」（『講座・敦煌 第五巻 敦煌漢文文獻』平成四年三月）。

（2）一九九三年（平成五年）八月二十八日、名古屋空港を出發、九月十六日歸國。この調査旅行は、トヨタ財團一九九二年研究助成「角筆文字の科學的解析とその言語文化史的研究」（代表者吉澤康和）の助成を頂き、廣島大學名譽教授吉澤康和氏（物理學）と共に行ったものである。

（3）一九九三年の第一次の調査で閲覽し得た敦煌文獻は、年紀や書寫・讀誦者名の判明する寫本を中心に、十六點であった。その中から、後掲の七點に角筆の書入れのあることを確認した。その折に角筆の書入れを特定し得なかった九點のうちの二點（太公家教〈S.479〉と維摩經義記卷第四〈S.2732〉）からは、一九九四年（平成六年）八月から九月の吉澤康和氏と藤田恵子氏の第二次の調査において、角筆による符號の書入れが確認された。合計九點に角筆の書入れが認められたわけである。

（4）大英博物館藏書で、角筆様に紙面を凹ませて文字や繪の書入れを確認した文獻は、次の諸資料である。（［イ・ヨ・1］［イ・オ・1］等は英國の角筆文獻についての整理番號である）

〔ヨーロッパ文獻古寫本〕

［イ・ヨ・1］ Juvenalis, Satyrae, glossatae.

(背文字タイトル)「JUVENALIS SATYRAE」
(本文ラテン語，手書キ，A.D.1034-1046)　洋装１冊　113丁　大英博物館藏　Add.30861
羊皮紙ノ本文ノ行間・欄外ニ角筆様ノ凹ミノ文字約１行分(筆記體ニテヘブライ文字カ)ヤ６～７字分(ギリシア文字カ)ノ他，記號ヤ繪ナドガ書入レラレテイル。　1993年９月４日　吉澤康和(小林芳規確認)

〔イ・ヨ・２〕　Psalter in Greek, Latin and Arabic
(背文字タイトル)「PSALTERIUM TRIPLEX GR.LAT.ARAB.」
(本文ギリシア語(左列)・ラテン語(中列)・アラビア語(右列)，手書キ，A.D.1153以前)　洋装１冊　173丁　大英博物館藏　Harley 5786
羊皮紙ノ本文ニ凹罫線ヲ引キ，ギリシア語・ラテン語・アラビア語(同文)ヲ墨書シ，ソノ上下左右欄外ニ，凹罫線ト同種ノ凹ミ文字ヤ記號ガ諸所ニ書入レラレテイル。ソノ中ニハ筆記體風ノ古代シリア文字カト見ラレルモノモアル。
1993年９月４日　小林芳規(吉澤康和確認)

〔イ・ヨ・３〕　Psalterium (The Leofric Psalter)
(背文字タイトル)「PSALTERIUM」
(本文中世ローマ字，手書キ，A.D.1046～1072ト1173～1220)　洋装１冊　123丁　大英博物館藏　Harley 863
羊皮紙ノ本文ニ凹罫線ヲ引キ本文ヲ墨・赤・青・緑デ手寫シ，ソノ空白行ヤ左右下欄外ニ凹罫線ト同種ノ凹ミ文字(2,3字～10字程度ノラテン文字等)ヤ凹ミニヨル人物風ノ諸種ノ繪ヤ記號・横長弧線ナドガ諸所ニ書入レラレテイル。
1993年９月７日　小林芳規(吉澤康和確認)

〔イ・ヨ・４〕　Vergilius, Aeneis.
(背文字タイトル)「VIRGILIUS」
(本文ローマ字，手書キ，A.D.1442)　洋装１冊　248丁　大英博物館藏　Harley 2553
紙ノ本文ニ墨罫線ヲ引キ本文ヲ墨書手書キシ，欄外等ニ凹ミノ横線・斜線ト「×」印ガ全冊ニワタリ多數書入レラレテイル。　1993年９月７日　吉澤玲子(小林芳規・吉澤康和確認)

〔オリエント文獻〕

〔イ・オ・1〕 北インド貝多羅葉（オリヤー文字ノ文獻，16世紀寫） 1綴26枚 大英圖書館藏 Or.11689

貝多羅葉ニ本文オリヤー文字ト彩色繪ヲ刻シ書ク，ソノ彩色繪ノ下繪ニ角筆ニヨルト見ラレル滑ラカナ淺イ凹ミノ線ヲ使用。 1993年9月3日確認

(5) 注(3)參照。

(6) L. GILES「Descriptive Catalogue of the Chinese Manuscripts from Tunhuang in British Museum」LONDON 1957. この目錄には、八、一〇二點が收載されている。

(7) 注(1)文獻參照。

(8) 注(6)文獻にも、書寫年時を「948?」としている。

(9) 觀音經（S.5556）の現裝の第一丁表は「便得離瞋」から「禮拜供養觀世音菩」まで、第一丁裏はこれに續けて「薩便生福德智慧之男」から「无盡意若有」までを書いている。この表裏一丁の文言は、現裝の原表紙見返から書き始めた本文の末行の「佛告无盡」には續かず、現裝の第四丁裏の末行の「常念恭敬觀世音菩薩」に續くものである。卽ち、この表裏一丁は現裝の第四丁と第五丁との間に位置すべきものである。

(10) 唐書卷七十五下・宰相世系表に、「令狐氏出自姬姓、周文王子畢公高裔孫畢萬、爲晉大夫、生芒季、芒季生武子魏犨、犨生顆、以獲秦將杜回功、別封令狐、生文子頡、因以爲氏、世居太原」とある。周書によれば、北周の令狐休は敦煌の郡守となっている。

(11) 妙法蓮華經の觀世音菩薩普門品第二十五（卷第八）のわが國の訓點本では、古いものの一つである。十世紀の妙法蓮華經卷第八の訓點本は管見に入らない。

(12) 觀音經（S.5556）には、白粉による加點（胡麻點と白丸）が數箇所ある。

(13) 注(1)文獻。

(14) 甘肅省武威の磨咀子第六號漢墓から出土した木簡の儀禮には墨書で諸種の「標號」が施されているうち、「」」（鈎）が句讀に相當する所や語句の竝列する所に用いられるのに對して、黑丸（中圓點）は章句を示すのに用いられて使い分けられている。そこに書入れられた角筆の凹線も、横短線一本が句讀、二本が章句を示しているように見られる（拙著『角筆文獻の國語學的研究 研究篇』一〇一〇頁以下）。

(15) 沼本克明「訓點資料に於ける節博士に就いて―節博士の發生と發達―」(「訓點語と訓點資料」第八十六輯、平成三年三月) 參照。後に『日本漢字音の歴史的研究』(平成九年十二月刊) に加筆修正して再錄。擧例は初發表論文に掲げた所による。
(16) 注(15)文獻に同じ。但し筆者の原本調査では「薩㖿怛」の「薩」も「ヲル下」の形である。
(17) 注(15)文獻に同じ。
(18) 注(15)文獻。
(19) 注(15)文獻。
(20) 注(15)文獻。但し、新羅の角筆加點に見られる節博士は四聲をも表している。本書東アジア篇第二章第四節、二九四頁參照。
(21) 拙稿「訓點における合符の變遷」(「訓點語と訓點資料」第六十二輯、昭和五十四年三月) 等。
(22) 高田時雄氏は『敦煌遺書總目錄索引』で、二十七點を數えている。注(24)文獻。
(23) 奥書の「音」字の解讀は高田時雄氏による。
(24) 高田時雄『敦煌資料による中國語史の研究』(昭和六十三年二月)。
(25) 注(24)文獻。
(26) 注(1)文獻。
(27) 注(1)文獻。句點を文末字の右下に、讀點を文字間の中央の位置に施している。
(28) 注(1)文獻の「敦煌の加點本」。
(29) 注(28)文獻、及び ISHIZUKA Harumichi "The Origins of the Ssŭ-shêng Marks" ACTA ASIATICA 65, 1993.8.
(30) 石塚晴通「岩崎本日本書紀初點の合符」(「東洋學報」六六ノ一・二・三・四號、一九八五年三月)。
(31) 拙著『角筆文獻の國語學的研究研究篇』(昭和六十二年七月) 六八七頁以下。
(32) 青蓮院吉水藏大日經卷第一奥書による。
(33) 注(15)沼本論文の引用による。
(34) 中田祝夫『古點本の國語學的研究總論篇』(昭和二十九年五月) 四四二頁。
(35) 注(31)文獻、六二二頁。

(36) 拙稿「乙點圖所用の訓點資料について」(『中田祝夫博士功績記念國語學論集』昭和五十四年二月)。
(37) 拙稿「日本書紀古訓と漢籍の古訓讀―漢文訓讀史よりの一考察―」(『佐伯梅友博士古稀記念國語學論集』昭和四十四年六月)。
(38) 注(21)文獻。
(39) 注(1)文獻の「敦煌の加點本」に、「單に四聲の枠を指定する機能として加點されたかと見られる朱點」「若干見出し得る」として二文獻二例ずつを擧げている。
(40) 朝鮮半島の影響も考えられることについては、本書東アジア篇第二章第二節、二〇二頁を參照。

敦煌文獻の六點の角筆の符號（漢字以外の諸符號が角筆による凹み）

［附載一］

(1)科段を示す符號

✓設有文中望意更望餘人邊　（①十誦比丘波羅提木叉戒本、紙背十誦律）

(2)・(3)句切を示す符號

若比丘自知、所應受鉢、未滿五綴　（①十誦比丘波羅提木叉戒本。「知」の下の角筆の點は補入符）

若比丘、衣見（下略）（同右）

慧能自了知前後差別種姓根行、善取其相　（④瑜伽師地論卷第三十）

復次如是心一境、性或是奢摩他品　（同右）

是故名爲專注一趣⁝云何等　（同右）

摩他⁝故於諸法中　（同右）

又即此外造色色相三。　（同右）

(4)・(5)合符

白佛、〻言是比丘誰是親近　（①十誦比丘波羅提木叉戒本）

僧忍聽僧某甲比丘　（同右）

善取其相　（④瑜伽師地論卷第三十）

閻浮提衆生亡沒竝念　（⑦救諸衆生苦難經）

天-地-黑闇得免灾難　（同右）（資料篇、六頁）

⑹注示符

有人一言是住中處衣布施　（①十誦比丘波羅提木叉戒本。「一」「中」の右傍の「✓」顛倒符は墨書）

亦非畢竟无如龜毛角兎同於異　（③大般涅槃經卷第三十九。「兎」の右傍の「✓」顛倒符は墨書）

尓時名起界鎖勝解又卽此外造色色相三・　（④瑜伽師地論卷第三十）

想究竟涅槃三世諸佛依般若波羅蜜多故　（⑥般若波羅蜜多心經）

［附載二］

來迎院如來藏熾盛光讃康保四年加點本の本文

熾盛佛頂威德光明眞言儀軌

盛讃

曩莫《ホク》薩《セル》囉《ル》嚩二合《ハア》惹《ど》拏二合野莽怒《ト》使抳二合《ニ》薩《セ》囉《ル》嚩二合

惹獻《ナニ》地帶《天イ》弩《ト》使尼《ケ》也捨悉尾二合《ヒ》顊《ニ》抱《ハ》囉部二合《ネ》

嚩弩《トオ》迦鑁駄廏《ヒ》薩《セル》莽《ハ》悉第也二合尾你《ケ》也二合《ヤ》地

跛《ハ》左《セ》訖《サ》囉二合麼禮《リ》顊《ニ》曩謨悉《ソ》覩二合《ト》帝怛囉二合多

哩《リ》左訖《サ》囉二合嚩《ハ》哩《リ》底二合《チ》顊《ニ》曩謨引悉《ソ》覩二合《ト》帝《天イ》

以康保四年十月十二日奉讀法性寺座主之

第四節　敦煌文獻に加點された角筆の符號と注記

第一項　敦煌の角筆文獻の調査經過

五世紀から十世紀にかけて書かれた、敦煌文獻の中に、朱書や墨書の加點だけでなく、紙の面を押し凹ませて文字や符號を書入れた文獻の存することは、前節で明らかになった。その筆記用具については確認できていないが、その凹みの迹は、わが國の角筆文獻の凹みと同じであった。それは、一九九三年の八月から九月にかけて約三週間、大英博物館と大英圖書館において、角筆文獻の發掘調査を行って見出したものであった。この第一次の調査において、大英圖書館の敦煌文獻から、角筆の書入れを確認したのは、十誦比丘波羅提木叉戒本（S.797）一巻の建初二年（四〇六）比丘徳祐書寫本を初めとする七點であった。その七點の角筆の書入れについては前節に概要を掲げると共に、漢字と符號との書入れがあり書入れの量も多い觀音經（S.5556）を中心に述べた。

第一次の調査で閲覧し得た敦煌文獻は計十六點であり、その中の七點から角筆の書入れが認められたわけであるが、翌一九九四年の八月から九月にかけて吉澤康和氏と藤田恵子氏[1]が行った第二次の調査において、第一次の調査では角筆の書入れを特定し得なかった九點のうちの二點（太公家敎〈S.479〉と維摩經義記卷第四〈S.2732〉）からも、角筆による符號[2]の書入れが確認された。第一次と第二次とで調査した敦煌文獻は纔かに十六點であったが、その中の九點という過半數の文獻に角筆の書入れがあったことになる。

ヨーロッパにおける、第三次の調査は、一九九六年七月から九月にかけて、吉澤・藤田兩氏によって行われた。今回は、對象を大英圖書館の他に、フランス國立圖書館にも擴げた。その結果、大英圖書館藏スタイン蒐集敦煌文獻からは、新たに二十七點の角筆文獻が見出され、フランス國立圖書館藏ペリオ蒐集敦煌文獻から、初めて七點の角筆文獻が見出された。(3)

この調査に當っては、前以て調査すべき敦煌文獻の選定を筆者が行い、出發前の七月初旬に三人が會合して方針を決めた。大英圖書館には約一萬四千點の敦煌文獻が藏せられるが、その半數がジャイルズ目錄(4)に收載されている。その中から、第一次と第二次とに調査した敦煌文獻の十六點を除いて、二十點を選び出し、◎印、○印、無印の三段階に分けて、調査の順序を示した。これに基づいて調査した結果は、十九點から角筆の書入れが確認された。九十五パーセントの確率ということになった。この他に、現場で新たに八點も見出された。調査資料の選定に當って採った基準は、敦煌文獻の卷末識語に、年紀があり特に「點勘」「讀誦」「隨聽」「講說」等の字句を含むものとした。フランス國立圖書館の敦煌文獻は、その目錄(5)のうち二千番臺の、法成關係と漢籍とを中心とし、初めての調査であることと滯在期間が一週間であることを考慮して約十點を選んだ。そのうちの七點から角筆の書入れが確認された。第三次の調査では併せて三十四點が見出されたわけである。第一次から通計すると、ヨーロッパにおける敦煌本の角筆文獻は、四十三點が確認されたことになる。

第三次の調査において大英圖書館藏の敦煌文獻から二十七點という數の角筆文獻が見出されたのは、藤田氏が、七月三十一日から九月七日に至る長期間の調査を行ったことによる。その調査ノートは三三二頁に及んでいる。これには、角筆と共に朱點・墨點の書入れも採錄され、角筆の書入れは凡そ二、〇六〇箇所ある。その採錄形式は、角筆と朱點・墨點の施された漢字について、角筆か朱點か墨點かを示し、その施された位置と形を目に映じたままに摘記している。摘記には、用例の紙數と各紙の中での行數と各行の中で何字目であるかを明示している。

この調査ノートと吉澤氏の調査ノートに基づいて、筆者は、『敦煌寶藏』（中華民國七十五年〈一九八六〉八月等初版本）の本文により、當該漢字を文脈の中に戻した上で、角筆及び朱點・墨點の書入れの機能を検討した。『敦煌寶藏』の寫眞が不鮮明なものは、大正新脩大藏經に所收の同文を參照した。これに所收されていないものは、『敦煌寶藏』の寫眞を擴大して考察した。その結果、第一次の調査結果を多くの用例によって補充すると共に、新しい事實も見付かった。

右に述べたように、第三次の調査では、筆者は前以ての選定に加わり、兩氏の報告論文(6)の作成に多少の私見を提供したが、原本の調査には立會っていない。にも拘らずここに發表するのは、第一次の調査に基づく第三節に掲げた敦煌文獻だけではなく、なお多くの敦煌角筆文獻が存すること、その角筆の漢字や符號が多種であり、日本の古訓點との關係を考える上に有用と考えられること、今後の調査の次第によっては、更に多くの角筆文獻が、諸所に遺存する敦煌文獻から見出されるであろうことを、大方に告げたいと願うからである。

本節は、その願いを籠めて敢えて行う調査報告であるが、調査資料は吉澤・藤田兩氏の勞によるものであり、發表について快諾を賜った兩氏に深く謝意を表する次第である。

第二項　第三次調査で見出された敦煌の角筆文獻

一九九六年の第三次調査で見出された敦煌角筆文獻を、先ずは一覽する。大英圖書館とフランス國立圖書館との所藏別とし、その中を凡そ年代順とするが、年次の判るものを先に配列する。①〜㉞は整理番號。各文獻の末尾の（　）内に記した數字は、發掘年月日、姓は發掘者（敬稱略）を示す。

大英圖書館藏（三十六點の内、第三次調査で發掘された二十七點）

①摩訶般若波羅蜜品第四（紙背「佛説辯意經」）　一卷　太安元年（四五五）在庚寅正月十九日、伊吾南祠比丘申宗寫訖　趙清信經
（S.2925）
角筆の句切點、朱點・墨點（九六・八・二三、藤田）

②雜阿毗曇心經卷第六　一卷　太代太和三年（四七九）歲次己未十月己巳廿八日丙申、洛州刺史昌梨王馮晉國、於洛州書寫成訖
（S.996）
角筆の句切點、朱點・墨點（九六・九・四、藤田）

③勝鬘義記一卷　一卷　正始元年（五〇四）二月十四日寫訖、寶獻共玄濟上人校了（S.2660）
角筆の句切點・注示符、朱點・墨點（九六・九・四、藤田）

④太上業報因緣經卷第九　一葉　六世紀寫（S.861）
角筆の句切點、朱點（九六・八・二三、藤田）

⑤觀無量壽佛經一卷　一卷　比丘曇濟所寫受持流通供養、六世紀後期寫（S.2537）
角筆の句切點・合符、朱點・墨點（九六・九・六、藤田）

⑥梵網經菩薩戒序　一卷（本文の序）弘始三年（四〇一）於長安城大明寺誦出爲四部、六〇〇年頃寫（S.3206）
角筆の句切點・破音字點か、朱點（九六・八・二〇、藤田）

⑦無量壽觀經　一卷　大唐上元二年（六七五）四月廿八日佛弟子清信女張氏發心敬造（S.1515）
角筆の句切點・抹消符、朱點・墨點（九六・九・六、藤田）

⑧菩薩戒本疏卷第六　一卷　天寶十四載（七五五）寫及聽、敦煌人沙門談幽記（S.2500）

角筆の句切點・破音字點、朱點（九六・八・一九、藤田）

⑨金剛般若波羅蜜多經宣演　一卷　大曆九年（七七四）六月卅日於沙州龍興寺講必［畢］記之（S.4052）

角筆の漢字・句切點・破音字點・抹消符・補入符、朱點（九六・八・七、藤田、九六・八・二三、吉澤）

⑩大乘經纂要義　一卷　壬寅年（長慶二年〈八二二〉）六月大蕃國、傳流諸州流行讀誦、後八月十六日寫畢記（S.3966）

角筆の句切點、朱點（九六・八・一三、藤田）

⑪四分尼戒本　一卷　先爲師僧父母後爲己身時誦尼戒一卷、龍興寺僧智照寫、九世紀前半期（S.1167）

角筆の句切點（九六・八・五、藤田）

⑫瑜伽師地論卷第二十八　一卷　大中十一年（八五七）五月三日明照廳［聽］了記（S.735）

角筆の句切點・注示符、朱點（九六・八・三、藤田）

⑬瑜伽師地論卷第三十　一卷　大中十一年（八五七）四月廿一日苾蒭明照寫、大唐大中十一年歲次丁丑六月廿二日國大德三藏法
師沙門法成於沙州開元寺說畢記（S.3927）

角筆の句切點・合符・注示符、朱點（九六・八・一、藤田、九六・八・二一、吉澤）

⑭瑜伽師地論卷第五十五、五十六　一卷（⑫⑬と別筆）大中十三年（八五九）歲次己卯四月廿四日比丘明照隨聽寫記（S.6483）

角筆の句切點・合符・注示符、朱點（九六・八・六、藤田、九六・八・二三、吉澤）

⑮四分戒本疏卷第一　一卷　乙亥年（大中九年〈八五五〉か）十月廿三日起首於報恩寺李教授闍梨講說此疏隨聽隨寫十一月十一
（日）（S.6604）

角筆の句切點・合符・四聲點・注示符・抹消符、朱點・墨點（九六・八・一〇、藤田）

⑯四分戒本疏卷第四　一卷　寅年（大中十二年〈八五八〉か）十月廿日於東山接續及點勘竝了（S.6889）

角筆の句切點・四聲點、朱點（九六・八・一二、藤田）

⑰維摩詰經卷上、中、下　一卷　申年（咸通五年〈八六四〉か）四月五日比丘法濟共福勝點勘了　（S.4153）

角筆の句切點、墨點　（九六・八・一、藤田）

⑱瑜伽論第三十一卷〜三十四卷手記　一卷　談迅福慧隨聽　九世紀寫　（S.4011）

角筆の句切點・科段點・注示符・抹消符、朱點・墨點　（九六・八・一六、藤田）

⑲佛說善惡因果經　一卷　淸信畫保員、信心寫此經者念誦衣[依]敎奉行　九三〇年頃寫　（S.2077）

角筆の句切點、朱點　（九六・八・二三、藤田）

⑳佛本行集經變文（「佛名經」の紙背）　一卷　長興伍年（九三四）甲午歲八月十九日蓮臺寺僧洪福寫記諸耳、僧惠定池[持]念讀誦、知人不取　（S.548）

角筆の句切點・破音字點、朱點　（九六・八・二〇、藤田）

㉑中論卷第二、三、四　一卷　己亥年（天福四年〈九三九〉か）七月十五日寫畢、三界寺律大德沙門惠海誦集[訖]　（S.5663）

角筆の句切點・注示符・ミセケチ符、墨點　（九六・八・一三、藤田）

㉒佛說父母恩重經　一卷　開軍[運]三年（九四六）丁未歲十二月廿七日報恩寺僧海詮發心念誦　（S.1907）

角筆の句切點・符號（斜線）・抹消符、朱點　（九六・八・二一、藤田）

㉓三冬雪詩　散華樂讚文、他　一帖　顯德參年（九五六）三月六日乙卯歲次八月二日書記之耳　（S.5572）

角筆の抹消符、朱點・墨點　（九六・九・七、藤田）

㉔佛名經卷第九　一卷　弟子高盈信心無懈怠、至心持誦　十世紀寫　（S.5482）

角筆の句切點・節博士・破音字點・抹消符、朱點　（九六・八・二一、藤田）

㉕佛說阿彌陀經　一卷　「呪中諸口傍字皆依本音轉舌言之无口字依字讀」　（S.4075）

角筆の句切點・破音字點　（九六・八・五、藤田）

㉖僧伽吒經卷第一　一卷「何故不能聞、讀誦四句偈」（S.4399）
角筆の句切點・破音字點・注示符、朱點（九六・八・一五、藤田）

㉗死者隨身衣裳棺木　一卷（S.6251）
角筆の句切點、朱點（九六・九・四、藤田）

フランス國立圖書館藏（七點）

㉘老子德經下、十戒經　一卷（十戒經識語）景龍三年（七〇九）歲次己酉五月丁巳朔十八日甲戌沙州燉煌縣洪閏鄉長沙里沖虛觀
女官清信弟子唐眞戒、奉受、供養（P.2347）
角筆の句切點・符號（斜線）、朱點・墨點（九六・九・二、藤田）

㉙大乘稻芉經隨聽手鏡記　一卷（紙背）大中十三年（八五九）八月廿日歴經手抄記（P.2208）
角筆の句切點・合符・四聲點、朱點・墨點（九六・八・三〇、藤田）

㉚大乘稻芉經隨聽手鏡記　一卷「淨土寺藏經」（黑印）、永庚寺、比丘福漸受持幷兼通　九世紀前半寫（P.2284）
角筆の句切點・四聲點・注示符・顚倒符、朱點・墨點（九六・八・二九、藤田）

㉛諸法无行經卷上　一卷「淨土寺藏經」（黑印）、子年三月十日於蕃仙庠點勘訖（P.2057）
角筆の漢字・句切點・合符・注示符・補入符、朱點（九六・九・二、吉澤）

㉜十地義疏卷第三（紙背「大佛頂尊勝出字心呪」他）　一卷　庚辰年（九六〇）五月廿八日翟家經記之耳也　願受文(?)（以下缺損）（P.
2104）
角筆の漢字・句切點・合符・四聲點・補入符、朱點（九六・九・二、吉澤）

㉝諸星母陀羅尼經　一巻（巻末）李曙（P.2282）
角筆の句切點・符號（斜線）、朱點・墨點（九六・九・二、藤田）
㉞佛説楞伽經禪門悉談章幷序　一巻（P.2212）
角筆の句切點、朱點（九六・九・二、藤田）

第一次の調査では、角筆の書入れられた敦煌文獻は佛書だけであったが、今次の調査で、漢籍にもあることが分った。又、その時期も、五世紀から十世紀にわたる各世紀にあり、特に第一次には見られなかった八世紀のものも、⑧菩薩戒本疏巻第六と⑨金剛般若波羅蜜多經宣演の二點が確認されて、各世紀にわたり角筆の書入れの廣く行われたらしいことが窺われる。

第三項　角筆の書入れと朱書との關係

既に述べたように、敦煌文獻の中には、朱書や墨書の加點が存する。角筆の書入れのある敦煌文獻には、⑪四分尼戒本や㉕佛説阿彌陀經のように、角筆の書入れだけで朱點や墨點の全く施されていないものもあるが、多くは同じ文獻の中に朱點や墨點が施されている。右掲の一覧の中で、各文獻について角筆の内容を記した後に、「朱點」「墨點」などと注記した所で知られよう。

その角筆の書入れと朱點・墨點とがどのような關係にあるかを、ここでは、大中十一年（八五七）・十三年に、沙州開元寺で法成が行った講義を、恆安や明照が隨聽し加點した、瑜伽師地論について見ることにする。この瑜伽師地論を取上げたのは、講師の法成と、隨聽講者の恆安や明照と、その年次とが識語によって分る上に、全巻にわたって、隨聽の折に書入れられた符號

（點）が詳細に施されているからである。その中から、三次にわたる調査で、巻第二十八（S.735、明照隨聽）と巻第三十（S.5309、恆安隨聽）と巻第三十（S.3927、明照隨聽）と巻第五十五・五十六（S.6483、明照隨聽）の四巻について、朱點と共に角筆の書入れを確認することが出來た。恆安も明照も隨聽の加點に當り、朱點も角筆の書入れも共通の符號を使用している。(7)

先ず、各巻の巻末識語を、聽講者別に掲げる。

［恆安］

瑜伽師地論巻第卅　　一巻　（S.5309）

・比・丘・恆・安・隨・聽・論・本（「・」は朱書）

（朱書）「大唐大中十一年歳次丁丑六月「廿」(墨)二日國大德三藏法師沙門法成於沙州開元「寺」(右補入)説畢記」

［明照］

瑜伽師地論巻第二十八　　一巻　（S.735）

大中十一年五月三日明照廳［聽］了記

瑜伽師地論巻第卅　　一巻　（S.3927）

大中十一年四月廿一日苾蒭明照寫

（朱書）「大唐大中十一年歳次丁丑六月廿二日國大德三藏法師沙門法成於沙州開元寺説畢記」

丑年六月廿二日説了

瑜伽師地論巻第五十五、五十六　　一巻　（S.6483）

大中十三年歳次己卯四月廿四日比丘明照隨聽

恆安が隨聽し加點した巻第三十では、前節で述べたように、朱書による科段點の他に、句切を示すのに、點三つ、點二つ、點一つを句切の大中小に應じて施し、更に本文の字句の校異を行っている。角筆も同様に句切を點三つ、點二つ、點一つをそれぞれ句切の大中小に應じて施している。しかも同じ箇所に朱點と角筆の點とが施されている所もあり、その書入れの先後の關係を詳しく調べると、先ず角筆の凹みで點三つ、點二つ、點一つを施しておき、後からその上をなぞるように朱點三つ、二つ、一つを重ね書している。それは、朱書が角筆の凹みに嵌ってかすれていることから判る。恆安が、法成の講說を聽講しながら加點するに當り、先ず角筆で書入れておき、後から朱書でなぞったり補ったりしたと見られる。

明照が隨聽し加點した巻第二十八、三十、五十五・五十六でも事情は同樣である。朱書は、科段點の他に、句切を示す點三つ、二つ、一つと本文の校異を行い、角筆も科段點と句切を示す點三つ、二つ、一つを施し、共に句切の大中小に應じて使い分ける。その先後關係も、角筆が先で、朱點は後である。

このような角筆の書入れと朱點とが同じ符號を用いるのとは別に、角筆の書入れだけで朱點には見られない符號がある。それは、次の合符と注示符である。（用例の所在を示す漢數字は紙數、算用數字はその行數）

○合符（「-」が角筆）

善取其-相（巻第三十、S.5309、恆安隨聽）

答、衆多和-合於所緣境受用（巻第二十八、二16、明照隨聽）

汝以如-是等柔軟言詞（巻第三十、一26、明照隨聽）

非求-利養恭敬名聞處（巻第三十、一8、明照隨聽）

○注示符（「—」「・」が角筆）

尒時名起界鎖勝解又即此外造色色相三・（巻第三十、S.5309、恆安隨聽）

所以者何不放逸捨是无貪无瞋无癡精進分故（巻第五十五、三8、明照隨聽）

符號の他に、角筆の漢字らしい書入れが、恆安と明照のそれぞれにあるが特定することが出來ない。

これらによると、角筆は、科段點や句切點だけでなく合符や注示符の縱線も書入れているが、朱點は科段點や句切點だけで、合符や注示符は施していない。朱點が、星點だけであって縦線を用いる所にまで及んでいないことは、紙面を汚すことを憚ったり或いは諸種の符號を朱書で施すことを避けたりする心理が働いたのであろうか。いずれにせよ、朱點だけでは分らなかった、諸種の符號が、角筆によって浮かび上って來ることを示している。

このことは、瑜伽師地論だけでなく、角筆の書入れの見出された他の敦煌文獻についても通ずる。その中には漢字が角筆だけで書かれたものもある。

まして、朱點や墨點が施されず、角筆の書入れだけの加點本も存し、それが當時の學習の實情を知る資料として有用となることは、言うまでもない。

第四項　第一次調査報告の補充例と新出符號

第三次の調査で見出された角筆文獻は、大英圖書館とフランス國立圖書館を併せて三十四點であり、角筆の書入れも二、〇六〇箇所が拾われたので、第一次調査に基づく前節に述べた内容を補充する例の他に、新たな符號も見出された。以下にはそれについて記す。ここでは符號を取上げ、漢字については次項で述べる。

一、補充資料

(1)顚倒符號（用例中の「✓」が角筆）

聲聞者從於善友而聽聞已所證果✓獲令他聞故（㉚大乘稻竿經隨聽手鏡記、二26、P.2284）

「果證」とあるべき本文を「證果」と順序を誤って書いたので、角筆の顛倒符を「果」字に施して訂している。その上から墨書の顛倒符を重ね書きしている。前節では、觀音經（S.5556）に同樣の顛倒符が一例だけであったが、他にも使われていることが分った。

(2) 抹消符號（用例中の斜線が角筆）

⑨金剛般若波羅蜜多經宣演（S.4052）は、六十五紙（一紙二十六行、一行二十二乃至二十四字）を用いた長卷で草書體で書かれていて、全卷にわたって、本文の字句を抹消した所が多い。例えば次のようである。

衆族之内《同》法（五十二 17）（「内」を角筆の斜線二本で抹消）

王《天》人修羅（五十三 4）（「王」を角筆の斜線二本で抹消）

「内」の右傍の「同」、「王」の右傍の「天」は、共に朱書であり、「大暦九年（七七四）六月卅日於沙州龍興寺講必〔畢〕記之」の卷末識語の朱書とも、科段點・句切點の朱書とも同筆と見られる。抹消符には朱書がなく角筆だけであるから、角筆に氣付かなければ、傍書の字は單なる校異を示したに過ぎなくなる。この文獻に用いた角筆の抹消符號は、右例のような斜線二本の他に、數本を施したり、「×」にしたりしたものもある。

角筆の抹消符は、㉒佛説父母恩重經（S.1907）や㉔佛名經卷第九（S.5482）にも見られる。共に一本の斜線を右上から左下にかけて當該字に施している。

前節では、觀音經（S.5556）に抹消符として、角筆で一本の斜線を右上から左下にかけて當該字に施した二例を指摘したが、他にも使われていることが分った。

(3) 補入符號（用例中の斜線・横線が角筆）

右掲の⑨金剛般若波羅蜜多經宣演（S.4052）は、次例のように、字と字の間に角筆で斜線を施して補入符としている。

釋經《文》者（十四 18）

「經」と「者」との間に「文」（墨書）の入ることを角筆の斜線を施して示している。

㉜十地義疏巻第三（P.2104）では、次例のように、字と字の間に角筆の横線を施して、脱字を右傍に補入している。

聖 敎 隱━顯 難 可 測 （十六 9）

前節では、十誦比丘波羅提木叉戒本（S.797）に、字と字の間に「、」を角筆で施して補入符として使用した例を指摘した。

(4)句切點（用例中の「・」が角筆）

角筆の句切點は、三十四點の角筆文獻のうち、㉓三冬雪詩 散華樂讃文、他（S.5572）を除く三十三點が用いていて、その施した量も、他の符號に比べて極めて多い。形は「・」であって、前節で觀音經（S.5556）が字面下邊に短線を施したと指摘したのと同じ例は見出されていない。觀音經では文末を斜線で示し、文末より小さい句切（讀點）を縦線で示していて、機能の違いを形の違いで示すという、機能分化が見られた。

第三次調査で見出された三十三點の角筆の句切點のうち、法成の講説を隨聽した瑜伽師地論では、先述のように、點三つ、點二つ、點一つを句切の大中小に應じて使い分けているが、他の角筆文獻では點一つを用いている。その施す位置は、當該字の右下か中下か左下かである。その位置を、時代別に見ると、時代の溯った文獻では、機能分化が見られず、右下に施すか、中下に施すか、左下に施すかは、任意のようである。

これに對して、十世紀の文獻には、右下を文末、左下が句末、中下が小さい句切として使い分ける傾向の見られるものがある。

⑳佛本行集經變文（S.548） 長興伍年（九三四） 讀誦

此內及外更有諸妙理・（十三 3）（「・」は角筆と朱點）

同居有伴侶日食・（二 12）（「・」は角筆）

夢忽然覺遍體・汗流（三 10）（「・」は角筆）

王辱則・臣死・（五　2）（「・」は角筆）

洵知則・君一人如此（七　14）（「・」は角筆）

㉒佛說父母恩重經（S.1907）　開運三年（九四六）念誦

我卽來還家其兒遙見・（一　23）（「・」は角筆）

婦兒詈罵低頭含咲・（二　12）（「・」は角筆）

常得見佛聞法・速得解說（二　20）（「・」は角筆）

開懷出乳以乳・與之（一　26）（「・」は角筆）

父母聞之・悲哭・懮惱（二　15）（「・」は角筆）

句切點の機能分化が見られた觀音經（S.5556）も、十世紀の書寫、讀誦であり、卷末識語の「戊申年」は西暦九四八年と考えられている。

⑸合符（用例中の「—」が角筆）

角筆の合符が恆安や明照の隨聽し加點した瑜伽師地論に見られることは、前項に述べた。他の角筆文獻にも用いられている。

⑤觀無量壽佛經一卷（S.2537）

七寶莊嚴寶地寶池寶樹行」列（三　2）

⑮四分戒本疏卷第一（S.6604）

三招生十利」功德（十七　2）

㉙大乘稻竿經隨聽手鏡記（P.2208）

不相「爲緣（十四　5）

㉜十地義疏卷第三（P.2104）

經論何-故不釋者（六　5）

一切物者此是-摠句（五　18）

本故-二處而明也（四　8）

前節では、觀音經（S.5556）の角筆の合符が位置の違い（字間の中央か左寄りか）で機能分化の認められることを指摘したが、右の例では用例が少ないために明らかではない。

(6) 注示符（用例中の字傍の縦長の線が角筆）

角筆の注示符が恆安や明照の隨聽し加點した瑜伽師地論に見られることも、前項に述べた。他の角筆文獻にも用いられている。

③勝鬘義記一卷（S.2660）

攝受正法者即乞法也（二　40）

⑮四分戒本疏卷第一（S.6604）

若空若土若田若船若水（十九　26）

⑱瑜伽論第三十一卷～三十四卷手記（S.4011）

皆說言第二靜（十　16）

影像現前故（十五　25）

㉑中論卷第二・三・四（S.5663）

行業乃至老死等皆滅（四十一　4）

㉖僧伽吒經卷第一（S.4399）

薩埵白佛言世尊大苦大苦（五　1）

如轉輪聖王主四天下（九11）

前節では、觀音經（S.5556）の他、十誦比丘波羅提木叉戒本（S.797）、大般涅槃經卷第三十九（S.2231）、般若波羅蜜多心經（S.4406）の角筆の注示符を掲げた。

(7)節博士

㉔佛名經卷第九（S.5482）は、十世紀の書寫で、卷末識語に「弟子高盈信心無懈怠、至心持誦」とあり、全卷に角筆の書入れがある。この經卷の文章は、「南无莊嚴山佛　南无日出普照佛」のように、「南无」の下に諸佛名を列擧する讃佛偈である。その「南无」の「无」に、次掲の(ア)・(イ)・(ウ)・(エ)・(オ)のような諸種の異なった符號が角筆で施されている（用例中の符號は角筆）。

(ア)　南无莊嚴山佛（一9）

南无光明輪峯王佛（一27）

南无十執經（二16）

南无常堅菩薩（三3）

(イ)　南无智日普光明佛（一5）

(ウ)　南无法幢然燈佛（一14）

南无法華盧舍那清淨難都佛（一23）（「・」は角筆と朱點とあり）

(エ)　南无法意菩薩（三6）

南无梅壇勝月佛（一15）

南无法日雲燈王佛（三2）

(オ)　南无寂光明深髻佛（一3）

南无相山盧舍那佛（一18）（「・」は角筆と朱點とあり）

南无大明菩薩　（二25）

前節では、觀音經（S.5556）の偈の部分に角筆で節博士の施されていることを指摘した。(ア)・(イ)・(ウ)は、それに相似ている。日本の節博士で後世云う「ソリ反」「ヲル下」「スグ」に形が通ずる。(ア)は「ソリ反」に通ずる形で、當該漢字の右肩から起筆するものと、右傍の中程寄りから起筆するものとがある。(イ)は「ヲル下」に通ずる形で、當該漢字の左傍から起筆している。(ウ)は「スグ」に通ずる形で、當該漢字の左肩から起筆するものと、左傍の中程寄りから起筆するものとがある。

この(ア)・(イ)・(ウ)の形態は、單純なものであり、日本の鎌倉時代の節博士に見るような複雑な形ではなく、直線的で、機能とも古博士に通ずると見られる。

(エ)の諸形については未詳である。(オ)は節博士とは別で、特に第一例は、字畫の中に施されている。

(8)四聲點（用例中の斜線が角筆）

觀音經（S.5556）に角筆で四聲點を施したかと考えられる例のあることを、前節で指摘した。斜線を當該字の四隅のうち、左下、右上、右下に施したもので、それぞれ、平聲、去聲、入聲に合うものであった。

第三次調査で見出した敦煌の角筆文獻の中にも、斜線を字の四隅に施したものが、次のように見られる。

⑮四分戒本疏卷第一（S.6604）　乙亥年（八五五か）隨聽

□若本心尅不欲殺父作賊想而　（二十二1）

□爲王後成羅漢　（二十二5）

「若」が「もし」の意として入聲であることを示し、「漢」が「をとこ」の意として去聲であることを示したとすれば、右上(平)・右下(上)・左下(去)・左上(入)の聲調の古い形式を示したことになる。(8)

⑯四分戒本疏卷第四（S.6889）　寅年（八五八か）點勘了

□及失威儀罪不犯者　（二十27）

一弁不犯者（二十二7）

不得爲裹頭者（二十三21）（「裹」は「裏」の誤寫）

□次弁犯相律云（二十一17）

角筆で施した斜線の、右下が上聲、左上が入聲を示したものとすれば、聲調の古い形式を示したことになる。

㉙大乘稻竿經隨聽手鏡記（P.2208）大中十三年（八五九）抄記

□供敬文辞具（四4）

言大者・无始故（十三12）

如是无我之法（十六17）

能成就種子之識業（十六17）

正智常觀如來・（十七13）

言无坐（十七17）

□言大者・无始故（十三12）

□此初喩也（十六13）

角筆で施した斜線は、右上が平聲、右下が上聲、左下が去聲を示したと見られ、聲調の古い形式に合う。

㉜十地義疏卷第三（P.2104）庚辰年（九八〇）翟家經記

□衆生合軌則不失也（一3）

自體眞照離无明垢（一14）

慚愧除鄣垢也（六20）

□問曰上開三章門已具釋竟（五10）

答曰牒上生下牒上甚深樂因緣苦欲敎衆生（五11）

修行大捨也是一切物者（五17）

三造而非道（十三24）

相對釋經現前（十七6）

角筆で施した斜線は、右上が平聲、右下が上聲、左下が去聲に合い、聲調の古い形式を傳えたと見られる。

これらの四聲點を持つ敦煌文獻は、九世紀から十世紀のものである。いずれも聲調の古い形式を用いていて、觀音經（S.5556）の角筆の四聲點と考えられる例が、左下から右廻りに、平・上・去・入となっているのとは異なっている。

二、新出符號

第三次調査で新たに見出した角筆の符號に、破音字點がある。破音字點とは、「その字の用法が元義・本來の音とは異なるものであることを示すために、その字の中央又は右横に點を施した」ものとされる。(9) 破音字點は、朱點について石塚晴通氏が指摘されたが、角筆でも施されたことが分った。

⑥梵網經菩薩戒序（S.3206）　六〇〇年頃寫

吾今爲汝授菩薩十無盡戒　（二14）（「戒」の中央に朱點と角筆の「・」がある）

この一例のみであり、時代の上でも問題があり、存疑の例である。

朱點と角筆の點とが重ねて施された文獻には左のものがある。

⑳佛本行集經變文（S.548）　長興伍年（九三五）讀誦

是時淨飯大王爲宮中無太子憂悶不樂　（二17）（「爲」の中央に朱點、やや左寄りに角筆點）

吾從養汝只是懷憂愁　（七12）（「汝」の中央と「只」の右横にそれぞれ朱點と角筆點とを重ねる）

雪山會上（十6）（「會」の中央に朱點と角筆點とを重ねる）

次の文獻は、中央の角筆點のみである。

⑧菩薩戒本疏卷第六（S.2500）　天寶十四載（七五五）聽

於中有二　（六6）（「於」の中央に角筆點）

雖示族別而　（六10）（「示」の中央に角筆點）

⑨金剛般若波羅蜜多經宣演（S.4052）　大曆九年（七七四）講

如是心等　（六6）（「如」の中央に角筆點）

演曰第二不住六塵　（五十一9）（「塵」の中央に角筆點）

㉕佛說阿彌陀經（S.4075）

應當發願願生彼國所以者何　（二26）（「者」の中央に角筆點）

如是等恆河沙數諸佛　（三16）（「諸」の中央に角筆點）

㉖僧伽吒經卷第一（S.4399）

此法門者攝於一切大乘正法　（九27）（「於」の中央に角筆點）

これらの文獻は八世紀を中心に、十世紀にも及んでいる。

第五項　敦煌文獻に角筆で書入れられた漢字

敦煌文獻の中に、角筆で漢字を書入れたものの存することは、前節で述べた。そこでは、觀音經（S.5556）に、角筆の漢字で音注を施した例と、角筆の漢字で義注を施した例を指摘した。音注は、本文の「羅刹鬼」の「刹」の右傍に「切」と書入れたものなどであり、義注は、「得度者」の右傍に「滿」、「爲人所推墮」の「推」の右傍に「進」と書入れたものである。

第三次調査においても、次の三文獻から、漢字を角筆で書入れたものが見出された。

⑨金剛般若波羅蜜多經宣演（S.4052）　大曆九年（七七四）於沙州龍興寺講必「畢」記之

㉛諸法无行經卷上（P.2057）　子年於蕃仙庠點勘訖

㉜十地義疏卷第三（P.2104）　庚辰年（八八〇）翟家經記

ここでは、角筆の漢字を文脈の中で檢討することが出來た⑨金剛般若波羅蜜多經宣演について述べることにする。この經卷は既述のように大英圖書館藏の敦煌文獻の中で最長のものとされ、六十五紙（一紙二十六行、一行二十二乃至二十四字）にわたって草書體で書かれている。朱書の卷末識語によって、大曆九年（七七四）に沙州龍興寺で講が畢り記したことが分る。本文には、この朱書による科段點（鉤と△）、句切點と本文の字句の校合が施されている。別に、角筆による漢字と句切點、破音字點、抹消符、補入符の施されていることは、先掲の通りである。

角筆の漢字の見出されたのは次の四字である。（私に句點を施す）

○若説井衆生如是心。所有「坐」（角）衆生如是等。此爲廣大。若復説言。「若」（角、墨）井衆生相縛如是等。此爲玄源。（七 7）

○如是心等可證三羅。一邪行心對治。二離損域邊。三廣大无衆生。相「本」（角）轉等亦具三義。一無見正行對治。二離損益邊。三玄源所望。義別皆不相違。（七 11）

○問方明顯現有義。不住迴向艹（菩）提是行施中第一義者不然。於文不説迴向艹提爲第一義。文「右」（角）解「剩」「浪」加故爲不可（九 20）（「剩」は墨書、「浪」は朱書、共に右傍補入）

第一例の角筆の「坐」は「土」の上に「口」と「人」とを書いた字と見られる。吉澤・藤田兩氏は「坐」又は「堅」又は

「野」とも見えるが恐らく「坐」（「坐」の異體字）であろうとする。[10]「若」は先ず角筆で書き、その上を墨書で重ね書している。第二例の「本」、第三例の「右」については、字形に問題はない。

この角筆の四字のうち、墨書で重ね書した「若」は、本文の誤脱を右傍に補入したと見られる。墨書の重ね書のない三字「坐」「本」「右」も、本文の校異を示したと考えてみる必要があるが、この聖教の異文を傳えた別本が見られないので確かめることは出來ない。しかし、この經卷では、本文の校異は朱書や墨書で傍記しているので、朱書や墨書の重ね書のない角筆だけの漢字は、校異でなく、他の働きを示すと見るのが穩當であろう。音注でないことは明らかである。そこで、義注とすると、次のように解せられないか。

第一例の「坐」は、本文「所有衆生」の「有」の右傍に書かれている。「所有」はこの種の經文に用いられる常套語であり異文の考え難い字句である。一般に「所有」は「あらゆる」の意であるが、ここでは「そこにいる衆生」という臨場感を籠めた解釋を示したものであろう。第二例の「本」は、本文「相轉等」の右傍に書かれている。この「本」は、「相轉等」の字句が、宣演の對象とする「金剛般若波羅蜜多經」の本文からの引用であることを示したものであろう。第三例の「右」は、「文解」の「文」の右傍に書かれている。ここの文意は、「右に述べた文の解釋は、餘剩の無駄なものを加えたものであるから不可である」と解せられる。角筆の「右」は「右の文」の意を表したものであろう。

この金剛般若波羅蜜多經宣演は、草書體である上に文章が難解であるので、誤解があるかも知れない。若し右のように解せられるならば、角筆の漢字の三例は義注を書入れたことになり、觀音經（S.5556）の義注の例を補充することになる。

いずれにせよ、敦煌文獻の中から、この種の角筆の漢字の書入れを、更に多く見付け出して、その上でそれぞれの働きを考察する必要があるが、その可能性を示すものとして注目される。

注

（1）吉澤康和氏は廣島大學名譽教授、調査當時は產業技術短期大學教授、専門は核物理・核化學。第一次の調査は同氏と小林とで行った。藤田惠子氏は產業技術短期大學助教授、専門は物理學・科學史。第二次の再調査は吉澤氏と藤田氏が行った。

（2）第二次の再調査で確認された二點の角筆の符號は次のようである。

○太公家敎　一巻　乾符六年（八七九）學生呂康三讀誦　（S.479）

角筆の句切點、注示符

○維摩經義記巻第四　一巻　大統五年（五三九）惠龍寫、保定二年（五六二）僧雅講　（S.2732）

角筆の句切點、注示符

（3）Yasukazu Yoshizawa and Keiko Fujita

「Investigation of Stylus Writing in Dunhuang Manuscripts」（「產業技術短期大學誌」Vol.31、平成九年三月）。

（4）LIONEL GILES「Descriptive Catalogue of the Chinese Manuscripts from Tunhuang in the British Museum」LONDON 1957.

（5）Catalogue des Manuscrits chinois de Touen-houang FONDS PELLIOT CHINOIS DE LA BIBLIOTHÈQUE NATIONALE

（6）注（3）文獻。

（7）朱點が共通することについては、石塚晴通氏が注（8）文獻で指摘しているが、角筆の書入れも共通している。

（8）石塚晴通「樓蘭・敦煌の加點本」（「墨美」第二〇一號、昭和四十五年六月）。同「敦煌の加點本」（『講座・敦煌　第五巻　敦煌漢文文獻』平成四年三月）。

（9）注（8）文獻。

（10）注（3）文獻。

第五節　敦煌文獻の加點と大陸の加點の日本への影響

前節までに述べたように、敦煌文獻には、朱點・墨點と共に角筆の加點も少なからず見られた。これらの加點本の中には、巻末識語に「點」の用語でその書入れを示したものがある。このことは、既に石塚晴通氏が朱點・墨點に關して指摘された所である。[1] 巻末識語に「點」の用語があるもので、本文の中に角筆の點の書入れを確認したのは次の文獻である。

⑯四分戒本疏巻第四　（S.6889）

　寅年（八五八か）十月廿日於東山接續及點勘竝了

⑰維摩詰經巻上・中・下　（S.4153）

　申年（八〇四か）四月五日比丘法濟共福勝點勘了

㉛諸法无行經巻上　（P.2057）

　子年三月十日於蕃仙庠點勘訖

いずれも「點勘」と用いている。「點勘」とは、石塚氏は「點を打つやうにして正確に勘するといふ意か」とされる。[2] 加點の年紀について、ジャイルズ目錄[3]では、⑯の「寅年」を八五八年と推定し、⑰の「申年」を「七〇八年?」とする。この他に「加點」「點」の識語を持つ、妙法蓮華經巻第八（S.2577）は七世紀の書寫、文選巻第九（S.3663）も七世紀の書寫と目錄ではしているが、石塚氏は、妙法蓮華經巻第八（S.2577）を七世紀末、文選巻第九（S.3663）を八世紀前半期乃至中期頃の書寫とされ、⑯四分戒本疏巻第四（S.6889）は吐蕃期とされる。[4] いずれにせよ、「點」という用語が、敦煌文獻では、九世紀より前、七世紀末、八世紀初には使われている。そして、それを裏付ける加點が、現に朱點・墨點や角筆點でなされているのであり、當時、既に「點」として意識されていたことが知られる。

敦煌のような邊陬の地ではなく、中國大陸の當時の文化の中心地においても、加點がなされ、「點」として意識されていたことを知るに足る具體的な遺存文獻に恵まれないが、本邦の入唐僧の傳えた資料の中には、その一端を推定し得るものがある。それによると、敦煌だけでなく、文化の中心地でも「點」という語を使い、加點することが行われていたらしい。

天台宗の智證大師圓珍が、在唐中の大中十二年（八五八）に、台州開元寺で釋觀無量壽經記を讀んで、先輩僧の高願、興持（興行）、大師妙敎（敎法）と共に點を施し、更に看過したという記文が傳わっている。「法聰記批記」(5)に左のようにある。

同（釋觀無量壽經記）奥書曰

唐大中十二年三月廿三日、於台州開元寺揚老宿院抄過、經生僧閑靜、
廿五日勘過、日本比丘珍記、
（朱書）「比丘圓珍、敬同先輩高願、永々興持（考、持年譜作行）、大師妙敎（考、妙敎年譜作敎法）廿八日、點過記之、四月一日、
已前更看過、珍記」（傍線は私に附す。以下同じ）

これは、在唐中に、圓珍が先輩の中國僧と加點したことを示す資料である。

又、その圓珍が、在唐中に求得して將來した大小乘經律論疏などの目錄の中にも、「科點」と共に「點」と注記されたものがある。その「福州溫州台州求得經律論疏記外書等目錄」（日本國求得僧圓珍目錄（略）大中八年九月二日珍記）(6)の中から、「科點」竝びに「點」の注記のもの、及びその關聯の注記を持つものを左に抄出する。

楞伽阿跋多羅寶經四卷　科點
（經卷名、四本略）
倶舍論釋頌疏鈔四卷　已上宗本和上捨與

肇論一卷　點

（經卷名、五本略）

見道性歌一卷　已上宗元和上捨與

（略）

已上、於溫州永嘉郡求得

これらの溫州永嘉郡で圓珍が求得した經論等のうち、「科點」の施されてある「楞伽阿跋多羅寶經四卷」は宗本和上から「捨與」（施し與えられた）されたものであり、「點」の施されてある「肇論一卷」は、他の六本と共に宗元和上から捨與されたものとある。

その「楞伽阿跋多羅寶經四卷」に「科點」を施したのは宗本大德であることが、聖護院に傳わる同目錄で分る。即ち、「日本國上都比叡山延暦寺比丘圓珍入唐求法惣目錄」（聖護院文書）(7)には、同箇所の同經について、

楞伽阿跋多羅寶經四卷　宗本大德依疏加點

とある。宗本大德が、疏によって自ら科點を施した本を、他の五本と一緒に圓珍に捨與したことが分る。この聖護院文書の目錄には、

妙法蓮華經一本七卷天台科點　沙門良諝科

ともある。良諝は、越州開元寺の僧で、智者大師の九世の孫に當り、圓珍に台教を講授している。(8)この良諝が科點を施した、妙法蓮華經一本七卷も、圓珍の將來した經論等の目錄に入っている。

こう見ると、宗元和上が圓珍に捨與した「肇論一卷」の「點」も宗元和上の施された可能性があり、少なくとも中國の高僧の加點したものであることは動かない。

以上によれば、圓珍は、在唐中に、中國僧の施した「點」のことを知得していて、自らも加點を行い、「點過」の用語を使

用していたことが分る。その「點」の内容が如何なるものであったかは、その原本が殘らないので具體的に知ることは出來ないが、前節までに見て來たような、敦煌文獻に施された加點のようなものであったと考えられる。

圓珍は、天安二年（八五八）に歸朝して、三十年後の仁和四年（八八八）に「大日經義釋批記」[9]（薄紙本）を著し、その中に「點」という用語を種々に使っている。

故探源法師隨余聽過一部了、始於三井寺迄冷然院也、此一人不闕而了此事也、
厥時委悉讀過本、元修禪大師御本、爰宗叡師在住東寺、値聽讀縁、暫借件釋、
十四卷本也、故法勢師兄、以聞法志、借授之訖、叡得之聽過了、仍叡入唐間、
權寄余邊、依彼本、文字分明兼同點、故加看過、若不稱者、以朱汚點、
與憲源二同法、始讀與之、源一人全聽周遍、今朱點是也、叡歸來後、請還點本、
若存執論不可返、據今非同宗之人故、然存平一之意、快返與了、計ルニ彼童子見
朱寒熱、雖然儻用一句、遠爲結縁耳、今留斯本、充傍扶者、爲知彼案内、
兼存源同法之勞也、坊内幷三井寺同道會此趣、充傳持之資、莫出山院、努力
努力、又樫生故修大德本一部、得安瑤禪師相許了、便不可返、以彼寺有
故堅慧内供奉點本黃色也、聽過家兄修大德說也、故瑤禪師許置本山畢、同法竝知
彼由縁、仁和肆年拾月貳拾五日珍記

傍線のように、「同點」「朱汚點」「朱點」「點本」「堅慧内供奉點本」として使われている。この文章の趣旨は、修禪大師、即ち義眞（第一代天台座主で、圓珍の師）がもと持っていた御本を以て、探源法師に讀みを授けた。別に宗叡（東寺長者、義眞に天台を學び、圓珍に兩部の密法を受く）が故法勢師から授けられた本を宗叡の入唐の間、預ったので比べてみると、文字が分明で、點が同じである故に看終えた。適合しない箇所は「朱汚點」を加えて探源等二人に讀みを與え、特に探源は全卷を聽讀した。

「朱點」がこれである。宗叡が唐より歸朝後、預った「點本」の返却を請うたので、返し與えて、修禪本を山院に留めた。又別に、故堅慧內供が修禪の説を聽いて「點」した本は、本山に置いた、というのである。「朱汚點」の「汚點」とは、經典の本文に自ら新たに施點することを指すか。ここにいう「點」の內容が如何なるものであったか、當の點本が傳わらないので判然としないが、大日經義釋の本文を聽讀するに當って施した點であり、修禪や法勢や圓珍などが施した點に差異のあったことも窺われる。

圓珍の將來經で、圓珍の加點に比定されて來た點本が二本、園城寺に遺存している。

○金光明經文句卷中、卷下　二卷　唐時代寫

（卷下、奧書）巨唐大中十一年八月十三日於天台山國淸寺勘過日本比丘圓珎記

○三彌勒經疏卷上、卷中、卷下　三卷　唐時代寫

（卷下、奧書）金忠大德送施圓珎寬平二年閏九月十一日追記之珎

金光明經文句には、白書の假名とヲコト點（第一群點）が施されているが、オとヲの假名遣の混同があり、圓珍の時代のものではなく、時代の下った平安中期の加點で、[10]日本人の加筆に成るものである。この白點とは別に、朱書による科段（鉤や丸等）と句切點と本文の校異が施されている。その加點方式は、敦煌文獻の加點と同じである。從って、この朱書の加點の方は、圓珍が大中十一年（八五七）に天台山國淸寺で勘過した時に施したものと考えられる。

金忠大德から圓珍に送施された、三彌勒經疏三卷にも、褐朱色の假名と字音注とヲコト點（第一群點）と、一部に白書のヲコト點・返讀符（漢數字）が施されている。これも中田祝夫博士は圓珍自身の加點ではなく、後人の加點とされている。[11]この褐朱色の加點に對して、それとは別に、濃朱色の科段（鉤）と句切點と返點「・」が施されている。この加點方式も敦煌文獻の加點に通ずる所がある。[12]恐らく中國大陸で施されたか、それに準ずるものであろう。

これらの遺存資料によると、圓珍が在唐中に知得し、歸朝後も用いた「點」とは、科段點や句切を主とする、敦煌文獻の加

點のようなものであったと考えられる。

圓珍の用いた「點」「點汚」「朱點」「點本」「某點本」の語は、獨り圓珍だけの使用に止まらず、天台宗の比叡山の僧の間でも使われている。そのことを示す、當時の寫本が青蓮院吉水藏に傳わっている。「山王院藏書目録」(吉水藏三十二箱一號)(13)は、延長三年(九二五)書寫の粘葉裝二帖(もと四帖の内、二帖存)で圓珍の弟子の空慧が、僧の貞宗と運猷とに一帖ずつを書寫させ自ら署名している目録である。その中から、「點」の注記を持つものとその參考となるものを左に抄出する。

○金剛頂護摩儀軌一卷　天長十年冬抄取故元興寺澄慧阿闍梨本　(第一帖)

○大毗盧遮那成佛經六卷　丹後和尚爲圓珍手書便讀授之仍點汚也

般若波羅蜜多理趣釋一卷　有朱點　(第一帖)

○金剛頂經三卷　有點聽覺大師說合衆

蘇悉地經五卷　竝點本奉爲丹後和上七〻日寫圓敏禪師書　(第一帖)

○金剛頂蓮花部心念誦儀軌一卷　大同年本　(第一帖)

○大毗盧遮那經字輪品梵字一卷　故修大德書　(第一帖)

○冥道無遮齋文一卷　故修大德本承和十一年從唐將來　(第一帖)

○大毗盧遮那成佛經疏二十卷二帙

上帙雨十卷　下帙露十卷　丹後叔文和尚點本　(第一帖)

大毗盧遮那成佛經疏二十卷二帙

上帙結十卷　下帙爲十卷□(探か)源禪師聽讀本朱記爲要故今編此永宛證本又了卷始紙背末紙面皆有珍記文　(第一帖)

○瑜伽師地論一百卷　延祚大德捨與　(第二帖)

○妙樂大師科本法華經八卷一帙　寫寺唐本科點　(第二帖)

○最勝王經十卷一帙　丹後和上點 中大師說

又一部　黑軸余祖父母願　余依疏科文　（第二帖）

○無量義經一卷　科了依西明疏　（第二帖）

○大般涅槃經第三十八卷　點　四帙　（第二帖）

○法華論二卷

已上雜經論幷新寫科點等　（第二帖）

○法華文句十卷一帙　加賀昌遠點　（第二帖）

○註最勝王經二十卷一帙　東大明一 此倭註也　（第二帖）

○成唯識論十卷一帙　點汚　他人

成唯識論述記十卷一帙　延祚大仙施　（第二帖）

金剛頂經三卷は聽衆を寄せ集めて慈覺大師の說を聞いたもので點が有ると注し、蘇悉地經五卷は丹後和上叔文の四十九日忌の爲に圓敏が書寫したもので五卷ともに點本であると注している。圓敏は、圓珍の弟子で、天台座主記（三千院圓融藏本）に、寛平三年（八九一）十月二十八日、圓珍の遺言を增命、康濟等と共に面授した一人として「老僧圓敏」と載っている僧である。又、大毗盧遮那成佛經六卷には、その丹後和尚が圓珍の爲に手書し直ちに讀みを授けたので「點汚也」と注する。圓珍が點を施したのであろう。丹後和尚にも加點本があったことは、大毗盧遮那成佛經疏二十卷に「丹後叔文和尚點本」と注していることから知られる。最勝王經十卷は、中大師說によって丹後和上が加點している。又、法華文句十卷には「加賀昌遠點」が施されている。加賀昌遠は、天台座主記（三千院圓融藏本）によると、嘉祥三年（八五〇）の太政官牒に、延曆寺惣持院十四禪師の一人として載っている僧である。

これらによって、「點」という語が比叡山の僧の間でも行われたことが知られるが、この「山王院藏書目錄」の注記の字句には、圓珍が求得した唐の經律論疏記等目録のそれに通ずるものがある。

（山王院藏書目録）	（圓珍求得經論等目録）
寫寺唐本科點	科點
余依疏科文	宗本大德依疏科點
科了依西明疏	天台科點沙門良諝科
大般涅槃經三十八卷　點	肇論一卷　點
延祚大德捨與	宗元和上捨與

これによれば、天台宗の比叡山の僧の間で使われた「點」に關する用語は、圓珍のような入唐僧が大陸で知得したものに據っていると見られる。

わが國における「點」という語の最も古い例として、延長三年（九二五）に石山內供淳祐が自ら加點した、石山寺藏蘇悉地羯羅供養法卷上、卷下の二卷が指摘されて來た。(14) その卷末識語は、

（卷上）（白書）延長三年閏十二月廿四日點了／祐

と淳祐が自署している。しかし、「點」という語は、右に述べたように、延長三年より古く仁和四年（八八八）には圓珍が歸朝後に使っているし、圓珍は在唐中に「點過」と記していて、源は中國大陸にある。

但し、圓珍の「點」が句切點などの符號であるのに對して、淳祐の「點」は假名やヲコト點を用いた、いわゆる「訓點」である。延長三年に「山王院藏書目録」を書寫させ自署した空慧にも、白書の假名とヲコト點を加點した訓點本が、京都大學附屬圖書館藏蘇悉地羯羅經延喜九年（九〇九）點として傳存している。これから見ると、「山王院藏書目録」の注記にある「點」は、假名やヲコト點を用いた「訓點」である可能性もあるが、圓珍求得經論等目録の用語と相通ずる點から考えると、敦煌文獻に見られるような句切點などの符號の段階に止まったものであったとも思われる。いずれにせよ、句切點などの符號を含んだも

のであったことは、間違いないであろう。

天台宗の訓點本の中には、平安初期の南都僧の白點や朱點では未だ使用されず、九世紀末から十世紀になって、この宗派で使用例の認められる諸種の符號がある。

(1)四聲點、(2)合符を位置の違いで音合か訓合かという機能差を示すこと、(3)節博士、等である。(1)四聲點は、加點者の素姓の明らかなものでは、東山御文庫藏周易抄を最古例として、天台宗比叡山の慈覺大師點を使った古點本に共通して認められる。[15]又、敦煌角筆文獻の四聲點と同じように字の四隅に斜線を施すことも、天台宗比叡山關係の僧の加點と見られる、守屋本妙法蓮華經平安中期角筆點や石山寺藏大聖歡喜天法平安中期角筆點における角筆の四聲點に見られる。[16](2)合符を字と字の中央に施して音合符とし、字と字の左寄りに施して訓合符として使い分けることも、十世紀の慈覺大師點の古點本から見られるようになる。[17](3)平安時代の陀羅尼の節博士は天台宗比叡山の僧の間で始まったらしく、その最も古い例が來迎院如來藏の熾盛光讃康保四年（九六七）加點本に見られる。[18]

これらの諸符號は、いずれも敦煌角筆文獻に既に用いられているのである。天台宗の圓珍や圓仁のような入唐僧が、「點」として中國で知得し、歸朝後に日本の訓點の中に、新しい符號として取り込んだことが考えられるのである。一方、右の符號の中には、朝鮮半島を通じて日本で使用されるようになった可能性のあるものもある。これについては、次章に述べることにする。

因みに、圓仁が角筆の加點を行ったことは、梶井經藏、即ち天台宗比叡山系の大原三千院に圓仁が「角點」を施した法華經があったという記文等から推定され、圓仁の弟子の露地和尚長意も角筆を使って字句の校合をし、圓仁から四代後の弟子の明靖も師の戒壇阿闍梨智淵や理智房內供志全から角點を受け、明靖の孫弟子の池上阿闍梨皇慶の弟子の間でも角筆が使われているから、[19]角筆の加點についての知見が天台宗比叡山の僧の間に、九世紀後半期以降あったことが分る。同じく入唐した空海が將來した三十帖策子に現に角筆の加點が存する[20]ことを參考にすれば、九世紀に入唐した僧たちは、角筆の點も知得したと考えられる。さすれば、敦煌文獻に見られるような加點の、朱點・墨點だけでなく、角筆の加點に使われた諸種の符號も知得して取込んだことは考えられることである。

〔附記〕今まで調査した敦煌角筆文獻の中には、その機能が未だ解明できない符號が種々ある。今後の原本調査と發掘調査とが望まれる。

注

(1) 石塚晴通「樓蘭・敦煌の加點本」（「墨美」第二〇一號、昭和四十五年六月）。同「敦煌の加點本」（『講座・敦煌 第五巻 敦煌漢文文獻』平成四年三月）。石塚氏は、妙法蓮華經巻第八（S.2577）の巻末識語の「加點」「點」と、文選第九（S.3663）の巻末識語の「景點」、そしてこの四分戒本疏巻第四（S.6889）の巻末識語の「點勘了」を指摘されている。
(2) 注(1)文獻の「墨美」所收分。
(3) LIONEL GILES「Descriptive Catalogue of the Chinese Manuscripts from Tunhuang in the British Museum」LONDON 1957.
(4) 注(1)文獻の「墨美」所收分。
(5) 『大日本史料』（第一編之二）「批記集」七五二頁。
(6) 注(5)文獻、六九五頁。
(7) 注(5)文獻、六五九頁。聖護院文書は、京都聖護院案置智證大師木像所納。
(8) 注(5)文獻、「天台宗延曆寺座主圓珍和尚傳」他。
(9) 注(5)文獻、八三〇頁。
(10) 中田祝夫『古點本の國語學的研究總論篇』六七二頁以下。
(11) 注(10)文獻、六八九頁。この褐朱點の加點者については、本書東アジア篇第二章第三節第一項（二三五頁）を參照。
(12) 科段と句切點とは敦煌文獻の加點に通ずるが、返點も用いるのは圓珍かその關係の邦人の加點と考えられる。

(13)青蓮院吉水藏の原本の外題は「山王院藏」。本文は「大正新脩大藏經目錄一」に翻字されている。
(14)注(10)文獻、一〇七頁。但し、「延長三年」を「延喜三年」に誤っている。
(15)東山御文庫藏周易抄は、宇多天皇が寬平九年（八九七）に書かれたもので、ヲコト點に慈覺大師點（乙點圖）を使っている。この慈覺大師點は天台宗比叡山の關係者の間で使われていて、その加點本に聲點が共通して使用されていることについては、拙稿「乙點圖所用の訓點資料について」（『中田祝夫博士功績記念國語學論集』昭和五十四年二月）において述べた。
なお、加點者の素姓の明らかでないものでは、溯って寬平元年（八八九）傳受の識語を持つ石山寺藏金剛頂蓮華部心念誦儀軌（校倉聖教十七函七號）がある。眞言（陀羅尼）の部分に朱書の聲點が施されている。築島裕博士は、密教の儀軌であること、巻首に「妙法蓮華經」などの落書があることなどから天台宗系と推測されている（注(16)文獻）。又、醍醐寺藏法華經陀羅尼集（延德三年〈一四九一〉書寫）には、圓仁が法華經の陀羅尼に角點を施したという記文と、その圈點の聲點を傳えている（注(16)拙著、一二一頁）。これにより築島裕博士は、圓仁が聲點を使った可能性を指摘されている（「古點本の片假名の濁音表記について」〈「國語研究」三十三號〉）。
(16)拙著『角筆文獻の國語學的研究研究篇』六八八頁。石山寺藏大聖歡喜天法のヲコト點は香隆寺點であり、香隆寺點の使用者は天台宗山門派の系列の可能性が大きいとされる（築島裕『平安時代訓點本論考研究篇』六四八頁）。
(17)注(15)引用の拙稿、及び拙稿「訓點における合符の變遷」（「訓點語と訓點資料」第六十二輯、昭和五十四年三月）。
(18)本書東アジア篇第一章第三節、六九頁。
(19)注(16)拙著の第一章第四節。
(20)注(16)拙著、一一九頁以下。

第二章　朝鮮半島の角筆文献

第一節　大韓民國における角筆文獻の調査

第一項　大韓民國における角筆文獻の調査の經緯

中國大陸における、漢代の木簡を始め、五世紀初頭から十世紀までの各世紀に書寫された敦煌文獻の墨書漢文に、角筆の凹みによる漢字や符號の書入れられていることが、筆者らの現地調査によって、明らかになった[1]。日本でも、奈良時代の正倉院文書を始め、平安時代から大正時代までの各時代にわたり、角筆が使われ三千點を超える文獻の遺存していることも分って來た[2]。中國大陸で角筆が曾て使われ、日本列島の各地でも角筆の使われたことが判ってみると、日本の古代文化史上、高度な大陸の文化を攝取するに當り、地理的に重要な位置を占め、その役割を果した朝鮮半島においても、角筆が使われ、その古文獻が遺存するであろうことは、豫想される所であった。

その豫想が現實のものとなる機會が幸いにも訪れた。二〇〇〇年二月下旬に、西村浩子氏が、松山大學に來られていた大韓民國（以下、本文では「韓國」を用いる）の建國大學校の金容福名譽教授に調査の便を依頼し、同教授の歸國の折に渡韓して、同教授のお世話により、ソウル市の建國大學校常虚紀念圖書館において貴重書類を調査して、角筆によると見られる凹みの線を施した文獻を五點見出した[3]。時に二月二十三日から二十五日であった。五點は次のようである。

①洪範　一册　寫本　（고148.6／홍45）

（後表紙見返）「辛丑九月二十八日庚寅立冬朝露土達西方黑雲走天東方□□日暖□□」（墨書）

二十八宿列星圖の八角形の圖の下繪線が角筆の凹みで施されている。

②孔聖家語　三册（天・地・人）（고151／2-11ㄱ／1）肅宗三十年（一七〇四）頃刊

上欄に段落の始まりを示すと見られる斜線が角筆で施されている。その箇所に墨點も付けられている。

③大慧普學禪師書　一册（고／184／대94）

（表紙）「書代　崔末鎭」（墨書）、（後表紙）「世尊應化二九六六年九月」（墨書）

文の切れ目に書入れたと見られる角筆の斜線がある。

④古文眞寶　七册（고／928／황14ㄱ／后―1）

角筆で施したと見られる線があるが、機能は未詳。

⑤古今歷代標題註釋　十九史略通　一册（고／222.01／중53ㄱ-8／159389）

一部に角筆による斜線二本と「0」のような符號があるが、機能は未詳。

次いで、西村氏は、二月二十五日に檀國大學校東洋學研究院を訪れ、偶〻手にとった經典の中に角筆の書入れのあることを見付けた。次の文獻である。

⑥地藏菩薩本願經　一册　雍正八年（一七三〇）刊

（刊記）「雍正八年庚戌四月日全羅道順天地桐裡山大奥寺開刊」

角筆の節博士（小林が節博士と認定）

更に、西村氏は、ソウル市内の古書店で求めた古書のうち三點に角筆の書入れを見出した。中でも、中庸章句大全一册（刊記「乙丑四月嶺營重刊」）には、表紙に角筆で「中庸／中庸　論語曰」等の漢字が書入れられていた。

筆者は、西村氏の撮影した紙燒寫眞により、圖の下繪線や段落を示すと見られる斜線の凹みが、日本の古文獻に見られる角筆文字や繪の凹みと同じであること、又、中庸章句大全の表紙に書入れられた漢字が、明らかに角筆による凹みであることを確認した。

そこで、筆者は、西村氏と小林節子と共に、韓國における角筆文獻の發掘調査に踏み切った。

調査に先立ち、筆者は兼ねてより面識のある南豐鉉教授（檀國大學校、現名譽教授）に、調査の意圖を傳え、その便宜と協力をお願いしたところ、早速に快諾が得られた。

一、第一次訪韓調査

訪韓調査は次の日程で行われた。
平成十二年（二〇〇〇）七月二日（日）〜七月九日（日）八日間
調査は、南教授が設營された次の四大學校と一博物館とで行った。
檀國大學校東洋學研究院資料室　七月三日
東國大學校中央圖書館　七月四日
高麗大學校中央圖書館　七月五日
誠庵古書博物館　七月六日、八日
延世大學校中央圖書館　七月七日
各大學校では、一六〇〇年以前の貴重書については、圖書館職員の立會の下、或いは丁捲りのもとで閲覽調査したが、圖書館・資料室の關係各位の厚意と滋かい御世話を頂いた。又、誠庵古書博物館では、趙炳舜館長の格別なる好意的な御厚情により、初雕高麗版等の貴重書の數々を親しく拜觀調査させて頂いた。その結果、豫定通りに調査を遂行することが出來た上に、調査した四大學校の總てから角筆文獻が見出され、更に、誠庵古書博物館からは、初雕高麗版に角筆で日本のヲコト點に當る「點吐」と口訣とを施した文獻も發見されて、大きな成果を收めることになった。その發掘點數は、三十一點に及んでいる。これも、南教授を始め、李丞宰教授、康仁善副教授、尹幸舜助教授の御世話と御協力の賜物である。

以下に、三十一點の角筆文獻について、各文獻ごとに角筆の書入れの內容とその發掘の狀況を記す。

㈠　檀國大學校東洋學研究院資料室（七月三日）

藏書目錄を拜見した後、書庫に入れて頂き、韓國漢籍の書架と佛書の書架を一巡して目星をつけた上で、別置してある、墨書口訣の書入れられた漢籍について角筆書入れの有無を一冊一冊點檢し始め、筆者が角筆の線を施した次の三點を見付けた。

⑦近思錄元、亨、利、貞　四册　（IOS／152.41／주186ㄱ）　十七世紀刊

角筆の斜線等が漢字に施されている。

⑧孟子卷第一　一册　（148.4／경694.2）　十九世紀刊

「松閣／之藏」（朱印）

角筆の斜線が漢字に施されている。

⑨太極圖說外　一册　（IOS／152.41／주128.E）　十九世紀刊

（原表紙）「輪誦」（墨書）、（原表紙見返）「堤川郡清風面長善里張炯德／何澹徐士嘉之論曷足爲大賢之重輕哉／蝦蟇食日非日之罪」（墨書）

角筆の縱長線が漢字句の右傍に施されている。注示符號か。

午後からは、佛書棚を調べることにし、二月に西村氏が見付けた⑥地藏菩薩本願經の配架してある棚を中心に三段五列ほどの佛書について點檢して、西村氏が次の二點を見付けた。

⑩彌陀禮懺上、中、下　三册　(294.356／J57m)　弘治十六年(一五〇三)跋、刊

(跋文)「弘治十六年癸亥暮春上澣直旨寺老／衲燈谷學祖七十二歳書于東廟」、(後表紙見返)「主函溟禪師」(墨書)

角筆の句切線や符號が漢字に施されている。

⑪因明論　一册　(294.387／In 6)　康熙五十二年(一七一三)刊

(刊記)「康熙五十二年癸巳孟秋日慶尙右道山陰智異山王山寺開刊」、(表紙右下)「月詠」(墨書)

角筆の句切符・節博士が漢字に施されている。墨書の口訣も書入れられている。

次いで、筆者は、⑥地藏菩薩本願經の角筆の書入れを調べて摘記し、節博士の他に、角筆の口訣、句切等を見出した。口訣の解讀には康副教授の教示を得た。西村氏は、⑩彌陀禮懺の摘記と寫眞撮影を行い、筆者は⑦・⑧・⑨・⑪の摘記を行ったが、他の書架の藏書の點檢にまでは及ばなかった。この日の調査には、南教授と康副教授との御世話を忝うした。

(二) 東國大學校中央圖書館　(七月四日)

二日目は、李丞宰教授と尹幸舜助教授との御世話によって調査が進捗した。先ず、東國大學校中央圖書館の貴重書室での調査が許され、貴重書の數々を拜觀して眼福を得ると共に、任意に取出した册子の中から、筆者が次の一點を見付けた。

⑫禮念彌陀儀法巻一〜巻五　一册　(貴 D／217.62／왕7103)　燕山君九年(一五〇三)刊

(巻末)「公州郡反浦面鶴峰里東嵩洞東嵩寺／前住持金萬愚弟者清信書楊荷潭」(墨書)、(表紙)「高蓮潭謹藏」(墨書)

角筆の句切線(横短線)・斜線が漢字に施されている。尙、墨書の口訣も書入れられている。

摘記は筆者と西村氏とで行い、口訣の解讀には尹助教授の教示を得た。午後からは、中央圖書館二階の古書室にて調査を行った。大量の佛書の全體にわたって調べることは、限られた時間内では難しいので、法華經の册子類を納めてある書棚の上下二段に焦點を絞って、その一册一册を點檢した。李教授、尹助教授の協力も得た。その結果、筆者が次の一點を見出した。

⑬科註妙法蓮華經　一冊（D213.14／범96ㄴ）日本刊本、十七世紀刊

（表紙）「仁一」（墨書）

角筆の訓點（片假名・平假名）と漢字注、角筆の片假名交り文による注解が施されている。他に、墨書の假名、朱書の假名と朱引も書入れられている。

西村氏は次の四點を見付けた。

⑭法華經卷第二〜卷第七　六冊（D213.14／범96）十七世紀刊

（各冊卷末）「印敎化主翰聰比丘」（墨書）、（卷二の表紙見返）「錦峯」（墨書）

角筆の句切線・合符・圏點・注示符が漢字に施されている。他に墨書の口訣も書入れられている。

⑮法華經卷第七　一冊　十七世紀刊（後刷）

角筆の節博士が施されている。「松廣寺」寄贈

⑯法華經卷第六　一冊（D213.14／범96.7）十七世紀刊

（卷末）「志安比丘記付／亡母文氏／炅駕」（墨書）

角筆の句切線・斜線・横線が施されている。他に、墨書の口訣も書入れられている。「松廣寺」寄贈

⑰法華經卷第一　一冊（D213.14／범96.7）十七世紀刊

（刊記）「都大化主前扈衞捴攝普應大師運智」、（表紙見返）「坪虗□（寫カ）」（墨書）、（卷末）「丹主坪虗」（墨書）、「比丘惠遠」（黑印）

角筆の節博士が施されている。他に墨書の口訣も書入れられている。「安佛寺」寄贈

筆者は、これらの摘記を行って、角筆の線や符號の機能の認定を行った。併せて尹助教授に節博士について調査考察することを勸めた。後日、尹助教授はこの文獻の角筆による節博士を詳しく調査され、その摘記資料を送附して來られた。

㈢ 高麗大學校中央圖書館（七月五日）

高麗大學校國文科鄭光教授の肝煎りにより、南教授と尹助教授の御協力を得て、貴重書室内での調査を行うことが出來た。ＲＹＵ課長始め圖書館關係者に、檀國大學校と東國大學校とから見出した角筆資料の説明を南教授と尹助教授からして頂き、西村氏の撮ったビデオの映像も見て頂き、書庫内での調査に便宜を賜った。漢籍室の藏書は膨大な量で總て帙に納められ整理が行屆いている。夏休み中なので午後三時までの、實質三時間程の調査であったが、背文字の書名を手掛りにしてアトランダムに抜出し點検して、四點の角筆書入れ文獻を見付けることが出來た。午後になって、先ず尹助教授が、角筆で節博士を施した次の文獻を、個人文庫室の中の「薪菴文庫」から見付けた。

⑱禪門拈頌集巻之九　一册　（C３／A54／９）　十七世紀刊

（巻首）「懐印」（墨書）、（巻末）「伏願以此披閲功德上／報四重恩下濟三途苦」（墨書）、「薪菴文庫」（青印）

角筆の節博士が施されている。他に墨書の口訣も書入れられている。

更に、節博士と係りのありそうな書名を手掛りにしたとして、次の文獻も尹助教授が見付けた。

⑲齋佛願文　至心懺悔　至心發願　一册　（C３／A56）　十九世紀寫

（奥書）「西菴居士謹書」（墨書）

角筆の縦長線が漢字「仗」の右傍に施されている。注示符か。他に朱句切點、黒丸句切符も加えられている。「黃棒」寄贈

西村氏は次の二點を見付けた。

⑳地藏菩薩本願經巻上、巻下　一册　（C３／A40）　嘉慶二年（一七九七）刊

（刊記）「嘉慶二年丁巳六月日慶尙道咸陽碧松庵刊板鎭于安義縣靈覺寺」、「大施主金遇海亡妻梁氏」（巻首）

角筆の句切符・圈點・弧が施されている。上欄に墨書の書入れがある。

㉑芝峯類說卷第十七〜卷第二十　一冊（三帙九冊の内）（E 1／A16／9）　十七世紀刊

角筆による落書の繪が三丁表の上欄に書かれている。

これらの摘記を筆者が行って、角筆の線や符號の機能について認定した。尹助教授は⑱禪門拈頌集に角筆で書入れられた節博士を後日改めて調査され、その摘記資料を筆者に送って下さった。

㈣　誠庵古書博物館（七月六日）

調査四日目の二〇〇〇年七月六日は、誠庵古書博物館を訪れた。南教授と尹助教授が同道して下さり調査にも立會われた。閲覽の許可は李敎授の御盡力によると聞いている。館長の趙炳舜先生は格別な好意をもって貴重書の數々を拜觀調査させて下さった。日本語が達者で、何かと溫かい御配慮を賜った。展示室の奥の館長室の、調査用の机の上に既に十數點の經典類が用意されてあった。その中の、白い布に包まれた十卷が初雕高麗版である。その最初に手にした一卷から、筆者が、角筆で書入れた漢字を見出した。角筆スコープの照明によって浮かび出た、校合用に書込んだ漢字であった。次の文獻である。

㉒彌勒菩薩所問經論卷第二　一卷（卷子本）　初雕高麗版（十一世紀）

角筆の校合漢字、注示符、圈點等が施されている。

引續いて手にして調べた五點の初雕高麗版の總てから、角筆の書入れを筆者は見付け、角筆使用の擴がりを感じた。五點は次の文獻である。

㉓大方等大集經卷第四十九　一卷（卷子本）　初雕高麗版（十一世紀）

角筆の句切符、斜線・横線・圈點等が施されている。

㉔阿毗曇毗婆沙論卷第十二　一卷（卷子本）　初雕高麗版（十一世紀）

角筆の句切符、節博士、圏點等が施されている。

㉕舍利弗阿毗曇論卷第一　一卷（卷子本）初雕高麗版（十一世紀）

角筆の句切符、節博士等が施されている。

㉖大般若波羅蜜多經卷第三百五十五　一卷（卷子本）初雕高麗版（十一世紀）

角筆の節博士が施されている。

㉗大般若波羅蜜多經卷第三百　一帖（旋風樣裝）初雕高麗版（十一世紀）

紙背に「法護」の古朱印　角筆の節博士が施され、角筆の星點に見える點もある。

十卷のうち二卷は開披が難しいので手を付けないことにして、殘りの二卷を西村氏が分擔して調べた。

㉘瑜伽師地論卷第八　一卷（卷子本）初雕高麗版（十一世紀）

を調べた西村氏は、角筆による點が大量にあることを見付け、筆者に示した。筆者は角筆スコープで點檢し、日本のヲコト點に通ずる機能を持つものであることを認定し、全卷にわたって稠密に加點していること、角筆の口訣も散在することを確認した。上欄外には角筆で點圖の記されていることも分った。早速その「ヲコト點」を歸納して點圖を作る作業を行い、その過程を南教授と尹助教授に示した。經典の漢文に對して、朝鮮語は日本語と同じ語順であり、機能を同じくする所があるから、日本語として解讀しても通ずる面がある。星點圖の主要な音・文法機能は點圖に歸納することが出來た。その過程で尹助教授が對應する韓國語を教示された。中でも、星點圖に日本語の助詞「ノ」に當るものが二箇所あり、それが韓國語で生物と無生物を區別するという示唆は有益で、用例を歸納してみると正にその通りとなり、これが韓國の「ヲコト點」であるという自信を得た。南教授からは、口訣についての讀みと意味の教示を得た。この文獻は翌々日の七月八日にも再調査し、七十行程を筆者が移點し、摘記した。角筆の縱長線の合符が使われ、機能の違いによって位置を異にしていることにも氣付いた。この日は李教授も來館され、「ヲコト點」の歸納と解讀に立會われた。

西村氏が調べたもう一卷にも、次のように角筆の書入れが見付かった。

㉙阿毗曇毗婆沙論卷第十五　一卷（卷子本）　初雕高麗版（十一世紀）

角筆の節博士、圏點等が施されている。㉔阿毗曇毗婆沙論卷第十二の僚卷。

この間に、南教授と尹助教授が、再雕高麗版等から次の四點の角筆文獻を見付けた。尹助教授は、

㉚妙法蓮華經卷第一　一帖（折本裝）　十五世紀後半刊

卷末に「孝寧大君補／臨瀛大君璆」以下「正板人二／著漆人一／爐冶匠二／執饌釋七」に至る刊記がある（資料篇、四九頁）。

角筆のハングル（字音）・漢字（字音と釋義）、方便品に角筆の節博士があり、序品には墨書の口訣が書入れられている。

㉛大方廣佛華嚴經卷第六十一　一帖（折本裝）　再雕高麗版（乙巳歳〈一二四五〉刊）

角筆の句切線（横短線）が施されている。

㉜大般涅槃經卷第三十　一帖（折本裝）　再雕高麗版（辛丑歳〈一二四一〉刊）

角筆の節博士が施されている。

の三點を見出し、南教授は次の文獻を見出した。

㉝大般若波羅蜜多經卷第五百三十三　一帖（折本裝）　再雕高麗版（己亥歳〈一二三九〉刊）

角筆の節博士が施されている。

筆者は、これらの摘記を行い、角筆の書入れ符號の機能について認定した。

㈤　延世大學校中央圖書館（七月七日）

延世大學校文科大學國語國文學科林龍基教授の御高配と御世話により、延世大學校中央圖書館において貴重書の數點を調査

することが出來た。一點ずつ閲覧室に圖書館職員が持って來られ、その丁捲りのもと、一頁一頁を角筆スコープの光によって筆者が點檢し西村氏が補助した。南教授と尹助教授も立會われ、又、延世大學校大學院生數名も、調査狀況を見學した。貴重書の選定は、南教授が墨書口訣書入れの古書を選び出納を依賴して下さった。最初に持出された漢籍の、第一頁に、角筆の口訣が書入れられているのが早速に見付かった。次掲の漢籍である。

㉞論語集註大全卷之九　一冊　（귀12）　十五世紀前半刊

角筆の口訣と注示符が書入れられている。他に墨書の口訣も書入れられている。

次いで、次の二點からも、角筆の口訣等が見出された。

㉟近思錄　一冊　正統元年（一四三六）刊

（刊記）「正統元年六月　日印出」

角筆の口訣、注示符、節博士（?）、斜線・圈點が書入れられている。他に墨書の口訣・注示符も書入れられている。

㊱誡初心學人文　一冊　（귀43）　隆慶四年（一五七〇）刊

（刊記）「隆慶四年庚午暮春全羅道康津／地無爲寺開刊　釵敏　元淡　／供養大施主前□奉朴琳兩主　宗惠」

角筆の口訣、注示符が書入れられている。他に、墨書の口訣も書入れられている。

圖書館の特別の配慮により、實質三時間餘の調査ではあったが、右掲の三點を見出すことが出來た。

此の日、午後四時から、延世大學校文科大學新館にて延世大學校人文學研究所と口訣學會との主催による、筆者の「日本における角筆文獻研究の現狀と展望」と題する公開講演が催された。この講演の中で、今回の韓國調査で見付かった角筆文獻について報告し、特に誠庵古書博物館から發見された初雕高麗版瑜伽師地論卷第八については、全卷にわたって角筆による「ヲコト點」と口訣が書入れられてあり、韓國で「ヲコト點」を使った資料としても、又、現存する最古の口訣資料としても貴重であることを述べ、全卷の詳細な解明と正確な解讀は南教授に期待し、筆者は日本の訓點の知見等を以て協力したいと表明し

た。(4)

㈥　誠庵古書博物館（第二日目）（七月八日）

初雕高麗版から角筆の書入れが見出され、「ヲコト點」（以下「點吐」の術語を用い、日本のヲコト點に通ずる所があるので「點吐（ヲコト點）」と表す）と口訣が發見されたことにより、再度、誠庵古書博物館を訪れることになった。此の日は、祕藏の金剛般若波羅蜜經（七世紀末書寫）一卷と、無垢淨光大陀羅尼經（新羅景德王十年〈七五一〉刊、國寶一二六―㈥號）一卷まで拜觀調査する幸いに惠まれた。その結果、㊲金剛般若波羅蜜經に角筆の補入符が用いられていることを筆者が見出し、敦煌文獻の十誦比丘波羅提木叉戒本（建初二年〈四〇六〉比丘德祐書寫）一卷に角筆で施された補入符（東アジア篇第一章、四二頁）に通ずることを指摘した。又、瑜伽師地論卷第八の角筆點を再調査し、筆者と西村氏とで初雕高麗版の角筆書入れの摘記を行い、西村氏は寫眞撮影を行った。

二、第一次訪韓調査歸國後の經過

筆者が持參した角筆スコープを口訣學會に寄贈し引續いての調査を期待して歸國した後、誠庵古書博物館において、南敎授、李敎授、尹助敎授により角筆の點吐（ヲコト點）加點本を對象とする定期的な調査が行われた。(5) 又、館長の趙先生は御所藏の古典籍について親しく銳意調査された由にて、角筆の書入れられた文獻を次々と見付け出されて、國際電話で直ちに敎示され、その紙燒寫眞資料を次々と送って下さった。以下の通りである。

㊳瑜伽師地論卷第五　一卷（卷子本）　初雕高麗版（十一世紀）
　角筆の點吐（ヲコト點）・口訣等書入れ。八月初、九月十一日

㊴妙法蓮華經卷第一　一卷（卷子本）　初雕高麗版より前の刊

角筆の節博士が書入れられている。八月二十四日

⑩大方廣佛華嚴經卷第二十二（周本）　一卷（卷子本）　十一世紀後半刊(6)

角筆の點吐（ヲコト點）が全卷に施されている。八月二十七日

⑪貞元本華嚴經卷第七［寶物］　一卷（卷子本）　十一世紀後半刊

角筆の點吐（ヲコト點）が施されている。九月一日

⑫善見毗婆沙律卷第九　一卷（卷子本）　初雕高麗版（十一世紀）

角筆の點吐（ヲコト點）・節博士が施されている。九月九日、十日、十一日

⑬金光明經卷第三　一卷（卷子本）　初雕高麗版より前の刊

角筆の節博士が施されている。九月十二日、十三日

⑭大方廣佛華嚴經卷第五十七（周本）　一卷（卷子本、折本を再改裝）　十一世紀後半刊

角筆の點吐（ヲコト點）が施され、一部に節博士が施されている。十月六日

一方、この間に、筆者は七月の調査において摘記した資料を整理してコピーを南教授、李教授、尹助教授に送り、併せて「調査備忘」（七月二十日記）を作成してお届けし、趙館長にもお送りした。その中で、瑜伽師地論卷第八の角筆のヲコト點が複星點(7)や壺內に近接して用いるなどは日本の寶幢院點に通ずること、合符の使い分けが寛平法皇獨自の合符の使い方に通ずること、節博士の加施資料が多く、中國、日本との比較研究が望まれることなどを傳えた。

八月六日、來日された尹助教授と東京にて會い、全卷の移點を終えた瑜伽師地論卷第八の全文資料を惠與された。これを檢討して、返讀符號（返讀を受ける弧など）に氣付き、前回の「備忘」を補訂した資料と共に尹助教授に送り、趙館長にも報告した。引續いて、奈良國立博物館にて、記念レセプションに來日された趙館長にお會いし、角筆點の全卷寫眞作成の必要性を申上げて撮影の快諾を頂いた。

三、韓國における第二次調査

かくて、第二次の訪韓調査を次の日程で行った。

平成十二年十一月五日（日）～十一月十二日（日）　八日間

今回は、角筆點吐（ヲコト點）資料の全巻撮影と、前回調査後に見出された角筆文獻の調査が主目的で、筆者、西村氏、小林節子の他、角筆スコープ開發者の吉澤康和教授と寫眞技師も同行した。

今次も、新たに二點の角筆文獻を教示され、筆者は、角筆の點・符號を確認し、摘記し、特に㊺大方廣佛華嚴經卷第六には上欄に角筆の漢字文・句による釋義が書入れられていることを見出した。

㊺大方廣佛華嚴經卷第六（周本）〔國寶〕　一卷（卷子本）　十一世紀後半刊

（卷頭）「海東沙門／守其藏本」（黑印）、（卷末）「潭陽郡戶長同正田洵美亦出母利往願以成」（墨書）

角筆の點吐（ヲコト點）（全卷）・節博士・合符　上欄に角筆の漢字文・句による釋義が所々に書入れられている。

㊻妙法蓮華經卷第八　一卷（卷子本）　初雕高麗版より前の刊

角筆の節博士が全卷に施されている。

前回調査後に見出された㊳～㊹の角筆文獻についても、原本を調査することによって、角筆の加點の內容について新たな知見を得た。㊳瑜伽師地論卷第五は、㉘同卷第八の僚卷であるから、同種の點吐（ヲコト點）、口訣の他、返讀符・合符も同樣に用いられ、又、上欄に角筆の點圖もあり、極一部に角筆の點吐（ヲコト點）の上から墨點が重ねて施されていた。㊵大方廣佛華嚴經卷第二十二と㊹大方廣佛華嚴經卷第五十七とは僚卷で、瑜伽師地論卷第五・卷第八とは別系統の點吐（ヲコト點）が共に用いられ、㊹卷第五十七には、南教授の教示により漢字字音注が角筆で書入れられていることを確認した。角筆の節博士、四聲點も認められた。又、筆者は、七月調査で見付けられた㉚妙法蓮華經卷第一（十五世紀後半刊）折本裝一帖に角筆を以てハングルで字音を書入れたものが、序品を主として存し、方便品にも一部にあることを確認し、方便品には角筆の節博士があることを見出して、これらを摘記した。

四、韓國における第三次調査

韓國における第三次の調査は、角筆點の紙燒寫眞を届け、寫眞ネガを納めることを主目的として、

平成十三年四月十二日（木）～四月十五日（日）四日間

の日程で、筆者と小林節子が訪韓した折、趙先生と南教授・李教授の御高配と御世話により、誠庵古書博物館から新たに角筆加點の見付かった㊼六十卷本大方廣佛華嚴經卷第二十（十世紀刊）一卷と、湖林博物館藏の、㊽大方廣佛華嚴經卷第三十四（十一世紀後半刊）一卷、㊾瑜伽師地論卷第三（初雕高麗版）一卷とを拜觀調査する機に惠まれた。その摘錄は次のようである。誠庵古書博物館の次の一點は南教授が見付けられた由である。

㊼六十卷本大方廣佛華嚴經卷第二十（晉本）　一卷（卷子本）　十世紀刊（字體は十世紀の寫經體を持つ）

内題下の欄外に「雲龍」（墨書）、上欄外に「有本種〻分別」「別本云一切淨」の異本校合注記の墨書が書入れられ、「有本云衆生《ヲ》／身《ヒ》中《ミト》」の墨書口訣も施されている（資料篇、三八・三九頁）。

角筆の點吐（ヲコト點）が全卷に施され、角筆の節博士も認められる。星點の擔う音・文法機能等の主なものは、㊵大方廣佛華嚴經（新譯）卷第二十二と㊹同卷五十七の星點のそれに通ずる（一九一頁參照）。それ以外の星點・線點と、複星點「⁚」「∴」「∵」「⁘」「・二」「二・」「├・」「・┤」「／・」「⁝┤」「├⁝」「＼・」「・／」「⊷」「⫶」等の符號は形が同じであるが、㊵㊹の大方廣佛華嚴經（新譯）とは擔う機能が異なっている。角筆のヲコト點は、上欄に異本校合注記

として書入れられた墨書の漢字にも施されている。これは南教授が見付けられた由である。

湖林博物館藏の次の二點は、同博物館の學藝研究室長の李喜寛博士が誠庵古書博物館の角筆加點の情報を得て見付けられた由である。

㊽大方廣佛華嚴經巻第三十四（新譯）（周本）　一巻（巻子本）　十一世紀後半刊

見返に變相圖がある。

角筆の點吐（ヲコト點）が全巻に施され、角筆の節博士・合符と圈點が認められ、合符には機能分化がある。㊵大方廣佛華嚴經巻第二十二、㊹同巻五十七、㊺同巻第六、(51)同巻第三十六と僚巻で、點吐（ヲコト點）も同系統である。第十紙の上欄に角筆の點圖があることを筆者の調査で見付け、瑜伽師地論巻第八、巻第五の上欄に角筆の點圖があることに併せて、瑜伽師地論だけでなく、これと別系統の資料にも點圖の書入れられていることが分った。

㊾瑜伽師地論巻第三　一巻（巻子本）　初雕高麗版

表紙缺　巻首に破損あり

角筆の點吐（ヲコト點）が全巻に施され、角筆の口訣・返讀符・合符と圈點が認められる。㉘瑜伽師地論巻第八、㊳同巻第五と僚巻で、點吐（ヲコト點）も同系統である。

湖林博物館からは、更に次の一巻も見出されている。

(53)大方廣佛華嚴經巻第三十一（新譯）（周本）　一巻（巻子本）　十一世紀後半刊

㊽巻第三十四と僚巻。[8] 同系統の角筆の點吐（ヲコト點）が全巻に施されている。

誠庵古書博物館には、他にも次のような角筆文獻がある。

㊿瑜伽師地論巻第八十五　一巻（巻子本）　初雕高麗版

角筆の點吐（ヲコト點）・節博士が巻末三紙に加點されているのが認められる。

(51)大方廣佛華嚴經卷第三十六（周本）［國寶］　一卷（卷子本）　十一世紀後半刊

角筆の點吐（ヲコト點）が全卷に施され、一部に四聲點（圈點）と節博士が施されている。下欄外に角筆の點圖がある。

㊵・㊹・㊺・㊽・(53)と僚卷。

又、第二次調査の韓國滯在中に、延世大學校大學院生の李田京氏が、同大學校中央圖書館で見付けたという次の一點を、林龍基教授を通じて教示された。

(52)妙法蓮華經卷第一　一册（卷子本改裝）（귀64）

角筆の點吐（ヲコト點）・返讀符と合符が全卷に施されている。南教授の教示によると、角筆の書入れは十二世紀以前で、點吐（ヲコト點）に二種あり、瑜伽師地論・大方廣佛華嚴經とは別系統という（直話）。第五次調査で實見。

五、韓國における第四次・第五次調査

韓國における第四次の調査は、口訣學會國際學術大會の基調發表のために、

平成十三年十二月六日（木）〜十二月十二日（水）　七日間

の日程で訪韓し、誠庵古書博物館において、㊼六十卷本大方廣佛華嚴經卷第二十（十世紀刊）の再調査を行い、又(51)周本大方廣佛華嚴經卷第三十六（十一世紀後半刊）［國寶］の調査を行って、角筆の點吐（ヲコト點）の他に、四聲點（圈點）と節博士が施されているのを認めた。

第五次の調査は、國立ソウル大學校における口訣學會の特別講演のために、

平成十四年七月十六日（火）〜七月二十三日（火）　八日間

の日程で訪韓し、誠庵古書博物館、延世大學校中央圖書館、國立ソウル大學校奎章閣、高麗大學校中央圖書館貴重書室の角筆

文獻發掘調査を行った。延世大學校中央圖書館では、㊾妙法蓮華經卷第一の原本について、角筆の點吐（ヲコト點）、返讀符と合符を確認し、又、角筆の點圖の書入れを認めた。誠庵古書博物館においては、十一世紀刊の大方廣佛華嚴經卷第二、卷第三、卷第六、卷第七、卷第八、卷第二十三、卷第二十四、卷第五十、卷第五十六の九卷について角筆書入れの無いことを確かめ、この包み十卷のうち、㊼六十卷本大方廣佛華嚴經卷第二十の一卷（現在、別置）にのみ先掲のように角筆の點吐（ヲコト點）等の書入れの存することを確認した。次いで、再雕高麗版の八帖を調査して、八帖の全部に角筆の書入れの存することを確認した。新たに發掘した角筆文獻は次の五點である。

㊿阿毗達磨大毗婆沙論卷第十三　一帖（折本裝）

（刊記）「甲辰歳（一二四四）高麗國大藏都監奉／敕彫造」

角筆の節博士が施されている。

51阿毗達磨大毗婆沙論卷第十七　一帖（折本裝）

（刊記）「甲辰歳（一二四四）高麗國大藏都監奉／敕彫造」

角筆の節博士が施されている（資料篇、四二頁）。

52入楞伽經卷第六　一帖（折本裝）

（刊記）「癸卯歳（一二四三）高麗國大藏都監奉／敕彫造」

角筆の節博士が施されている。

53大般若波羅蜜多經卷第四百四十八　一帖（折本裝）

（刊記）「戊戌歳（一二三八）高麗國大藏都監奉／敕雕造」

角筆の節博士が施されている（資料篇、四三～四五頁）。

54佛說莊嚴菩提心經　佛說菩薩本業經（二經同卷）　一帖（折本裝）

（刊記）「庚子歳（一二四〇）高麗國大藏都監奉／勅彫造」

角筆の節博士が施されている。

右の五點の他の三點は、既に第一次の調査で角筆の書入れを認めたものであるが、今回新たな角筆の内容が見出されたので、刊記と共に左に掲げる。

㉛大方廣佛華嚴經卷第六十一　一帖（折本裝）

（刊記）「乙巳歳（一二四五）高麗國大藏都監奉／勅彫造」

角筆の句切線の他に、新たに角筆の節博士・注示符が施されているのが認められた（資料篇、四八頁）。

㉜大般涅槃經卷第三十　一帖（折本裝）

（刊記）「辛丑歳（一二四一）高麗國大藏都監奉／勅彫造」、巻末に「施主　道義」の墨書（資料篇、四〇頁）。

角筆の節博士が施されている。

㉝大般若波羅蜜多經卷第五百三十三　一帖（折本裝）

（刊記）「己亥歳（一二三九）高麗國大藏都監奉／勅彫造」

角筆の節博士の他に、新たに表紙に「可各知　見形識」の角筆の漢字句の書入れが認められた（資料篇、四六・四七頁）。

誠庵古書博物館には右掲の他にも多量の初雕高麗版が藏せられていて、筆者の瞥見した中には、角筆の點吐（ヲコト點）の加點かと見られるものも存する。今後の精査により更に新たな角筆文獻の見出されることが期待される。

尚、今回は、角筆の加點本の他に、朱書の加點本の若干を調査することも出來た。これまでに發掘した韓國の十三世紀以前の角筆文獻は、經本文の漢字文に角筆の凹みだけを書入れたものが殆どであって、日本の古點本に見られるような朱點や白點の書入れが認められなかった。そこで、朱點や白點の書入れと、それが何時から行われたかを調べることも課題として、趙炳舜館長にこの趣旨を傳えたところ、御所藏の古典籍の中から、朱點の書入れ本を取出して見せて下さった。そのうち次の二點は注目すべき資料であった。

薬師琉璃光如來本願功德經　一巻（巻子本）　初雕高麗版

巻首十一行分缺、天地横界、一行十五字、天地二九・〇糎、界高二二・九糎

（奥書）（朱書）「戊午十月日音辨幷落點」

全巻にわたって朱書の句切點（字間中央）が施され、上欄下欄外に墨書の反切による字音注等がある。朱書句切點は朱書奥書の「落點」に對應し、欄外の墨書の字音注は、朱書奥書の「音辨」に對應する。「落點」という術語に「點」の語が用いられているのも注目される（資料篇、七五・七六頁）。

唐柳文先生文集　一册（袋綴装）　一四四〇年刊

四周雙邊、「金漢／啓印」（朱印）、「宣賜／之記」（朱印）、半葉十行、一行十八字、縦三四・五糎、横二〇・二糎（『誠庵文庫典籍目錄』〈一九七五年九月刊〉、五四五頁所載）

全巻にわたって、朱書の四聲點（半圓形の聲點）と朱句切點、朱書注示符が施され、別に靑書の注示符（傍點）が一部に施されている。

朱書の加點資料も、調査を進めれば、更に多くの資料が得られるであろう。

韓國において見出された角筆文獻は、現在のところ右掲の五十八點であるが、今後の調査により、誠庵古書博物館を始め、諸處から角筆文獻が發掘されると訪韓調査の體驗により確信が持たれ、それが期待される。(9)

第二項　大韓民國で發見された角筆文獻の文字・符號

この、現在までに見出された五十八點の資料の範圍で知られる所を擧げると次のようである。

先ず、韓國にて角筆の使われた時期は、最古が七世紀後半であり、㊲金剛般若波羅蜜經（七世紀末書寫）に角筆で書入れられた補入符は、その右傍に小字で補加された「如是」の二字が本文と同筆蹟であるから當時のものと見られる。最新は、⑲齋佛願文 至心懺悔 至心發願（十九世紀書寫）に角筆で書入れられた縱線の注示符かと見られるものである。その間の世紀に刊行・書寫された文獻に見られるから、七世紀後半から十九世紀にわたって角筆の使われたことが推定される。

次に、角筆の書入れられた文獻は、佛書と漢籍で本文が漢字文の典籍であり、その讀解・誦唱等の爲に、角筆で文字や符號が施されたものである。

五十八點の範圍で見ると、十一世紀以前の寫本・刊本には、朱・白點を見ず、墨點も殆ど無く、角筆加點が主であり、その點吐（ヲコト點）が全卷にわたって加點されたものが少なくない。この事象は日本の平安時代の訓點本と差異がある（東アジア篇第三章第二節、三二五頁參照）。このために、韓國においては十一世紀以前の文獻に點吐（ヲコト點）等の加點のあることが、今まで氣付かれなかったと考えられる。

以下、その角筆の文字と符號について、種類別に見ることにする。

一、角筆の文字

(一) 角筆の漢字

(1)注音

㉘瑜伽師地論卷第八（初雕高麗版）に、角筆の漢字を傍記して、經本文の漢字の音を注音した例がある。（點吐略、以下同じ）

此中略義者謂略顯示離間意樂離間未壞方便離間已壞方便離間染汙「五」(角)　心及他方便（十四張7行）

被注字「汙」は、喉音虞韻で、玄應一切經音義に「不汙於故紆座二反字林汙穢也汙塗也」（卷二、書陵部藏大治三年本）とある。角筆の注音「五」（韓國語오）は同音を以て、注音したと見られる。

㊹大方廣佛華嚴經卷第五十七にも、角筆の漢字を傍記して、經本文の漢字の音を注音した次の三例がある。[10]

竭貪愛水破愚癡轂「却」(角)　摶撮煩惱諸惡（十九張2行）

被注字「轂」は、牙音次清屋韻であり、新撰字鏡に「轂𪎭二作口角反呉會間音哭卵外堅皮也」（卷十一、天治本）、玄應一切經音義に「成轂又作㲉同口角反呉會間音哭卵外堅皮也（下略）」（卷十、書陵部藏大治三年本）とある。角筆の注音「却」は牙音次清藥韻である。

所謂名爲菩提薩埵「墮」(角)　菩提智所生故（四張3行）

被注字「埵」は、舌音清果韻であり、角筆の注音「墮」も舌音果韻であるが、濁であり、淸と濁との區別はせず通用させている（資料篇、二八頁）。「埵」は、玄應一切經音義に「塗埵都果反字林堅土也」（卷十四、書陵部藏大治三年本）とあり、妙法蓮華經釋文に「埵慈恩云丁果丁戈二反（下略）」（醍醐寺藏本）とある。角筆の注音「墮」は、妙法蓮華經釋文に「頗滂阿反羅墮他果反（下略）」（同上本）とある。

所謂寂靜臥身心憺怕「★朴」(角)　故（十六張18行）

「憺」の右傍の角筆文字は未詳である。南敎授は「去」の口訣字で「去聲」を意味すると解された。[11]被注字「憺」は、闞韻去聲である。下の被注字「怕」は、脣音次淸陌韻であり、角筆の注音「朴」は脣音次淸覺韻である。

前掲の「𪎭「却」(角)」も、次清字に對しては同じ次清字で注音している。「埵「墮」(角)」は被注字と注音字で淸濁を通用させている。用例の數が少ないので確かではないが、注音に當り、淸濁は區別しないが、次淸には次淸を以てしたと見られ、淸と次淸とは區別していたことを反映した可能性がある。

㉚妙法蓮華經卷第一（十五世紀後半刊）には、角筆のハングルで注音しているが、別に角筆の漢字を以て注音した例もある。

或無價「加」（角）衣（十三ウ2）

この一例が拾われた。

(2)釋義

㊺大方廣佛華嚴經卷第六［國寶］には、角筆の漢字文や漢字（單字）を上欄の所々に書入れ注記して、經本文の當該字句の釋義を示した例がある。

（本文）佛身常顯現　法界悉充滿（十六張10行）（資料篇、二七頁）

（上欄）（青色不審紙貼附）（角筆）「常出三世／顯斷二障／二障煩惱／障所知障／現常現在前」

角筆の漢字文は、經本文の「佛身常顯現」を解釋したもので、「佛は常に三世に出現している。顯とは二障を斷つことであり、二障とは煩惱障と所知障とである。現とは常に現れて前に在ることである」と說いている。他にも、次のようにある。

○（上欄、角筆）————（本文）（十五張22〜25行）

「知身　如來甚深知　普入於法界（此行下略）

法身　諸佛同法身　無依無差別（同右）

智法　具足一切智　徧知一切法（同右）

七化身」　佛身及光明　色相不思議（同右）

○（上欄、角筆）————（本文）（十六張23〜24行）（資料篇、二八頁）

「此十歎　智身能徧入　一切刹微塵（此行下略）

衆會」　如影現衆刹　一切如來所（同右）

○（上欄、角筆）————（本文）（一張12行）

「請」　世尊哀愍我等開示演說（下略）

㉚妙法蓮華經卷第一（十五世紀後半刊）にも、角筆によるハングルの注音と別に、

各於世界「時」(角)　講說正法（十ウ1）

のように、釋讀に係ると見られる書入れがある。

(3)校異

㉒彌勒菩薩所問經論卷第二（初雕高麗版）に、經本文の校合をした漢字と見られる書入れが角筆で傍書されている。

不轉功「ㄗ」(角)「・」(角)　德

「功」の左傍に角筆で「・」を施し、右傍に注記している。

(二)　角筆の口訣

㉘瑜伽師地論卷第八・㊳同卷第五・㊾同卷第三（初雕高麗版）に角筆で書入れられた口訣の十八種を、南教授が原漢字（うち二字は原漢字が未詳）と共に擧げていられる。[12]この口訣を原漢字との關係で見ると、漢字をそのまま用いたもの（眞假名體）と、漢字の草體を更に略化したもの（草書略化體）と、漢字の筆畫を省いたもの（省畫體）とがある。この類別により、南教授の教示に基づき若干の口訣とその使用例を示す（資料篇、二九～三三頁）。

(1)眞假名體

乙（原漢字「乙」。日本語の助詞「を」に當る）

能令衆生「乙」(角)　樂着種種妙欲塵故（㉘卷第八、七張23行）

攝受正法「乙」(角)　故（㉘卷第八、十四張16行）

ッ（原漢字「以」。日本語の「もって」に當る）

爲他因緣「ッ」(角)　亦能變化故（㊳卷第五、八張1行）

有婬欲男女展轉二二交會「ッ」（角）不淨流出（㊳卷第五、六張18行）

(2)草書略化體

十（原漢字「中」。日本語の助詞「に」に當る）

能令鄙惡名稱流布十方「十」（角）（㉘卷第八、九張9行）（資料篇、三三頁）

於一境界事「十」（角）有尒所（㊾卷第三）

(3)省畫體

ㄱ（原漢字「隱」の阜偏の初畫。日本語の助詞「は」に當る）

此諸句「ㄱ」（角）顯能殺生補特伽羅相（㉘卷第八、十一張4行）（資料篇、三二頁）

又雖無常法「ㄱ」（角）爲无常法因然與他性爲因（㊳卷第五、十五張22行）

ラ（原漢字「衣」の初二畫。日本語の助詞「に」に當る）

他「ラ」（角）所化欲塵爲富貴自在故（㊳卷第五、八張2行）

由染汙及善意識力「ラ」（角）所引故（㊾卷第三）

リ（原漢字「是」の草書の省畫體。（補注1）現代日本語の助詞「が」、古代日本語の助詞「い」に當る）

不寂靜行「リ」（角）相續而轉（㉘卷第八、一張15行）（資料篇、二九頁）

自性毒熱「リ」（角）而本住故（㊳卷第五、五張14行）

右は、十一世紀の加點とされる口訣の例であるが、(13)十五世紀以降の刊本にも、角筆で口訣を書入れたものがある。次の諸文獻である。

⑥地藏菩薩本願經（雍正八年〈一七三〇〉刊）に、

仁者阿「ろ」（角）鐵圍之內有如是（卷中、二オ7）

とある。角筆で書入れた「ろ」（아）は、原漢字「良」の草書略化體で、康副教授の敎示によると、呼び掛けの「よ」を表している。

㉞論語集註大全卷之九（十五世紀前半刊）にも、

　惜其不以一善「ヌ」(角)　得名於世（二ォ10）

がある。角筆で書入れた「ヌ」（로）は、原漢字「奴」の省畫體で、日本語の「もって」の意に當ると、南教授の敎示を得た。

㉟近思錄（正統元年〈一四三六〉刊）にも、

　一用於此非惟「氵」(角)　徒廢（卷之十三、三ォ6）

がある。「氵」（사）は、原漢字「沙」の省畫體で、日本語の「只」の意の強調に當ると南敎授から敎示された。

㊱誡初心學人文（隆慶四年〈一五七〇〉刊）にも、

　其九「ㄱ」(角)　勿說他人過失「ヒ、」(角、墨)　（十四ォ7）

がある。「ㄱ」は瑜伽師地論に例示した口訣である。「ヒ、」（니라）は、「尼羅」の省畫體で、日本語の「である」の意に當ると敎示された。角筆で書かれ、墨書が重ね書している。

三　角筆のハングル

ハングルを、角筆で書入れた文獻も見出された。李朝世宗二十八年（一四四六）にハングルが公布された以後の書入れになるのは言うまでもない。㉚妙法蓮華經卷第一（十五世紀後半刊）[14]（資料篇、四九頁）には、序品第一の全品と、方便品第二の末尾の一部とに、角筆でハングルが二十數箇所書入れられている。角筆のハングルは、經本文の漢字の字音を注音するのに用いられている。以下のようである。（角筆のハングルの書入れ位置は、主として當該漢字の右傍又は左傍であるが、擧例に當っては當該の漢字句を掲げた後に、括弧に包んで注記の形に變えて示した。原本の位置通りに振假名として示すと、活字が小さくなり不鮮明になることを惧れた處置である。

原本における角筆のハングルの書入れ状態は、資料篇に數葉の寫眞を掲げたので、他もこれによって推察されたい。）

受報好醜於此悉見／演說經典微妙第一（「醜」の右傍「수」(角)、「演」の右傍「언」(角)）（序品、十オ3〜4）

出柔輭音軟音（「柔」の右傍「연」(角)）（序品、十オ5）

硨磲碼碯金剛諸珍（「硨磲碼碯」の各右傍「자ㅂ먼나」(角)、「珍」の左下「ㅋ」(角)）（序品、十一オ4）（資料篇、四九頁）

往詣佛所（「詣」の右傍「애」(角)）（序品、十一ウ5）

而擊法鼓（中略）寂然宴然（「擊」の右傍「격」(角)、「宴」の右傍「연」(角)）（序品、十二ウ3）

住忍辱力（「辱」の右傍「누」(角)）（序品、十三オ2）

及癡眷屬（「癡」の右傍「키」(角)）（序品、十三オ4）

香華伎樂常以供養（「伎」の右傍「기」(角)）（序品、十四ウ3）

嚴飾塔廟（「廟」の右傍「먼」(角)）（序品、十四ウ4）

其華開敷（「敷」の右傍「후」(角)）（序品、十四ウ5）（角筆の上に墨書口訣を重ね書する）

其語巧妙純一無雜（「純」の右傍「숸」(角)）（序品、十六ウ4）

爲求辟支佛者（「支」の左傍「지」(角)）（序品、十七オ1）（資料篇、五〇頁）

安慰無量衆（「慰」の右傍「위」(角)）（序品、二十五ウ3）（資料篇、五〇頁）

汝等勿憂怖（「怖」の右傍「포」(角)）（序品、二十五ウ4）（角筆の上に墨書口訣を重ね書する）（資料篇、五一頁）

相繼得成佛（「繼」の右傍「쇼」(角)、位置は本のまま、「相」の注音か）（序品、二十六ウ2）

多遊族姓家棄捨所習誦（「族」の左傍「족」(角)、「棄」の上左寄「키」(角)）（序品、二十七オ1）

倍復加精進（「倍」の右傍「비」(角)）（序品、二十七オ3）（「倍」に角筆の節博士あり）

癈忘不通利（「癈」の右傍「비」(角)、左傍「폐」(角)）（序品、二十七オ2）（資料篇、五一頁）

碼磠玫(玫)音梅瑰瑠璃珠（「磠」の下右寄「미」(角)、位置は本のまま、「碼」の注音か）（方便品、五十ウ1）

甎瓦泥土等（「甎瓦」の各右傍「전」「과」(角)）（方便品、五十ウ3）

角筆のハングルの他に、墨書の口訣も書入れられている。この墨書の口訣は、南教授の教示によると、十五世紀後半か十六世紀初の書入れという。墨書の口訣は、角筆のハングルが書かれた上に重ね書した所があるから、角筆のハングルが書かれたのは、それ以前となる。さすれば、佛典の妙法蓮華經の讀誦音を通して、當時の朝鮮漢字音を知る具體的な資料となる。特に、角筆で表された文字には、墨書の文字よりも早く音變化が現れることが、日本の角筆文獻には指摘されている。[15]角筆の文字が凹みで書かれるために表記規範に必ずしも拘束されないからである。このことにも配慮して、角筆のハングルを朝鮮漢字音史の資料として扱う必要がある。

二、角筆の符號

角筆で書入れられた符號には、(1)點吐（ヲコト點）、(2)返讀符、(3)句切符、(4)合符、(5)四聲點、(6)節博士、及び(7)注示符が見出された。

(一) 角筆の點吐（ヲコト點）

角筆で施された點吐（ヲコト點）には、異なる複數の系統が認められる。ここでは、先ず、角筆の點吐が全巻にわたって施され、且つ、移點資料[16]と寫眞とで検證することの出來る、瑜伽師地論（初雕高麗版）の點吐（ヲコト點）（A種とする）（口繪寫眞及び資料篇、一二一〜一二一頁、一二九〜一三七頁）と、大方廣佛華嚴經（新譯）（十一世紀後半刊）の點吐（ヲコト點）（B種とする）（資料篇、一二一〜一二六頁）とを取上げる。

A種　㉘瑜伽師地論巻第八　誠庵古書博物館藏
㊳瑜伽師地論巻第五　同右藏
㊾瑜伽師地論巻第三　湖林博物館藏

B種　㊵大方廣佛華嚴經巻第二十二　誠庵古書博物館藏
㊹大方廣佛華嚴經巻第五十七　同右藏
㊺大方廣佛華嚴經巻第六〔國寶〕　同右藏
㊽大方廣佛華嚴經巻第三十四　湖林博物館藏
㊿大方廣佛華嚴經巻第三十六　誠庵古書博物館藏

㉘・㊳・㊾の瑜伽師地論は、三本とも點吐（ヲコト點）は同一形式であり、第一圖のように歸納せられる。これに對して、㊵・㊹・㊺・㊽・51の大方廣佛華嚴經は、五本とも點吐（ヲコト點）が同一形式で、第二圖のように歸納せられるが、瑜伽師地論の點吐（ヲコト點）とは異なっている。相異なる二つの系統の點吐の使われたことが知られる。

この點吐圖は、朝鮮半島において點吐（ヲコト點）が使用されたことを示すと共に、日本のヲコト點と比較しその關聯を考える所據とすることを主目的として掲げたもので、完成されたものではない。(17) 解讀作業は韓國口訣學會を中心に進められていて、いずれその全體が解明されて公表されることに期待している。

ヲコト點の壺の配列の順序は、卑見により、星點「・」の次に、複星點「：」「‥」「∴」「∵」を配し、その次に短線「一」「｜」「＼」「／」を置き、その後に短線と點とを組合せた「・一」「一・」「｜・」「・｜」「・＼」「＼・」「・／」「・一」「｜・」等を配すること(18)にした。

この第一圖の瑜伽師地論の點吐圖（A種）と第二圖の大方廣佛華嚴經の點吐圖（B種）とから、次の諸事項が知られる。

第一圖　瑜伽師地論の點吐圖（A種）

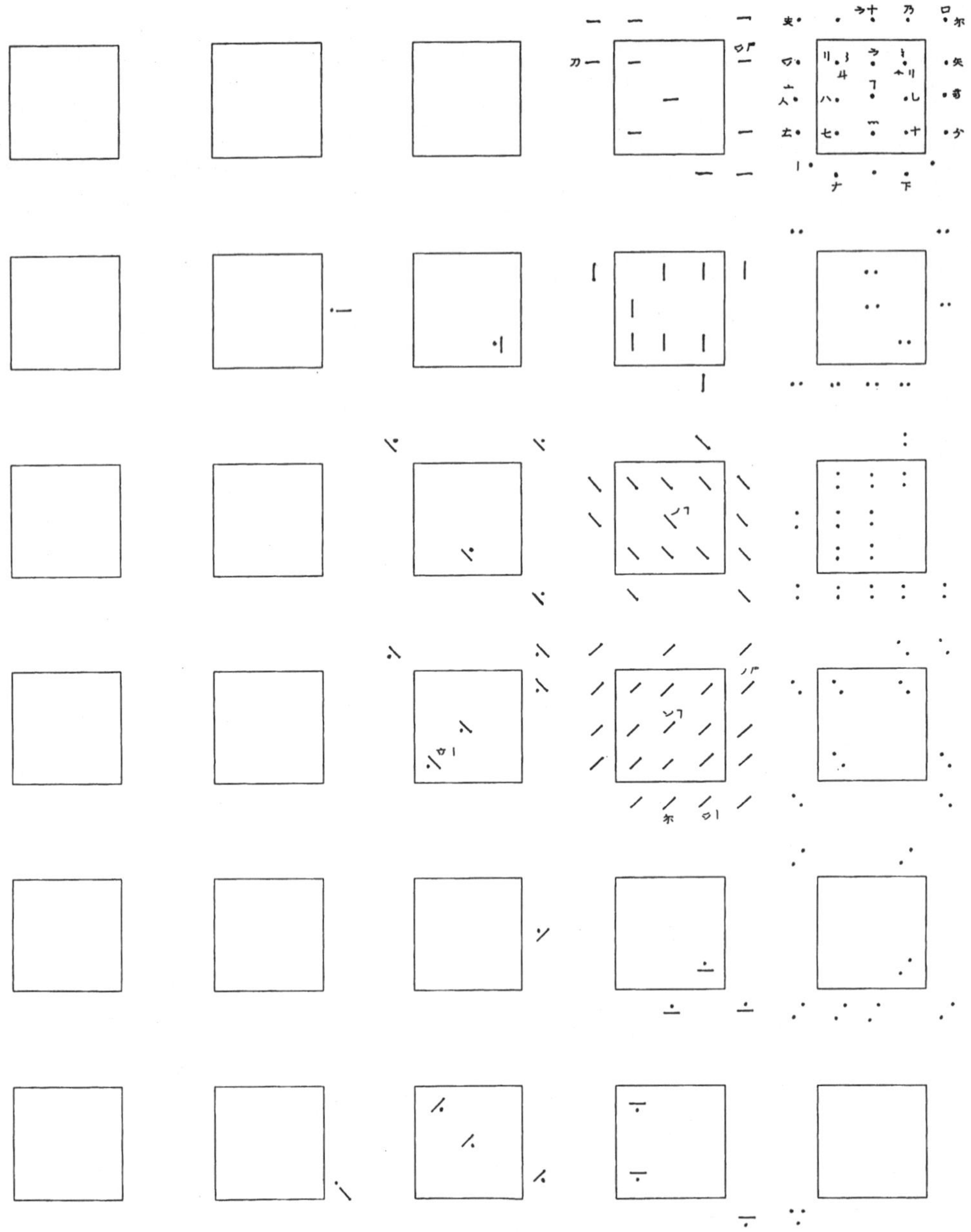

第二圖　大方廣佛華嚴經の點吐圖（B種）

一、韓國において、經典の漢文を釋讀するに當り、點吐（ヲコト點）が曾て使われた。その點吐は、音を示し漢文では表されていない助辭類や文法機能などを朝鮮語で表している。例えば、生物に付く助詞「ノ」（ラ）と、無生物に付く助詞「ノ」（セ）とを位置（A種）又は位置と符號（B種）の違いによって區別している。

二、A種とB種とは、點吐（ヲコト點）の形式を異にしている。韓國において、複數の異なった系統[19]の點吐の存在したことが考えられる。

三、A種もB種も、前述のように、星點「・」と共に、星點を二つ並べた複星點が多く用いられている。「：」「‥」だけでなく、「∴」「∵」も多用されている。

四、短線の形態は、瑜伽師地論（A種）で見ると、複星點を先ず打ちこれを繋いで線にした形の「⊷」「⫶」「⟍」「⟋」が少なからず存する。中には、下邊中の「⫶」と「‥」のように、類似の機能を示すかと考えられるものもある。[20]これは、複星點の二點を繋いで短線の符號を作り加えたことを考えさせる。

五、點と線とだけでは符號の形が不足する場合は、點と短線とを組合せた「・二」「二・」「ト」「⊣」「＼・」「・＼」「・／」「-:」「⊢」等を用い加えている。日本のヲコト點圖に用いられる鉤「┐」「└」や、丸「○」や、弧「(」「)」や、「十」等の符號は、十一世紀の瑜伽師地論（A種）と大方廣佛華嚴經（B種）には見られない。[21]

六、點吐圖の符號の構成の仕方としては、星點「・」を基本とし、これを二つ並べた複星點を作り、複星點を繋いで短線を作り、更に點と短線を組合せて變形した符號を作り出して用いたと考えられる。

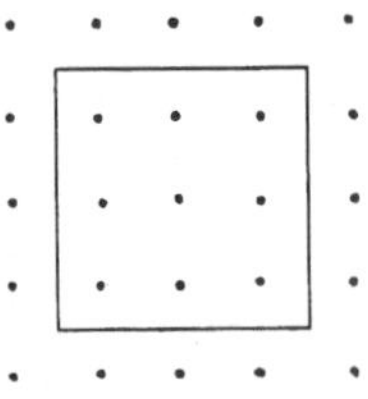

七、點吐（ヲコト點）を施す位置は、漢字の字面の四隅・四邊ではなくて、四隅・四邊の内側や外側である。星點圖で示すと、上圖のようである。星點だけでなく他の複星點や短線や點と線の組合せの符號も同様である。[22]但し實際の加點に當っては位置のずれた場合もあり、四隅・四邊に懸る場合も見られるが、それは、右掲の位置が實際の加點に當ってずれたバリエーションと考えられる。

日本のヲコト點は、漢字面の四隅や四邊の上に施されるのが基本である。但し、寶幢院點の星點圖は四隅・四邊の内側にも施されるが、寶幢院點が複星點の特に「⸪」「⸪」をも用いることと併せて、韓國の點吐（ヲコト點）と寶幢院點の關聯を考えさせるものである。(23) 日本のヲコト點が漢字面の四隅・四邊に施されるのに對して、韓國の點吐（ヲコト點）が漢字面の四隅・四邊の内側や外側に施されるのは、用具と關聯があると考えられる。即ち、日本のヲコト點が毛筆による白點や朱點を施すのに對して、右掲の韓國の點吐（ヲコト點）は、角筆による細小の點や短線で施されている。毛筆による加點では、漢字（特に畫數の少ない漢字を例として見ると分り易い）を、右掲の星點圖のように二十五區分して使い分けることは困難であろう。韓國でも、墨書で十四世紀に施された法華經卷第七では、南豊鉉教授の解讀された點圖によると、(24) 星點・複星點・短線等が總て、漢字面の四邊の外側にだけ施されていて、内側に施されていないのが參考になる。

八、角筆で書いた點圖が、上欄外に、A種の瑜伽師地論にも、B種の大方廣佛華嚴經にも、記入されている。(25)

ⓐ
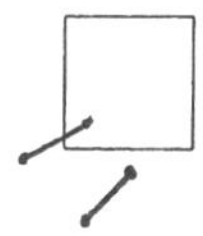
瑜伽師地論卷第八、第十張、上欄
（角筆の凹みの上を、墨筆で重ね書）

ⓒ
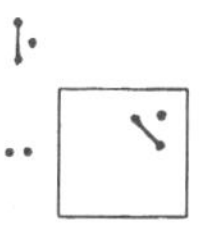
大方廣佛華嚴經卷第三十四、第十張、上欄
（角筆の凹みのみで、墨筆の重ね書はない）

ⓑ

瑜伽師地論卷第五、第五張、上欄
（角筆の凹みのみで、墨筆の重ね書はない）
（資料篇、三七頁）

ⓓ

大方廣佛華嚴經卷第三十六、第九張、下欄
（角筆の凹みのみで、墨筆の重ね書はない）

ⓐは、本文「容可出離」の「離°(墨)」（□）に對する別の點法を示し、ⓑは本文「名爲常樂°(墨)」の「樂」（加點なし）に對して加點して釋讀を示し、ⓒは本文「何況資財□(角)」の「財」（□）に對する別の點法を示し、ⓓは本文「趣身者」の「身」（□）に對する別の點法を示している。これは同じ本文に對して、異なる釋讀があり、それを異なる點法で示したと見られる。(26)

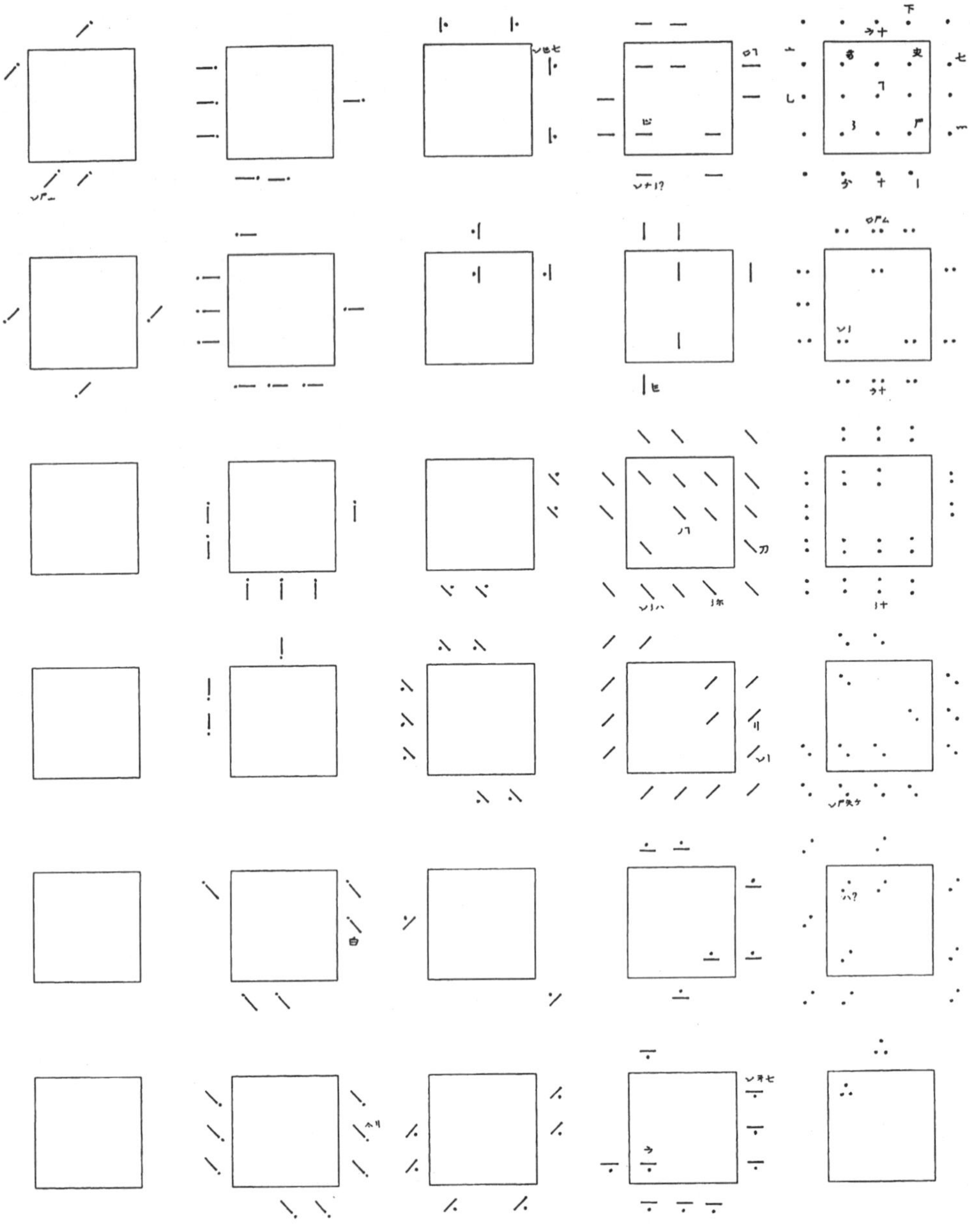

第三圖　六十卷本大方廣佛華嚴經卷第二十（晉本）の點吐圖

右掲の一〜八の事項は、瑜伽師地論（A種）と大方廣佛華嚴經（B種）に基づいたものであるが、韓國において、他の異なった點吐（ヲコト點）が少なくとも四種は知られる。第一は、先掲の㊼六十卷本大方廣佛華嚴經卷第二十（晉本）であり、第二は、(52)妙法蓮華經卷第一（十二世紀以前）であり、第三は、右に言及した墨書加點の法華經卷第七（十四世紀）であり、[27] 第四は、㊷善見毗婆沙律卷第九（初雕高麗版、誠庵古書博物館藏）の角筆で施された點吐（ヲコト點）である。第四の善見毗婆沙律卷第九は、點吐が全卷には施されず、散在するものであるが、その點法は又別種のようである。[28] 第一の㊼六十卷本大方廣佛華嚴經卷第二十（晉本）の點吐圖は、前頁第三圖のようである。[29]

これらも亦、點吐（ヲコト點）を施す位置が四隅・四邊でなくその内側や外側であること、複星點を用いることにおいて、共通している。

更に多種の點吐（ヲコト點）資料の見出されることが期待される。

(二) 角筆の返讀符

角筆で書入れられた返讀符が、先ず、十一世紀の瑜伽師地論の㉘卷第八・㊳卷第五・㊾卷第三と、大方廣佛華嚴經の㊵卷第二十二・㊹卷第五十七・㊺卷第六・㊽卷第三十四と、(52)妙法蓮華經卷第一とに見られる。符號には、次の(1)〜(5)が認められる。

(1)返讀する最初の漢字の左下隅から起筆して、字の左傍にわたって長く施す。字の左傍から起筆することもある。

(2)返讀する最初の漢字の右肩又は字の右傍から起筆して長く施す。

(3)返讀を受ける漢字にだけ弧（漢字面上から「⌒」を書く）を施す。

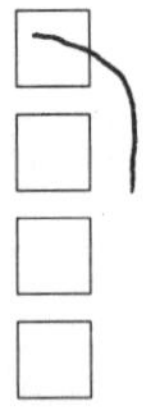

(4)返讀を受ける漢字二字にそれぞれ弧「⌒」を施して二度返讀することを示す。αからβに返讀する場合と、αから下の漢字に續き、そこからβに返讀する場合とがある。

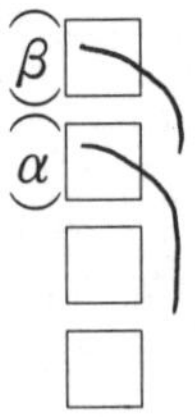

(5)二字熟字の合符と返讀とを兼用する弧を施す。

次に、十八世紀の⑥地藏菩薩本願經（雍正八年〈一七三〇〉刊）では、角筆の星點を、左の(6)のように返讀する最初の漢字の左下に施している。

(6)返讀する最初の漢字の左下に星點「・」を施す。

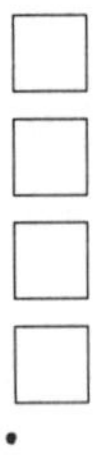

以下、各符號について例示する。

(1)と(2)とは、瑜伽師地論にも大方廣佛華嚴經にも用いられているが、散在する程度であり、使用例は少ない。

(1)の例は、次のようである。

樹等外物亦有生命（瑜伽師地論卷第八、十張16行）

由彼諸天爲自己故（瑜伽師地論卷第五、七張19行）

化爲欲塵非爲他（瑜伽師地論卷第五、七張19行）

昔有如來無礙月（大方廣佛華嚴經卷第二十二、二十張16行）

譬如金師練治眞金作莊嚴具（大方廣佛華嚴經卷第三十六、四張19行）

以一切法平等爲所住處得授記別故（大方廣佛華嚴經卷第五十七、十七張10行）

大方廣佛華嚴經は、瑜伽師地論よりも例が少なく、起筆位置が漢字の左下のやや内寄りである。

(2)の例は、次のようである。

復次白品一切翻前（瑜伽師地論卷第八、十八張5行）

無有便穢（瑜伽師地論卷第五、六張11行）

正行清淨盡壽行故（瑜伽師地論卷第八、十八張9行）

等觀衆生心無所著（大方廣佛華嚴經卷第二十二、十四張3行）

業行所成現於世間（大方廣佛華嚴經卷第二十二、十六張11行）

隨諸衆生心所樂（大方廣佛華嚴經卷第六、三張16行）

隨其所樂生於天上（大方廣佛華嚴經卷第六、十一張11行）

未涅槃者令得涅槃（大方廣佛華嚴經卷第五十七、十九張18行）

(3)・(4)・(5)の、弧を返讀に用いるのは、主に瑜伽師地論に見られる。(3)の返讀を受ける漢字に弧を施すのは次のようである。

於他攝物起盜欲樂（瑜伽師地論巻第八、十九張9行）
此二摠顯他信清淨（瑜伽師地論巻第八、十八張11行）
若男於女不起女欲（瑜伽師地論巻第五、六張15行）
由彼諸天爲自己故（瑜伽師地論巻第五、七張18行）
具降伏魔軍無對善根故（大方廣佛華嚴經巻第五十七、十一張8行）

(4)の返讀を受ける漢字二字にそれぞれ弧を施して二度返讀することを示すのは、次のようである。

立如是論者此顯授他當所説義（瑜伽師地論巻第八、十六張20行）
不以餘手觸等方便而出不淨故（瑜伽師地論巻第八、十八張18行）
由他所害不由自害（瑜伽師地論巻第五、九張12行）
不能斷後世大苦者（瑜伽師地論巻第五、三張18行）

(5)の熟字の合符と返讀とを兼用する弧を施すのは次のような例である。他の例は合符の項に擧げる。

由隨學不善丈夫邪敎故（瑜伽師地論巻第八、四張22行）

瑜伽師地論では、(3)・(4)・(5)の弧を返讀に用いることが多く見られる。但し、返讀する箇所に常に施されるわけではなく、必要に應じて施されている。

次に、十二世紀以前刊の㊷妙法蓮華經巻第一にも、(1)・(2)・(3)・(5)が用いられている。

(1)の例は、次のようである。
以是知今佛欲說法華經（序品第一、十三張22行）
出柔軟音敎諸菩薩無數億萬（序品第一、五張9行）
欣樂施與求佛智慧（序品第一、六張4行）
擊大法鼓演大法義（序品第一、八張13行）
時有菩薩名曰妙光（序品第一、十張8行）
若人爲佛故建立諸形像（方便品第二、二十四張21行）
熟字から返讀する場合には、第一例・第二例のように、熟字の最終字の左傍（上寄り）から起筆する場合と、第三〜第五例のように、熟字の最初の字の左傍（上寄り）から起筆する場合とがある。
(2)の例は、次のようである。
佛此夜滅度如薪盡火滅（序品第一、十三張6行）
上至阿迦尼吒天（序品第一、三張22行）
(3)の例は、次のようである。
世尊欲說大法雨大法雨吹大法螺（序品第一、八張12行）
八百弟子中有一人號曰求名（序品第一、十一張4行）

如來能種種分別巧說諸法（方便品第二、十四張17行）

斯人尠福德（方便品第二、二十二張3行）

(5)の例は、次のようである。

於諸無量佛不行深妙道（方便品第二、二十二張12行）

我此九部法隨順衆生說（方便品第二、二十二張16行）

この資料の返讀符も、返讀する箇所に常に施されるわけではなく、必要に應じて施されたと見られ、散在する程度である。

(6)の角筆の星點「・」を、返讀する最初の漢字の左下に施すのは、⑥地藏菩薩本願經（一七三〇年刊）に次のように見られる。

諸衆生等伊臨命終日・厓得聞一佛名一菩薩名（卷中、十四ウ5）

(三) 角筆の句切符

角筆で書入れた句切符には、(1)星點「・」によるもの、(2)横線によるもの、(3)「＜」「＞」符によるもの、がある。

(1)角筆の星點「・」による句切

先ず、十一世紀の瑜伽師地論の㉘卷第八・㊳卷第五・㊾卷第三と、大方廣佛華嚴經の㊵卷第二十二・㊹卷第五十七・㊺卷第六・㊽卷第三十四とでは、句切を示すのに、角筆の星點「・」を用い、共に施す位置の違いで句點と讀點とを區別して使い分けている。

その句點と讀點とが、瑜伽師地論と大方廣佛華嚴經とで異なっている。即ち、瑜伽師地論では、點吐圖の第一圖に示したように、漢字の右下隅の外側で筆畫に接近した箇所に「・」を施して句點（文末）とし、漢字の下中邊の外側に「・」を施して讀點（文節末）としている。

[句點]

復次諸邪見者《ママ》者此是摠句。（瑜伽師地論巻第八、十六張18行）

諸有情若男於女不起女欲。若女於男不起男欲。（瑜伽師地論巻第五、六張15〜16行）

但し、副詞「能」にも次のように同じ點が施されている。

此中能。和合苦故名爲結。（瑜伽師地論巻第八、七張5行）

副詞「能」は「能亇」として用いられ、「亇」の點吐が近接した位置にあるので、移點における誤點の可能性がある。(30)

[讀點]

三種守護一尊重。至親。眷屬。自己。之所守護二王。執理家。之所守護（瑜伽師地論巻第八、十二張19〜20行）

於邪擧罪時。有五種（瑜伽師地論巻第八、十五張14行）

二菩提資糧。到彼岸。方便。（瑜伽師地論巻第五、十八張2行）

これに對して、大方廣佛華嚴經では、點吐圖の第二圖に示したように、漢字の左下隅の外側で筆畫に接近した箇所に「・」を施して句切點とする。(31)

[句點]

爲欲調伏諸衆生故。開示如來大威德故。（大方廣佛華嚴經巻第二十二、十八張23〜24行）

菩薩集助道徧一切衆生一切刹一切世一切劫亦無量。（大方廣佛華嚴經巻第五十七、七張8行）

若諸菩薩安住此法則得如來無上大智慧所行處。（大方廣佛華嚴經巻第五十七、十七張22行）

是菩提心大師子吼。（大方廣佛華嚴經巻第五十七、十九張16行）

次に、十八世紀の⑥地藏菩薩本願經（一七三〇年刊）では、角筆の星點を、漢字の右下に施して句點、中下に施して讀點として、次のように用いている。

［句點］　永不復見・爲利（巻中、十九ウ4）

［讀點］　閻浮衆生伊於此・大士厓有大因緣尼爲（巻中、十一オ6）

(2)角筆の横線による句切

先ず、十一世紀の瑜伽師地論と大方廣佛華嚴經に、角筆で、漢字の横幅と同じ長さの横線を施した例が、少數であるが見られる。

或撥作用壞眞實事一(角)唯用分別染汙慧爲體（瑜伽師地論巻第八、三張14行）

然成變異一(角)方能爲因一(角)非未變異（瑜伽師地論巻第五、十六張5行）

以普賢菩薩建立一(角)切衆會道場（大方廣佛華嚴經巻第六、十二張5行）

苦海淪湑闕一(角)明導（大方廣佛華嚴經巻第三十六、十四張7行）

疾得證見一(角)最上義故（大方廣佛華嚴經巻第五十七、十八張17行）

離幻僞一(角)腹性質直故（大方廣佛華嚴經巻第五十七、十張17行）

第六例で言えば「僞腹」のように讀まず下の字に續かないことを示す用法と見られる。

次に、角筆で横短線を漢字の右下や中下に施して句切を示す例が、十三世紀と十六世紀の文獻に見られる。

十三世紀の再雕高麗版の㉛大方廣佛華嚴經巻第六十一（一二四五年刊）では、漢字の右下に、角筆で横短線を施している。

如是一切諸國土中一(角)（四ウ3）

菩薩大衆前後圍遶一(角)諸世間主而（四ウ5）

睺羅伽人非人等諸宮殿中一(角)或在人間村邑（五オ3）

在於種種大衆會中種種言辭說種種法一(角)如此會中（五ウ1）

文中にも文末にも用いられている。（資料編、四八頁）

十六世紀の⑫禮念彌陀道場懺法（一五〇二年刊）では、漢字の中下に、角筆で横短線を施している。（墨書口訣略）

各各示現廣長舌相＝（角）遍覆三千／大千世界周匝圍遶說誠諦言＝（角）汝等有情（三オ5～6）

稱佛名號分明不亂＝（角）（四オ5）

文中の用法の例が拾われた。

(3)角筆の符號「∨」「∧」による句切

先ず、十一世紀の初雕高麗版に次のように用いられている。

㉔阿毗曇毗婆沙論巻第十二

有說者本＜（角）得自在隨意

性見苦見集所斷一切遍使有使＞（角）性／餘使無使性伴性見道所斷亦如是

㉕舍利弗阿毗曇論巻第一

觀／見慧解脫＞（角）悔不悔悅喜心

㊶貞元本華嚴經巻第七

於然燈佛／所親近承事＞（角）修行梵行共敬供養聞法

十二世紀以前刊の52妙法蓮華經巻第一にも、次のように用いられている。

願得是乘三界第一諸佛所歎＜（角）或有菩薩駟馬寶車欄楯華蓋軒飾布施＜（角）（序品第一）

次に、十八世紀刊の次の二文獻にも角筆で施されている。

⑪因明論（康熙五十二年〈一七一三〉刊）

是無常有質礙故＜（角）故曰有俱不／成（二十五ウ2）

鹿林斯風扇矣∠（角）（三十二ウ5）

第二例の「矣」の右傍に角筆で書入れられた「∠」は口訣か。

⑳地藏菩薩本願經卷上、卷下（嘉慶二年〈一七九七〉刊）

佛＞（角）告普廣爲舍代此經伊（下略）（卷上、十一ウ8）

(四) 角筆の合符

合符は、漢字二字又は三字以上が一つの概念又は一つの意味上の纏りを表すことを示す符號である。日本の訓點では漢字と漢字との間に縦短線を施すのが一般であるが、初雕高麗版の瑜伽師地論と大方廣佛華嚴經に角筆で施された合符は、次掲のように、當該漢字の二字又は三字以上の全字の字面上に縦長線を施している。その位置と形によって次の三種が認められる。

(i) 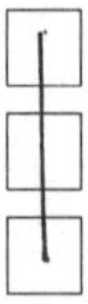 （中央の縦線）

(ii) 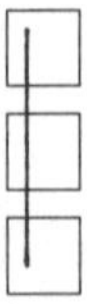 （左寄りの縦線）

(iii) 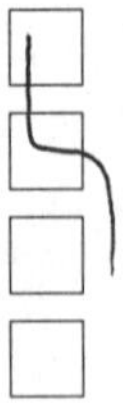

先ず、瑜伽師地論の用例を掲げる。大方廣佛華嚴經に比べて多く見られるからである。

(i)の例

ⓐ略說煩惱自性（卷八、一張16行）

名可樂語於現在世事及領受可愛樂故（卷第八、十五張4行）

立如是論者此顯授他當所說義（卷第八、十六張20行）

翻妄語中可信者（卷第八、十八張22行）

鄙惡名稱流布十方（巻第八、九張9行）（資料篇、三六頁）

偸盜（巻第八、十一張14行）

生希望者謂劫盜（巻第八、十一張15行）

要由獲得自生和合故（巻第五、十四張10行）

△又說有三種樂（巻第五、五張21行）

ⓑ自然不寂靜起（巻第八、一張15行）（資料篇、三六頁）

文句可味故名美妙（巻第八、十四張14行）

(ii)の例

能令入衆不得无畏悚懼无威（巻第八、九張8行）

必相稱相順方能爲因（巻第五、十六張7行）

名非鄙愛願受持梵行故名遠離猥法（巻第八、十八張19行）

(iii)の例（資料篇、三三頁）

觀執五種取蘊（巻第八、三張6行）

謂由親近不善丈夫聞非正法（巻第八、三張20行）

二由障导善故（巻第八、五張10行）

能令退失諸勝善法（巻第八、九張7行）

諸句顯示加行殺害（巻第八、十張19行）

謂欲損惱其身（巻第八、十六張14行）

謂由三種意樂非撥施故（巻第八、十六張22行）

謂顯示誹謗若因若果若流轉縁若流轉士夫（巻第八、十七張23行〜十八張1行）
受持梵行故名遠離猥法（巻第八、十八張19行）
不能引發後世聖非聖財（巻第五、三張1行〜2行）
受用正法則不如是（巻第五、四張21行）
又三洲人攝受妻妾施設嫁娶（巻第五、七張3行）
一切有情无攝受妻妾（巻第五、七張5行）
問何故建立三種欲生三種樂生耶（巻第五、八張12行）
要由護得自生和合故（巻第五、十四張10行）
一受學增上戒二受學增上心（巻第五、二十張14行）

(i)のⓐは體言又は體言句であり、(i)のⓑは形狀言である。これに對して、(ii)は用言であり、(iii)は返讀符の項に掲げたように、熟字と返讀とを兼用した符號であるが、その熟字は、返讀を受けることからも分るように、用言である。その合符の位置は、(ii)の用言と同じく左寄りである。[32]

これによると、合符を施す位置を(i)のように中央にするか、(ii)と(iii)のように左寄りにするかは、意圖的に區別したと見られる。例外は、(i)ⓐの△印の一例である。[33] さすれば、合符の位置を異にすることによって用法の違いを示すという機能分化が行われたことを示すと見られ、特に(i)の中央縦線は、體言（ⓐ）と形狀言（ⓑ）を表し、(ii)と(iii)との左寄り縦線は、用言を表したことになる。[34] 日本の古訓點でも、中央縦短線が體言・形狀言を表し、左寄り縦短線が用言（サ變動詞）を表すことは、十世紀の寬平法皇の加點本に見られる。[35]

次に、大方廣佛華嚴經にも、例が少ないながら、次のように、使い分けが見られる。

(i)ⓐ念持淸淨行（大方廣佛華嚴經巻第三十四）

(i)ⓑ解沛淨故（大方廣佛華嚴經卷第三十四）

(ii)殊勝大願悉成滿故（大方廣佛華嚴經卷第五十七、九張20行）

㊹大方廣佛華嚴經卷第五十七には、他に、熟字の右傍に弧を施した次の例が、少ないながら見られる。（補注2）

如劫數説不可盡菩薩集助道亦一切世間説不能盡（七張4行）

如衆生語言法無量菩薩集助道出生智慧（七張5行）

亦不因此而受彼生（八張4行）

不由他教得無礙辯智慧光明（八張21行）

「助道」のような熟字にも、「彼生」「他教」のような別語の熟合にも用いている。このような、弧を熟字の右傍に角筆で施して熟合を示すことは、敦煌文獻の觀音經（S.5556）の「天龍夜叉」にも見られる。（36）

更に、延世大學校中央圖書館藏の㊼妙法蓮華經卷第一（十二世紀以前刊）にも、(i)・(ii)・(iii)の各種の合符が用いられている。

(i)の例

ⓐ無能發問者我意難可測（方便品第二、十七張3行）

ⓐ塼瓦泥土等（方便品第二、二十四張18行）

(ii)の例

吾當爲汝分別解説説此語時（方便品第二、十七張32行）

(iii)の例

於諸無量佛不行深妙道（方便品第二、二十二張12行）

我此九部法隨順衆生説（方便品第二、二十二張16行）

(五) 角筆の四聲點

角筆で書入れた圈點又は半圓形「ↄ」の聲點が、次の文獻から拾われた。

㊸金光明經卷第三

(a) 時 父 長 者 即。(角)以 偈 頌

大 菩 薩 等 亦。(角)悉 擁 護

(b) 二 二ↄ(角)現 時 神

(c) 黃 頭。(角)大 神

三 月 是。(角)春

圈點は大き目の丸であり、時に半圓形「ↄ」にも書かれる。これを四聲點と見ると、(a)は入聲、(b)は去聲、(c)は平聲に當り、當時の朝鮮漢字音が長安などの中古漢語の聲調と一致しているならば、[37]それぞれの漢字音に合う。この㊸金光明經卷第三には、後述のように節博士と見られる符號も角筆で施されている。本文の字體は十世紀の寫經體に通ずるが、角筆の加點時期は特定し得ない。

㊷善見毗婆沙律卷第九　初雕高麗版（十一世紀）

不 如 偸 蘭 遮 園。(角)

圈點は平聲に合う。

㊹大方廣佛華嚴經卷第五十七

(a) 安 住 此 法 則 得。(角)如 來 無 上 大 莊 嚴 道（七張17行）

所 修 行 無 失ↄ(角)懷（三張22行）

一切衆生樂ɔ(角)發菩提心（三張23行）

(b) 滿其ɔ(角)意故（十八張10行）

(c) 隨衆生欲令歡ɔ(角)喜故（九張21行）

佛子菩ɔ(角)薩摩訶薩有十種坐（十六張9行）

神足通隨ɔ(角)所應化（四張22行）

(d) 明淨意客塵不能ɔ(角)染着故（十五張12行）

師子坐能說法。(角)故（十六張12行）

(e) 不壞眞如實際ɔ(角)（七張21行）

(a)は入聲、(b)は去聲、(c)は平聲、(d)は上聲の位置に角筆の符號が差されていて、四聲點と見ると、それぞれの漢字音に合う。但し(e)は平聲の位置にあるが漢字音は去聲である。符號の形は、半圓形で大き目の「ɔ」「c」を主としている。この㊹大方廣佛華嚴經卷第五十七には、前述のように點吐（ヲコト點）も加點されている。角筆の點吐は細小で淺い凹みであるが、四聲點としても凹みは太めであって、別筆の可能性がある。

聲點に半圓形の「ɔ」を使用することは、誠庵古書博物館藏の高麗時代版の金剛波若經（豆本）に、「以三十二ɔ相見如來ｃ不。」のように附刻されているから[38]、高麗時代でも行われたことが分る。又、十五世紀の資料でも、誠庵古書博物館藏の唐柳先生文集卷之一（一四四〇年刊）に、朱書による半圓形「ɔ」「c」の聲點が多く施され、極一部に圈點「。」の聲點も交っている（東アジア篇第三章第二節、三三一頁に例示）。この半圓形の聲點が中國大陸で使われた符號であることは、宋版法藏和尙傳（高山寺藏）の朱書の聲點に見られ、南宋の「嘉禾比丘行忠」の手に成ることに基づいて說いた所である[39]。又、中國の聲點の例として、金文京氏は、宋の岳珂「九經三傳沿革例」の實例として相臺岳氏刊五經のうち、春秋經傳集解（靜嘉堂文庫藏）の「此ɔ間」「數ɔ」など、元の程端蒙「程氏家塾讀書分年日程」の「發音例」卷二の「依本文音義隨四聲圈發」を擧げ、明代の永

樂大典の「謂」「科斷」など、嘉靖刊本三國志演義（嘉靖元年〈一五二二〉）の「令」などを擧げられた。(40)

角筆を以て圏點を施すことは、韓國の十六世紀以降の刊本の中にも見られるが、採取例が少ないために、聲點としての檢討が出來ていない。

いずれにせよ、角筆を以て四聲點を施した資料が存するならば、同種の資料を更に廣く蒐集することによって、ハングル公布より前の高麗時代における、朝鮮漢字音の新資料が得られることになるであろう。

(六)　角筆の節博士

角筆で書入れた節博士は、先ず、㊹大方廣佛華嚴經卷第五十七に、次の諸用例が拾われる。

(ア) 若垢若淨時與非時方便出生諸菩薩解脫門智（六張8行）
斷除一切分別故（十二張15行）
勤加精進令速圓滿（十三張22行）

(イ) 隨順善友是出生佛法道（三張14行）
有十種所住處何等爲十（十七張2行）

(ウ) 不虛假腹無險詖故（十張17行）
被波羅蜜甲度脫一切諸含識故（十二張6行）
菩薩摩訶薩有十／種大丈夫名號（四張1行～2行）
一向正念無異攀緣巧知三昧（四張17行）

(エ)得如來一切智無上善巧修（八張1行）

右掲の(ア)・(イ)・(ウ)・(エ)は、日本の古點本の節博士に當り、後世云う「ソリ反」「ヲル下」「ユリ搖」「スグ」に形が通ずる。(ア)は「ソリ反」に通じ、當該漢字の右肩から起筆している。(イ)は「ヲル下」に通じ、當該漢字の左肩から起筆する。第二例は「等」の左肩から起筆した線の他に、左傍中程から起筆した線もある。(ウ)は「ユリ搖」に通じ、當該漢字の右肩から起筆するものの他、右傍中程や右下から起筆するものもある。(エ)は「スグ」に通じ、當該漢字の左傍に施されている。

これと同じ形のものは、日本の古博士加點資料に見られ、又、十世紀書寫の敦煌文獻の觀音經（S.5556）の角筆で書入れた節博士にも見られる。[41]

同種の節博士は、僚卷の㊺大方廣佛華嚴經卷第六、㊽卷第三十四、㊿卷第三十六にも見られる。又、初雕高麗版の、㊷善見毗婆沙律卷第九、㉔阿毗曇毗婆沙論卷第十二、㉙阿毗曇毗婆沙論卷第十五、㉕舍利弗阿毗曇論卷第一、及び㉖大般若波羅蜜多經卷第三百五十五、㉗大般若波羅蜜多經卷第三百にも見られる。

これらの初雕高麗版に角筆で施された節博士は、經本文の特定の字に單發的に加えられ、全卷を通しても散在する程度であるが、再雕高麗版になると、一行中の各字にそれぞれ節博士を加えたものが見られる。㉜大般涅槃經卷第三十（辛丑歲〈一二四一〉刊記）では、例えば、「所謂水火如是比丘則能莊嚴」（三十八ゥ6）の「水」から「能」までの各字の右傍に加えられ、㉝大般若波羅蜜多經卷第五百三十三（己亥歲〈一二三九〉刊記）では、例えば、「時毗沙門天告摩尼跋陀大將而作／是言如來今欲詣彼塚間鄉可速往」（十九ゥ3〜4）の「。」印の字のそれぞれ左傍に加えられている。[42]

次に、十八世紀の順讀口訣の刊本にも、次のように、角筆で節博士が書入れられている。

⑥地藏菩薩本願經（雍正八年〈一七三〇〉刊）

(ア)利益衆生（上、二十二ォ3）

惟願世尊《伊》爲未來世末法衆生《爲舍》(中、四オ8)

及大誓願力(中、十一ウ4)

無相如來《午》劫名安樂《午》(中、二十二オ5)

欲修無上菩薩者(下、十二オ6)

吾觀地藏威神力《乎尼》(下、十四ウ9)

人《乙》不問善惡(中、二十一ウ4)

若非如來大慈力故《面》(上、十六ウ8)

破煩惱賊(上、二十四ウ9)

(イ)所有功德《果》及不思議威神之力《乙》(下、八ウ5)

若未來世《叓》有善／男子善女人《伊》(下、十二オ4)

於佛法中《厓》一念恭敬《爲面》(下、十八ウ4)

在閻浮提《爲也》(中、二十オ1)

又閻浮提臨命終(中、二十一ウ4)

惡毒者《爲也入了》(上、二十三ウ2)

(ウ)惟願世尊《伊》爲未來世末法衆生《舍爲》（中、四オ8）
命終人《伊》在世《厓》未曾有少善根《也爲》（中、十三ウ7）
本業《也爲》自受惡趣（中、十三ウ8）
利益人天無量事《爲ヒ尼个》（下、十五オ1）
欲入山林《去那》及渡海《口齊爲也刀》（下、十六オ7）
在閻浮提《也爲》或利益人《尔爲》或損害人《也爲》（中、二十オ1）
(エ)號一切智成就如來（上、十七ウ7）
略說地藏（中、五オ3）
唯然世尊（中、五オ5）
(オ)悉下長釘《尔爲》拔舌耕犂《尔爲》（上、十五オ9）
即解脫菩薩《伊》是《五》光目者（上、二十一オ4）
復銅爪《伊》抽腸剉斬《尔爲》（上、十五オ5）

右掲の節博士は後世云う(ア)が「ソリ反」、(イ)は「ヲル下」、(ウ)は「ユリ搖」、(エ)は「スグ」の形にそれぞれ通ずる。但し、(オ)の符號については未詳である。

このような節博士は、⑪因明論（康熙五十二年〈一七一三〉刊）にも見られる。又、刊年未詳であるが、十七世紀刊と見られる、⑮法華經卷第七（「松廣寺」寄贈本）、⑱禪門拈頌集卷之九にも節博士が角筆で書入れられている。⑰法華經卷第一（「安佛寺」寄贈本）では、角筆の節博士が變形して、次例のように長くなり複雜になっている。

須菩提等（三十一オ3）

今昔之事宛然相契則將（三十一オ9）

滅等者意在冥敍一經契後文（三十一ウ2）

時代による符號の變化を示すものであろう。

右に掲げた節博士は、經本文の行間を使って、當該字の右傍又は左傍に、所定の諸符號を書入れたものである。これとは別に、經本文の幾つかの行にわたって、當該字の四隅のいずれかから起筆して、右方向に横長の波線を書入れたものがある。初雕高麗版より前の刊の、㊴妙法蓮華經卷第一、㊻妙法蓮華經卷第八（㊴と僚卷）、㊸金光明經卷第三には、全卷にわたって見られる。

誠庵古書博物館の趙炳舜館長から、妙法蓮華經卷第一（㊴）に横長の波線のあることの連絡を受け、ファックスと續いてカラー寫眞で送附された資料を見た時は、紙の皺かと疑ったが、第二次の調査で、原本に當って觀た所では、角筆による意圖的な書入れのように見られる。それは、波線の起筆位置が、いずれも當該漢字の四隅又は字畫周邊のいずれかにあることと、仔細に見ると、波線の波は微妙な起伏を持ち且つ所々で切れ續きを持っていることとによっている。韓國の聲明研究家で且つ實演者の、金法顯教授（東國大學校）は、これを節博士と認定され、原本に角筆で施されたこの横長の波線に沿って、當時の聲明音の復元を試みられた。この横長の波線の節博士を、行間に施す「節博士（B型）」と區別して「節博士（A型）」とする。

㊴妙法蓮華經卷第一の角筆による横長の波線は、次頁のようである。

㊴妙法蓮華經巻第一（十一世紀以前刊）

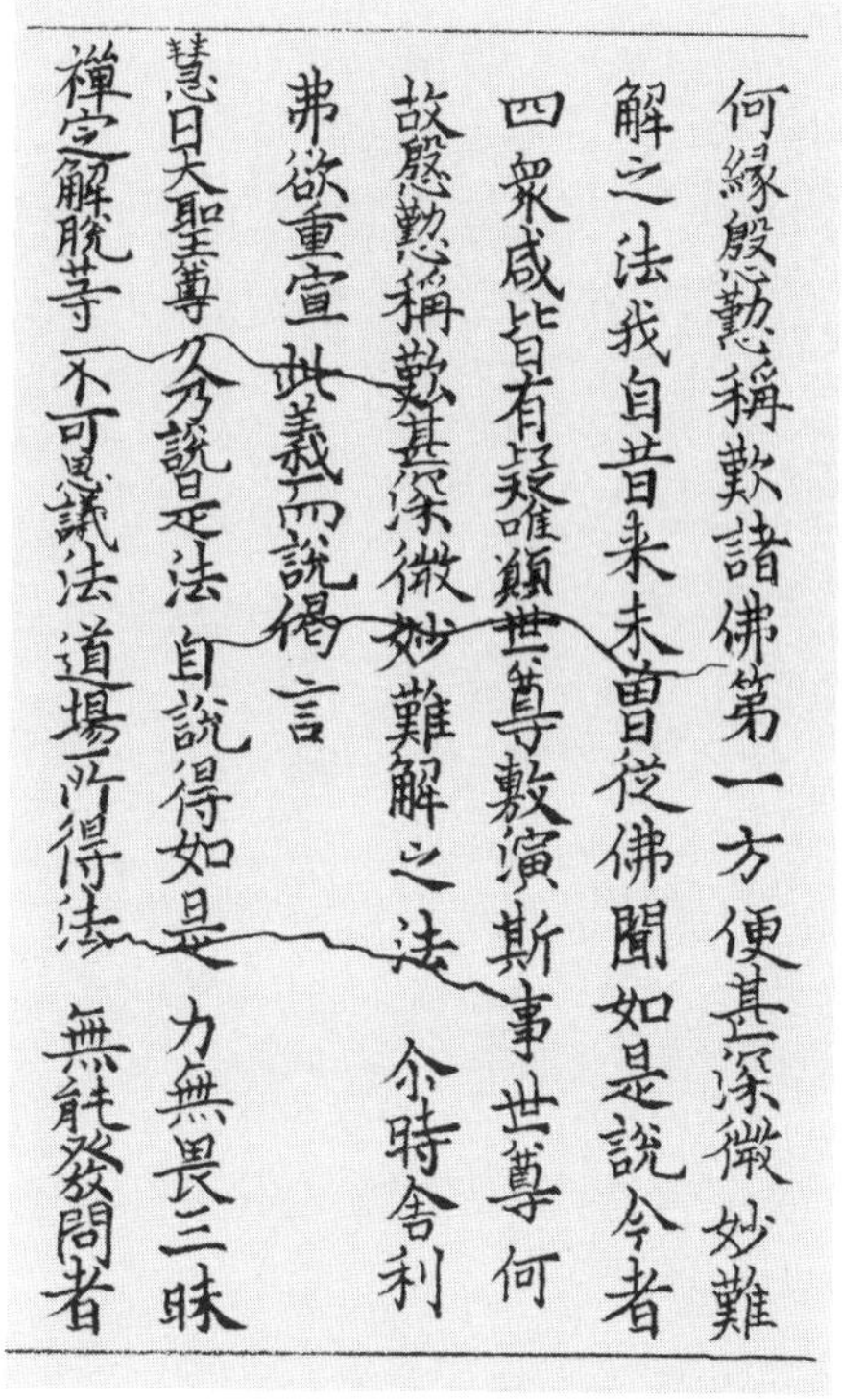
何縁殷懃稱歎諸佛第一方便甚深微妙難
解之法我自昔来未曾從佛聞如是說今者
四衆咸皆有疑唯願世尊敷演斯事世尊何
故慇懃稱歎甚深微妙難解之法　尒時舍利
弗欲重宣此義而說偈言
慧日大聖尊久乃說是法自說得如是力無畏三昧
禪定解脱等不可思議法道場所得法無能發問者

㉚妙法蓮華經巻第一（十五世紀後半刊）

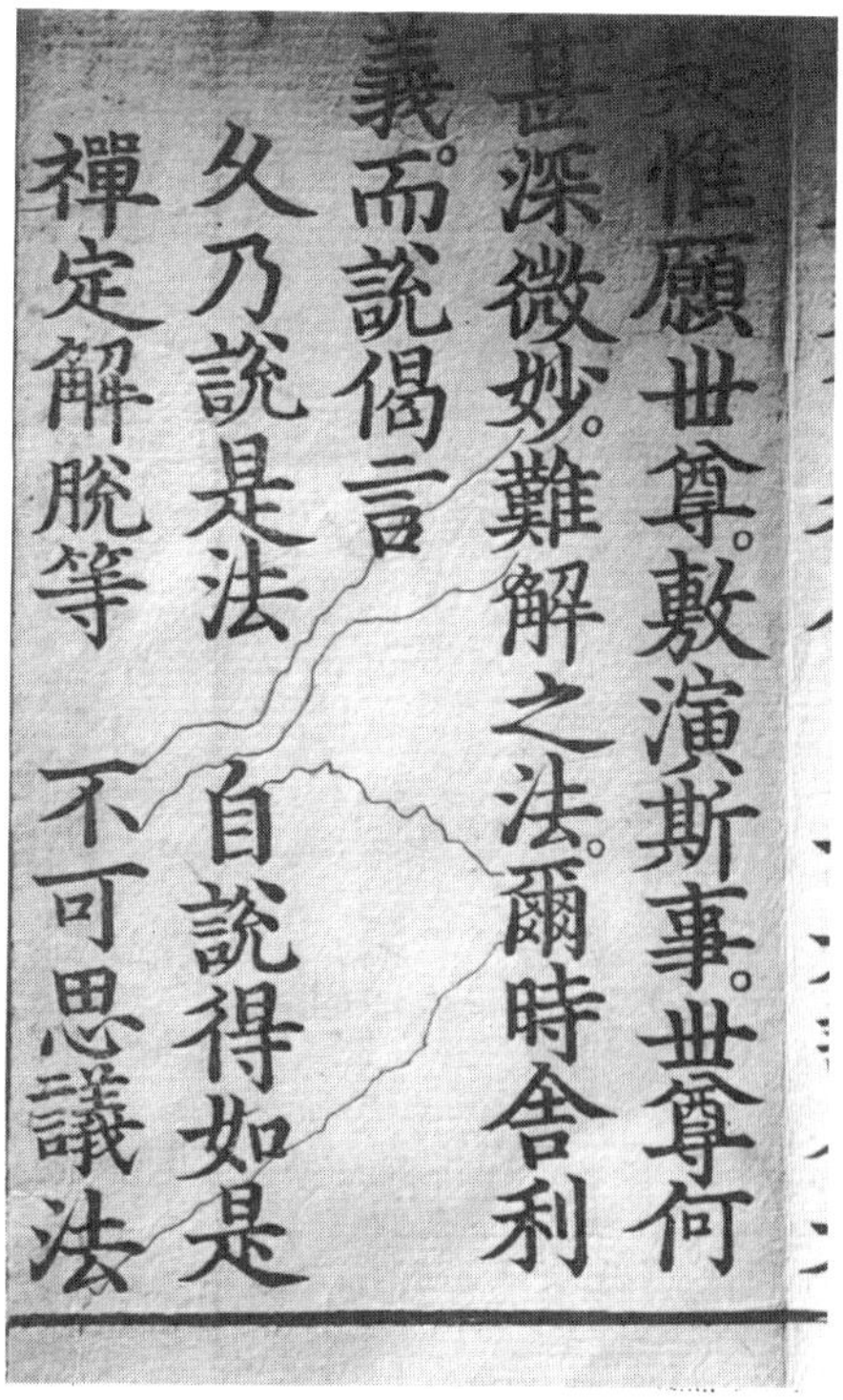
惟願世尊敷演斯事世尊何
甚深微妙難解之法爾時舍利
義而說偈言
久乃說是法自說得如是
禪定解脱等不可思議法

僚巻の㊻妙法蓮華經巻第八は、首缺で「陀羅尼品第二十六」以降を存するが、現存の全巻にわたって巻第一と同様な横長の波線が施されている。起伏を持つ波線は、長いものが一二・三糎で五行にわたっている。

㊸金光明經巻第三も、巻首を缺き「三十三天各以已得」以下巻末までを存し、全巻にわたって㊴妙法蓮華經巻第一・㊻巻第八と同様な横長の波線が施されている。波線の長さは、九・〇糎、一四・三糎等様々で、長い線は一七・〇糎で八行にわたっている。この金光明經巻第三には、前述のように角筆の聲點も施されている。角筆の横長の波線はこの聲點と同筆と見られる凹みを示しているから、節博士と共に聲點も書入れた可能性がある。

十五世紀後半に刊行された、㉚妙法蓮華經巻第一にも、右圖（下段）のように角筆による波線が施されている。方便品第二の一部に施されたもので、經本文の當該字から起筆している。「自」「不」は右肩から起筆し、「法」は下中から起筆して、それぞれの波線は三行又は四行にわたっている（資料篇、五二頁）。

これを、前掲の㊴妙法蓮華經卷第一（初雕高麗版以前刊）に施された節博士と比べると、方便品第二の同じ「自」「不」「法」に加えられていて、しかも起筆位置も「自」「不」は右肩、「法」は下中であって同じである。しかし、波線の形が異なっている。㉚妙法蓮華經卷第一には、先述のように、「孝寧大君補」以下の刊記があり、角筆によるハングルの書入れもあるから、節博士の書入れも十五世紀後半以降である。初雕高麗版以前刊の㊴妙法蓮華經卷第一に施された節博士との、波線の形の違いは、時代差による變化を示すのか、宗派による系統差を示すのか、或いは他の理由によるのか、今後の検討課題である。

右掲のように、行を越えた横長の波線が經本文に直接に書入れられたのは、角筆の凹みによって施されたからであろう。毛筆による墨色[43]の節博士では經本文の字句を汚損することになるので、書入れは行間に止まることになるが、色の着かない角筆ではそれが可能となる。

㈦　角筆の注示符

本文中の注意すべき語句の右傍又は左傍に、角筆を以て縱長線を施したものが、次のようにある。（縱長線が角筆）

㉒彌勒菩薩所問經卷第二（初雕高麗版）

以／是義故大海慧菩薩經中說菩薩

㉟近思錄（正統元年〈一四三六〉刊）

以爲未足於是又訪諸釋老之書（卷第十四、十二オ6）

㉞論語集註大全卷之九（十五世紀前半刊）

子曰後世可畏焉（二十一ウ10）

㊱誡初心學人文（隆慶四年〈一五七〇〉刊）

蛸入鼠宮雖有才智居邑家者（六オ2）

⑭法華經卷第二〜卷第七（十七世紀刊）

過是數已有世界名淨光莊嚴其國有佛（卷之七、二オ4）

⑲齋佛願文　至心懺悔　至心發願（十九世紀寫）

淨土現前仗佛威光、經登上品伏願（二オ10）（「仗」は「伏」の誤寫。右傍の縱線はこのことと係るか）

十一世紀刊本から十九世紀寫本まで認められる。

このような注示符は、中國大陸の文獻に用いられていて、敦煌文獻にも角筆で書入れたものが種々ある[44]が、日本の古訓點で室町時代から使用され始めた「朱引」[45]とは、機能も形態も異なり、別の符號である。朱引は、縱線一本又は二本を、直接に字面上に施している。

以上、韓國において、二〇〇〇年から二〇〇二年にかけて發見された五十八點の角筆文獻について、その角筆による書入れの内容を整理して、文字と符號とにわたって記した。

その發見の意義として、韓國の言語文化史上の意義と、日本の古訓點への影響との二面が考えられる。ここでは、韓國の言語文化史上の意義について擧げることにする。日本の古訓點への影響については、次節で考察する内容によって、自ら知られるであろう。

第一は、角筆が、中國大陸と日本とだけでなく、朝鮮半島においても使われたことを確認したことである。しかも、十一世紀の初雕高麗版を中心に、七世紀後半から十九世紀までにわたって使われて、その古文獻が遺存していることが判明したことにより、新しい研究資料群が得られたことである。

第二は、十一世紀の初雕高麗版には、全卷にわたって點吐（ヲコト點）の施された文獻があり、更に口訣や諸符號を加點したものもあって、それらを解讀することによって、十一世紀の高麗語[46]が文章として復元されうる。その結果、音韻（朝鮮漢字音）・文法・語彙、竝びに文字・表記について、當時の生の第一等資料によって、具體的に考察し明らかにする道が拓かれたことである。

從來、古代朝鮮語を考察するための、當時の現存資料としては、吏讀と鄕歌竝びに十二世紀、十三世紀の釋讀口訣五點とが取上げられて來たが[47]、吏讀は助詞等に限られていた。鄕歌は十二世紀、十三世紀に書止められたものである。初雕高麗版に角筆で施された點吐（ヲコト點）や符號は、十二世紀、十三世紀の釋讀口訣に對して、時代の上で溯るものである。

第三は、角筆點によって、今まで韓國では使用實態が明らかでなかったために取上げられることのなかった、諸種の符號の使われていたことが判ったことである。韓國で十一世紀に點吐（ヲコト點）が使われたことは、角筆點で分った最も重要な事柄であり、ヲコト點が日本固有であるとする說を覆すばかりでなく、日本の古訓點との關係を考える手掛りとなる。同樣に、弧による返讀符や、句切符の橫長線と「＜」「＞」符、合符、圈點等による四聲點、節博士も、角筆點によって、十一世紀又はそれ以前から、韓國において使われていたことが判明した。

第四は、佛書に書入れられた角筆の文字や符號によって、當時の佛書を如何に讀解してその思想を享受したのか、如何に誦唱したかの具體相が知られて、韓國における佛教文化史の資料が得られることになったと考えられる。

第五に、ハングル公布以後も、角筆がハングルを始め、口訣や、返讀符、句切符、節博士等を書入れるのに使われていることである。墨書による書入れと比較することによって、角筆による書入れの意味が知られる。

最後に、角筆の書入れに注意して探査することによって、今後、更に多くの角筆文獻の發見されて、新資料の得られることが期待される。特に、八世紀の書寫本についても、角筆加點の可能性があり、その原本についても調査する必要がある。角筆加點が確認されるならば、新羅時代の具體的な言語資料が得られることになる筈である。（東アジア篇第二章第四節參照）

注

（1）拙稿「敦煌の角筆文獻―大英圖書館藏「觀音經」（S.5556）の加點―」（「訓點語と訓點資料」第九十六輯、平成七年九月）。同「敦煌文獻に加點された角筆の符號と注記及び本邦の古訓點との關係」（『訓點語と訓點資料』第一〇〇輯、平成九年九月）。本書東アジア篇第一章參照。

（2）拙著『角筆文獻目錄（一九九一年版）』～『角筆文獻目錄（一九九九年版）』（私家版九冊、平成四年五月～平成十二年三月）。本書日本國内篇、四〇三頁以下參照。

（3）二〇〇〇年二月における西村氏の調査の實情については、西村浩子「大韓民國における角筆文獻發掘調査報告」（『松山東雲女子大學人文學部紀要』第九巻、二〇〇一年三月）に具體的に述べてある。

（4）拙稿「日本에있어서角筆文獻연구의現狀과展望」（『口訣研究』第六輯、二〇〇〇年十二月、韓國語譯は尹幸舜助教授による）に講演内容が載っている。

（5）李丞宰「새로 발견된 각필（角筆）부호구결과 그 의의」（『新國語生活』第十巻第三號、國立國語研究院、二〇〇〇年九月）。
南豐鉉「高麗時代의點吐口訣에 대하여」（『書誌學報』第二十四集、二〇〇〇年十二月。二〇〇一年五月刊）。

（6）新譯の八十巻本。版心記に「周經」とあり、「周本」と呼ばれる。趙炳舜館長によると、契丹本に字體、張の行數、行の字數等が一致していて、契丹本の影響を受けたことが明らかであるので、契丹本が傳來した文宗十七年（一〇六三）と肅宗四年（一〇九八）の間の刊行とされている（李丞宰「周本『華嚴經』巻22の角筆符號口訣について」〈『口訣研究』第七輯〉）。㊺巻第六、(53)巻第三十一、㊽巻第三十四、(51)巻第三十六、㊹巻第五十七も同刊。

（7）「複星點」の名稱は、築島裕「點圖集の成立について」（『國語と國文學』昭和四十二年十二月）で使用され、同「天台宗のヲコト點について」（『訓點語と訓點資料』第三十二輯、昭和四十一年二月）でも、「・を二つ重ねたヲコト點、これを「複星點」と假稱する」とされ、「この複星點は、天台宗所用ヲコト點の特徴であったと推定することが出來る」と說かれた。

（8）南豐鉉「高麗時代角筆點吐釋讀口訣의種類와 그解讀―晉本華嚴經巻20點吐釋讀口訣을 중심으로―」（『朝鮮學報』第百八十三輯、平成十四年（二〇〇二）四月）。

（9）その後、次の二點が發見されたことを、南教授・李教授・尹助教授・鄭教授・金教授が二〇〇三年二月に來日調査された折に教示された。
(59)修德寺藏妙法蓮華經巻第七妙音菩薩品（斷簡二紙）、角筆の點吐（十二世紀という）
(60)某氏藏大方廣佛華嚴經巻第一（十一世紀義天版）角筆の點吐（十三世紀という）

(10) 注(5)文獻の南教授論文に「類音字に表記した例」（日本語譯）として擧げられている。

(11) 注(5)文獻の南教授論文。「怕」には注音字「朴」を施すのに對して、上字「憎」には聲調を注記するという類例を得たい。

(12) 注(5)文獻の南教授論文。十八字の口訣字のうち、「三」（原漢字も「三」）が、墨書口訣資料の、十二世紀初の華嚴經疏（表では十一世紀末乃至十二世紀初とされる）にだけ現れて、それ以後の訓讀口訣資料に見出されない故に、瑜伽師地論の角筆の口訣が十一世紀のものである可能性が裏付けられるとしている。

(13) 注(12)文獻參照。又、この瑜伽師地論に施された角筆の點吐（ヲコト點）の中に、「略」に「彡／묘／myǒ／ーテ」という副詞派生接尾辭が付いて、副詞として用いられた用法があり、十二世紀以後の墨書訓讀口訣に現れない古形であることを、南教授が同論文で指摘している。

(14) 「孝寧大君補／臨瀛大君璆」に始まる刊記によって知られる（資料篇、四九頁）。

(15) 拙著『角筆文獻の國語學的研究研究篇』（汲古書院、昭和六十二年七月）の第四章「角筆文獻の言語の性格」において、「言語の歴史的な變化の結果が、毛筆文獻に比べて、角筆の方にいち早く現れる」（六六六頁）と説いている。

(16) 小林の摘記し移點した資料、竝びに、瑜伽師地論卷第八は尹助教授を通じて八月に、瑜伽師地論卷第五は南教授から十一月に、全卷移點資料の複寫を惠與されたもの、又、大方廣佛華嚴經卷第五十七と同卷第二十二の全卷移點資料の複寫を南教授から十一月に惠與されたものによる。尙、瑜伽師地論卷第五・卷第八の全卷移點資料は「角筆口訣資料」の册子に整えられ、二〇〇一年四月の訪韓調査の折に、李丞宰教授より惠與された。又、大方廣佛華嚴經は、晉本卷第二十と周本卷第六・卷第三十六を加えて、二〇〇二年七月に「韓國角筆符號口訣資料と日本訓點資料研究」（研究責任者　鄭在永教授）の協同研究支援事業の中間報告書として公刊された。南教授・李教授はじめ關係各位の御厚情に深く感謝の意を表す。

(17) この點吐圖は、南豐鉉・李丞宰・尹幸舜「韓國の點吐口訣について」（「訓點語と訓點資料」第一〇七輯、平成十三年九月）に提示された點圖を基にして、その後の進展を踏まえ、瑜伽師地論については、李丞宰・安孝卿「角筆符號口訣資料에 대한 조사 연구―誠庵本『瑜伽師地論』卷第5와 卷第8을 중심으로―」（「口訣研究」第九輯、二〇〇二年八月）の星點圖に依據して、卷第五と卷第八の全文の移點資料と全卷の寫眞とに據って筆者の歸納した圖を符號の形態を中心に示した。又、大方廣佛華嚴經（周本）については、李丞宰「周本『華嚴經』卷22의 角筆符號口訣에 대하여」（「口訣研究」第七輯、二〇〇一年八月）の星點圖に依據して、卷第六・卷第二十二・卷第三十六・卷第五十

七の全文移點資料と全巻の寫眞とに據って筆者の歸納した圖を符號の形態を中心に示した。全文の釋讀が完了していないので、符號の認定には誤脱が存すると思われ、今後の修訂が必要である。

この點吐圖を作成するに當っての問題點を記す。

一、點吐（ヲコト點）の加施位置について

點吐（ヲコト點）は漢字を四角に見立てて、その外側周邊又は內側に施され、內側は九箇を用い、外側は四邊の各邊外側に三箇ずつ計十二箇を用いて、併せて二十一箇が星點圖以下各符號の圖に認められるが、この他に、四隅の外側の計四箇が用いられたのか、或いは所定の位置をずれて施されたのかが問題となる。四隅の四箇が加われば、加施位置は二十五箇所となる。大方廣佛華嚴經では星點の左下隅が句切點として用いられたと見られて、「㢱」（myǒ）と區別され、瑜伽師地論でも星點の右下隅が句點を表したと見られるので、二十五箇所の用いられたことが考えられる。

二、點吐（ヲコト點）のずれについて

點吐（ヲコト點）は所定の位置に施されるだけでなく、位置がずれて施されることがある。例えば、大方廣佛華嚴經の星點の「乚」〔r〕は、左邊の外側で中央に施される點であるが、左邊の外側で中央よりも下寄りに施されることがある。又、瑜伽師地論の星點の「乚」〔r〕は、右邊の內側中央に施されると共に、右邊の外側に施されることが多い等である。

三、點吐（ヲコト點）を示す口訣の日本語譯について

星點の口訣には、音を〔　〕に包んで示し、日本のヲコト點との比較の上で必要なものには、日本語譯を添えた。これには尹幸舜氏の教示に多くを負うている。

瑜伽師地論や大方廣佛華嚴經の點吐（ヲコト點）は、「七」〔s〕が屬格助詞〔s〕と語の末音添記（例えば「及」の訓및(mis)の〔s〕）とを表すように一つの音〔s〕を表して、複數の機能を擔っている。このうち、末音添記の機能は日本語には見られないので、屬格助詞の機能の方に注目して、對應する連體格助詞「ノ」を宛てた。同樣に「ㄱ」〔n〕も、主題の助詞と末音添記とに用いられているが、日本語譯は、對應する副助詞「ハ」を宛てた。又、「㢱」〔miǒ〕は、二つ以上の動作等の連結語尾であるが、その機能は日本語では接續助詞「テ」が近いので、「テ」を宛てた。同樣にして、「乚」〔r〕の對格助詞には、日本語の格助詞「ヲ」を宛て、「十」〔kʌi〕「ろ十」〔ɨigʌi〕には格助詞「ニ」を宛て、「丨」〔ta, da〕には古典語の助動詞「ナリ」を宛てた。「亠」〔iǒ〕は名詞を竝

列するのに用いるが、「人」〔gwa〕と共に、日本語の竝列助詞「ト（……ト）」に宛てた。

四、依據した星點圖の點の機能の一部變改について

瑜伽師地論の星點圖のうち、中下外側の點を、依據した星點圖では、名詞を竝列する「⺀」（ㅗ）〔iŏ〕としている。成程、

了知父母・沙門・波羅門・及家長等恭敬供養利益承事（巻五、十八張22行）

謂若諸沙門・或婆羅門・墮欲求者（巻五、八張14行）

は名詞を竝列しているように見えるが、（便宜のため私に返點を施す）

所以者何・由二欲色無色界繫法各從自種子生一（巻五、十二張19行）

由二此所潤諸種子一故先・所二牽引一各別自體當得二生起一（巻五、十二張21行）

若无二障㝵現前一爾時・便生・（巻五、十四張21行）

は名詞の竝列は無く、單なる讀點の働きと見られる。一方、名詞の竝列には左邊中央外側の點が用いられている。

謂欲貪能引二瞋癡慢見疑身惡行一（巻五、十三張19～20行）

謂依名身句身文身義爲二所緣一（巻五、十六張17行）

(18) 複星點を短線より先に配したのは、瑜伽師地論（A種）によると、複星點を繫いで「⁝」「⁝」「⸌」「⸍」のようにして、短線にした形が見られて、點吐（ヲコト點）の符號を作る順序としては複星點が先であったと考えられることによる。又、日本の天台宗系統のヲコト點が複星點を使っていて、點圖集によると、星點の次には複星點を置き、短線はその後に配していることも參照した。

(19) 誠庵古書博物館藏の㊼六十巻本大方廣佛華嚴經巻第二十（十世紀刊）一巻に施された點吐（ヲコト點）は、B種の大方廣佛華嚴經（新譯）の點吐（ヲコト點）と比べるに、星點圖の「ケテ」「しヲ」「ㅗト」「ラナニ」「ヒノ」「⺌」「丁ハ」「ーナリ」等が一致している。しかし內側の左下の星點や複星點以下は一致しない。

(20) 例えば、瑜伽師地論巻第八の、

(a) 又顯非撥流轉士夫故（第十七張、11行）

(b) 盡壽行故。久遠行故者（第十八張、9行）

(a)の「士夫」の「夫」の下邊中に「‥」が施され、(b)の「盡壽行」と「久遠行」の「行」には、下邊中に「⁝」が施されている。(a)も

(b)も、「故」に上接していて、用言の連體形（(a)では「顯」、(b)では「行」）を受けて、「故」に續ける働きをしている。

(21)　韓國でも、十四世紀に墨書で加點した「法華經卷第七」になると、星點と複星點と短線の他に、鉤「﹁」「﹂」「┘」や「√」「⊥」等の符號が用いられている（南教授の注(5)文獻）。

(22)　李教授の教示による。筆者は星點圖についてこの事を指摘したが、星點だけでなく複星點や短線等も同樣であることを確認した。二〇〇一年四月の訪韓調査による。二十一區分又は二十五區分が考えられる。ここでは二十五區分として示した。

(23)　本書東アジア篇第二章第二節、二〇八頁。四隅・四邊の外側に星點を施した日本の古點本としては、知恩院藏大唐三藏玄裝法師表啓平安初期點（第三群點）他がある。

(24)　注(5)文獻の南教授論文。內側を用いないのは、韓國の加點の材料が墨點であって、白點・朱點でないこととも係っている。

(25)　延世大學校中央圖書館藏㊾妙法蓮華經卷第一にも、行間に點圖が角筆で書入れられ、別訓法を示している。次のようである。

神　通　之　相（四張14行）の「通」に□:の點吐があり、その右傍に□:の點圖が書入れられている。

(26)　この異なる釋讀と異なる點法が、加點者の單なる別案を示したものか、或いは別系統の移點本があってその反映であるのか、又は他の意味があるのか、多くの類例を得て檢討する必要がある。

(27)　注(5)文獻の南教授論文に點圖が示されている。その星點圖を示す。音注（ローマ字）と日本語譯（片假名と文法機能表示）は尹助教授の教示に基づく。

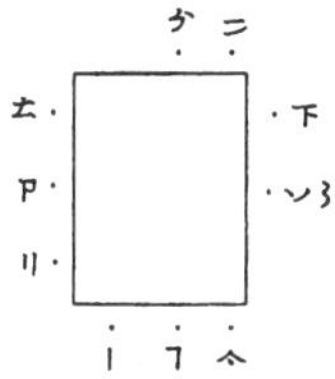

リ〔i〕（イ）　尸〔n〕（ハ）　厷〔kʌ〕（スルコト）　㫆〔miǒ〕（テ）　ニ〔si〕（尊稱）

下〔ha〕（呼格）　ソろ〔hʌa〕（シテ）　亽〔ra〕（連結語尾）　乛〔n〕（ハ・末音添記）　丨〔da〕（ナリ）

(28)　善見毗婆沙律卷第九の角筆の點吐圖を示す。趙炳舜館長が移點して送附して下さった本文十九行と筆者が原本を瞥見した所による。解讀は出來ていない。

(29) 南豐鉉、注(8)文獻所載の點圖に基づき、筆者の原本移點資料により補加した。

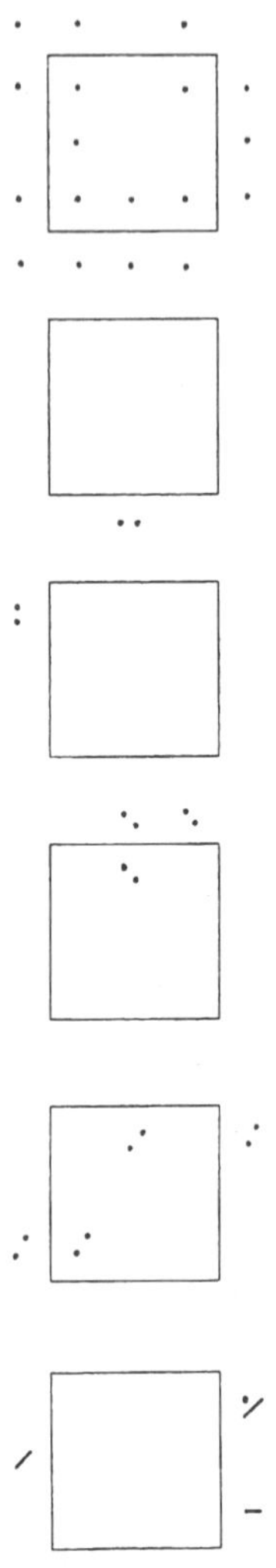

(30) 注(5)文獻の南教授論文によると、「「旀／며／myŏ／一テ」は高麗時代の釋讀口訣では「善旀」〈舊仁3.19〉、「能旀」〈金光明2.11〉のように副詞派生接尾辭として使われた」と說かれる。句點と「旀」點とは點吐圖第一圖に掲げたように、位置が接近している。瑜伽師地論の點吐では、施す位置に屢〻ずれがあることは前述の通りである。

(31) 句切點と「旀テ」點とは接近していて紛らわしいが、仔細に見ると、句切點は漢字の左下隅の外側に施されるのに對して、「旀テ」の點吐は、漢字の左下でやや內寄りにあり、「旀」のバリエーションかとも見られるが、文の切れる所に施されているので句切點であろう。瑜伽師地論の點圖において、漢字の右下隅の筆畫に殆ど接して句點が施され、「旀テ」の點吐は漢字の右下でやや外寄りにあり句點に比べて筆畫より離れて施されているのが參考になる。

(32) 返讀と兼用した熟字の合符が、左寄りに施されたのは、返讀と兼用して左寄りから起筆した方が書き易いということも考えられるが、中央から起筆することも可能であった筈である所を、總て左寄りに起筆しているのは、(a)の體言の場合と區別して位置を異にしたことを示すと考えられる。

(33) 「三種樂」についての認定の問題か、或いは先行加點本を移點する場合の誤點の可能性などが考えられる。合符の起筆位置にやや曖昧な例が見られるのもこれに係るか。

(34) 敦煌文獻の観音經（S.5556）（戊申年〈九四八〉幸深書寫讀誦）に、角筆で書入れた合符が、位置（中央か左寄りか）によって用法を異にしている（拙稿「敦煌の角筆文獻―大英圖書館藏「觀音經」（S.5556）の加點―」〈「訓點語と訓點資料」第九十六輯、本書東アジア篇第一章、四九頁〉）。又、日本の十世紀加點本の乙點圖（慈覺大師點）や漢籍點本でも、位置（中央か左寄りか）によって、音合と訓合とを區別している。

(35) 拙稿「無畏三藏禪要の角筆點」（『仁海僧正九百五十年御遠忌記念隨心院聖教類の研究』汲古書院、平成七年五月）。本書日本國內篇第二章、四六五頁。

(36) 注(34)論文。本書東アジア篇第一章第三節、四九頁。

(37) 新羅の書寫加點の判比量論の漢字音が、敦煌など唐五代の西北方言と同じ事象を示していることが參考になる（本書東アジア篇第二章第四節、二八四頁）。

(38) 趙炳舜館長よりファックスで送附された資料による。第二次調査から歸國後の二〇〇〇年十一月二十日に受信した四枚による。

(39) 注(15)文獻、九九九頁。

(40) 金文京「東アジア漢字圈の訓讀現象―日韓近世の加點資料―」（二〇〇一年十二月八日、韓國市立ソウル大學校における第二回國際學術大會發表。「口訣研究」第八輯、二〇〇二年二月に收載）。

(41) 注(1)文獻。本書東アジア篇第一章、五〇頁

(42) 再雕高麗版のこの二文獻の節博士は、形が異なり横線の起伏の變化で表しているらしいが、正確な採取が出來ていない。再調査が望まれる。

(43) これまでに調べた限りでは、韓國においては十一世紀以前には、經本文の加點には朱書・白書は見られず、角筆の書入れが主となっている。

(44) 注(1)文獻。本書東アジア篇第一章、五〇頁・六九頁。

(45) 『國史大辭典』（吉川弘文館）の「朱引」（小林芳規執筆）參照。

(46) 角筆點が十一世紀の書入れと見られることについては、用字・用法の面から、南豐鉉教授が、注(5)文獻で指摘されている。尚、注(12)、注(13)も參照。

(47) 南豐鉉「韓國における口訣研究の回顧と展望」（「訓點語と訓點資料」第一〇〇輯、平成九年九月）。

(補注1) 白斗鉉「高麗時代口訣의文字體系와通時的變遷」（口訣學會編『아시아諸民族의文字』一九九七年刊、所收）の「高麗時代口訣文字目錄」では「刂」の字源を「亦」としている。

(補注2) 右傍の弧は「校正符號」と見られるという教示を李丞宰教授から得た（私信による）。第二例の「助道」について、「助」に「을」（日本語の「ヲ」に當る）の點吐が施されているが、この點吐を「助道」という熟字の下の字の「道」に移動することを指示する符號と說かれる。確かに前行の七張4行に在る「集助道」では「을」の點吐は「道」に加點されている。しかし他の例では必ずしも

同様の機能が認め難く、この符號がいずれも相續く漢字二字に施されて用いていることと、敦煌文獻に合符として用いていることとから、姑く合符と扱うが、更に検討の餘地がある。尙、テニヲハを熟字の上の字に加點することは、平安初期加點には屢〻見られる。

第二節　日本の古訓點との關係㈠

第一項　大韓民國の角筆點と日本の古訓點との比較

現在までに韓國において見出された角筆文獻の五十八點を、日本の角筆文獻と比べると、次のようである。

第一に、韓國の角筆文獻の時代は、七世紀後半から十九世紀までにわたっている。日本の角筆文獻は、紙本では、八世紀の正倉院文書が最も古いものであるから、韓國の方が、現存文獻の上では、古いことになる（東アジア篇第二章第四節及び附章參照）。

第二に、韓國の角筆文獻は、五十八點が總て、佛書と漢籍の寫本や刊本であり、その本文の漢文を、韓國の當時の言語で讀解したり誦唱したりするために、文字や符號を本文中に角筆で書入れたものである。日本の角筆文獻も、現存し發掘されたものの大半は、佛書と漢籍であるが、他に古文書の備忘書や口傳、非公式の手紙や、繪の下書などにも用いられている。二〇〇一年十月六日・七日の朝鮮學會の折に、天理大學附屬天理圖書館において展示された、同圖書館藏の「朝鮮歷代人物肖像畫帖」（朝鮮時代後期書寫本）の中に、「領相　元仁孫」（一七三一—一七四）の肖像を角筆の凹みだけで描いた繪のあることを知った（資料篇、七三頁）。佛書や漢籍だけでなく、それ以外にも角筆を用いることが韓國でも行われたことを示唆する文獻である。（補注1）

第三に、韓國の五十八點の範圍で見ると、漢文を讀解したり誦唱したりするのに、十一世紀以前では、角筆の凹みによる文字と符號を用いることを主としていて、朱書や白書を用いていない。十二世紀以降に墨書で口訣や逆讀點「・」を書入れた資料でも、返讀符や四聲點や節博士などは角筆で書入られている。これに對して、日本の古訓點では、九世紀初めに毛筆で朱點や白點などを施すことが始まると、これが主となって、角筆はその補助的な用法となる。この加點の用具の違いは、ヲコト點や返讀符や合符などの形や施す位置の違いに現れている。

以下には、韓國の佛書と漢籍に施された角筆點について、日本の古訓點と比較することにする。

韓國の角筆文獻から見出された、前掲の文字・符號は、日本の古訓點本にも同種の文字・符號の見られるものがある。一方、日本の古訓點本には見られないが、敦煌文獻には見られて中國大陸では用いられたものもある。それは、次のようである。

○日本の古訓點本にも見られるもの

注音・釋義の漢字、點吐（ヲコト點）、返讀符、句切點、合符、四聲點（圏點）、節博士

（このうち、敦煌文獻にも見られるもの）

注音・釋義の漢字、句切點、合符、四聲點（斜線）、節博士

○日本の古訓點本には見られず、敦煌文獻又は中國大陸文獻に見られるもの

四聲點の「᾿」「᾿」（中國大陸文獻）、注示符（敦煌文獻）

右のうち、日本の古訓點本にも見られるものについて、符號を對象として取上げ、韓國遺存の角筆文獻と比較し、その共通點と相違點とを調べることにする。

㈠　ヲコト點

日本のヲコト點と韓國の點吐（ヲコト點）との共通點として、以下の一～六が擧げられる。

一、經典の漢文を釋讀するに當り、共にヲコト點を用いている。

二、韓國の點吐（ヲコト點）が一種類だけでなく、少なくとも數種の系統が認められたことは、日本の古訓點に諸系統の

ヲコト點があったのに通ずる。[1] 韓國の初雕高麗版の瑜伽師地論の點吐（A種）と、大方廣佛華嚴經の點吐（B種）とが點法を異にし、又、妙法蓮華經の㊾卷第一の十二世紀以前の角筆點吐と卷第七の十四世紀の墨書點吐とも異なり、更に初雕高麗版の㊷善見毗婆沙律卷第九の角筆點吐も別系統である。[2]

三、同じ系統の中でも點法に少異が認められる。韓國の大方廣佛華嚴經では、十世紀刊の㊼六十卷本卷第二十と、十一世紀後半刊の新譯八十卷本の㊵卷第二十二・㊹卷第五十七・㊺卷第六・㊽卷第三十四との點吐の星點を比べると、四邊外側の「ケ（テ）」「し（ヲ）」「亠（ト）」「ラ十（ニ）」「下」「七（ノ、末音添記）」「灬」「丨（ナリ）」「十（ニ）」と中央の「乛（ハ、末音添記）」と、内側の外邊に接する星點の「豸」「支」「尸」は一致するが、「ろ」と「亽」とは一致しない。他の複星點以下も一致しない。日本の古訓點でも、天台宗のヲコト點の西墓點と仁都波迦點との星點を比べると（東アジア篇第二章第二節、二〇三頁參照）、四隅・四邊上の「テ」「イ」「ヲ」「カ」「ニ」「シ・ト」「ハ」「モ」は共通するが、内側の星點は西墓點が「ヨ」「ウ」「ミ」「エ」であるのに對して仁都波迦點は「ス」「ム」「ル」「セム」で一致しない。他の複星點以下も一致しない。

四、星點が擔う機能は、釋讀に際して頻用される重要な助辭類や文法機能や音（末音添記）などであって、星點が基本となっている。

五、點吐（ヲコト點）は、星點だけでなく、複星點や線點など種々の符號を配した壺を多く用いている。

六、十一世紀の古點圖が、韓國の點吐加點資料にも、日本の古點本にも共に見られる。韓國では、瑜伽師地論と大方廣佛華嚴經と妙法蓮華經卷第一とにそれぞれ書入れられている。[3] 日本では、天喜二年（一〇五四）書寫の石山寺藏蓮花胎藏界儀軌解（校倉聖教第十函3號）卷中の見返に記された點圖が、現存最古とされる。[4] 但し、日本の點圖には、各符號にその擔う音節（主に助辭類を表す）を片假名で注記しているが、韓國の點圖は符號のみであり、その符號も一部を示すに止まっている。

一方、日本のヲコト點と韓國の點吐との相違點は、次の七〜十一のようである。

七、ヲコト點の符號としての點や線などを漢字に施す位置に相違がある。韓國の點吐は、漢字の字面の四隅・四邊の外側や內側に施すのが規範である。(5) 從って漢字を二十一又は二十五區分して符號を施している。これに對して、日本の古訓點は、漢字の字面の四隅や四邊の上に施されるのが一般である。これは、先述のように、韓國の點吐が角筆による細小の點や線で施されるのに對して、日本のヲコト點は毛筆による白點や朱點で施されるという筆記用具の違いに關聯すると考えられる。

但し、日本の寶幢院點の星點圖は四隅・四邊の內側にも施されるが、これについては後述する。

八、星點には、その擔う助辭類（又は音）において、韓國の點吐と日本のヲコト點とで一致するものが全くない。例えば、韓國の點吐では瑜伽師地論も大方廣佛華嚴經も妙法蓮華經卷第一も、漢字の中央を「ㄱ（ハ、末音添記）」とするが、日本のヲコト點では、漢字の中央を「ハ」とするものは見られない。星點の他の符號も、星點以下の符號についても同樣である。但し、日本の訓點使用初期の星點には一致するものが認められるが、その理由については後述する。

九、ヲコト點圖を構成する符號の配置に相違がある。韓國の點吐圖は、星點に次いで複星點を作り、複星點を繫いで短線を作り用いる。(6) 複星點を重用するのが韓國の點吐の特徵と見られる。これに對して、日本のヲコト點圖では、星點に次いで短線「一」「丨」「＼」「／」を配するのが一般である。

但し、日本の天台宗のヲコト點は、點圖集によると、星點の次に複星點「‥」「:」が四隅・四邊にわたって配されている。この複星點は天台宗所用のヲコト點の特徵とされるが、(7) 韓國の點吐の特徵との一致の理由については後述する。

十、複星點の「⋱」「⋰」を漢字の四隅・四邊にわたって用いることは、韓國の點吐の特徵であるが、日本のヲコト點では一般に用いない。但し、天台宗の寶幢院點だけがこの特徵を持ち、點三つを用いることと共に、極めて特異な形態とされるが、(8) これについても後述する。

十一、韓國の點吐では、星點と複星點と線の他に、點と線とを組合せた「・一」「一・」「|・」「・|」「・／」「＼・」「・／」「・―」「一・」等を用いているが、日本の古訓點では、點圖集所載の點圖を始め、諸點本のヲコト點にこの形態を見ず、鉤「┐」「└」や丸「○」や弧「︵」「︶」等を用いている。[9] 但し、日本の天台宗關係の極一部の古點本の中に、點と線とを組合せた形のヲコト點の符號を少數用いたものがあるが、これについては後述する（二三七頁以下）。

(二) 返讀符

日本語と朝鮮語とは、語順がほぼ同じであるのに對して、中國語で書かれた佛典や漢籍の漢文とは語順が異なるので、漢文を日本語で訓讀したり朝鮮語で釋讀したりする場合には、共に返讀が必要となり、それを符號で表すことが行われた。

その符號である返讀符には、韓國においては、星點「・」を返讀する最初の漢字に施すものと、弧を返讀する最初の漢字に施したり、返讀を受ける漢字に施したりするものと、漢數字を施したりするものがある。角筆の返讀符には、前節（一四一頁）に擧げた(1)〜(6)が見られる。このうち、星點「・」の返讀符は日本の古訓點と共通するが、弧の返讀符は、形態として全く同じものは日本の古訓點には見られない。以下、符號別に比較する。

(1)星點「・」の返讀符

星點「・」を返讀する最初の漢字の左下に施す用法は、日本の古訓點でも、毛筆による訓點記入の始まった平安初期九世紀初から見られ、平安時代四百年の間、諸系統の訓點に通じて廣く用いられている。その位置は、「角筆の返讀符」の(6)の⑥地藏菩薩本願經のように、返讀する最初の漢字の左下である。

尙、十二世紀以降の墨書の釋讀の口訣資料では、返讀する最初の漢字の左下又は右下の位置に墨書の星點「・」が施されている。[10]「逆讀點」と呼ばれている。

(2)弧による返讀符

弧による返讀符は、韓國の角筆點に見られるもので、前節に掲げたように、(1)返讀する最初の漢字の左下隅から起筆して、字の左傍にわたって長い弧を施す。字の左傍から起筆することもあるが、左傍に長い弧が施される。(2)返讀する最初の漢字の右肩又は右傍から起筆して長い弧を施す。(3)返讀を受ける漢字にだけ、漢字の字面上から弓形の弧を施す。(4)返讀を受ける漢字二字にそれぞれ弓形の弧を施して二度返讀することを示す。(5)二字熟字の合符と返讀とを兼用する弧を施す、の五種がある。これと全く同じ形態の返讀符は、日本の古訓點には見られない。

但し、日本の古訓點では、毛筆による訓點記入の始まった九世紀には、弧による(1)と(2)に通ずる返讀符が用いられているが、形態に少異がある。卽ち、起筆位置は、返讀する最初の漢字の左傍又は右傍であり、弧の長さも短い。平安時代初頭に白點で加點された例[11]を擧げる。

舍利弗《は》來世《に》成《ム》佛普智尊（新藥師寺藥師如來納入妙法蓮華經卷第三平安初期點）

この返讀符は九世紀の百年間は一般に用いられたが、十世紀に入ると、傳統を引く南都古宗か天台宗比叡山僧（慈覺大師點使用）の間では用いられるものの[12]、以降は用いられなくなる。

但し、(1)の返讀する最初の漢字の左下の內寄りから起筆して左傍（又は上字の左傍）まで弓形の長い弧を施すのが、日本の毛筆による訓點使用初期の資料にだけ見られるが、これについては後述する（一九二頁）。

「角筆の返讀符」の(3)と(4)の返讀を受ける漢字にだけ弧を施す用法は、日本の毛筆による古訓點には見られない。但し、日本の古訓點には、返讀する最初の漢字と返讀を受ける漢字との兩方に、短か目の弧を右傍又は左傍に施す用法がある。例えば次のようである。

如是雖修《て》出離而戀《ニ》慕《シ》父母《ヲ》朝夕難忍（東大寺諷誦文稿100行）

この符號は、平安初期九世紀の初頭から見られ、九世紀の百年間は用いられたが、十世紀に入ると用いられなくなる[13]。「角筆の返讀符」の(5)の二字熟字の合符と返讀とを兼用する弧を施す用法は、日本の古訓點には見られない。

韓國の角筆の返讀符において、弧の返讀符が種々に用いられ、直接に字面上に施されたり、長い弓形の弧を施したりするのは、角筆という凹みによることと深く係っていると考えられる。日本の古訓點で九世紀に用いられた弧の返讀符が、字面上でなく字の右傍か左傍に、しかも短い弧を施すのは、毛筆による白書や朱書であったことと係っていると考えられる。

⑶漢數字による返讀符

漢數字を字の傍に施して返讀を示すことは、韓國では十五世紀後半の墨書の口訣資料や施符資料で指摘されている。[14] これらは、返讀のみでなく訓讀の順序をも兼ねて示している。

日本の古訓點でも、漢數字を字の傍に施して返讀を示すことが、平安初期九世紀以來行われているが、返讀を含み訓讀の順序まで示す漢數字を施すことは、毛筆による訓點使用初期の資料に見るのみである。これらの資料が新羅の加點と係りのあることは後述の通りである（一九三・三五五頁）。

㈢ 句切符

句切符は、韓國の角筆點によると、前節（一四六頁）に掲げたように、⑴星點「・」によるもの、⑵橫線によるもの、⑶「∨」「∧」符によるものが、用いられている。日本の古訓點では、星點「・」による句切符には共通するものがあるが、橫線による句切符には毛筆では同じ形態のものを見ず、「∨」「∧」符による句切符は、毛筆の訓點では使用例を見ない。以下、符號別に比較する。

⑴星點「・」による句切符

星點「・」の句切符は、韓國の角筆點では十一世紀の瑜伽師地論（點吐にA種を使用）と、十一世紀後半の大方廣佛華嚴經（點吐にB種を使用）と十八世紀の⑥地藏菩薩本願經とに見られる。前節の點吐圖（一三六・一三七頁）と用例（一四六頁）とで示した通りである。

句切點だけの資料と、施す位置の違いで句點と讀點とを區別して使い分けている資料とがある。瑜伽師地論では、漢字の右下隅の外側で筆畫に接近した箇所に「・」を施して句點（文末）とし、漢字の下中邊の外側に「・」を施して讀點（文節末）としている。これに對して、大方廣佛華嚴經では、漢字の左下隅の外側で筆畫に接近した箇所に「・」を施して句切點としている。十八世紀の⑥地藏菩薩本願經（一七三〇年刊）では、角筆の星點を、漢字の右下に施して句點、中下に施して讀點として用いている。

日本の古訓點でも、星點「・」の句切符は、毛筆による訓點記入の始まった九世紀から白書又は朱書等で施されて用いられている。但し、施す位置は漢字よりやや離れている。漢字の左下隅の外側を句點とし、漢字の下中邊の外側を讀點とする資料は、平安初期の、しかも初頭期には、東大寺諷誦文稿に次のように見られる。(15)

是以《て》世間出世尓難値《ク(ふ)こと》　難聽《キ(く)こと》一　无上尊乃敎《なり》一「ナリ」(朱消)（83行）

長世《の》勝君二久劫《の》貴親《(に)オホマシマス》一　（94行）

九世紀には、右下を句點にも讀點にも用い、中下を句點にも讀點にも用いて區別しない資料もあったが、漢字の右下を句點（又は大きな句切）とし、中下を讀點（又は小さな句切）とする方式が、九世紀以來、平安時代四百年間の諸系統の訓點に通じて廣く用いられ、後世にわたって一般化して行く。

⑵横線による句切符

横線の句切符は、韓國の角筆點で、十一世紀の瑜伽師地論にも、十一世紀後半の大方廣佛華嚴經にも、少數ではあるが見られた。前節（一四八頁）の擧例のように、共に漢字の横幅と同じ長さの横線を角筆で施している。

日本の古訓點では、白書又は朱書等で横短線を用いることは、九世紀には見られるが、それは「・」が毛筆の都合で長めになった程度のものであり、漢字の横幅と同じ長さの横線を施して句切を示す用法は、毛筆では原則として見られない。(16)但し、日本の毛筆による訓點使用初期の佐藤本華嚴文義要決には、韓國の角筆點の横線による句切符と同じ句切符が用いられているが、これは後述のような事情によるものと考えられる。

韓國でも時代の降った、十三世紀の再雕高麗版の㉛大方廣佛華嚴經卷第六十一（乙巳歳〈一二四五〉刊）や、十六世紀の⑫禮念彌陀道場懺法（一五〇二年刊）には、角筆で横短線の句切符が施されている（一四八頁）。この同じ形の句切符は、日本の古訓點でも見られる。

(3)「∨」「∧」符による句切

符號の「∨」「∧」を施して句切を示す用法は、前節（一四九頁）に擧例したように、十一世紀の初雕高麗版から十八世紀の刊本にわたって角筆で施された例が見られる。日本の毛筆の古訓點には、この符號の句切は見られない。[17]

(四) 合　符

韓國で合符が用いられていることは、角筆の書入れによって知られた。十一世紀の初雕高麗版の瑜伽師地論と、十一世紀後半の大方廣佛華嚴經とに用いられた例を、前節（一五〇頁）に擧げた。[18] その角筆の合符は、熟合する漢字の二字又は三字以上の、全漢字の字面上にわたって縱長線を施している。

日本の古訓點でも、毛筆による白書又は朱書等によって合符が施されるが、漢字と漢字との空間に短い縱線を引く形態であって、字面上にわたって縱長線は施されず、異なっている。

但し、日本の毛筆による訓點使用初期の佐藤本華嚴文義要決には、韓國の角筆點と同じ縱長線の合符が施されているが、これも後述のような事情によるものと考えられる。

合符の形態が異なるのは、韓國が角筆の凹みによって施すのに對して、日本の古訓點では毛筆によって白書や朱書等で施すという、筆記用具の違いによるものと考えられる。

次に、韓國の十一世紀の角筆點で施された合符は、位置を異にすることによって、用法の違いを示すという機能分化が行われていることが見られた。前節（一五二頁）に指摘したように、熟合の漢字の中央に施した縦線の合符は、體言か形状言かの熟合を示し、熟合の漢字の左寄りに施した縦線の合符は、用言の熟合を示して、區別していると認められた。(19)

日本の古訓點では、合符を中央か左寄りかの位置の違いによって用法を區別することは、十世紀に降って、天台宗比叡山の僧の間（慈覺大師點の使用者）か漢籍の加點で行われるようになるが、それは音合と訓合とを區別したものである。(20) 所が、同じ慈覺大師點を使用した寛平法皇の加點本には、諸本に通じて、合符を字間の中央に施して體言か形状言を示し、字間の左寄りに施して用言（漢語サ變動詞）を示して區別している。(21) 寛平法皇加點本の合符を一部例示する。

(a)漢字と漢字との中央に施す（字音語の體言・形状言）

○隨心院藏無畏三藏禪要角筆點

懇-到《とネムコロに》（54行）　同-等《にて》（225行）　希-有《なり》（299行）

○東寺金剛藏胎藏祕密略大軌朱點

圓-白《なることを》（上、68行）　鮮-白《なり》（上、81行）　琵-吒-嘌-鈔《三》（下、16行）

○龍藏寺藏蘇悉地羯羅供養法卷上角筆點

茅《メウ》-環（11行）　堅-固《に》（370行）

○東山御文庫藏周易抄墨點

男女匹-配《なり》（124行）　乾。-豆（148行）　衣-袈。（56行）

(b)漢字と漢字との左寄りに施す（字音語のサ變動詞）

○隨心院藏無畏三藏禪要角筆點

顯|明《シ》（47行）　受|持《せむヤ》（65行）　證|明《シ》（71行）

○東寺金剛藏胎藏祕密略大軌朱點

成就《す》（58行）　安立《せ》（134 138行）　圍遶《せり》（152行）

○龍藏寺藏蘇悉地羯羅供養法卷上角筆點

繫縛《シ》（8行）　奉獻《シ》（11行）　加持《する》（409行）

○東山御文庫藏周易抄墨點

神明《す》（36行）

次に、熟字の右傍に角筆で弧「)」を施して、熟合を示す用法が、韓國の十一世紀の大方廣佛華嚴經卷第五十七等に見られた。前節（一五三頁）に擧げた通りである。これと同種の合符が、敦煌文獻の觀音經（S.5556）に角筆で書入れた符號にも見られることを指摘した（東アジア篇第一章第三節、四九頁）。

日本の毛筆の古訓點でも、平安初期の初頭期に見られる。

亦以諸方便《ヲ》・演說如是法《ヲ》・如《きモ》今者世尊從《ヒき》生及出家《シ》（新藥師寺藥師如來像納入妙法蓮華經卷第二平安初期白點）

のように用いられている。

(五)　四聲點

韓國の十世紀、十一世紀の刊本に、角筆で圈點又は半圓形の「c」「ɔ」を施して、漢字の聲調を示したと見られる例が認められた[22]。前節（一五四頁）に擧げた通りである。韓國では高麗時代版の附刻や十五世紀の朱書加點にも用いられている。誠庵古書博物館藏の金剛波若經（豆本）に半圓形の「ɔ」が聲點として附刻され、唐柳先生文集卷一に「c」「ɔ」が朱書加點されていることは先述の通りである。

日本の毛筆の古訓點では、四聲點として圈點を用いることが、九世紀末、十世紀から、天台宗比叡山の僧の間（慈覺大師點の使用者[23]）、漢籍の加點に見られるようになる。慈覺大師の弟子の憐昭が寛平八年（八九六）に加點した識語を傳える京都大學藏蘇悉地羯羅經略疏寛平八年本や、寛平法皇が宇多天皇として在位中の寛平九年（八九七）[24]に、撰述された周易抄に宸筆の墨書で加點された圈點が早い例である。この圈點の四聲點は、引續き十一世紀以降の諸宗派の加點資料にも用いられている。しかし、半圓形の「⊂」「⊃」の四聲點は、中國大陸の影響のもの[25]以外には見難い。

(六)　節博士

韓國の十一世紀の初雕高麗版の諸本や十一世紀後半の大方廣佛華嚴經に、角筆で節博士の書入れられていることが認められた[26]。前節（一五六頁）に擧げた通りである。これらに施された節博士は、經本文の特定の字に單發的に加えられ、全卷を通しても散在する程度であるが、再雕高麗版になると、一行中の各字にそれぞれ節博士を加えたものが見られる。十七世紀、十八世紀の順讀口訣の刊本にも、角筆の節博士が引續き用いられると共に、形態も變形して、長くなり複雜になっている。これらは、經本文の行間を使って、當該字の右傍又は左傍に、所定の諸符號を書入れたものである。

初雕高麗版の節博士は、敦煌文獻の十世紀書寫本に、角筆で書入れた節博士に通ずる。

日本の毛筆による古訓點本では、節博士は平安中期十世紀から、天台宗の僧の間で陀羅尼呪から使い始められた。その現存最古の例は、來迎院如來藏の熾盛光讃康保四年（九六七）加點本に、墨書で施されたもの[27]である。如來藏は比叡山の麓にある天台宗山門派の寺である。十一世紀には天台宗三井寺の僧も使用していて[28]、それらの形態・用法が、韓國の初雕高麗版の節博士に通ずる。後世に形態が變形して長くなり複雜になることも[29]、韓國の節博士の變遷に通ずる。

尚、韓國では、角筆を以て、經本文の幾つかの行にわたって、當該字の四隅のいずれかから起筆して、右方向に横長の波線を書入れたものがある。前節（一六一頁）に擧げた通りである。日本の毛筆の古訓點には、この種の符號は見られない[30]。

第二項　大韓民國の角筆點と日本の古訓點との關聯

前項において、韓國の角筆加點と日本の古訓點とを比較した所、相違がある中で、符號の形態や用法に共通する點の種々認められることが分った。その共通する符號を、日本の古訓點の立場から眺めてみると、幾つかの事象が纏って、特定の時期ごとに行われていることが知られる。それは、三つの時期になる。第一の時期は、八世紀末から九世紀初頭における、日本の毛筆による訓點使用初期に當り、星點本位の素朴なヲコト點と弧の返讀符・返讀を含み訓讀の順序を示す漢數字・合符・星點の句切點が用いられている。第二の時期は、九世紀末から十世紀における、平安新興佛教の天台宗の加點が始まった時期に當り、ヲコト點に複星點を用いること、合符の機能分化、圈點の四聲點、節博士の使用が見られる。第三の時期は、十一世紀初めにおける、天台宗の比叡山僧が寶幢院點という、それまでの日本のヲコト點法とは異なる點法を案出して使い出した時期に當り、ヲコト點の複星點に「‥」「：」の他に「⋱」「⋰」も用い、點三つの「∴」「∵」の形も加えると共に、星點のヲコト點を漢字の四隅・四邊の內側で外邊に極めて近く配しても用いている。

以下、この三つの時期ごとに、日本の訓點について、具體的に見ると共に、それを韓國の角筆點との關聯に考慮しつつ考察することにする。

一、八世紀末から九世紀初頭における日本の毛筆による訓點使用初期

日本において、漢文を讀解するのに、毛筆を以て訓點としての符號を書入れることが始まったのは、八世紀末から九世紀初

頭であることが、現存する資料から知られている。書寫された年時の明らかな文獻に基づけば、それは佛書であり、しかも華嚴經である。當時の實物の四文獻が現存して來た。そのうちの三文獻は、華嚴經の注釋書であり、一文獻は華嚴經そのものである。

その四文獻を以下に掲げる。それぞれについて、先ず書名と卷數と所藏とを示し、次に書寫に關する奧書を擧げ、奧書の無いものはそれに係る內題等を示し、終に、その文獻に書入れられた訓點の內容について記す。

①華嚴刊定記卷第五　一卷　大東急記念文庫藏

（奧書）（本文と同筆）無上菩提因／近事智鏡

（別筆）「延曆二年（七八三）十一月廿三日於東大寺與新／羅正本自校勘畢以此善根生〻之中／殖金剛種斷一切障共諸含識入無导門」

（又別筆）「以延曆七年（七八八）八月十二日與唐正本相對挍勘取捨／得失揩定此本後學存意可幸察耳自後諸／卷亦同此矣更不錄勘年日等也」

朱書による、本文校合と共に科段・句切點、返讀を含む訓讀の順序を示す漢數字が施されている。(31)（資料篇、五三頁）

②華嚴要義問答卷上、卷下　二卷　延曆寺藏

（奧書）（卷上）延曆十八年（七九九）歲次己卯年正月八日書寫近事行福過去父母現在父母无邊法界四生衆生爲行奉（以上一行）

（黃褐色）「同年廿（ママ）一年（八〇二）十月三日聞／智圓」

黃褐色による、句切點（漢字の右下に加點）が施されている。

③華嚴文義要決（「東大寺諷誦文稿」紙背）　一卷　佐藤達次郎氏舊藏（原本燒失）

（奧書）ナシ

（內題）「華嚴文義要決卷第一「問答」（消）五科入皇龍寺表員集」

黄褐色による、素朴なヲコト點（星點六箇と線點一箇）、句切線、弧の返讀符と返讀を含む訓讀の順序を示す漢數字、合符（字面上に縦長線を書く）が施されている（資料篇、五四〜五六頁）。

④景雲寫大方廣佛華嚴經　一卷　正倉院聖語藏（第四類一〇號）

白書による、眞假名・「字點」と、素朴なヲコト點（星點八箇）が施されている。[32]「東大寺印」あり。

右の四文獻とも、何らかの訓點が書入れられているが、いずれも毛筆による訓點使用初期の狀況を示すものである。ヲコト點を用いているのは、③華嚴文義要決と④景雲寫大方廣佛華嚴經とであるが、共に極めて素朴なヲコト點であり、④のヲコト點については、春日政治博士が「發生初期の點法」とされている。[33]

この四文獻の中でも、特に注目せられるのは、③華嚴文義要決である。以下、先ず、この華嚴文義要決について考察することにする。

(一)　華嚴文義要決について

(1)華嚴文義要決の撰述者

華嚴文義要決を書き著わしたのは、新羅の皇龍寺の僧の表員である。このことは、第一に、③の佐藤達次郎氏舊藏本（以下「佐藤本」と呼ぶ）の內題に「皇龍寺表員集」とあること、第二に、正倉院文書の「華嚴宗布施法定文案」（『大日本古文書 十二』五五七頁）の天平勝寶三年（七五一）五月二十五日の條に、

「未寫」華嚴文義要決一卷表員師集　用紙十四張

とあること、第三に、東大寺圓超が延喜十四年（九一四）に撰述した華嚴宗章疏幷因明錄（『大正新脩大藏經』所收）という書目錄の中に、

華嚴文義要決五卷　新羅　表員述

と「新羅」の僧であると記されていることから知られる。皇龍寺の名は、韓國京畿道龍仁市の湖巖美術館藏の大方廣佛花嚴經の天寶十四年（七五五）書寫本の、巻第一から巻第十の合一巻の奥書に、

天寶十三載甲午八月一日初乙未載二月十四日一部周了成內之成內願旨者皇龍寺縁起法師（以下略）

（湖巖美術館藏巻第四十四～巻第五十の奥書も同文）（문화재청『新羅白紙墨書大方廣佛花嚴經』二〇〇〇年十二月刊）

とあり、天寶十三年（七五四）から翌年にかけて書寫された大方廣佛華嚴經の發願者が、皇龍寺の縁起法師であると記されている。皇龍寺は新羅の大寺で、華嚴經が書寫され、表員により、その注釋書の華嚴文義要決も著述されたことが知られる。

⑵佐藤本華嚴文義要決の書寫時期

新羅の表員が著述した華嚴文義要決は日本に傳えられ、延暦十八年（七九九）には、近事僧の行福が書寫し、三年後の延暦二十一年に、智圓が師僧の講説を聞いて、黄褐色の句切點を施したのが、②の華嚴要義問答である。この②の延暦寺藏の華嚴要義問答は、書名は異なるが本文が③の華嚴文義要決と同文であるから、同一の本である。

③の佐藤本華嚴文義要決の方には、奥書を缺くので、書寫の年時は確定できないが、書寫の様態が②の延暦寺藏の華嚴要義問答に近似していることから、同じ八〇〇年頃の平安朝初期を下らない時の書寫であると、山田孝雄博士が複製本の解説(34)で説いている。本文の筆蹟はその頃のものと見られる。

さすれば、新羅の皇龍寺僧の表員が著述した華嚴文義要決が、天平勝寶三年（七五一）以前に日本に傳來され、延暦十八年（七九九）の寫本と、同じ頃に書寫された佐藤本との、二本が遺存したことになる。その延暦十八年の寫本は、智圓が講説を聞いて、句切點を黄褐色で施したものであるが、佐藤本華嚴文義要決の方には、ヲコト點や諸符號が黄褐色で書入れられていて句切符も異なるので、智圓とは別人の加點と見られる。そのヲコト點も諸符號も、日本の毛筆による古訓點には全く見られないものである。しかるに、韓國において發見された大方廣佛華嚴經の角筆の點吐（ヲコト點）に多くの點法が合い、諸符號も一致している。以下には、これについて述べる。

(3)佐藤本華嚴文義要決のヲコト點

佐藤本華嚴文義要決に黃褐色で施されたヲコト點を、歸納して圖（點圖）として示すと、次の第一圖のようになる。

〔第一圖〕佐藤本華嚴文義要決のヲコト點

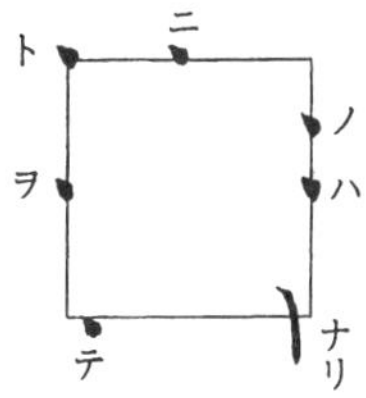

漢字を四角に見立てて、その漢字の左下（內寄り）に施した星點「・」が「テ」、左邊の中の「・」が「ヲ」、左上隅の「・」が「ト」、上邊中の「・」が「ニ」、右上隅よりやや下の「・」が「ノ」、その下の「・」が「ハ」である。星點は、この左下から右廻りに「テ」「ヲ」「ト」「ニ」「ノ」「ハ」の六箇だけであり（補注2）、これに右下の「ナリ」を加えた計七箇による素朴なヲコト點である。

星點「・」の使用例を示す。例文中の平假名は原本に施されたヲコト點を解讀したものである。

令て其見聞（黃）一方便引を二入无際限中（189行）

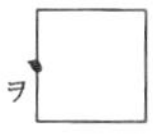

此即是餘を二不待說餘（166行）（「餘」の右傍の「ノ」は墨書顚倒符。「餘說」と訂すことを示す）

方便引を二入无際限中（189行）

彼有舍二那還を有東方而來作證（126行）

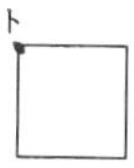

或神と天と等種〻類說（273行）

成と懷と二相顯（378行）

所謂苦色と（黃）一乃至眞實と（黃）一緣起之色と（黃）一如是无量差別之色なり（401行）（資料篇、五六頁）

一會は爲九會之宧初故此に說也（136行）（補注2）

於中六品の四卷は佛名號品第七（51行）

思惟の明知非二說法（153行）（資料篇、五五頁）

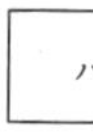

彼國衆生《は》有預會（132行）

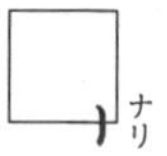

ニ依《は》法花三七日一（黃）（176行）

前之五會《は》是佛成道初七日說《なり》（150行）（資料篇、五五頁）

是无邊劫海之說《なり》（192行）

星點を左下から「テ」「ヲ」「ト」「ニ」「ノ」「ハ」のように用いるヲコト點は、日本の古訓點では、これ以外には全く見られない。[35]

ところが、韓國において發見された角筆加點のうち、十一世紀後半の大方廣佛華嚴經（㊵卷第二十二、㊹卷第五十七、㊺卷第六、(51)卷第三十六、㊽卷第三十四）に用いられた點吐（ヲコト點）の星點に一致する點のあることが判った。韓國の大方廣佛華嚴經の角筆の點吐の歸納圖は、前項（一三七頁）に掲げた通りである。星點の他にも、複星點「:」「‥」「·.」「.·」や、「—」「|」の線、「·二」「二·」「|·」「·|」「·ソ」「ヽ·」「/·」「·/」「!·」「¦·」等の形も用いられていて整備された觀がある。その星點の圖を取出して示すと、次の第二圖のようである。

〔第二圖〕
大方廣佛華嚴經
（十一世紀後半）の
角筆點の星點圖

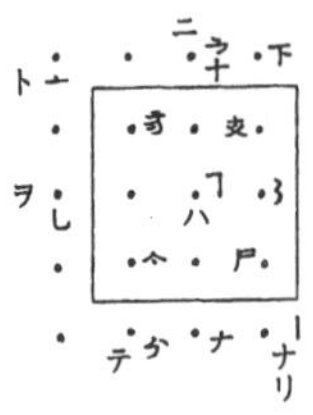

これを、佐藤本華嚴文義要決の星點と比べると、左下が「テ」であり、右廻りに「ヲ」「ト」「ニ」「ノ」となるのが一致する。但し、佐藤本華嚴文義要決では、「·」（星點）を施す位置が、漢字の四隅か四邊の上にあるのに對して、大方廣佛華嚴經の角筆點は、漢字の四邊の外側や內側に施されている。これは、前節で述べたように、日本の古訓點が毛筆で朱點や黃褐色の點か白點を用いるのに對して、韓國の十一世紀以前では、角筆で漢字の外側や內側の、計二十一又は二十五箇所を使って、それぞれの音や文法機能を示すという、筆記具の違いに基づく結果であると考えられる。

佐藤本華嚴文義要決の星點「ノ」を施す位置が、右上隅ではなく、右上隅より少し下であるのは注目される。日本の佛書の古訓點[36]では、この位置にヲコト點を施すことは全く無いからである。これは、韓國の角筆點で、大方廣佛華嚴經の星點〔s〕（七

「ノ」と末音添記）が、右上隅より少し下で、しかも四邊より外側に離れて施されるのに影響されつつ、日本の毛筆によるヲコト點では、漢字の四邊上に施すという方式に従ったためと考えられる。

又、星點「ハ」の位置が、佐藤本華嚴文義要決では、右邊の邊上眞中にあるのは、大方廣佛華嚴經の角筆點〔n〕（ヿ「ハ」と末音添記）が字の中央にあるのと異なっているが、これは、佐藤本華嚴文義要決の方が、星點を四邊上に施すという日本のヲコト點使用初期の加點方式[37]に従って、大方廣佛華嚴經の角筆點の中央の位置から右邊眞中に平行移動させた結果と考えられる。

更に、佐藤本華嚴文義要決の右下隅の線點「ナリ」も大方廣佛華嚴經の星點〔ta〕（｜「ナリ」）と位置（右下隅の内寄り外側）と文法機能とが一致する。但し、佐藤本が線點であるのは、他の星點が「テ」「ヲ」「ト」「ニ」「ノ」「ハ」のように一音節であるのに対して、日本語では「ナ」「リ」の二音節であることに係っていると考えられる。

こう見ると、佐藤本華嚴文義要決に黄褐色で書入れたヲコト點の星點は、韓國の大方廣佛華嚴經の角筆の點吐と密接な關係のあったことが知られる。

ところで、韓國の點吐（ヲコト點）に幾つかの系統のあることが判って來たが、その中の華嚴經の點吐の系統の中にも、前項で指摘したように、更に少異を持つ二種のあることも分って來た。二〇〇一年四月に誠庵古書博物館から角筆加點の發見された、㊼六十巻本大方廣佛華嚴經巻第二十の一巻は、十世紀の刊行と見られるもので、全巻に角筆の點吐が書入れられている。點吐は、星點の他に、複星點「∶」「‥」「⋰」「⋱」、「⁝」、「二」「｜」、「・二」「二・」「⊥」「丁」「ヽ」「ヽ.」「⁝」「・｜」「ヽ.」等の形も用いられている。その星點の圖を取出して示すと、次頁の第三圖のようである。

口訣は前述のように、南教授の解讀された所[38]に據っている。片假名は筆者の付けたものである。この角筆點の書入れられた時期については今後の檢討が必要であるが、南教授は本文刊行（十世紀）の時期まで繰り上げる可能性があるとされている。[39]

この十世紀の六十巻本大方廣佛華嚴經の角筆のヲコト點の星點圖を、第二圖の十一世紀の大方廣佛華嚴經の角筆のヲコト點の星點圖と比べて見ると、四邊外のヲコト點と中央の〔n〕（ヿ「ハ」と末音添記）とは全く一致し、四邊内側の點「亦」「支」「尸」

〔第三圖〕六十巻本大方廣佛華嚴經（十世紀）の角筆點の星點圖

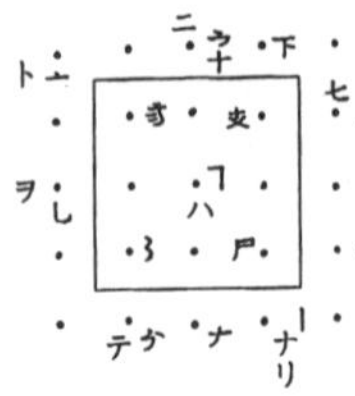

も一致し、「亽」と「ろ」とが異なっている。その四邊外の、「ケ（テ）」「し（ヲ）」「ユ（ト）」「ラ十（ニ）」「七（ノ）」「｜（ナリ）」が、佐藤本華嚴文義要決の星點のヲコト點とも一致するのである。

若し、佐藤本華嚴文義要決が、本文だけでなく、ヲコト點までも、親本の新羅の華嚴文義要決の點吐（ヲコト點）に基づいて移寫したものとすれば、韓國における華嚴經の點吐の星點の主要な點は、八世紀には使われていて、それから十、十一世紀まで、時代を通して、共通していた（不動であった）ことになる。（補注3）

佐藤本華嚴文義要決の訓點が、韓國における、新羅の點吐に基づいて、それを移寫したものと考えられることは、ヲコト點だけでなく、他の諸符號からも裏付けられる。

(4)佐藤本華嚴文義要決の返讀符

佐藤本華嚴文義要決には、ヲコト點と同じ黄褐色で返讀符も書入れられている。その返讀符には、弓形の弧による返讀符と、漢數字（訓讀の順序を示す）による返讀符とが用いられている。

(a)弧による返讀符

佐藤本華嚴文義要決には、返讀符が返讀する最初の漢字の下から筆を起して、長い弧をその漢字やその上の漢字の傍に黄褐色で描いて返讀を示している。次のようである。

惣攝一切衆生悉在如來一毛孔內（256行）

藏師云如百億四天命成一娑婆界（395行）

この長い弧の返讀符が、日本の毛筆による古訓點には全く見られず、韓國の十一世紀の角筆點に用いられていることは、前節に擧げた通りである（一四一頁）。大方廣佛華嚴經の例を再掲する。

昔有如來無礙月（大方廣佛華嚴經卷第二十二、二十張16行）

譬如金師練治眞金作莊嚴具（同右卷第三十六、四張19行）

以一切法平等爲所住處得授記別故（同右卷五十七、十七張10行）

(b)返讀を含む、訓讀の順序を示す漢數字

佐藤本華嚴文義要決には、「二」「三」等の漢數字を黃褐色で書入れて、返讀を受ける漢字の順序を示しているが、返讀せずに單に訓讀する順序を漢數字で示す用法もある。次のようである。

何客《一》有《二》此一部經敎（187行）（資料篇、五五頁）

これと同じ方式の漢數字を書入れることは、日本の毛筆による訓點使用初期の先掲四文獻の中の、①華嚴刊定記卷第五にも、朱書で次のように見られる。

中有三句・今此答中品有兩句・由《五》束《二》問中初二句《一》爲《四》一句故《三》也・（資料篇、五三頁）

二者因《三》彼《一二》樂《二一》乘便爲說一切諸法本來寂靜不生不滅・

月本雅幸氏の調査によれば、漢數字の書入れは全三十五箇所が數えられ[40]、その多くは「二…一」「三…二…一」のようであるが、それらと共に、必ずしも返讀のみでなく、訓讀の順序を示す用法もある。[41]本文には朱書による、訂正・校異と共に、科段點・句切點もある。その朱書の書入れについて、月本雅幸氏は、原本の白書との先後關係を檢討されて、「延曆二年と延曆七年の奧書のどちらかに對應する可能性が高い[42]」とされている。延曆二年（七八三）は「新羅正本」で校勘していて、延曆七年には「唐正本」とも校勘しているが、返讀は中國大陸では有り得ないから、この朱書の書入れが新羅の方式に基づいた可能性が高い。[43]

返讀のみでなく訓讀の順序をも示す漢數字の加點が朝鮮半島で行われたことは、十五世紀後半の口訣資料や施符資料で知られる。藤本幸夫氏によれば、(44)ソウル大學校附屬圖書館カラム文庫の大方廣圓覺修多羅了義經の一四六五年刊本で、十五世紀後半とされる「施符」に、

若有會歸一極ᄒᆞ야以玄爐로陶於群像ᄒᆞ며、（七b）

のように見られ、十五世紀後半刊とされる志部氏本の妙法蓮華經にも、口訣や諺注に混って、漢數字の「施符」が、

從。。我諸弟子威德具足。（藤本氏論文所掲圖版にて確認）

のように用いられ、又、東京大學文學部小倉進平博士舊藏の牧牛子修心訣の一四六七年刊本で、十五世紀後半に施されたとされる符號にも、

實未明了ᄒᆞ노니（242行）

のように用いられていることが指摘されている。「四」「五」を「〓」「〓」で表すことは、①華嚴刊定記巻第五の返讀符にも見られる。

日本の毛筆の古訓點では、大日經疏等の「爛脫」に類似の漢數字があるが、經典の文の正しい順序を示したり、文の訓讀の順序を入れ替えるのに用いていて、用法が異なる。從って、返讀を含む訓讀の順序を示す漢數字を書入れるのは、朝鮮半島で行われた方式であり、日本の毛筆による訓點使用初期の華嚴經の加點に見られるのは、それが取入れられたためと考えられる。(補注4)

(5)佐藤本華嚴文義要決の句切符

佐藤本華嚴文義要決には、句切を示すのに、横線を漢字の横幅と同じ長さに引いて、黄褐色で次のように施している。

又由二力一(黄)三无力一(黄)各不俱故一(黄)无彼不相入一(黄)（「一」が黄褐色の句切符）（423行）

問有人說一(黄)下文中有鶖子等五百聲聞竝後時度一(黄)故知是後時說耶（同右）（153～154行）

このような横長線の句切符が、日本の毛筆による古訓點に見られず、韓國の十一世紀の角筆點に用いられていることは、前節

に述べた通りである（一四八頁）。大方廣佛華嚴經の中から再掲する。

離幻僞一(角)腹性質直故（大方廣佛華嚴經卷第五十八、十張17行）

(6)佐藤本華嚴文義要決の合符

佐藤本華嚴文義要決には、合符が漢字二字又は三字以上の熟合字の字面上にわたって縦長の線を黃褐色で施している。次のようである。

十地論云何故二不初七日說思惟行因緣行故（152行）

說花嚴會《は》惣无了時一(黃)（186行）

相似爲喩一(黃)（394行）

このような縱長線を字面上に長く施して合符を示すことは、日本の毛筆による古訓點では他に全く見られないのに對して、韓國の十一世紀の角筆點に用いられている。このことは前節に述べた通りである（一五二頁）。大方廣佛華嚴經の中から再掲する。

念持清淨行（大方廣佛華嚴經卷第三十四）

殊勝大願悉成滿故（大方廣佛華嚴經卷第五十七、九張20行）

以上のように、佐藤本華嚴文義要決に施された諸符號が、ヲコト點だけでなく、返讀符も句切符も合符も、いずれも、日本の毛筆による古訓點にはこれ以外には殆ど見られず、韓國における十世紀や十一世紀刊の大方廣佛華嚴經などの角筆點の符號に一致するという事實は、日本でも獨自に行われていたのが偶然に一致したと見るには不自然であり、まして日本のこれらの符號が新羅に影響したとは、日本では毛筆による訓點使用初期という時期から見ても考え難い。佐藤本華嚴文義要決が新羅の皇龍寺僧の表員の著作に基づいて本文を書寫すると共に、親本に施されていた新羅のヲコト點や返讀符、句切符、合符をも寫した可能性の高いことを示している。それを寫した人物が誰であったかは明らかでないが、ヲコト點を施す位置が、韓國における角筆點と違って、漢字の四隅・四邊上に在るという日本式になっていることからすれば、日本の僧の手になると考えられる。

このことは、二つの重要な意味を持って來る。第一は、新羅において、九世紀初頭以前に華嚴經に點吐（ヲコト點）や返讀符、句切符、合符が使われていたことを推定させるものであり、[45]それが日本の方に傳わって殘っていたということである。第二は、佐藤本華嚴文義要決が日本の毛筆による訓點の始まった時期のものであるから、日本のヲコト點を始め、返讀符や句切符や合符という訓點が、新羅から取入れられ、その影響で始まったと考えられることである。

(二)　日本における訓點符號の變形と展開

次に、日本の毛筆による訓點使用初期の華嚴經の四文獻のうち、④景雲寫大方廣佛華嚴經のヲコト點を手掛りとして、日本における訓點符號の變形と展開について考察する。

(1)景雲寫大方廣佛華嚴經のヲコト點の成立

④の景雲寫大方廣佛華嚴經は、「東大寺」印があり、正倉院に遺存されたという傳來事情から考えて、東大寺華嚴宗の關係のものと見られる。本文の書寫は、神護景雲年間（七六七―七七〇）であるが、白點を施した時期は定かではない。ただ、その白點のヲコト點が、星點の八箇だけという素朴な形式である所から、春日政治博士は、前引のように「發生初期の點法」とされつつも、字の中心に「カ」があり、外圍だけでなく中心も用いたのは、「やゝ進んだもの」と説かれた。[46]そのヲコト點は、次の

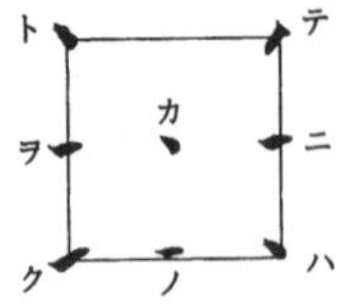

〔第四圖〕景雲寫大方廣佛華嚴經のヲコト點

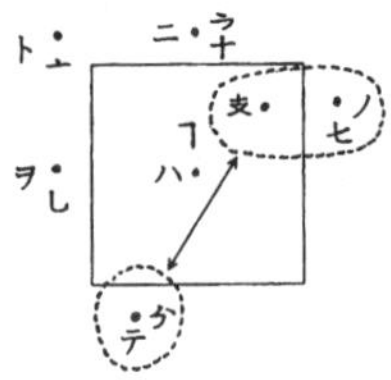
〔第五圖〕大方廣佛華嚴經の角筆點の星點圖

第四圖のように歸納されている。

八箇の星點は、左下隅が「ク」で、左中「ヲ」、左上隅「ト」、右上隅「テ」、右中「ニ」、右下隅「ハ」、下中「ノ」の外圍の七箇と中央の「カ」とである。このうち、左中「ヲ」と左上隅「ト」が、韓國の十世紀、十一世紀後半刊の大方廣佛華嚴經の角筆の星點に通ずる。(47) 他の星點は一致しないように見えるが、第五圖に示したように、大方廣佛華嚴經の角筆點の星點における、點線で圍んだ左下の「**ㄅ**(テ)」と、右肩の「**七**(ノ)」(外側)・「**支**(副詞語尾)」(內側)とを入換えすると、(48) 景雲寫大方廣佛華嚴經の「テ」「ノ」「ク」と一致して來る。大方廣佛華嚴經の角筆點の「**支**(副詞語尾)」とは、具體的には「能**支**」(49) を指し、日本語では「能く」に當る。こう見ると、「ヲ」「ト」「テ」「ノ」「ク」の重要な點が一致することになる。特に、「ク」を星點で表し且つ左下隅の位置に用いることは、(50) 日本のヲコト點では珍らしく他に例を見ないものである。

日本のヲコト點が、諸形式のヲコト點を生み出し發達する基本的な方法は、このような部分的な入換えによるものである。從って、④の景雲寫大方廣佛華嚴經のヲコト點も、韓國における華嚴經の點吐(ヲコト點)の星點を基にして、入換え變形させて使った可能性が高い。

(2) ヲコト點における「特殊點乙類」と第三群點・第四群點の成立

日本でヲコト點が使い始められ、發達する途上の九世紀には、「特殊點」(51) と呼ばれる形式のヲコト點がある。築島裕博士は、これを二大別して「特殊點甲類」と「特殊點乙類」とされた。(52) その特殊點乙類の星點の特徴は、景雲寫大方廣佛華嚴經の星點

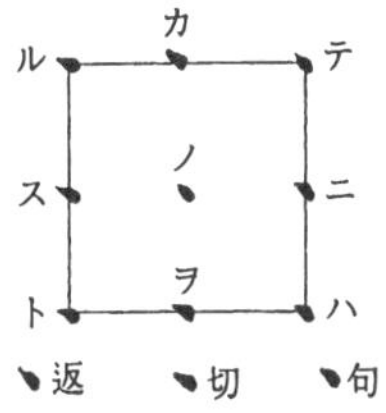

石山寺藏大方廣佛華嚴經
平安初期白點(第一次點)

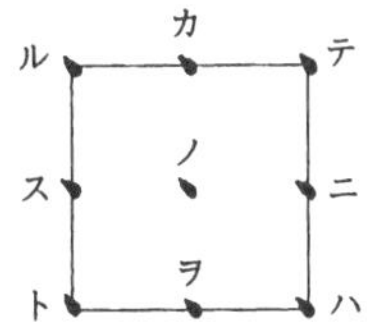

東京大學國語研究室藏因明論疏
平安初期褐色點

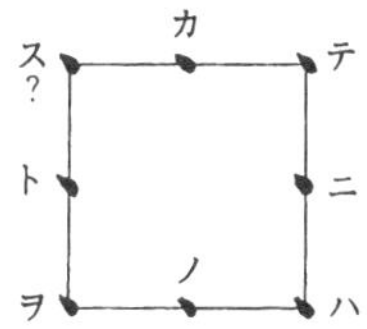

京都國立博物館藏十二門論
平安初期白點

のように右上隅「テ」・右中「ニ」・右下隅「ハ」を共有する點にある。特殊點乙類の古點本を三本取上げてその星點圖を前頁に掲げた。[53]

更に注目すべきは、「ヲ」「ト」「ノ」を共有することである。「ヲ」「ト」「ノ」の位置は固定しないが、いずれも相接近して用いている。この「テ・ニ・ハ・ヲ・ト・ノ」を一連の點として、星點に配し持つヲコト點は、第三群點と第四群點（例えば、石山寺藏大方廣佛華嚴經平安初期白點第三次點）である。第三群點は、左下隅に「テ」を置いてこれを起點として時計の針の方向に「テ（左下）・ニ（左中）・ハ（左上）・ヲ（中上）・ト（右上）・ノ（右中）」と配した點法であり、第四群點は、左上隅に「テ」を置いてこれを起點として時計の針の方向に「テ（左上）・ニ（中上）・ハ（右上）・ヲ（右中）・ト（右下）・ノ（中下）」と配した點法である。第三群點は後に發達して「東大寺點」となる。東大寺點は、九世紀に東大寺邊で創められたかと推定され、十世紀以降に盛んに用いられ、十世紀末以降は眞言宗小野流に傳わり、中世に及ぶまで盛に使用されて、[54]ヲコト點の中で主要な點法となった。こう見ると、景雲寫大方廣佛華嚴經のヲコト點は、その原型[55]を示すものと考えられる。

(3)日本の毛筆による訓點使用初期の諸符號

日本でヲコト點の使い始められた九世紀初には、ヲコト點だけでなく、返讀符や句切符や合符も使われている。

○弧による返讀符

以《て》菩薩《ヲ》爲《ナ(ス)》大寶《と》故《に》・（新藥師寺藥師如來像納入妙法蓮華經卷二平安初期白點）

○句切點

長世《の》勝君ー久劫《の》貴親《(に)オホマシマス》ー（東大寺諷誦文稿94行朱點）

○合符

斷ー滅《すること》　轉ー化《ウタ、シテ》（百論釋論承和八年〈八四一〉白點）

これらの符號は、九世紀を通して使われ、十世紀以降も、弧の返讀符は天台宗比叡山僧の關係者には使われ、漢字中下の句切點は讀點として廣く使われ、合符も天台宗比叡山僧の關係者が位置の違いで音合と訓合とを區別するようになって、これが一般的な用法として廣まって行く。

これらを韓國の十一世紀の大方廣佛華嚴經等の角筆點の符號と比べると、一見は異なるようであるが、變形させて使ったと見ると共通性が認められる。いずれの符號においても、韓國の弧の返讀符も句切線も合符の縱線も、長く引かれるのに對して、日本の古訓點の符號は短く、合符に至っては漢字と漢字との間に短い縱線で示される。これは、韓國が角筆の凹みで施されるのに對して、日本では毛筆により白書や朱書で書かれるという、筆記具の違いに起因すると考えると、韓國の符號を基にして、日本で變形させて用いた可能性が生じて來る。

(三) 新羅華嚴宗受容の文化史的背景

日本の毛筆による古訓點の年時の知られる最も古いものが、華嚴經とその注釋書であり、毛筆による訓點の主要な一つがその華嚴經から始まったとするなら、その背景に、新羅華嚴宗の受容という文化史的事情が深く係っていることが裏付けとなろう。

新羅の華嚴宗は、新羅の義湘（六二五―七〇二）が唐で華嚴を修めて廣まり隆昌を極めた。これを、日本からの留學僧や渡來僧が傳えて、奈良の華嚴宗が興ったという。田村圓澄氏は、白鳳時代の史料から十三名の新羅學問僧の名を擧げている。(56) 東大寺の堀池春峰氏は、右のような時代的潮流の中で、奈良の大安寺僧の審祥が、新羅に留學して多くの經典を傳えると共に、歸朝後の天平十二年（七四〇）には、日本で初めて華嚴經を講說したことを、東大寺僧の凝然が撰述した三國佛法傳通緣起の「華嚴宗」の次の記事によって明らかにされている。(57)

天平十二年（七四〇）始㆑講之者。乃是舊譯六十華嚴。新羅學生大安寺審祥大和尙屬㆓講弘之選㆒初演㆓此宗㆒。審祥卽往㆓大唐㆒隨㆓香象大師㆒學㆓華嚴宗㆒。卽是親承㆓高祖㆒之名哲也。旣以㆓敕詔㆒爲㆓宗講師㆒。于㆑時請㆓慈訓小僧都。興福寺最初別當鏡忍僧都。圓證大德一以爲二複師一。請二十六德一爲二其聽衆一。首尾三年講二六十經一。（凝然、三國佛法傳通緣起卷中「華嚴經」『大日本佛教全書』）

これは、金鍾寺で良辨が華嚴經講說を發願したのに伴い、新羅留學生の審祥が依囑を受けて、六十卷華嚴經により日本で初めて講じたことを記している。金鍾寺は東大寺の前身である。[58] 審祥の講說の直後に華嚴經主の盧舍那佛像の造立の詔が發布され、後に華嚴宗を以て「爲レ本」となしたこと、以後も引續き新羅からの渡來系の學僧による華嚴經の講說が續けられたことを詳述されている。

審祥や慈訓以降の華嚴經講說において、讀解には注釋書として、六十卷本の舊譯經は華嚴經探玄記を用い、後に八十卷本の新譯經が採用されると華嚴刊定記（續華嚴略疏刊定記）を用いている（三國佛法傳通緣起）。經本文をどのように講說したのか、訓讀したとすればその實態はどうかなどの具體的な內容は審かではないが、華嚴經の注釋書の①華嚴刊定記や②華嚴要義問答の八世紀末寫本が遺存していて、しかも訓點の加點されていること、特に③華嚴文義要決にヲコト點や返讀符等の加えられていること、又、華嚴刊定記の、大東急記念文庫藏卷第五、東大寺圖書館藏卷第九・卷第十三に、奈良時代に加點したと見られる角筆の節博士・合符・句切線や訓讀の實字等が施されている（東アジア篇附章）のは、その一端を窺わせるものである。

新羅では、薛聰（七世紀〜八世紀初）が、古代朝鮮語で經書を讀んだことが三國史記に次のように記されている。薛聰は元曉の子で、元曉は義湘と共に入唐を企てた僧である。

（薛聰）字聰智祖（談捺）奈麻父（元曉）初爲桑門奄該佛書旣而返本自號小性居士聰性明銳生知道術以方言讀九經訓導後生至今學者宗之（下略）（誠庵古書博物館藏再雕高麗版　三國史記卷第四十六、列傳第六）

古代朝鮮語で經書を讀んだ具體的な內容は未詳である。南豐鉉教授は、これを次のように解された。[59]

薛聰が方言（韓國語）で經書を讀んだとは、釋讀口訣として經書を解釋したことを指すものである。これが高麗時代まで受け繼がれ、當時の儒學者たちが祖宗として敬ったという事實は、この釋讀口訣が文字で記錄され、『三國史記』が編纂された12世紀中期まで受け繼がれてきたことが知られる。

これは、恐らく十二世紀と十三世紀の現存する墨書の釋讀口訣五點と十世紀の口訣の轉寫資料とを踏まえて説かれたと推測されるが、今回十世紀と十一世紀刊本に角筆による點吐（ヲコト點）や返讀符などの諸符號が見出されてみると、このような角筆點の加點であったことも考えられる。南教授の直話では、「釋讀の點記入は角筆で始まった」とされる。筆者も、十世紀、十一世紀刊本の加點が角筆點を主とするものであり、白書・朱書の加點が見られないことと、ヲコト點の加施位置が漢字の四邊の外側と內側との二十一又は二十五區畫を用いているのは毛筆では難しく、角筆によって可能となることに加えて、韓國で七世紀後半に角筆が用いられたことから見て、同じ考えを持っていた。今般新たに八世紀前半期に新羅語による角筆の文字や符號の書入れられたと見られる判比量論が發見されて、薛聰の當時の佛典釋讀の一端が具體的に知られるに至った（東アジア篇第二章第四節、二六〇頁）。

八世紀に、新羅から華嚴宗を始め諸文化が日本に傳來したことは、留學僧だけでなく、薛聰の子の薛仲業が寶龜十一年（七六〇）に新羅使金蘭蓀と共に、大判官として來日したことからも窺われる。この來日は、續日本紀寶龜十一年正月の條に見え、又、韓國の資料に次のようにあることが指摘されている。[60]

大曆之春　大師（元曉）之孫翰林字仲業□使滄溟□□日本彼國上宰因□語諸人□□期淨刹頂戴
（慶州高仙寺誓幢和上塔碑、二十行目、新羅恵恭王時代と推定）

堀池氏は、元曉の孫に當る薛仲業の來日が、內典に造詣の深かった搢紳間に大きな關心を呼んだに相違ないと説かれ、當時の對鮮關係が對唐に比べて極めて密接であったことは、人物の往來、文物の舶載（正倉院藏新羅墨・毛氈等）によって推定されると説いている。[61]

このような狀況からすれば、薛聰の加點があれば、その資料と知見が、審祥はじめ留學僧か又は來日知識人によって傳えられた可能性が考えられる。

日本の訓點は、今まで、奈良の華嚴宗などの學僧の間で創案されたと説かれて來た。[62]そういう中で、藤本幸夫氏は、返讀を含む、訓讀の順序を示す漢數字が、大東急記念文庫藏華嚴刊定記と韓國十五世紀後半刊の墨書口訣資料に見られることを據り所として、日本の華嚴宗が新羅華嚴宗の影響によったという文化的背景のもとに、「八世紀の新羅留學僧によって、華嚴宗と共に、漢文訓讀法が齎された可能性」を指摘された。(63) この度、發見された韓國の十世紀と十一世紀刊の華嚴經などの角筆點と、日本に傳わり書寫された佐藤本華嚴文義要決の訓點とは、新羅語を以て加點された判比量論の角筆の文字・符號と共に、正にそれを具體的に裏付ける資料と見られる。

日本における漢文の訓讀そのものは、遲くとも七世紀後半には行われていたことが、近年發掘された飛鳥池遺跡出土の「願恵上申」木簡の用語や、北大津遺跡出土の音義木簡の語句から具體的に知られる。(64) 又、萬葉集の大伴旅人・山上憶良・大伴池主・大伴家持等の漢詩文にも親しんだ歌人の詠んだ和歌の用語に訓讀の語句が見られることからも考えられる。(65) にも拘らず、訓讀による訓點を毛筆で記入することが始まったのは、それより降って八世紀末、九世紀初である。何故、この時期に始まったのか長年の疑問であったが、日本の訓點は八世紀における新羅華嚴宗の受容がその主要な筋の一つであると見るならば、この疑問が解けて來るのである（東アジア篇附章參照）。

二、九世紀末から十世紀の新興天台宗における新しい訓點符號の使用

㈠ 天台宗の新しい訓點符號

平安新興の天台宗は、最澄を祖とし、奈良時代末期の南都佛教を土壤としつつも、その批判として形成された。經典の讀解に用いる訓點においても、南都のものを基としつつも、新しい形式のヲコト點や新しい符號を取入れて使用した。天台宗の獨自のヲコト點を編み出して使い、又、四聲點（圈點の聲點）や節博士のような、奈良の古宗が毛筆では使わなかった符號を、新

たに毛筆で九世紀末から十世紀に使い出している。これらは、後に他宗派にも影響し、俗家も含め使用が擴がった。

その天台宗のヲコト點には、天台宗内の流派により種々の形式が行われたが、それらに共通する特徴として複星點を用いることが指摘されている。[66] その複星點が韓國の諸系統の點吐に共通する特徴であることは前項に述べた通りである。天台宗が十世紀に新たに使い出した四聲點も節博士も、前述のように、韓國の角筆點で八世紀を始め十世紀、十一世紀以前に使用している。この點を、符號別に見ることにする。

(1)天台宗のヲコト點における複星點

日本のヲコト點の點圖集[67]によると、星點の壺の次に複星點「‥」「:」を配するのは、「仁都波迦點」「西墓點」「寶幢院點」「廣隆寺點」「叡山點」「天仁波流點」「天爾波留點別流」「甲點圖」である。「甲點圖」は點本の用例が未發見で系統未詳であるので除くと、他は天台宗系統のものである。右以外の諸點圖では、星點に次ぐのは線「一」「|」であり、複星點は全く用いないか、「圓堂點」のように後に加わった點として點圖の末尾に配されている。

天台宗で十世紀の初頭以降最も良く用いられた「仁都波迦點」と「西墓點」の點圖を掲げる(注(4)文獻による)。

仁都波迦點
比叡山延暦寺所用

西墓點
園城寺所用

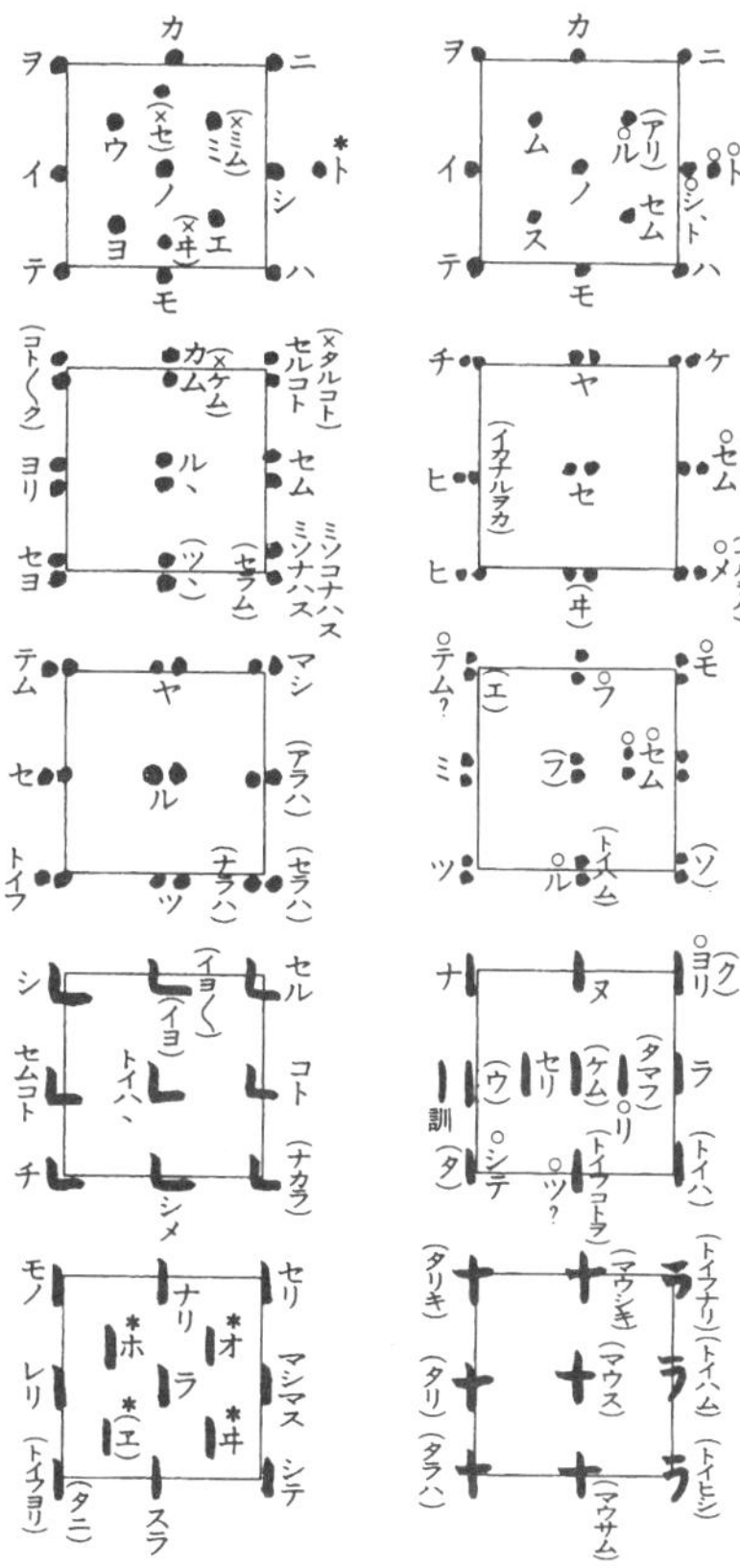

(以下略)

(以下略)

韓國の點吐（ヲコト點）にも、この複星點が諸系統に共通して用いられていて、韓國の點吐の特徴と見られ、この特徴が日本の天台宗のヲコト點の特徴と一致することが注目せられる。

(2)天台宗の四聲點（圈點）

日本の訓點における四聲點としての圈點が、毛筆では天台宗僧の間から使い出されたことは、現存する古點本から知られる。九世紀末に天台宗延暦寺の慈覺大師圓仁の邊から始まった「乙點圖」（慈覺大師點）を用いる諸資料に通じて、四聲點の圈點が見られるのはその一證である。[68]その早い方の例を擧げる。

不憚《ハ、》　勆《(カラ)》。‐勞《を》（京都大學藏蘇悉地羯羅經略疏卷第七、寛平八年〈八九六〉憐昭識語本、196行）

。沼。沚之毛・蘋蘩。之。菜（東山御文庫藏宇多天皇宸翰周易抄、寛平九年〈八九七〉寫、57行）

同じ圈點の四聲點が、韓國の十世紀と十一世紀刊本の角筆點に用いられていることは、[69]前項に述べた通りである。

(3)天台宗の節博士

日本の節博士が、毛筆では天台宗僧によって使い始められたこと、その現存する最古の資料が、來迎院如來藏の熾盛光讃の康保四年（九六七）加點本であり、天台宗比叡山の僧の手に成るものであることは、前項に述べた通りである。その内容は東アジア篇第一章第三節（七〇頁）に掲げた。

天台宗の節博士は、慈覺大師圓仁邊がその加點法を傳えた可能性のあることを、沼本克明博士は、安然（八四一―九〇五）の胎藏界大法對受記を引いて指摘している。[70]同書卷第二に次のようにある。

（前略）此小讚。又其大讚出㆓大日經第七卷中及金剛頂四卷六卷本㆒。經竝皆唐翻。今玄法寺兩卷三卷儀軌出㆓其文㆒。慈覺大師傳㆓其詠曲㆒。又於㆓小讚㆒亦有㆓慈覺大師及珍和尚竝正僧正三家詠曲㆒。讚岐守說慈覺大師此處傳㆓大日小讚㆒也。但珍和尚以㆓此小讚㆒爲㆓法身讚㆒。（下略）（『大正新脩大藏經』第七十五卷）

玄法寺法全の「大日經廣大儀軌」に収められている梵語讃の詠法を圓仁が傳えたという。

一方、圓仁は、新羅の梵唄を、新羅僧の聖林和尚から、在唐中に聴講しその講經の様子を詳細に記している。圓仁の入唐求法巡禮行記の「赤山院講經儀式」に次のようにある。

(前略)講師上堂。登二高座一間。大衆同音。稱二嘆佛名一。音曲一依二新羅一。不レ似二唐音一。講師登座訖。稱二佛名一便停。時有二下座一僧一作レ梵。一據二唐風一。卽云何於此經等一行偈矣。至二願佛開微密句一。大衆同音唱二云戒香定香解脫香等一。頌梵唄訖。(中略)講師下座。一僧唱二處世界如虚空偈一。音聲頗似二本國一。(下略)(巻第二、開成四年十一月二十二日)

「梵唄」を頌したとあり、「一據二唐風一」とあるのは、「依二新羅一」ったことも暗示している。八世紀に新羅で「梵唄」の唱えられたことは、湖巖美術館藏の新羅白紙墨書大方廣佛花嚴經の天寶十四年(七五五)の書寫奥書に、

天寶十三載甲午八月一日初乙未載二月十四日一部周了成內之成內願旨者皇龍寺緣起法師(中略)經寫時中(中略)又一法師香爐捧引弥又一法師梵唄唱引弥諸筆師等各香花捧尔右念行道爲(下略)

とあることから知られる。この華嚴經を書寫するに當り、嚴肅な諸作法を行った中に、「一法師が梵唄を唱」ったと記している。八世紀に新羅で梵唄が唱えられたことを示す當時の確かな語句である。その梵唄が聲明譜として記されたか否かは奥書の記文だけでは明らかではないが、新羅語を以て加點したと見られる判比量論の廻向偈に角筆で節博士が施されている(東アジア篇第二章第四節、二九四頁)のはその一證である。[71] 降って十世紀、十一世紀の刊本にも角筆で節博士が施されてあり、以降も引續いて行われていることによると、七世紀後半に角筆の使われていることに併せて、八世紀以來、節博士が角筆で施される傳統の存したことを窺わせる。

(二) 天台宗の新符號と韓國の角筆點との共通性

右掲のように、天台宗の新たに使い始めた、ヲコト點の複星點と、四聲點と、節博士[72]とが、韓國の角筆點と共通することが分った。このことは、偶然の一致であることを否定できないが、前述のように、八世紀末、九世紀初の日本の毛筆による古訓

點が新羅華嚴宗の影響によると見られるなら、降って九世紀末、十世紀にも新羅の影響のあった可能性も否定できない。

その具體的な資料は得られていないが、天台宗の教學上に重要な役割を果し、天台宗のヲコト點が創始される直前に、入唐求法した天台宗比叡山僧の慈覺大師圓仁が、新羅僧の講經を聽講し、影響を受けたことが顧みられる。

その旅行記の入唐求法巡禮行記によると、圓仁が唐に渡って一年後の開成四年（八三九）に、中國の山東半島の登州文登縣清寧鄉の赤山法花院で四十六歳の冬を過し、ここで新羅僧の聖林和尚に出會い、五台山と長安を旅した聖林から話を聞いて圓仁も五台山を志すと共に、聖林が法華經を新羅の風俗に據り、新羅語音で講説するのを、集會の新羅の道俗と共に聽講していて、その状況を、先引の十一月二十二日の前の記事に詳しく記している。次のようである。

十一月一日。赴二新羅人王長文請一。到二彼宅裏一喫レ齋。齋後共二數僧等一。到二寺院莊一宿一宵。十二日晩頭歸二到山院一。九日冬至節。衆僧相禮。辰時。堂前禮佛。十六日。山院起首講二法花經一。限二來年正月十五日一。爲二其期一。十方衆僧。及有緣施主。皆來會見。就中聖琳和尚。是講經法主。更有二論義二人一。僧頓證。僧常寂。男女道俗。同集二院裏一。白日聽レ講。夜頭禮懺聽二經及次第一。僧等其數卅來人也。其講經禮懺。皆據二新羅風俗一。但黃昏寅朝二時禮懺。且依二唐風一。自餘幷依二新羅語音一。其集會道俗。老少尊卑。惣是新羅人。但三僧。及行者一人。日本國人耳。

聖林の法華經講讀において點吐本が用いられたのか否かは未詳である。その上、圓仁自身がヲコト點を考案したり使用したりした證が現存資料からは得られていない。ただ、圓仁が請來し、全雅傳與本の東寺金剛藏の悉曇章に複點「：」の使われているのが顧みられる。沼本克明博士によれば、それは梵語の有氣音を區別するために徹底して用いられたものであるという[73]。ヲコト點とは異なるが、別符號を使って區別しても十分その用を果せた所を、複點を用いているのは、中國大陸の加點には複點が管見に入らないこと[74]に併せて、韓國の點吐に複星點が重用されていることとの關聯を考える餘地がある。

天台宗がヲコト點の複星點や四聲點、節博士を獨自に創案し、それが中國大陸や朝鮮半島の符號と偶然に一致したとしたり、日本の符號が彼地に影響したと見たりするのは、天台宗の受容という文化の流れから見て不自然である。その四聲點と節博士は、ヲコト點とは別に、中國から日本に直接に入ったことも否定できないが、中國の四聲點は半圓形の「ↄ」であって形に少異がある。又、節博士が朝鮮半島で新羅以來良く使われ、ヲコト點は中國では使われる筈がないので、ヲコト點と四聲點と節博士とが一連の符號として天台宗の新符號に影響したとすれば、新羅より入った可能性が高い。

三、十一世紀初に考案された天台宗のヲコト點「寶幢院點」

寶幢院點は、天台宗のヲコト點の一つであるが、他のヲコト點と比べて極めて特異な形態を備えているとされる。築島裕博士は、特異な形態について、

㈠符號の數が全てのヲコト點の中で最も多く、延應本では二十八壺、計二百六十個を見、更に二十三個の符號を持つ點圖集もあること、
㈡星點の「テ」が右下隅にあること、
㈢複星點が多用され、「⁚」「⁚」「∴」などはこの點獨特のものであること、
㈣點圖の壺の配列において星點に續いて複星點が六壺あり、直線線點などが續くこと、
㈤星點の內、壺內のものと外邊に接するものとの位置が極度に近接していること、
㈥實際の加點本に用例を見出せないものが少なく、點圖に設定されただけで實際に使われなかった符號も多かったらしいこと、

の六項を擧げている。[75] 寶幢院點の點圖の初の十壺を次に掲げる（注(4)文獻による)。

寶幢院點　延暦寺所用
比叡山所用也

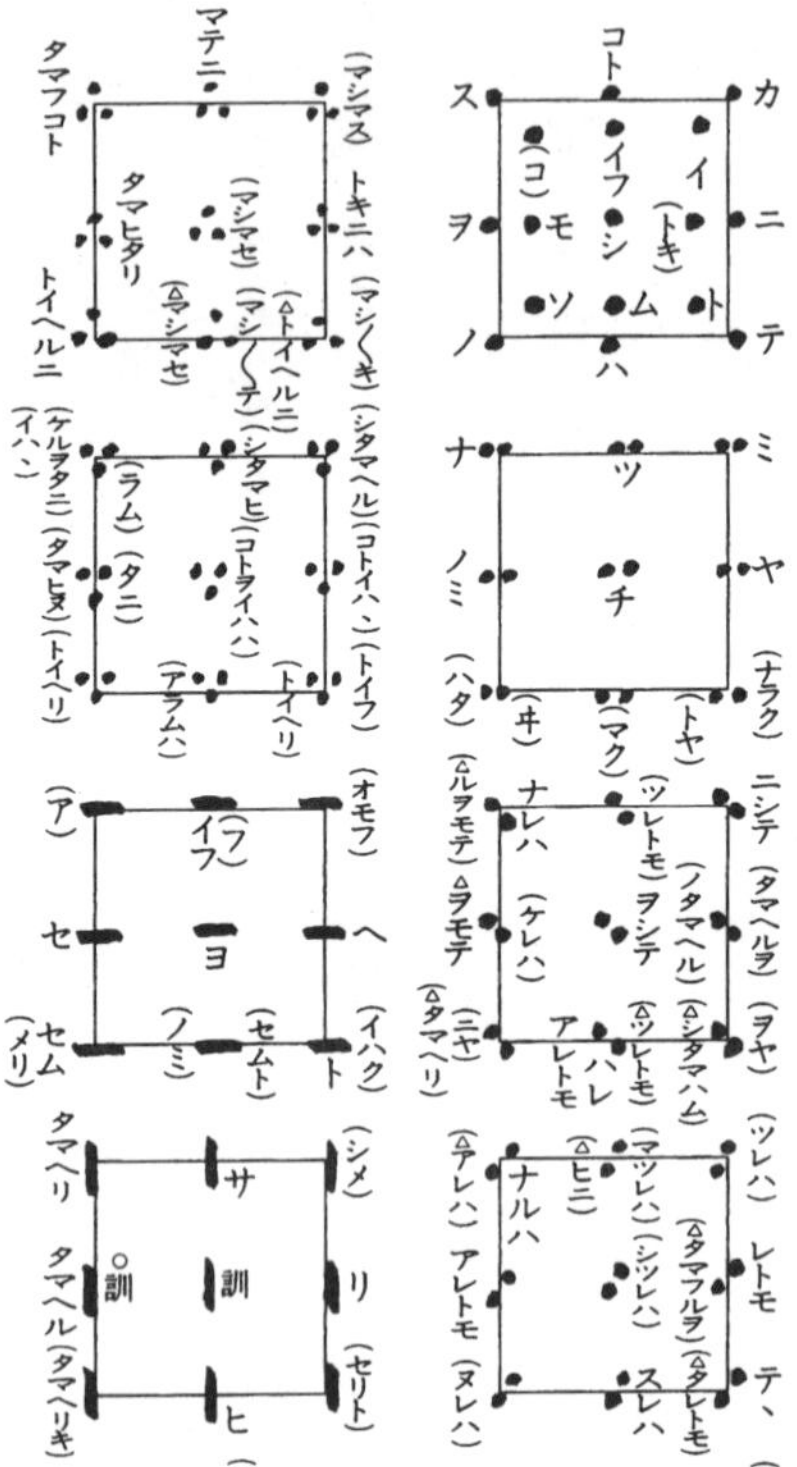

㈠　寶幢院點と韓國の點吐（ヲコト點）との共通性

これを韓國の點吐（ヲコト點）と比べると、㈢複星點の「∴」「∵」だけでなく「⋰」「⋱」も多用され、更には點三つのヲコト點も用いられていること、㈣星點に次いで複星點を配列すること、㈤星點のうち、壺内のものが外邊に接するものと位置を近接していること、の重要な事柄が一致する。㈡星點「テ」が右下隅にあるのは、韓國の瑜伽師地論の角筆點にも見られる。㈠の壺數の多いことも共通するが、㈥の設定されただけで實際に使われなかったのは、韓國の點吐が實際に使われたものであるのと異なり、寶幢院點が思辨的に作られたことを示している。

右のように特徴の多くの事項が一致するのは、偶然の一致とすることも否定できないが、影響關係があったと考えるのが自然であろう。

㈡　寶幢院點成立の背景

寶幢院點は、平安後半期に天台宗延暦寺の中で主として使用されたヲコト點であり、創始者が谷阿闍梨皇慶（九七七—一〇四九）かその訓説を承けた弟子達の世代かとされ、現存最古の加點本として、寛弘五年（一〇〇八）の年紀を持つ、石山寺深密藏の本命元神供次第一帖（朱點本）が擧げられている。[76]

現存資料から創始者を特定することは出來ないが、皇慶が係っていることは動かない。皇慶は、橘廣相の曾孫で、七歳の時に比叡山に登り、静眞より祕密教を學び梵字悉曇を究め、長保五年（一〇〇三）二十七歳頃、鎭西に行き、東寺僧景雲から兩部密法を受け、寂昭上人に伴って入宋しようとする志があったが果せず、肥後國背振山で弟子延殷（九六五—一〇四八）と共に夏安居を行じている。[77]皇慶がこの年に鎭西に在ったことは、平安後期書寫本の次の奥書からも知られる。

竊述愚慮聊者繁補闕忞／文義訛謬彌陀加冥助于時／長保五年二月於鎭西竈門大（ママ）／山寺偸以抄之／天台山沙門金剛弟子皇慶抄也（以上本奥書）

以故三昧阿闍梨本寫了　（青蓮院吉水藏第三〇箱1號、阿彌陀私記谷一帖　平安後期寫、訓點なし）

又、承安元年（一一七一）に皇慶の流の僧が書寫加點した本の奥書にも、次のように記されている[78]

承安元年十月六日以桂林藏本移點了／八挍畢（中略）

師本曰長保五年四月十日於大（ママ）宰府之東／丈山寺於入唐之次受學已了　皇慶記／傳受師止觀入道

（舊恩顧堂文庫本出口常順猊下藏胎藏儀軌卷下）

當時、鎭西は、高麗國と地理的に隣接する位置にあったから、國交は無かったものの、地方的交渉乃至半官半私的な交易は行われたとされる。[79]院政初期の資料であるが、仁和寺禪定二品親王覺行（長治二年十一月十八日薨三十一歳）が長治二年（一一〇五）五月中旬に、太宰帥藤原朝臣季仲[80]を専使として高麗國に遣わし、高麗版の釋摩訶衍論贊玄疏を求請し、その四年後の天仁二年（一一〇九）に仁和寺南勝房で書寫した本が、仁和寺經藏（塔第五函7・8號）に現存する。[81]その奥書は次のようである。

（卷第五）壽昌五年乙卯歳高麗國大興王寺奉／宣彫造（本刊記）

天仁二年七月廿日於南勝房書之

求請した本は壽昌五年（一〇九九）雕造の高麗義天版であり、溯って長保頃の資料を得ることが出來ないが、皇慶又はその弟子延殷が、鎭西の地で高麗僧と交渉のあった可能性は皆無ではなかろう。

若し、そこでヲコト點の知見についての影響があった場合、寶幢院點が韓國の點吐に影響したとするには、寶幢院點の「鉤」や「丸」などの符號を採らず星點と複星點だけを取込むことや、皇慶らが鎭西に在って影響を與えたとする長保五年には寶幢院點が未成立であったらしいことから考えて不自然である。逆に、韓國の點吐は、諸種の系統が共通して、寶幢院點の持つ特徴を備えていること、十一世紀の角筆點は聽講の際に匆々に書込んだ體裁ではなく、それ以前にあったものを移點したことを推測させるものであることからすれば、韓國の點吐が寶幢院點の成立に影響したと見るのが自然であろう。十世紀刊の六十卷本大方廣佛華嚴經の角筆點の加點時期が十世紀であるとすれば、寶幢院點の成立より先になるので一層確かとなる。寶幢院點のヲコト點が思辨的に作成されたと見られることも一證となる。

平安後期に北九州の太宰府邊で、複星點を持つ各種のヲコト點法が行われていたことは、次の資料で知られる。第一は、高山寺藏蘇悉地羯羅供養法卷上・卷下で、天喜四年（一〇五六）に筑前國夜須楢原山寺（太宰府の近く）で書寫し加點したものであり、第二は、醍醐寺藏三種悉地陀羅尼法の寛治七年（一〇九三）に「府僧房」で皇慶の流の永珍が書寫したものである。この「府」が太宰府とすれば關係する。共に複星點「‥」や「∵」を用いている（東アジア篇第二章第三節、二四四・二四五頁）。いずれも皇慶より後であるが寶幢院點とは別の點法である。

以上のように、天台宗における九世紀末から十世紀竝びに十一世紀初の新しい訓點符號の使用が、韓國における角筆點の影響であるならば、單に符號だけの問題に止らず、天台宗の教學そのものの影響にも係って來ることになる。

注

(1) 韓國の點吐（ヲコト點）の種類が數種であるのに對して、日本のヲコト點は點圖集所載だけでも二十六種程あって、種類の數に多寡の差がある。これは、韓國における點吐資料の發掘が始まったばかりであることと、韓國における古文獻の遺存量が日本に比べて多くないことなどが關係していると考えられる。

(2) 本書東アジア篇第二章第一節の注(24)(27)(28)(29)(30)參照。

(3) 本書東アジア篇第二章第一節、一三九頁。

(4) 築島裕『平安時代訓點本論考ヲコト點圖假名字體表』（汲古書院、昭和六十一年十月）二五頁。

(5) 本書東アジア篇第二章第一節、一三八頁。

(6) 本書東アジア篇第二章第一節、一三八頁。

(7) 本書東アジア篇第二章第一節注(7)文獻。

(8) 築島裕『平安時代訓點本論考研究篇』（汲古書院、平成八年五月）六五〇頁。

(9) 鉤や丸や弧などは、今までに見出された韓國の角筆の點吐には見られない。但し、十四世紀に墨書で加點した妙法蓮華經卷第七になると、星點と複星點と短線の他に、鉤「ㄱ」「ㄴ」「」」や「✓」「⊥」等の符號が用いられている。本書東アジア篇第二章第一節注(21)文獻參照。

(10) 南豐鉉「韓國における口訣研究の回顧と展望」（「訓點語と訓點資料」第一〇〇輯、平成九年九月）。

(11) 拙稿「新薬師寺藥師如來像納入妙法蓮華經の平安初期點について」（「南都佛教」第三十八號、昭和五十二年五月）に擧例がある。

(12) 拙稿「返點の沿革」（「訓點語と訓點資料」第五十四輯、昭和四十九年五月）。

(13) 注(12)文獻。

(14) 藤本幸夫「李朝訓讀攷其一—『牧牛子修心訣』を中心として—」（「朝鮮學報」第一四三輯、平成四年四月）。

(15) 大坪併治『訓點語の研究』の「反點の發達」（七頁）では、この東大寺諷誦文稿が句點と讀點とを區別していないと說かれたが、覆製本の朱點で見るに、擧例のような區別が認められる。

(16) 日本の古訓點でも、角筆で書入れた場合には、横長の線を施して句切を示したものがある。例えば、高山寺藏法華經義疏卷第一保元二年（一一五七）寫本、一帖（角筆文獻番號［一九一］）には、次のように用いられている。

(17)日本の古訓點でも、奈良時代の角筆加點には、この符號が用いられている（本書東アジア篇附章、三八三頁）。

理卽无傷㆑(角)問立於三段

故大論云佛法大海信一(角)爲能入

(18)新羅語による角筆點を書入れたと見られる判比量論にも用いられ（本書東アジア篇第四節、二九八頁）、又、奈良時代の角筆加點にも用いられている（本書東アジア篇附章、三六七・三七一・三七六・三七八・三八一・三八二・三八四・三八六頁）。

(19)朝鮮語では動作性漢字語と狀態性漢字語とは語形上の區別がない。現代韓國語で、例えば「**연구하다**」（研究する）と「**행복하다**」（幸福だ）とは、共に漢字語に「**하다**」が付いている。日本語のように「する」が付いて動詞となり、「だ・な」が付いて形容動詞となるような區別がない。このために、經典の漢文の漢字熟語を讀解するに當り、それが動作性の語か、狀態性の語かを區別する必要の時には、合符を位置の違いで區別して示したと考えられる。

(20)拙稿「訓點における合符の變遷」（「訓點語と訓點資料」第六十二輯、昭和五十四年三月）。

(21)拙稿「無畏三藏禪要の角筆點」（『仁海僧正九百五十年御遠忌記念隨心院聖教類の研究』汲古書院、平成七年五月）。本書日本國內篇第二章、四六三頁。

(22)新羅語による角筆點を書入れたと見られる判比量論にも圈點の四聲點が用いられている（本書東アジア篇第二章第四節、二九七頁）。

(23)拙稿「乙點圖所用の訓點資料について」（『中田祝夫博士功績記念國語學論集』勉誠社、昭和五十四年二月）。

(24)拙著『角筆文獻の國語學的研究研究篇』六二二頁。

(25)注(24)文獻、九九九頁及び本書東アジア篇第二章第一節、一五五頁。

(26)注(22)所掲の判比量論にも角筆で節博士が施されてあり、既に新羅で使われていたことが知られる（本書東アジア篇第二章第四節、二九四頁）。

(27)本書東アジア篇第一章第三節、七〇頁。但し、角筆では奈良時代に節博士が用いられている（本書東アジア篇附章參照）。

(28)沼本克明『日本漢字音の歴史的研究』（汲古書院、平成九年十二月）の「訓點資料に於ける節博士」九三三頁。

(29)注(28)文獻。

(30)注(18)文獻に同じ。

(31)角筆による本文校異と共に漢字注・節博士・四聲點・合符・注示符も施されている（本書東アジア篇附章參照）。

（32）原本未見。春日政治「初期點法例」（『古訓點の研究』風間書房、昭和三十一年六月）による。「字點」とは春日博士の用語で、「レ《アル》・マ《ナリ》など
の字點（略符ともいふべきもの）」とされる。

（33）注(32)文獻。

（34）山田孝雄「東大寺諷誦文并華嚴文義要決解題」（昭和十四年五月）。

（35）日本の古訓點の數千點についてヲコト點を調査したが、この形式のヲコト點は見られない。中田祝夫博士は、「東大寺諷誦文稿の作成年代」（『東大寺諷誦文稿の國語學的研究』風間書房、昭和四十四年六月）の注で、このヲコト點に注目され、「從來指摘されていなかったが原始的なヲコト點も見える」とされ、「左中（テ）、左上（ニ）、右央（ハ）はほぼ確認できる。右上は（ノ）か。」とされ、「(ヲ)が見えないので、點法の系統は考えられないが、從來知られている點法に、ほとんど連絡のつかないものである。」と說かれている。

（36）但し、漢籍の博士家點では、この位置を使い、「コト」を表している。

（37）春日政治博士が「初期點法例」（注(32)文獻）において次のように說いている。「文字の四隅（星點は決して四隅を缺かない）その他外圍に加へることから始まったことを思はせるに、この點は好個の資料である。因みに文字の中心に打つ點は、外圍のものよりもやゝ後に生じたらうと考へられる」。

（38）本書東アジア篇第二章第一節、一四一頁。

（39）本書東アジア篇第二章第一節注(8)文獻。

（40）月本雅幸「大東急記念文庫藏續華嚴經略疏刊定記卷第五の訓點について」（『鎌倉時代語研究』第二十三輯、平成十二年十月）。

（41）筆者も原本調査により確かめた。

（42）注(40)文獻。

（43）東大寺圖書館藏續華嚴略疏刊定記卷第九（奈良時代後期寫）にも、同樣な朱書による訓讀の順序を示す（返讀を含む）「⁞」「⁞」「⋮」「：」「、」等の符號が施されている。この卷第九には、角筆による校合漢字と節博士と注示符等が施され、角筆の校合漢字の上から朱書の校合漢字が重ね書している。大東急記念文庫藏卷第五にも角筆による校合漢字と節博士と合符と注示符等が施されてあり、その符號が新羅の影響と見られる（本書東アジア篇附章、三五九頁）。

（44）注(14)文獻。「施符」は同文獻の用語で、「訓讀を示す符號を施す」の意に用いている。

(45) 八世紀の七四〇年以前に角筆の書入れを行ったと見られる大谷大學藏判比量論に、既に同じ形の合符が用いられている（本書東アジア篇第二章第三節、二九八頁）。

(46) 注(37)文獻。

(47) 景雲寫大方廣佛華嚴經の星點の位置が、漢字の四隅・四邊の上にあるのに對して、韓國の大方廣佛華嚴經の角筆點では漢字の四邊の外側に施されているのは、前述のように筆記具の違いに基づくと考えられる。

(48) 星點を入換えてヲコト點圖を變形させる原理として、その星點が表す助詞や文法機能の使用頻度及び日本語と朝鮮語との差異が係ると考えられる。即ち大方廣佛華嚴經角筆點の左中の「し」は對格助詞を表して日本語の助詞「ヲ」にほぼ當るが、左下の「亇」は連結語尾として二つ以上の動作や狀態を竝列する用法で日本語では幾つかの接續助詞が對應する。この中から、それらに共通する機能を持つ助詞「テ」を代表として當て用いるとすると、日本語では、助詞「ヲ」も助詞「テ」も使用頻度は共に高い。その爲に、「ヲ」に近い位置の「亇（テ）」を「ヲ」から遠い右上隅に移して混同を避けたと考えられる。その結果として、右上隅の近くに竝んで用いていた「七（ノ）」と「支（能ク）」とは左下の元の「亇」の位置の方に交替させたのであろう。尙、景雲寫の「ニ」「ハ」も、大方廣佛華嚴經の角筆點の「ラ十（ニ）」「丁（ハ）」の位置を移して變形した可能性がある。

(49) 「能支」は十二世紀の口訣に見られ、十三世紀には「能亇」となるとされる。大方廣佛華嚴經の角筆點の加點時期を考える資料となる。

(50) 春日政治博士は「活用語尾ク（形容詞の語尾クらしく、用例が少ないので多少疑はあるが）」とされている（注(32)文獻）。

(51) 中田祝夫博士が、『古點本の國語學的研究總論篇』でヲコト點の分類として立てられた、「第一群點」から「第八群點」の八群の中に該當しないものを一括して呼んだものである。

(52) 注(4)文獻、六頁。

(53) 注(4)文獻に所揭。

(54) 注(8)文獻。

(55) 他の形式のヲコト點との關係については、別に說く豫定である。

(56) 田村圓澄『日本佛敎史4 百濟・新羅』第三章「新羅の佛敎」（法藏館、昭和五十八年七月）。

(57) 堀池春峰「華嚴經講說よりみた良辨と審 詳《ママ》」（『南都佛敎史の研究上 東大寺篇』、法藏館、昭和五十五年九月）。

(58)松浦正昭「法華堂天平美術新論」（『南都佛教』第八十二號、平成十四年十二月）。

(59)注(10)文獻。

(60)注(57)文獻。

(61)注(57)文獻。正倉院には、新羅からの舶載品として、「華嚴經論帙」（内貼に二片五張の新羅の官文書）、「新羅楊家上墨」銘の墨、「色氈」（麻布箋の墨書に「紫草娘宅紫稱毛一／念物絲乃綿乃得／追于」等）、「佐波理加盤」（最外鋺に新羅文書を添附）、「佐波理匙」「白銅剪子」等が所蔵されている（平成十四年、第五十四回正倉院展圖錄）。

(62)築島裕『平安時代語新論』（昭和四十四年六月）二十九頁。同「ヲコト點」（『訓點語辭典』東京堂出版、平成十三年八月）。月本雅幸氏注(40)文獻。

(63)注(14)文獻。

(64)拙稿「飛鳥池木簡に見られる七世紀の漢文訓讀語について」（『汲古』第36號、平成十一年十二月）。

(65)拙稿「萬葉集における漢文訓讀語の影響」（『平安鎌倉時代に於ける漢籍訓讀の國語史的研究』昭和四十二年、一三八三頁）。

(66)築島裕「點圖集の成立について」（『國語と國文學』昭和四十二年十二月）、同「天台宗のヲコト點について」（『訓點語と訓點資料』第三十二輯、昭和四十一年二月）。注(8)文獻。

(67)延應四年識語本・文安四年識語本（中田祝夫編『古點本點圖二種』）、並びに築島裕博士の注(4)文獻。

(68)注(23)文獻。

(69)八世紀の判比量論の角筆點にも用いられている（本書東アジア篇第二章第四節、二九七頁）。

(70)注(28)文獻。

(71)三國遺事巻五の「月明師兜率歌」（景德王十九年〈七六〇〉）に、月明師が王に「只解郷歌不閑聲梵」と奏上したのに對して王が梵唄を知らないなら郷歌でも良いというので兜率歌を作って「賦」したとあるのも、梵唄が當時誦詠されていたことを窺わせる。

(72)日本の天台宗の平安時代の節博士は陀羅尼に施されている。韓國における角筆の節博士は、偈だけでなく經本文の偈以外にも施されている。しかし、韓國でも陀羅尼の行われたことは、三國遺事巻二の「眞聖女大王」（第五十一代、光啓三年〈八八七〉即位）に「陁羅尼隱語書」として「陁羅尼曰南無亡國　刹尼那帝　判尼判尼蘇判判尼于于三阿干　鳧伊娑婆訶」を載せていることで知られる。

(73) 沼本克明「日本語史と悉曇學—訓點資料から見る—」（國語學會二〇〇〇年度秋季大會要旨集）。

(74) 敦煌文獻の瑜伽師地論巻第三十（S.5309）において、大中十一年（八五七）に沙州開元寺で法成が行った講義を比丘恒安が聽講した際に、角筆で句切點を施し後に朱點を重ね書した中に、點三つ、點二つ、點一つが施されている（本書東アジア篇第一章第三節、五四頁）。これは句切の大中小によって、點の數を三つ、二つ、一つと施したものである。その朱點二つは、雙點ではあるが、横竝びの「：」であり、點三つと點一つとの對應として用いられたものであるから、韓國の點吐の複星點とは性格を異にする。

(75) 注(8)文獻、六五〇頁。趣意による。

(76) 注(8)文獻の第三章第十節「寶幢院點」。

(77) 元亨釋書巻第五、慧解四。「明匠略傳」日本上、等。

(78) 注(24)文獻、二四頁。

(79) 青山公亮『日麗交渉史の研究』（昭和三十八年八月）。山内晉次「東アジア海域における海商と國家—10～13世紀を中心とする覺書」（『歴史學研究』六八一、一九九六年）。

旗田巍「十～十二世紀の東アジアと日本」（『岩波講座　日本歴史』古代四、一九六二年）。

(80) 覺行の命を受けて高麗に遣使した太宰權帥藤原季仲は、覺行の母の從兄弟であり、季仲の一族には多くの太宰帥・大貳經驗者がいるので、日本を取り卷く大陸の情報に精通していたはずであるという（横内裕人「高麗續藏經と中世日本—院政期の東アジア世界觀」〈『佛教史學研究』第四巻一號、二〇〇二年七月〉）。

(81) 高山寺藏「釋摩訶衍論贊玄疏」巻第一、巻第二の二帖（第一二八函10號［1］［2］）鎌倉初期寫（元久二年墨假名、朱圓堂點加點）の奥書には次のようにある。

壽昌五年乙卯歳高麗國大興王寺奉宣彫造（本刊記）

點本云正二位行權中納言兼太宰帥藤原朝臣季仲依／仁和寺禪定二品親王仰遣使高麗國請求即長治二年乙酉／五月中旬從太宰差專使奉請之／同三年二□□之（以下略）

仁和寺藏「釋摩訶衍論贊玄疏」巻第一・二・四・五・斷簡（高野版）にも、正應元年（一二八八）の慶賀の刊記があり、巻第五には高麗版の本刊記と長治二年に高麗國に求請した事情が印刻されている。

（補注1）韓國の木簡にも角筆の書入れがあるらしいことを、金永旭敎授から敎示された。同氏によると、咸安城山山城木簡十二番の「竹尸。乎于《√》支稗一」の「√」を角筆のようなもので書入れた痕迹が、寫眞で見られるという。原物に就いて確かめる必要があるが、日本の上代の木簡に角筆文字・符號の存することによると、韓國の木簡にも存する可能性がある。

（補注2）佐藤本華嚴文義要決のヲコト點を始め返讀符・合符・句切線が、韓國の大方廣佛華嚴經の角筆點吐と密接な關係のあることについては、平成十三年（二〇〇一）元旦に氣付き、同年十月六日の天理大學における第五十二回朝鮮學會公開講演の中で歸納したヲコト點圖を示し、後に「朝鮮學報」百八十二輯（平成十四年一月刊）に掲載された。又、同年十二月七日の韓國ソウル市立大學校における第二回國際學術大會の基調發表「韓國의角筆點과日本의古訓點과의關係」の中でも言及して、後「口訣硏究」第八輯（二〇〇二年二月刊）に收載された。これを踏まえて、二〇〇二年七月十九・二十日の第二十六回口訣學會共同硏究會で金永旭氏が「佐藤本『華嚴文義要訣』의國語學的硏究」として發表され（後に「口訣硏究」第十輯、二〇〇三年二月刊に收載）、筆者の歸納した六箇のヲコト點に加えて新たに「㇋」（二）のヲコト點を指摘された。全卷中一箇所の使用例であるが筆者も確認したので、點圖に加えることにした。從って、ヲコト點圖は、星點が計六箇と線點「ナリ」との七箇となる。金氏の歸納された點圖は上掲の通りである。

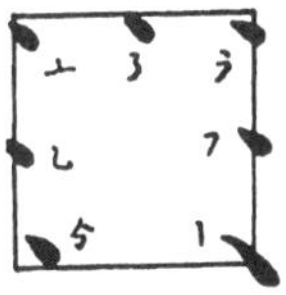

同氏はこの佐藤本華嚴文義要決の加點が八世紀の朝鮮語の文法機能を示し、八世紀の朝鮮語の資料と見られるとしている。

（補注3）韓國の點吐が八世紀には星點本位であったのが十一世紀にかけて發達したのか否かは、資料を得て檢討する必要がある。

（補注4）返讀を含む訓讀の順序を示す漢數字の書入れは、右掲の他にも、平安初期古訓點の一部に見られる。

以二桃笞一打三《て》不く令ゝ《ナリヌ》語一《カタ》（東大寺諷誦文稿105行）

語句遂疏《なるソ》　後欲《に》重《て》譯《せむト》　無四由三改一採《シメ》二前《にに》布《けるを》　也（東大寺圖書館藏金剛般若經讃述仁和元年白點）

東大寺關係の佛書であり、新羅の加點方式の影響が考えられる。（本書東アジア篇附章第二節、三五六頁參照）

附說　寛平法皇の合符と初雕高麗版の角筆合符

寛平法皇が、合符を位置の違いで使い分けたこと、即ち漢字と漢字との空間の中央に縱線を施して、字音語の體言又は形狀言の熟合を示し、漢字と漢字との空間の左寄りに縱線を施して用言（漢語サ變動詞）を示したのは、九世紀には、合符は單に熟合を示すだけで機能分化をしないのが一般であったという時期の上から見ても、又、體言・形狀言と用言とを區別するという機能差まで反映させている點から見ても、注目される事象である。

韓國の十一世紀の瑜伽師地論や大方廣佛華嚴經に角筆で施された合符が、位置の違いで體言・形狀言と用言とを區別したと見られるなら、その關係を考えてみる必要がある。

それが偶然に一致したということも否定することは出來ないが、影響があったとすれば、その可能性を求めるのも無意味ではなかろう。

寛平法皇は、諸資料にわたって合符の使い分けを行っているが、その最も早い資料は、宇多天皇として在位（八七―八九七）中に撰述した宸翰の周易抄（寛平九年〈八九七〉寫）である。この周易抄には、前述のように、圈點の四聲點も用いられている。この圈點の四聲點は、慈覺大師圓仁の弟子の憐昭の加點を傳える蘇悉地羯羅經略疏寛平八年識語本にも用いられていて、ヲコト點は、周易抄と同じ乙點圖（慈覺大師點）を用いている。寛平法皇は、天台座主增命から受戒しているから、天台宗比叡山に起ったと見られるヲコト點を用い、又、天台宗の用い始めた圈點の四聲點を用いることは、天台宗に學んだとしても不自然ではない。その乙點圖（慈覺大師點）を用いる資料では、合符も位置の違いで使い分けている。但し、中央の縱線を音合とし、左寄りの縱線を訓合として區別する。九世紀には合符は單に熟合を示すだけであり、十世紀になっても、南都古宗や天台宗三井寺や眞言宗では、單に熟合を示すだけの舊方式を用いているから、乙點圖（慈覺大師點）の資料が合符を使い分けるのは、新しい方式であったと見られる。そういう風潮の中で、寛平法皇は、合符を使い分けるだけでなく、體言・形状言と用言とを區別するといういわば、文法的な機能まで反映させているのである。

韓國の十世紀と十一世紀刊本の角筆點に圈點の四聲點が用いられていて、それが、天台宗と關聯があったとすれば、寛平法皇が合符を使い分けたのも、朝鮮半島との關聯があったかも知れない。

宇多天皇として在位中の事蹟によると、寛平七年（八九五）五月七日に、渤海大使裴頲ら百五人が鴻臚館に來着し、十一日には宇多天皇が豐樂院に行幸して、裴頲らに饗を賜い位階を授けられ、十四日にも朝集堂において饗を賜っている。(1)十五日には、參議左大辨菅原道眞が鴻臚館に向い、酒饌を裴頲らに賜っている。菅家文草によれば、(2)詩の往復もあり、又、北野天神御傳によれば、(3)掌渤海客使に任ぜられた紀長谷雄も敕により詩酒で應對し、門下の大學寮學生十人らも同席している。類聚國史の「渤海」によれば、(4)渤海からの使節は、神龜四年（七二七）以來、延暦十八年（七九九）遣新羅使の停止後も、二百年にわたり三十數回來朝して國賓として優遇され、又、遣渤海使も出かけて交流が續いた。このような修交の間に、宇多天皇が、直接か接遇した道眞らを通して間接にか、朝鮮半島の學問の知見を得たことも考えられる。

寛平法皇は、訓點の假名に獨自な字體を考案して使用しているが、その訓點は、弟子によって後世に傳わるようなことはなかった。(5)從って、法皇が創案して、その合符の用法が朝鮮半島に影響したということは、當時の日朝交渉から見ても考え難い所である。

いずれにしても、その證となるような具體的な資料は、現段階では得られていず、今後に期待しなければならない。

注

（1）日本紀略寛平七年五月。

（2）菅家文草卷五　詩五。
（3）『大日本史料』所收（前田家本）による。
（4）類聚國史卷百九十四、殊俗、渤海上・渤海下。川口久雄『平安朝日本漢文學史の研究上』（明治書院、三訂版一三八頁）。
（5）寬平法皇は、訓點の假名として獨自の字體を考案して使用している（拙著『角筆文獻の國語學的研究研究篇』六二九頁）。しかし、その字體は、轉寫本の中に殘ることはあっても、この字體が弟子によって傳承され使われた形迹がない。このような點から考えられる。

湖巖美術館藏大方廣佛華嚴經の奥書

（巻第一～巻第十の合一巻により掲げる。巻第四十四～巻第五十の奥書も同文）

天寶十三載甲午八月一日初乙未載二月十四日一部周了成內之成內
願旨者皇龍寺緣起法師爲內賜第一恩賜父願爲〻內弥第二法界
一切衆生皆成佛欲爲賜以成賜乎經之成內法者楮根中香
水散尓生長令內弥然後中若楮皮脫那脫皮練那紙作
伯士那經寫筆師那經心匠那佛菩薩像筆師走使人
那菩薩戒授令弥齋食弥右諸人等若大小便爲哉若
臥宿哉若食喫哉爲者香水用尓沐浴令只但作〻處
中進在之經寫時中竝淳淨爲內新淨衣褌水衣臂衣
冠天冠等莊嚴令只者二青衣童子灌頂針捧弥又青
衣童子着四伎樂人等竝伎樂爲弥又一人香水行道
中散弥又一人花捧行道中散弥又一法師香爐捧引
弥又一法師梵唄唱引弥諸筆師等各香花捧尓　右
念行道爲作處中至者三歸依尓三反頂禮爲內佛菩
薩花嚴經等供養爲內以後中坐中昇經寫在如經心
作弥佛菩薩像作時中青衣童子伎樂人等除余淳淨
法者上同之經心內中一收舍利尓入內如我今誓願
盡未來　所成經典不爛壞　假使三灾破大千此
經与空不散破若有衆生於此經　見佛聞經敬舍利
發菩提心不退轉脩普賢因速成佛「成《（ミセケチ）》檀越新羅國
京師所白」紙作人仇叱珎兮縣黃珎知奈麻經筆師
武珎伊州阿千奈麻異純大舍今毛大舍義七韓舍
孝赤沙弥南原京文莫沙弥即曉韓舍高沙夫里
郡陽純奈麻仁年韓舍屎烏韓舍仁節韓舍經心
匠大京能吉奈麻亐古奈麻佛菩薩像筆師同京
義本韓奈麻丁得奈麻先得舍知豆烏舍經題
筆師同京同智韓舍六頭品父吉得阿飡

（문화재청『新羅白紙墨書大方廣佛花嚴經』二〇〇〇年十二月刊）

[附載二]

大韓民國において發掘された角筆文獻所藏別一覽

（二〇〇二年七月現在、①〜58は文獻番號、凡そ發見順、但し誠庵古書博物館藏本は時代順）

建國大學校常虛紀念圖書館

①洪範　一册　寫本　（고148.6／홍45）

（後表紙見返）「辛丑九月二十八日庚寅立冬朝露土達西方黑雲走天東方□□日暖□□」（墨書）

二十八宿列星圖の八角形の圖の下繪線が角筆の凹みで施されている。

②孔聖家語　三册（天・地・人）　肅宗三十年（一七〇四）頃刊　（고151／2-11ㄱ／1）

上欄に段落の始まりを示すと見られる斜線が角筆で施されている。その箇所に墨點も付けられている。

③大慧普學禪師書　一册　（고／184／대94）

（表紙）「書代　崔末鎭」（墨書）、（後表紙）「世尊應化二九六六年九月」（墨書）

文の切れ目に書入れたと見られる角筆の斜線がある。

④古文眞寶　七册　（고／928／황14ㄱ／后-1）

角筆で施したと見られる線があるが、機能は未詳。

⑤古今歷代標題註釋　十九史略通　一册　（고／222.01／중53T-8／159389）

一部に角筆による斜線二本と「0」のような符號があるが、機能は未詳。

檀國大學校東洋學研究院資料室

⑥地藏菩薩本願經　一冊　雍正八年（一七三〇）刊

（刊記）「雍正八年庚戌四月日全羅道順天地桐裡山大奧寺開刊」

角筆の節博士が施されている。

⑦近思錄元、亨、利、貞　四冊　十七世紀刊　（IOS／152.41／주186ㄱ）

角筆の斜線等が漢字に施されている。

⑧孟子卷第一　一冊　十九世紀刊　（148.4／경694.2）

「松閣／之藏」（朱印）

角筆の斜線が漢字に施されている。

⑨太極圖說外　一冊　十九世紀刊　（IOS／152.41／주128.E）

（原表紙）「輪誦」（墨書）、（原表紙見返）「堤川郡清風面長善里張炯德／何澹徐士嚞之論曷足爲大賢之重輕哉／蝦蟇食日非日之罪」（墨書）

角筆の縱長線が、漢字句の右傍に施されている。注示符號か。

⑩彌陀禮懺上、中、下　三冊　弘治十六年（一五〇三）跋、刊　（294.356／J57m）

（跋文）「弘治十六年癸亥暮春上澣直旨寺老／衲燈谷學祖七十二歲書于東廟」、（後表紙見返）「主函溟禪師」（墨書）

角筆の句切線や符號が漢字に施されている。

⑪因明論　一冊　康熙五十二年（一七一三）刊　（294.387／In6）

（刊記）「康熙五十二年癸巳孟秋日慶尙右道山陰智異山王山寺開刊」、（表紙右下）「月詠」（墨書）

角筆の句切符・節博士が漢字に施されている。墨書の口訣も書入れられている。

東國大學校中央圖書館

⑫禮念彌陀懺法卷一〜卷五　一册　燕山君九年（一五〇三）刊　（貴D／217.62／왕7103）

（卷末）「公州郡反浦面鶴峰里東嵩洞／前住持金萬愚弟東嵩寺／者清信書楊荷潭」（墨書）、（表紙）「高蓮潭謹藏」（墨書）

角筆の句切線（横短線）・斜線が漢字に施されている。尙、墨書の口訣も書入れられている。

⑬科註妙法蓮華經　一册　日本刊本、十七世紀刊　（D213.14／범96ㄴ）

（表紙）「仁一」（墨書）

角筆の訓點（片假名・平假名）と漢字注、角筆の片假名交り文による注解が施されている。他に、墨書の假名、朱書の假名と朱引も書入れられている。

⑭法華經卷第二〜卷第七　六册　十七世紀刊　（D213.14／범96）

（各册卷末）「印敎化主翰聰比丘」（墨書）、（卷二の表紙見返）「錦峯」（墨書）

角筆の句切線・合符・圏點・注示符が漢字に施されている。他に、墨書の口訣も書入れられている。

⑮法華經卷第七　一册　十七世紀刊（後刷）

角筆の節博士が施されている。「松廣寺」寄贈

⑯法華經卷第六　一册　十七世紀刊　（D213.14／범96.7）

（卷末）「志安比丘記付／亡母文氏／靈駕」（墨書）

角筆の句切線・斜線・横線が施されている。他に、墨書の口訣も書入れられている。「松廣寺」寄贈

⑰法華經卷第一　一册　十七世紀刊　（D213.14／범96.7）

（刊記）「都大化主前扈衛捴攝普應大師運智」、（表紙見返）「坪虛□（寫カ）」（墨書）、（巻末）「丹主坪虛」（墨書）、「比丘惠遠」（黒印）

角筆の節博士が施されている。他に、墨書の口訣も書入れられている。「安佛寺」寄贈

高麗大學校中央圖書館

⑱禪門拈頌集巻之九　一冊　十七世紀刊　（C3／A54／9）

（巻首）「懷印」（墨書）、（巻末）「伏願以此披閲功德上／報四重恩下濟三途苦」（墨書）、「薪菴文庫」（青印）

角筆の節博士が施されている。他に、墨書の口訣も書入れられている。

⑲齋佛願文　至心懺悔　至心發願　一冊　十九世紀寫　（C3／A56）

（奥書）「西菴居士謹書」（墨書）

角筆の縦長線が、漢字「仗」の右傍に施されている。注示符か。他に朱句切點、黒丸句切符も加えられている。「黄棒」寄贈

⑳地藏菩薩本願經巻上、巻下　一冊　嘉慶二年（一七九七）刊　（C3／A40）

（刊記）「嘉慶二年丁巳六月日慶尙道咸陽碧松庵刊板鎭于安義縣靈覺寺」、「大施主金遇海亡妻梁氏」（巻首）

角筆の句切符・圏點・弧が施されている。上欄に墨書の書入れがある。

㉑芝峯類說巻第十七〜巻第二十　一冊（三帙九冊の内）　十七世紀刊　（E1／A16／9）

角筆による落書の繪が三丁表の上欄に書かれている。

延世大學校中央圖書館

㉞論語集註大全巻之九　一冊　十五世紀前半刊　（귀12）

角筆の口訣と注示符が書入れられている。他に墨書の口訣も書入れられている。

㉟近思錄　一冊　正統元年（一四三六）刊

（刊記）「正統元年六月　日印出」

角筆の口訣、注示符、節博士（?）、斜線、圏點が書入れられている。他に墨書の口訣・注示符も書入れられている。

㊱誡初心學人文　一冊　隆慶四年（一五七〇）刊　（刊43）

（刊記）「隆慶四年庚午暮春全羅道康津／地無爲寺開刊　釈敏　元淡　／供養大施主前□奉朴琳兩主　宗恵」

角筆の口訣、注示符が書入れられている。他に、墨書の口訣も書入れられている。

誠庵古書博物館

[七世紀後半]

㊲金剛般若波羅蜜經（七世紀末書寫）　一巻（巻子本）

角筆で書入れられた補入符。

[十世紀]

㊼六十巻本大方廣佛華嚴經巻第二十（晉本）　一巻（巻子本）　十世紀刊（字體は十世紀の寫經體を持つ）

內題下の欄外に「雲龍」（墨書）、上欄外に「有本種〻分別」「別本云一切淨」の異本校合注記の墨書が書入れられ、「有本云衆生／身中」の墨書口訣も施されている。角筆の點吐（ヲコト點）が全巻に施され、角筆の節博士も認められる。

星點の擔う音・文法機能の主なものは、㊵大方廣佛華嚴經（新譯）巻第二十二と㊹同巻五十七の星點のそれに通ずる。

それ以外の星點と、複星點「:」「⁝」「∴」「∵」「⁙」、「二」「一」「＼」「／」「・二」「二・」「|・」「・|」「・＼」「＼・」「・／」「／・」「:二」「:二」「・|」「|・」「・＼」「＼・」「・／」「／・」の符號は形が同じであるが、㊵・㊹の大方廣佛華嚴經（新譯）

とは擔う機能が異なっている。角筆のヲコト點は、上欄に異本校合注記として書入れられた墨書の漢字にも施されている。

［十一世紀以前］

㊴妙法蓮華經卷第一　一卷（卷子本）

角筆の節博士が書入れられている。

㊻妙法蓮華經卷第八　一卷（卷子本）　㊴と僚卷

角筆の節博士が全卷に施されている。

㊸金光明經卷第三　一卷（卷子本）

角筆の節博士が施されている。本文の一部に墨書の點吐（ヲコト點）らしい加點がある。

［十一世紀］

㊳瑜伽師地論卷第五　一卷（卷子本）　初雕高麗版

角筆の點吐（ヲコト點）・口訣・返讀符・合符等書入れ。第五張上欄に角筆の點圖がある。極一部に角筆點吐（ヲコト點）の上に墨點を重ね書している。

㉘瑜伽師地論卷第八　一卷（卷子本）　初雕高麗版

㊳同卷第五と僚卷で、點吐（ヲコト點）も同系統である。第十張上欄の點圖は角筆で書いた上から墨書が重ね書している。

㊿瑜伽師地論卷第八十五　一卷（卷子本）　初雕高麗版

角筆の點吐（ヲコト點）・節博士が卷末三紙にある。

㊺大方廣佛華嚴經卷第六（周本）［國寶］　一卷（卷子本）　十一世紀後半刊

（卷頭）「海東沙門／守其藏本」（黑印）、（卷末）「潭陽郡戸長同正田洵美亦出母利往願以成」（墨書）
角筆の點吐（ヲコト點）（全卷）・節博士・合符。上欄に角筆の漢字文・句による釋義が所々に書入れられている。
㊵大方廣佛華嚴經卷第二十二（周本）　一卷（卷子本）　十一世紀後半刊
角筆の點吐（ヲコト點）が全卷に施されている。㊺卷第六と同系統。
㊹大方廣佛華嚴經卷第五十七（周本）　一卷（卷子本、折本を再改裝）　十一世紀後半刊
角筆の點吐（ヲコト點）が施され、一部に節博士が施されている。㊺卷第六・㊵卷第二十二と同系統。
㊿大方廣佛華嚴經卷第三十六（周本）［國寶］　一卷（卷子本）　十一世紀後半刊
角筆の點吐（ヲコト點）が全卷に施され、一部に四聲點（圈點）と節博士が施されている。下欄外に角筆の點圖がある。
㊺卷第六・㊵卷第二十二・㊹卷第五十七と同系統。
㉒彌勒菩薩所問經論卷第二　一卷（卷子本）　初雕高麗版
角筆の校合漢字、注示符、圈點等が施されている。
㉓大方等大集經卷第四十九　一卷（卷子本）　初雕高麗版
角筆の句切符、斜線・橫線、圈點等が施されている。
㉔阿毗曇毗婆沙論卷第十二　一卷（卷子本）　初雕高麗版
角筆の句切符、節博士、圈點等が施されている。
㉕舍利弗阿毗曇論卷第一　一卷（卷子本）　初雕高麗版
角筆の句切符、節博士等が施されている。
㉖大般若波羅蜜多經卷第三百五十五　一卷（卷子本）　初雕高麗版
角筆の節博士が施されている。

㉗大般若波羅蜜多經巻第三百　一帖（旋風様装）　初雕高麗版

紙背に「法護」の古朱印

角筆の節博士が施され、角筆の星點に見える點もある。

㉙阿毗曇毗婆沙論巻第十五　一巻（巻子本）　初雕高麗版

角筆の節博士、圏點等が施されている。㉔阿毗曇毗婆沙論巻第十二の僚巻。

㊶貞元本華嚴經巻第七［寶物］　一巻（巻子本）　十一世紀後半刊

角筆の點吐（ヲコト點）が施されている。

㊷善見毗婆沙律巻第九　一巻（巻子本）　初雕高麗版

角筆の點吐（ヲコト點）・節博士が施されている。

［十三世紀］

㉛大方廣佛華嚴經巻第六十一　一帖（折本装）　再雕高麗版（乙巳歳〈一二四五〉刊）

角筆の句切線（横短線）、節博士、注示符が施されている。

㉜大般涅槃經巻第三十　一帖（折本装）　再雕高麗版（辛丑歳〈一二四一〉刊）

巻末に「施主　道義」（墨書）

角筆の節博士が施されている。

㉝大般若波羅蜜多經巻第五百三十三　一帖（折本装）　再雕高麗版（己亥歳〈一二三九〉刊）

角筆の節博士が施されている。表紙に角筆の漢字句「可各知　見形識」が書入れられている。

(54)阿毗達磨大毗婆沙論巻第十三　一帖（折本装）　再雕高麗版（甲辰歳〈一二四四〉刊）

角筆の節博士が施されている。

㊺阿毗達磨大毗婆沙論卷第十七　一帖（折本裝）再雕高麗版（甲辰歲〈一二四四〉刊）
角筆の節博士が施されている。
㊻入楞伽經卷第六　一帖（折本裝）再雕高麗版（癸卯歲〈一二四三〉刊）
角筆の節博士が施されている。
㊼大般若波羅蜜多經卷第四百四十八　一帖（折本裝）再雕高麗版（戊戌歲〈一二三八〉刊）
角筆の節博士が施されている。
㊽佛說莊嚴菩提心經
佛說菩薩本業經（二經同卷）一帖（折本裝）再雕高麗版（庚子歲〈一二四〇〉刊）
角筆の節博士が施されている。

［十五世紀］

㉚妙法蓮華經卷第一　一帖（折本裝）十五世紀後半刊
卷末に「孝寧大君補／臨瀛大君璆」以下「正板人二／著漆人一／爐治匠二／執饌釋七」に至る刊記がある（資料篇、四九頁）。
角筆のハングル（字音）・漢字（字音と釋義）、方便品に角筆の節博士があり、序品には墨書の口訣が書入れられている。

湖林博物館

㊽大方廣佛華嚴經卷第三十四（新譯）（周本）　一卷（卷子本）十一世紀後半刊
見返に變相圖がある。
角筆の點吐（ヲコト點）が全卷に施され、角筆の節博士・合符と圏點が認められ、合符には機能分化がある。㊵卷第二十二、㊹卷第五十七、㊺卷第六、㊿卷第三十六と僚卷で、點吐（ヲコト點）も同系統である。第十紙の上欄に角筆の點圖がある。

㊾瑜伽師地論卷第三　一卷（卷子本）　初雕高麗版

表紙缺　卷首に破損あり

角筆の點吐（ヲコト點）が全卷に施され、角筆の口訣・返讀符・合符と圏點が認められる。㉘卷第八・㊳卷第五と僚卷。

(53)大方廣佛華嚴經卷第三十一（新譯）（周本）　一卷（卷子本）　十一世紀後半刊

角筆の點吐（ヲコト點）が全卷に施されている（南豐鉉「高麗時代角筆點吐釋讀口訣의種類와 그解讀—晉本華嚴經卷20의點吐釋讀口訣을 중심으로—」〈「朝鮮學報」第百八十三輯、平成十四年四月〉）。㊵卷第二十二、㊹卷第五十七、㊺卷第六、(51)卷第三十六、㊽卷第三十四と僚卷で、點吐（ヲコト點）も同系統である。

延世大學校中央圖書館

(52)妙法蓮華經卷第一　一冊（卷子本改裝、折本六行を十二行の現裝に改裝）（귀64）

角筆の點吐（ヲコト點）・返讀符・合符が全卷に施されている。角筆の點圖もある。南教授の教示によると、角筆の書入れは十二世紀以前とされ、點吐（ヲコト點）に二種あり、瑜伽師地論・大方廣佛華嚴經とは別系統である。

大韓民國における角筆點吐についての既發表論文

（平成十五年三月現在。管見に入ったもの）

［附載三］

瑜伽師地論巻第五・巻第八角筆點

李丞宰「새로 발견된 각필（角筆）부호구결과 그 의의（新たに發見された角筆符號口訣とその意義）」（「新國語生活」第十巻第三號、國立國語研究院、二〇〇〇年秋）

南豐鉉「高麗時代의點吐口訣에 대하여」（「書誌學報」第二十四集、二〇〇〇年十二月）

南豐鉉「口訣の種類とその發達」（「漢文古版本とその受容（訓讀）」北海道大學ワークショップ發表論文集、二〇〇一年八月）

尹幸舜「韓國の符號口訣と日本のヲコト點について—「瑜伽師地論」を中心に—」（同右）

金永旭「初彫大藏經本瑜伽師地論　口訣の解讀について」（同右）

金永旭「『유가사지론』점토（點吐）의 해독 방법 연구」（「口訣研究」第七輯、二〇〇一年八月）

徐珉旭「'者'字の符號口訣について」（同右）

南豐鉉・李丞宰・尹幸舜「韓國の點吐口訣について」（「訓點語と訓點資料」第一〇七輯、平成十三年〈二〇〇一〉九月）

小林芳規・西村浩子「韓國遺存の角筆文獻調査報告」（同右）

金永旭「初雕本瑜伽師地論巻八의雙點吐解讀」（第二回國際學術大會發表論文集、서울市立大學校、二〇〇一年十二月）

李丞宰「符號字の文字論的な意義」（同右）

李丞宰・安孝卿「角筆符號口訣資料に關する調査研究—誠庵本『瑜伽師地論』巻第五と巻第八を中心として—」（「口訣研究」第九輯、

二〇〇二年八月）（同趣旨論文が「제26회共同研究會發表論文集」二〇〇二年七月に載る）
張景俊「點吐釋讀口訣資料に記入された口訣字とそれに對應する口訣點について―『瑜伽師地論』巻五と巻八を對象として―」（同右）
尹幸舜「漢文讀法에 쓰여진韓國의角筆符號口訣과日本의 오코토點의 비교―「瑜伽師地論」의點吐口訣과文字口訣을 중심으로―」（「口訣研究」第十輯、二〇〇三年二月）
大方廣佛華嚴經巻第二十（六十巻本、晉本）角筆點
南豐鉉「口訣の種類とその發達」（「漢文古版本とその受容（訓讀）」北海道大學ワークショップ發表論文集、二〇〇一年八月）
鄭在永「晉本華嚴經の書誌と角筆口訣」（同右）
鄭在永「誠庵古書博物館所藏晉本『華嚴經』巻二十에 대하여」（「口訣研究」第七輯、二〇〇一年八月）
南豐鉉・李丞宰・尹幸舜「韓國の點吐口訣について」（「訓點語と訓點資料」第一〇七輯、平成十三年〈二〇〇一〉九月）
小林芳規・西村浩子「韓國遺存の角筆文獻調査報告」（同右）
小林芳規「韓國における角筆文獻の發見とその意義―日本古訓點との關係―」（「朝鮮學報」第百八十二輯、平成十四年〈二〇〇二〉一月）
南豐鉉「高麗時代角筆點吐釋讀口訣의種類와 그解讀―晉本華嚴經巻20의點吐釋讀口訣을 중심으로―」（「朝鮮學報」第百八十三輯、平成十四年〈二〇〇二〉四月）
大方廣佛華嚴經巻第六・巻第二十二・巻第三十一・巻第三十四・巻第三十六・巻第五十七（八十巻本、周本）角筆點
南豐鉉「高麗時代의點吐口訣에 대하여」（「書誌學報」第二十四集、二〇〇〇年十二月）
南豐鉉「口訣の種類とその發達」（「漢文古版本とその受容（訓讀）」北海道大學ワークショップ發表論文集、二〇〇一年八月）
李丞宰「周本『華嚴經』巻22の角筆符號口訣」（同右）（同趣旨論文が「口訣研究」第七輯、二〇〇一年八月に載る）

南豐鉉・李丞宰・尹幸舜「韓國の點吐口訣について」（「訓點語と訓點資料」第一〇七輯、平成十三年〈二〇〇一〉九月）
小林芳規・西村浩子「韓國遺存の角筆文獻調査報告」（同右）
小林芳規「韓國における角筆文獻の發見とその意義──日本古訓點との關係──」（「朝鮮學報」第百八十二輯、平成十四年〈二〇〇二〉一月）

第三節　日本の古訓點との關係㈡——圓珍手澤本のヲコト點——

第一項　三彌勒經疏古點における特異なヲコト點符號

滋賀縣の園城寺（三井寺）藏の國寶智證大師關係文書典籍（一九六三年七月指定）のうち、將來經典等八種の一つの三彌勒經疏上、中、下三卷は、卷下の奥書に、圓珍の自筆で次の追記がある。

金忠大德送施圓珎寛平二年閏九月十一日追記之珎

寛平二年（八九〇）は、圓珍が七十一歳で寂した寛平三年の前年に當る。

この經卷は、内題に「彌勒經疏上（中、下）」とあり、卷上・卷中は卷尾を缺くが、卷下の卷尾は存し、尾題「三彌勒經疏一卷　憬興撰」とあり、これに續けて、本文とは別筆で右掲の圓珍の追記が墨書されている。この尾題と奥書との墨書の上に、「山王／藏印」の朱方印が三顆押捺されている。朱方印は紙背の紙繼目にも押されている。界線は無く、天地三〇・六糎に一行二十四字乃至二十八字が書かれている。

本文には、褐朱色と白書とによる本文字句の校合が加えられ、別に濃朱色の科段と句切點（右下句點、中下讀點）と返點（左下）とが全卷に施されている。

更に褐朱色による假名・字音注とヲコト點が加えられ、一部に白點のヲコト點と漢數字「二…一」の返讀符がある。

褐朱色の假名は、巻上に若干と巻下に一箇所を見る程度であって、少量であるが、次の如く草書體を交え用いている。

局路（「局」の右傍「太えあ尓」）（巻上）

謂佛如雲…（「謂」の右傍「と尹へり」）（巻上）

父姓《か》母姓《か》（「姓」の右傍二字とも「し」）（巻上）

三譯（「三」の右傍「太」）（巻上）

七寶自然不故（「不」の右傍「アら太ちら尢ル」）（巻下）

訓點の假名にこのような草書體を用いることは、天台宗延暦寺僧儀遠が元慶三年（八七九）加點（朱點）の大方廣佛華嚴經巻第三十四（大東急記念文庫藏）に「齶ぁよ」「蹲こえら」「陛毋こ」等が見られ(1)、又、圓仁の弟子憐昭の奥書（巻七下）と「比叡山止觀院一切經本莫出院外」の奥書（巻二上、二下、六上、六下）を持つ青蓮院吉水藏大毗盧遮那經釋義十巻(2)（第九箱1號、第十箱1號）の朱假名が眞假名本位であり、その草書體を含む字體の「尹」「可」「尢」「え」「太」「と」「尓」「う」にも通ずるので、三彌勒經疏の褐朱色の假名が、天台宗における九世紀末の書入れと見て矛盾しない。さすれば、この假名は圓珍か、或いはその周邊の天台宗僧の加點と考えられる。尚、褐朱色の字音注は次のようである。

齊《の》世《の》江　刎「毛反」（褐朱）　沙門　（巻上）

この假名・字音注と同筆のヲコト點が巻上・巻中・巻下の三巻に加點されている。但し、巻上の巻初から第六紙までと第九紙から第十紙まで、巻中の一部分に施される程度であって(3)、全巻にはわたらない。

(一)　三彌勒經疏古點のヲコト點

このヲコト點については、吉澤義則博士(4)・中田祝夫博士(5)・築島裕博士(6)の指摘があり、ヲコト點圖も中田祝夫博士・築島裕博士の歸納されたものがあるが、「このヲコト點の符號はほとんど讀み解けてゐない」(7)、「用例が少く、未だ解讀出來ない符號が少くない」(8)とされ特殊點甲類に入れられたものである。筆者が原本から移點し歸納したヲコト點圖は次のようである。

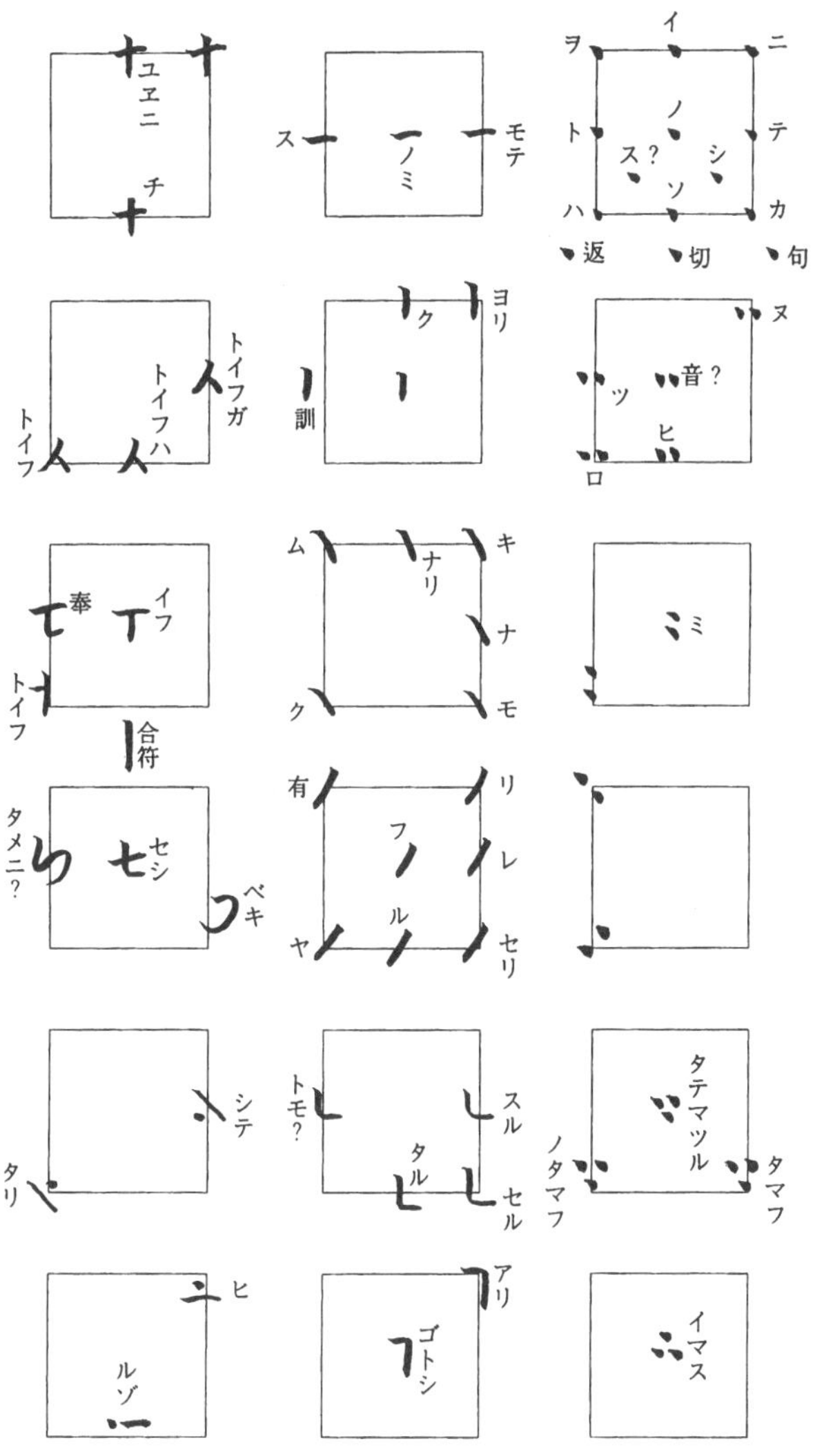

このヲコト點圖で特に注目されるのは、次の二點である。

(I) 短線と點とを組合せた符號の「╲.」「˙╲」「・二」「:一」が用いられている。

(II) 複星點「:.」「·:·」の他にも、「.:」「:.」が用いられ、更に點三つの符號「·:」「:·」も用いられている。

この(I)も(II)も、中田祝夫博士・築島裕博士のヲコト點圖には殆ど歸納されていない。(9)

ヲコト點の使用例を若干左に示す。

優波離身處《はして》 下位《に》・所《は》解《(り)たるタシカニ》・局 路・(巻上)

然無《もきは》 序分・者是略《れして》 頌耳《のみ》。(巻上)

彌勒《は》金色《にして》 而白銀光《の》《をもて》 校餝《(する)ことことし》 如 白銀山《の》也 (巻中)

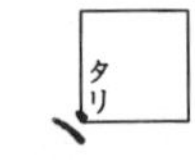

此《の》三《の》經《は》皆《な》出《(て)たり》 阿含• (巻上)

謂《(いは)く》 下生經《は》從增一出《(て)たり》 (巻上)

亦得《たり》 六時《に》常說《(く)コトを》 不退轉行《の》《を》 (巻上)

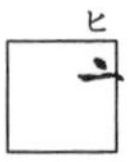

謂不生經《は》再《ひ》譯《せしか》 故《に》 (巻上)

謂《く》[從]彼《の》發《して》 意《を》•常《に》號《(く)るぞ》 慈《といふ》 名《を》。 (巻上)

喩《•す》釋迦《の》既《に》入《て》卅卅•旀勒垂《の(れ)たまふ》 迹《を》•時《•に》 (巻上)

師子座者《といふ(は)》 彼法《の》王《い》得《たまふ》 无畏《を》•故• (巻中)

其體閻浮檀金色《にして》 而外照《(し)たまふ》 光•是《れ》銀《の》色《(と)いふナリ》 [也]。 (巻中)

[爲]衆生應《に》聞《(き)て》 鷲馬《か》請《(ひ)たてまつり》 說《(き)たまふ》 (巻上)

王問《い(ひ)て》 此《の》僧•何《れの》 定《を(し)てか》 致《せる(と)のたまふ》 此。 佛言入《れ(と)のたまふ》 慈定。 (巻上)

彌 勒《とは》 波羅門《の》種姓《そ》。父姓《かモ》母姓《かモ》俱有《にいます》 慈•故《に》 (巻上)

これらのヲコト點の使用状況を、わが國の訓點資料について見ると、次のことが知られる。

(二) 短線と點を組合せたヲコト點符號の使用古點本

先ず、(I)の短線と點とを組合せた符號の「╲.」「˙╱」「・二」「:二」は、下掲の三資料にその痕迹を見るだけで、他には管見に入らない。點圖集所載の二十六種のヲコト點圖にはこの符號が西墓點の「˙╲」以外には見られない。(10) 又、中田祝夫博士『古點本の國語學的研究總論篇』附載「ヲコト點圖錄」の各種ヲコト點圖にも、(11) 築島裕博士『平安時代訓點本論考ヲコト點圖假名字體表』に集載された諸ヲコト點圖にも見られない。(12) 手許のヲコト點調査資料にも見當らない。

但し、次掲の三資料には、それぞれ一符號が見られ、使用された痕迹を止めている。

その一つは、東大寺圖書館藏百法顯幽抄卷第一末の延喜頃（九〇一—九二三）點である。そのヲコト點の歸納圖を掲げる。

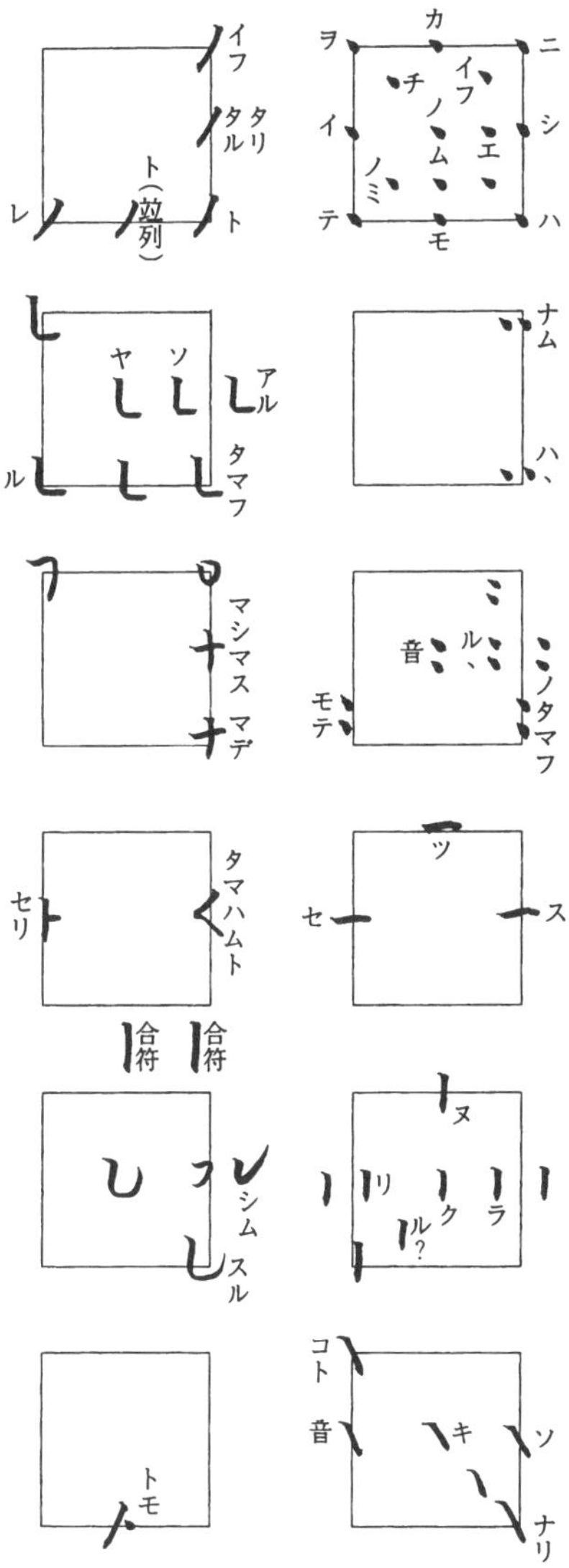

奥書は次のようである。

巨唐會昌三年（八四三）十月廿一日上都資聖寺寫畢　惟正記

貞觀十四年（八七二）二月廿五日聽聞畢　比丘令秀

傳法師　前入唐求法　惟正大和尚

（別筆）「傳受比丘喜靜謹記」

墨書の三行は本奥書と見られている。惟正は慈覺大師圓仁の弟子で隨行入唐僧で、承和十四年（八四七）歸朝、令秀はその弟子であろうとされる。(13)

ヲコト點は、星點の四隅四邊が園城寺所用西墓點に合い、築島裕博士は「圓珍一門の特異な訓點の一連のものとして理解すべきものではないかと思はれる」とされ、「壺の内部の星點が多く」「複星點「：」「‥」が多用されてゐること」が「獨特なヲコト點」で「異例な樣態」とされた。(14) このヲコト點の中に、右掲ヲコト點圖の最後の壺に示したように「/・」（トモ）が用いられている。星點の「モ」と斜線「ト」との二つの點のように見えるが、斜線「ト」が漢字の中下に施されるのは竝列の助詞「ト」を表しているので、單獨使用の「ト」とは別であり、この「/・」は助詞「トモ」を表す一つの符號と見られる。但し、この壺のこの箇所の一符號だけであるから、この符號は、積極的に用いたものでなく、他系統のヲコト點に用いられた符號の影響か、それを用いた點法の痕迹かと考えられるものである。

痕迹を止めたと見られる二つ目の資料は、高野山學園藏蘇悉地羯羅經寛弘五年（一〇〇八）點である。そのヲコト點を歸納した圖を掲げる。

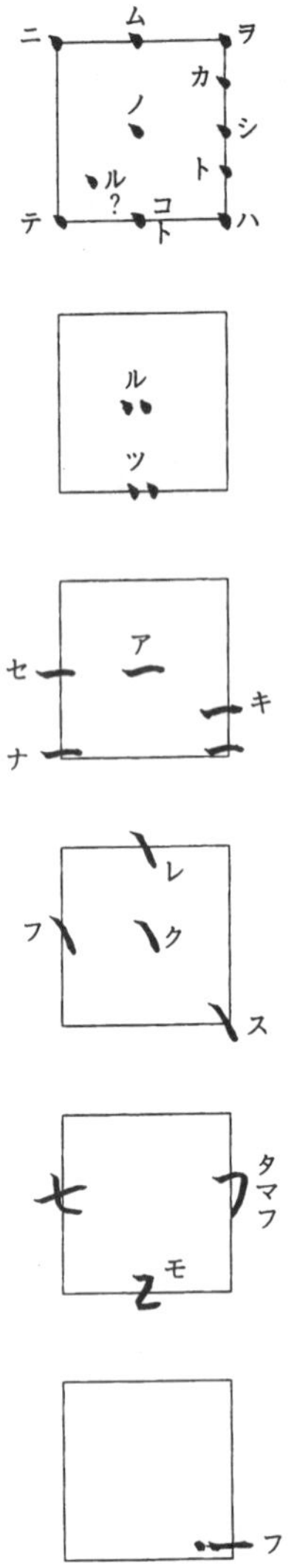

奥書は次のようである。

（巻下）（朱書）「寛弘五年四月十八日讀了南御室御傳法」

「南御室」は未詳であるが仁和寺關係の呼稱であろうとされ、ヲコト點は星點「コト」が下邊中央にあり、複星點「：」（ル・ツ）があるなど、第五群點の初期的、天台的な要素を備えているとされる。(15) 同じ寛弘五年に「仁和寺之南御室」において、沙門叡算が高尾法照闍梨から受學した奥書のある、(16)高山寺藏金剛頂一切如來眞實攝大乘現證大敎王經三卷の第一次朱點のヲコト點が西墓點であり、假名のキに「ɔ」の字體を用いていることを參勘すると、蘇悉地羯羅經寛弘五年點のヲコト點も、天台宗のうち三井寺の影響を引くものであろう。

このヲコト點の中に、右揭のヲコト點圖の最後の壺に示したように「:二」(フ)が用いられている。この一符號だけであるから、この符號は、積極的に用いられたものでなく、他系統のヲコト點に用いられた符號の影響か、それを用いた點法の痕迹かと考えられる。

この二資料の他には、高山寺藏金剛界儀軌平安後期點に「ツ」(ト)が一符號あるが、(17)奥書が無く、粗點であるので素姓は未詳ながら、第一群點に屬し、複星點「∴」(シ・テ)があることから天台系と推測されている。(18)

これらの三資料では、短線と點とを組合せた符號はそれぞれ一符號が用いられているだけであるのに比べると、三彌勒經疏では既揭の如く「⸌」「⸍」「・二」「:一」の四種が用いられているものの、四種のそれぞれは、各壺の一箇所に置かれるに過ぎず、四隅四邊に配されるような積極的な用いられ方をしていない。これは、恐らく、他の系統のヲコト點の影響によって取込まれ用いられたことを示すものであり、平安中期から平安後期の右の三資料がそれぞれ一符號しか用いられないのに通じて、その痕迹を止めたものと考えられる。

では、これらに影響した他系統の點法とは如何なるものであったのであろうか。これらの符號が、日本の訓點資料には他に見出されないとすれば、これを國外に求めなければならない。

ここで顧みられるのが、前二節で指摘した韓國における角筆點の資料である。十世紀の六十卷本大方廣佛華嚴經、十一世紀の初雕高麗版の瑜伽師地論、大方廣佛華嚴經等に、角筆で全卷に施された點吐(ヲコト點)が共通して、この短線と點との組合せを用い、しかも積極的に用いていて、韓國における點吐(ヲコト點)の特徴と見られることである。三彌勒經疏のヲコト點が、複星點に「∶」「‥」の他に「⋰」「⋱」を用い、更に三點の「∴」「∵」も用いていて、これらも韓國の點吐(ヲコト點）の特徴であることも有力な裏付けとなり、その影響の可能性が大きい。これについては以下に述べる。尚、百法顯幽抄延喜頃點の星點が壺の内部にも多く用いているのも、韓國の點吐（ヲコト點）の特徴に通ずる。

㈢　複星點（「∴」「∴」及び點三つ）の使用古點本

次に、三彌勒經疏のヲコト點で注目される、⑾の複星點に「∴」「∴」の他に「∴」「∴」を用いるだけでなく、點三つの符號「⁘」「⁘」を用いていることについて述べる。

點圖集所載のヲコト點圖において、複星點「∴」「∴」と「⁘」「⁘」とを四隅四邊に配して積極的に用いているのは、寶幢院點だけである。他には叡山點が「⁘」を四隅四邊に配して用いるに過ぎない。西墓點と叡山點とは「∴」「∴」を一符號ずつ用いている。築島裕博士の『平安時代訓點本論考ヲコト點圖假名字體表』に集載された諸ヲコト點圖に基づき、手許の資料を用いて、「∴」「∴」と「⁘」「⁘」を用いた訓點資料を擧げる。ヲコト點圖は全圖を擧げず、星點圖と複星點「∴」「∴」又は「⁘」「⁘」の壺を掲げる。

石山寺藏十八契印法幷儀軌次第　一帖　平安中期點（ヲコト點は特殊點甲類）には、次のように用いている。

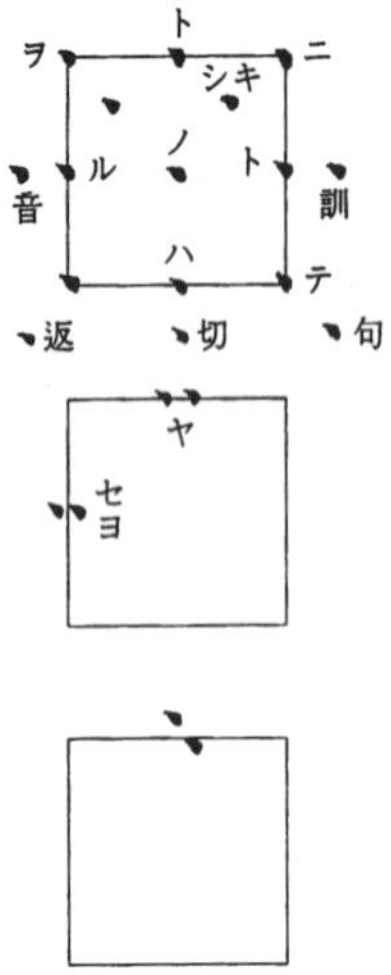

奥書がないので素姓は未詳であるが、星點の右下が「テ」であることと複星點を用いることとから、天台宗との關係が考えられる。[19]

五島美術館藏維摩詰經卷下　一卷　平安中期白點（第二次點）（ヲコト點は第四群點）には、次のように用いている。

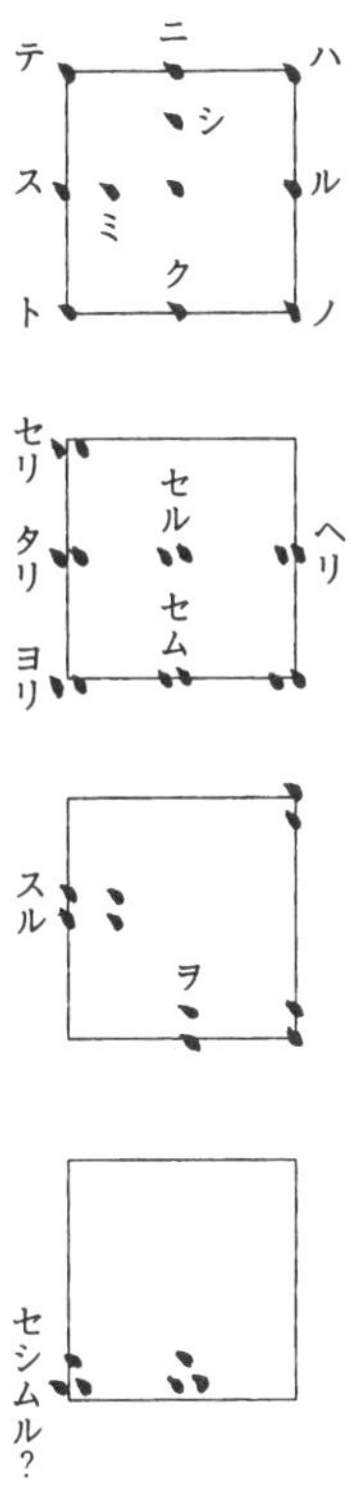

奥書はないが、白點より先に施された第一次點の朱點（平安中期加點）が仁都波迦點であるので、白點もヲコト點が第四群點であることと複星點を用いていることに併せて、天台宗に係ると見られる。

醍醐寺藏胎記巻上、巻下　二巻（四四二函11號）長保（九九九—一〇〇四）頃白・朱點（ヲコト點は第四群點）には、次のように用いている。

（白點）

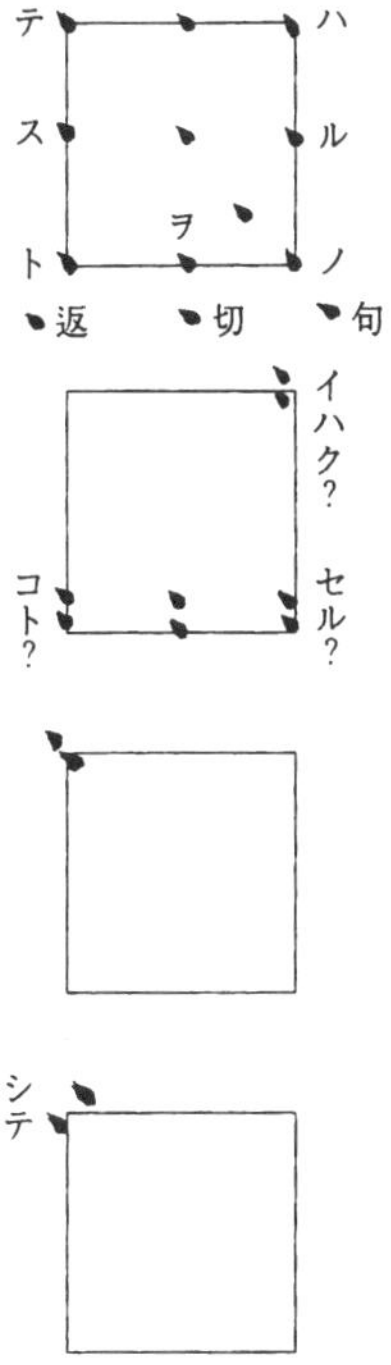

（朱點）

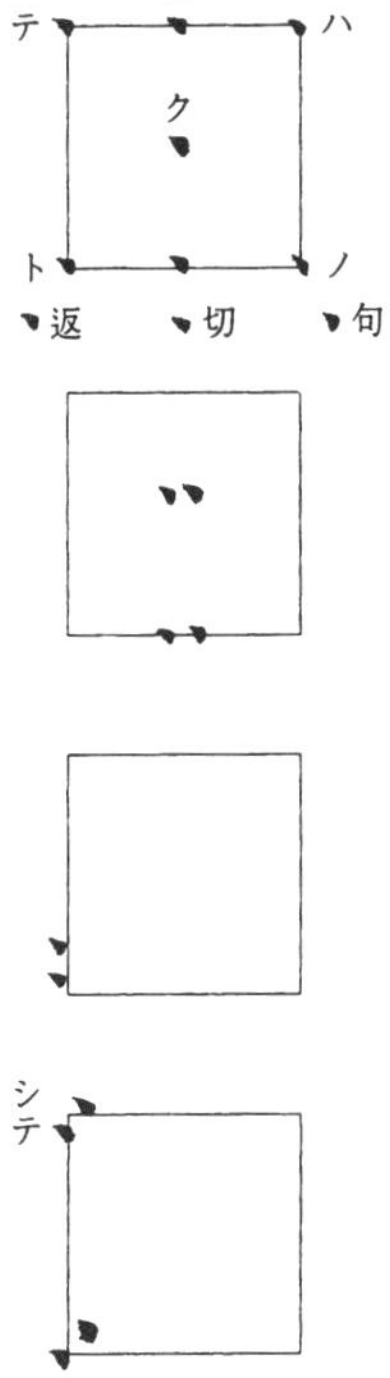

奥書はないが、ヲコト點が第四群點であることから、天台宗比叡山延暦寺の系列の點本と推定されている。[20]

高山寺藏蘇悉地羯羅供養法巻上、巻下　二帖（第二部362號）天喜四年（一〇五六）朱點（ヲコト點は第五群點）には、次のように用いている。

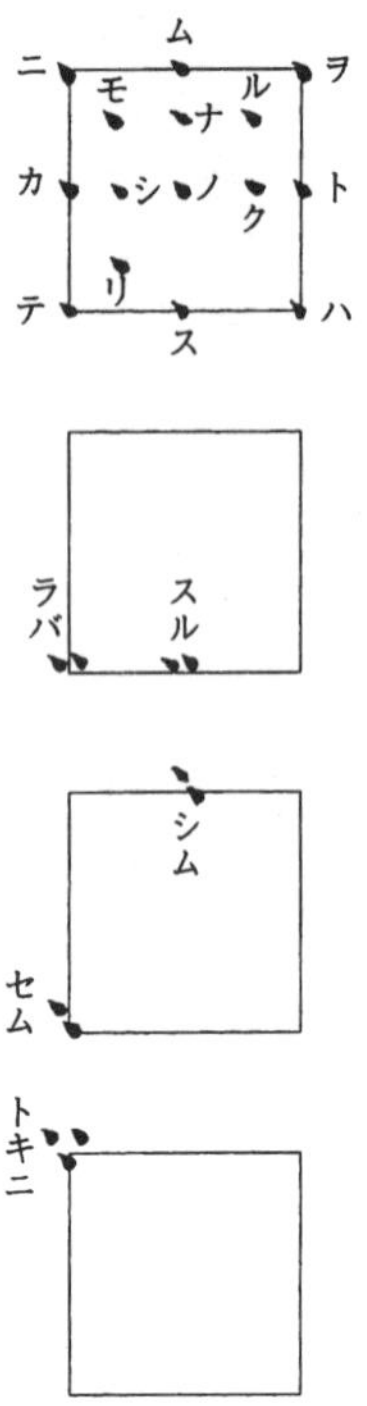

（奥書）

（朱書）「同四ー十月三日移點了　傳授師三嶋聖」

（巻上）天喜三年歳次乙未九月七日於（墨消）「筑前國」夜須楢原山寺書了／僧平源之本

（巻下）（朱書）「天喜四年甲申十月四日移點了　傳授師三嶋聖／僧平源之本」

筑前國夜須は太宰府に近い所とされ、壺内の星點や複星點の多用などから、「平源、三嶋聖についても未詳であるが、九州地方に傳播してゐた天台宗の點本の一ではないかと思はれる」[21]とされる。

星點の壺内に「ル」「モ」「リ」の他に、「シ」「ナ」「ク」のような點を用いていることや、複星點に「‥」の他に「∵」を用い、又、三點の「∵」を用いていることは、寶幢院點の特徴に通ずる。このような符號そのものの形は寶幢院點に合うが、それぞれの點が擔う音や文法機能は全く異なり、ヲコト點法としては別系統であるから、天喜四年點が寶幢院點から直接に影響を受けたとは考え難い。恐らく、天喜四年點も寶幢院點も、他系統のヲコト點の符號の形を取込んだものであろう。寶幢院點が韓國の點吐（ヲコト點）の特徴である壺内の星點や複星點や點三つの「∴」「∵」の形式を取入れた可能性のあることは、前節第二項（二〇八頁）で述べた通りであり、皇慶とその資の延殷が寶幢院點成立以前に鎭西に在り修行していたことと、高麗國と地理的に隣接する位置にあった鎭西では、國交は無かったものの、私的な交易が行われたことから、考えられることである。太宰府近くの夜須楢原山寺で移點した蘇悉地羯羅供養法天喜四年點に壺内の星點や複星點や三點の「∵」が用いられているのは、寶幢院點の成立と同じような事情があった可能性がある。

醍醐寺藏三種悉地陀羅尼法　一帖（四九四函10號）寛治七年（一〇九三）頃朱點（ヲコト點は第五群點）には、次のように用いている。

（奥書）寛治七年十月廿四日於府僧房書了／末學沙門永珍之本

（朱書）「一交　二交了」

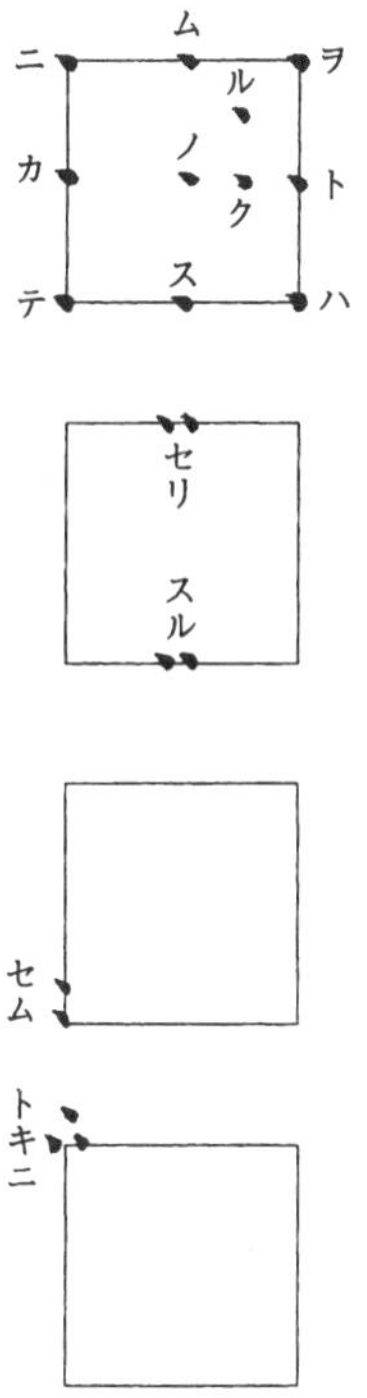

永珍は、東寺金剛藏天台血脉によると、

皇慶─勝範蓮實房和尚─定慶法泉房闍〻─範慶阿、、─永珍

とあり、皇慶の流である。(22) ヲコト點は、壺内の星點「ル」「ク」や複星點「‥」（スル）、「‥」（セム）、三點「∴」（トキニ）を始め、他の點法が前掲の蘇悉地羯羅供養法天喜四年點と殆ど一致する。「府僧房」の「府」は太宰府かも知れない。

西福寺藏大般涅槃經巻第二十九　一巻　平安後期白點（ヲコト點は第七群點）には、次のように用いている。

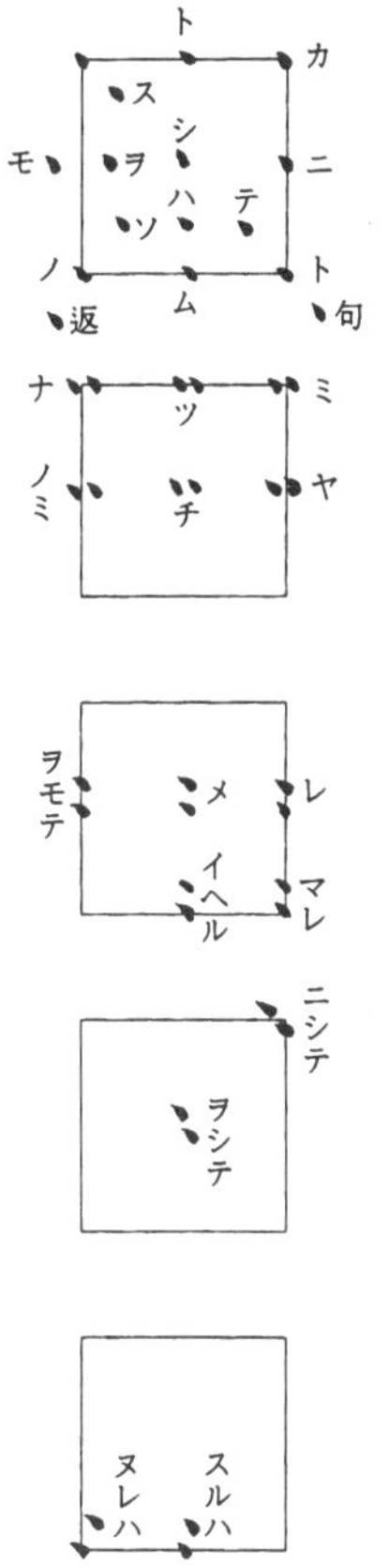

奥書がないので加點者の素姓は未詳であるが、ヲコト點は、星點の一部に少異があるだけで他の符號は寶幢院點に合い、寶幢院點の一異態として扱うべきかも知れないとされる。(23) 天台宗比叡山の皇慶の關係と見られる。

ヲコト點に「∵」「∴」と「∴」「∴」を用いた訓點資料で、點圖集所載以外では、管見に入ったのは、右掲の六點に過ぎない。最後に掲げた西福寺藏大般涅槃經が寶幢院點の一異態とすれば、五點となる。

これを訓點資料全體から見ると次のことが指摘できる。

一、點數としては、訓點資料全體から見て極めて少ない。

二、平安初期點本には見られず、平安中期以降平安後期に主として存し、下限は院政初期である。

三、天台宗、特に比叡山關係僧に主として用いられている。

これに基づいて考えると、園城寺藏三彌勒經疏のヲコト點に用いられた「⋱」「⋰」「∵」「∴」は、最も古い使用例となる。「⋱」「⋰」「∵」「∴」を點圖集に載せている寶幢院點は、前項に述べたように、平安後半期に天台宗延暦寺の中で主として使用されたヲコト點であり、創始者が谷阿闍梨皇慶（九七七—一〇四九）かその訓説を承けた弟子達の世代かとされ、現存最古の加點本として、寛弘五年（一〇〇八）の年紀を持つ、石山寺深密藏の本命元神供次第一帖（朱點本）が擧げられている。[24] 寶幢院點の成立より前に、園城寺藏三彌勒經疏に「⋱」「⋰」「∵」「∴」が用いられていることによると、寶幢院點の創始者はその影響を受けたことが考えられそうであるが、園城寺藏三彌勒經疏には、(I)の短線と點を組合せた「＼.」「.＼」「・ニ」「:－」も用いられ、これが寺門派の資料に痕迹を止めるのに對して、皇慶の屬する比叡山の山門派には使用例を見ず、寶幢院點にも全く取入れられていないことから見れば、直接の影響ではなく、それぞれが、他の系統から影響されたと見るのが自然であろう。

次に點圖集所載[25]の西墓點には「⋱」「⋰」が掲げられているが、西墓點を用いた現存最古の京都大學附屬圖書館藏蘇悉地羯羅經延喜九年（九〇九）空惠加點では、

のように、「∴」「∵」だけであって、「∴」「∵」は用いられない。次いで古い[26]西墓點資料の、大東急記念文庫藏金剛頂瑜伽蓮華部心念誦儀軌永延元年（九八七）文慶加點（朱點）でも、

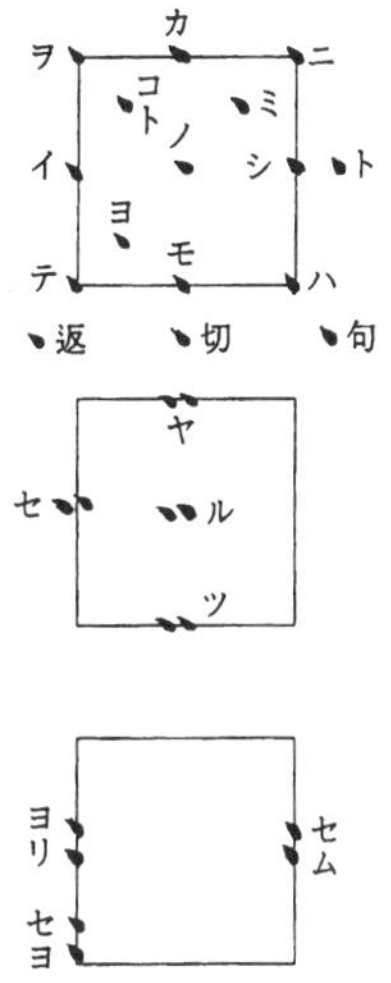

のように、「∴」「∵」だけであって、「∴」「∵」は用いられない。點圖にあるが實際の加點では使わなかっただけであるということも考えられるが、右の二資料とも稠密な加點であるにも拘らず全く見られないことと、大東急記念文庫藏金剛頂瑜伽蓮華部心念誦儀軌では、同じ本に長保六年（一〇〇四）に同人が加えた墨點では「∵」（テ、）が用いられていることによると、點圖集の西墓點の「∴」「∵」は點圖集成立までに後から加わった符號であろうと考えられる。

又、點圖集所載の叡山點にも、「∴」と「∵」が掲げられている。しかし、延應本點圖集によると「∴」の壺には「件坪新加之」の注記があり、築島裕博士は「管見に入った現存の叡山點本の中で、これらの符號を使用した例は未だ一つも發見されてをらず」、第二壺の複星點も、「やはり實際の使用例が發見されてゐない」ので、「既成の點圖に後人が書加へた可能性もあるかと思はれる[27]」とされる。

叡山點を加點した訓點資料で現在知られている最古の、石山寺藏大聖妙吉祥菩薩說除災教令法輪の天暦四年（九五〇）白點のヲコト點は、次頁のように歸納される。使用數は少ないが「∴」「∵」と「∴」とが用いられている。叡山點は比叡山延暦寺で使われたとされるから[28]、複星點「∴」「∵」と「∴」とが、天台宗比叡山で、寶幢院點より前に行われたことが、先掲諸例に併せて知られる。

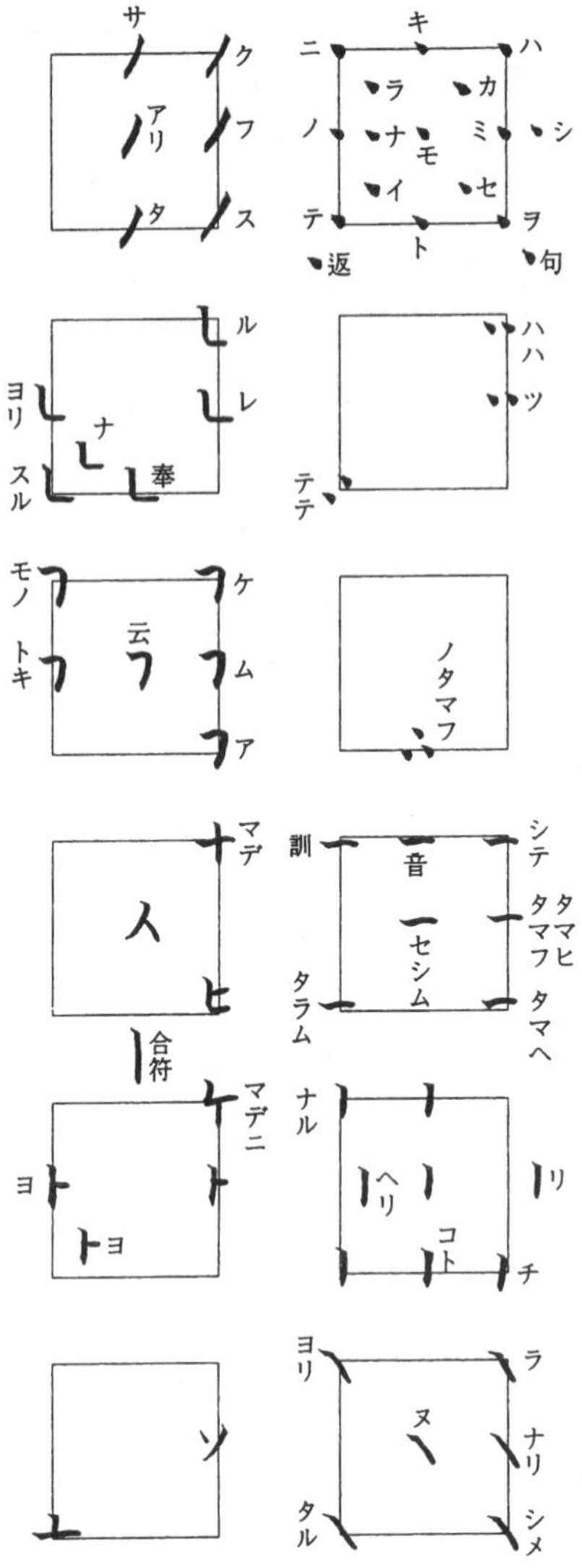

第二項　三彌勒經疏古點の加點時期

園城寺藏三彌勒經疏の褐朱點の假名字體が九世紀末の天台宗延暦寺僧の加點した字體に通ずることは前述した。

㈠　九世紀末の天台宗加點資料とその内容からの検討

抑も、九世紀末には天台宗僧の加點した資料が幾つか現存する。それは、天台宗の新興佛教を開き基礎作りに力を盡した入唐僧の請來經や、その註疏などの關係書が主となっている。これを、その加點の内容によって分けると次のようになる。

(1)句切點、科段點のみを加點した資料

①園城寺藏金光明經文句巻中、巻下　二巻　唐時代寫

巻下の巻末に「巨唐大中十一年（八五八）八月十三日於天台山國清寺勘過日本比丘圓珎記」の圓珍の奥書があり、圓珍の請來經である。本文には平安中期に加えられた白點があるが、(29)これとは別に、朱書による科段（鉤や丸等）と句切點と本文の校異が施されている。この朱書の加點の方式は、敦煌文獻の加點に通じ、且つ、圓珍は在唐中、大中十二年に台州開元寺で釋觀無量壽經記を讀んで、先輩僧の高願らと共に「點」を施している（「點過」）し、在唐中に求得して將來した大小乘經律論疏などの目錄の中にも、

妙法蓮華經一本七巻天台科點　沙門良諝科

楞伽阿跋多羅寶經四巻宋本大德依疏加點

のように記されているので、(30)大中十一年に天台山國清寺で「勘過」した時に施したものであろう。

②青蓮院吉水藏大毗盧遮那經釋義巻二上、二下、四下、七下　四巻（十巻のうち、九箱1號、十箱1號）平安初期寫

巻七下の巻末に朱書で「比叡山延暦寺捴持院僧釋憐昭本」の奥書がある。この朱書で、科段點と句切點と本文の校異が施されている。憐昭は慈覺大師圓仁の弟子である。圓珍が書き留めた「大毗盧遮那成道經義釋目錄」(31)によると、大毗盧遮那經義釋の將來本が五本あり、圓珍が法全に請得し大中十一年正月十二日に「於天台再勘」した本は歸朝後、三井寺から延暦寺に安置したが失われたとあり、慈覺大師が長安より所傳の十四巻本が「總持（ママ）院」に藏されているという。

(2)句切點、科段點と眞假名本位の音注や訓注を加點した資料

③大東急記念文庫他藏大方廣佛華嚴經　三十二巻　貞觀十九年（八七七）頃寫　朱書

（巻第三十二奥書）

（朱書）「貞観十九季三月七日一挍了　沙門儀遠」

（朱書別筆）「元慶三季二月廿九日依法藏師疏勘着科文了」

(朱書別筆追筆)「八月廿日二交亦了」
(別紙繼紙 墨書) 貞觀十九年三月十一日新寫此卷補舊經所闕卽一挍了／延暦寺沙門儀遠
(卷第十六奧書)(『日本寫經綜鑒』三二〇頁)
(朱書) 貞觀十九年三月一日於延暦寺福田院得唐本一挍了　沙門儀遠
(墨書)「元慶三年二月二日勘着科文二交了」

大東急記念文庫藏卷第三十四によると、朱書の句切點(中下が段落、右下が句讀)と眞假名草書體の音注・訓注とが施されている。この朱書は奧書に朱書で「科文」を勘着したと記すのに合う。この科文は「法藏師」卽ち華嚴敎の第三祖の賢首の(32)「疏」に據って着けたと奧書にある。「疏」に據って「科點」を着けることが中國で行われていたことは、右揭の「沙門良諝科」「宋本大德依疏加點」で知られる。儀遠の朱書による「科文」も中國の加點法に習ったであろうが、それに眞假名の音注と訓注を加えている。

(3)右の(2)に更に眞假名本位の訓やヲコト點(第一群點)を加えた資料

④京都國立博物館藏(守屋コレクション)妙法蓮華經　八卷　平安初期寫

行間に細字朱筆で天台山智者大師撰の法華文句の字句が傍書されている。先ず鮮朱色の句切點が全卷に施されている。次いで、白書による眞假名本位の假名とヲコト點が本文に施され、朱書による眞假名本位の假名とヲコト點が、本文と行間に傍書された法華文句の字句に施されている。假名字體は白書と朱書とで一致し、「只(キ)」「去(コ)」「万(マ)」「夫(ヤ)」「例(レ)」のような字體も用いられ、「ㇻ(ラ)」の省畫體、「ち(チ)」の草書體も交える。ア行の「衣」とヤ行の「エ」を區別し、「マセバ…マシ」の訓法から見て、平安初期の加點と考えられる。ヲコト點は白書・朱書とも同じで、第一群點のうち仁都波迦點に近い。卷一の卷末に「奉河上宮寄進御筆法華經／權大僧都法印澄覺」の後筆墨書があり、澄覺が第四十一代天台座主賢暹(天永三年〈一一一二〉入滅)の弟子であるので、天台宗に傳わったことに併せて、ヲコト點法や法華文句引用から見て、天台宗、特に延暦寺僧の加點と考えられる。

⑤青蓮院吉水藏大毗盧遮那經釋義巻第六上、六下　二巻（十巻のうち、九箱1號、十箱1號）平安初期寫

朱書の眞假名本位の和訓・字音注とヲコト點（第一群點）が施されている。眞假名には「只（キ）」「列（レ）」や「l（ラ）」の省畫體、「ち（チ）」の草書體も用いられていて、④妙法蓮華經の假名字體に通ずるものがある。

(4) ヲコト點（第一群點）に省畫假名を加えた資料

⑥大東急記念文庫他藏大方廣佛華嚴經　三十二巻　貞觀十九年（八七七）頃寫　白點

元慶三年（八七九）に延暦寺僧儀遠が朱書で科文・句切點を着けたのとは別に、白點でヲコト點（第一群點）が施され、少數の省畫假名が加えられている。

⑦青蓮院吉水藏蘇悉地羯羅經略疏　七巻（十三箱1號）元慶八年（八八四）寫

（奥書）（巻第一）元慶八年七月一日於元慶寺寫得／傳燈大法師位宬圓

（巻第七）元慶八年八月廿九日寫得已了／傳燈大法師位宬圓（以下「公助」「尊鎮」の別筆奥書あり）

各巻の外題下にも「最圓之本」とある。

この本文の全巻に朱書のヲコト點と假名が施されているが、假名は「悟解《シ》」のようなもので少なく、ヲコト點本位である。ヲコト點は第一群點であり、延應本點圖集の仁都波迦點と比べるに、右下の縦線が延應本點圖集では「トイハ」であるが宬圓書寫本では「ノミ」を表す點が異なるだけで他は一致している。元慶寺は、天台宗の寺で、圓珍の弟子の僧正遍昭の本願である。

⑧西教寺藏無量義經疏巻上、巻中、巻下　三巻　如來藏舊藏

中田祝夫博士の紹介があり、朱筆の校正の加筆と句點・庵點が施されて訓點は無いとされたが、近時、宇都宮啓吾氏の調査資料と寫眞とによって、ヲコト點（第一群點）と少數の假名の加點されてあることが分った。(33) 巻中の奥書に

「寛平七年（八九五）歳次乙卯青／天之月令小野良恩寫取／上卷　小野普賢寫取／中下卷便同九秋之月一度／披閲脫錯甚多後須重正之耳／捴持院僧憐昭記」とある（卷上・卷下も同種）。首題は「無量義經疏卷上捴持院憐昭」と一筆で記され、この筆蹟と本文に書入れた朱書校合との字體が一致するので、憐昭の筆と見られ、その朱書校合と同筆で、朱の庵點（鉤點）と句切點（右下と中下）と返點が施され、更に一部に假名とヲコト點とが加えられている。假名は「シ」だけで一箇所に「精勤《シテ》・脩《シテ》」の二字が施されている。ヲコト點は若干が卷上、卷中、卷下に纏まって施されている。宇都宮氏はこのヲコト點を歸納して、仁都波迦點との類似を指摘している（注(33)文獻）。

⑨石山寺藏金剛頂經卷第二、卷第三　二卷（校倉聖教一二函3號）　平安初期寫

（奥書）（卷第二）（白書）「仁和二年九月二日聞已於元慶寺圓大師御□（本カ）／以仰聽命」

白點は卷二の全卷に施されてあり、ヲコト點と假名が加えられている。ヲコト點は第一群點で星點は左中「ス」の他は仁都波迦點に合う。假名字體からも仁和二年の加點と見られ、訓讀法も九世紀末當時の樣相を示している。⑦と同じ元慶寺で聽聞している。

園城寺藏三彌勒經疏の褐朱點を、右掲の九世紀末の天台宗の加點資料と比べると、ヲコト點本位であって假名の少ない點で、(4)の諸資料に通ずる。假名に眞假名の草書體を用いる點では(3)の諸資料の字體に通ずる所もある。この加點狀態から見ても、褐朱點の加點時期を九世紀末とすることが出來そうである。

(二) 三彌勒經疏古點の訓讀法の檢討

褐朱點の訓讀法も、次のようであり、加點時期を九世紀末とすることに矛盾しない。

(1)再讀字は一度讀みで再讀していない。

我レ當《に》修習《（す）へきなり》。（卷上）

(2)「彼」を「ソノ」と訓む。

彼《その》時《に》法‐愛王《や》・今慈氏。（巻上）

(3)助詞「イ」を讀添える。

王問《いて》二此僧《の(に)》一何《れの》定《を(し)てか》致《せる(と)のたまふ》レ此 （巻上）

水化《い〔音〕(し)て》爲《(り)ぬ》二頗梨珠《のと》一（巻中）

(4)助詞バを用いず已然形だけで條件句を表す。

謂《(く)》上生經中《(に)に》先說《きて》・爲《にあるなれ》二跋陁婆羅文殊等《の》一・亦得《たり》三六時《に(に)》常說《(く)コトを》二不退轉行《のを》一。（巻上）

(5)「彼」を「カシコ」と訓む。

以下《(の)》意表《ろ》二彼《(か)し(こ)の》師子座一上《より》更爲二蓮花一（巻中）

(6)後置添詞「者」が人を表す場合に「モノ」と訓む。

喩下聞二此經《のを》一者《も(の)は》出中生死海上故。（巻上）

(7)竝列の連詞「及」を「オヨビ」と訓む。

依《と》正《と》報《と》及欲《ひ(す)る》レ生《(む)と》脩《(す)るコトを》レ因・（巻上）

廣顯《を(も)て》罽土《と》幷佛神德《と》及以《ひ》衆生見《みタテマツルを》レ佛・（巻上）

(8)否定の「不」は、「ヌ」の他に「ザル」とも訓む。

此《の》三經《の》皆出《はな(て)たり》二阿含一故《ゆゑ》不《にぬ》レ尒・（巻上）

生生《に》不《るなり》レ絕。（巻上）

(9)接續副詞「卽」「便」は「スナハチ」と訓む。

故《ゆゑ》不《にぬ》レ尒便違《ち(へる)かて》下具二凡夫身一未《す》レ斷二諸漏《の》一等義《に》上故《に》。（巻上）

捻《て》而《も》言《ふ》初《の》一《はち》即單《ナリ》本。（巻上）

(1)・(2)・(3)・(4)は平安初期訓點に見られる古用であり、(5)・(6)・(7)・(8)・(9)は平安初期末より天台宗に見られる新用法である。

これを、圓珍の弟子の空惠が加點した、京都大學附屬圖書館藏蘇悉地羯羅經巻上延喜九年（九〇九）點と比べると、次のようである。

(1)再讀字「當」は一度讀みで再讀していない。

餘《の》眞《の》言《を》法《ることあらむ》不二　成《せ》就一《ものに》者《に》　當［令］兼持《て(た)しむへし》二　此《の》經《の》根本眞言一《を》。當《にに》速成就《(せ)しむへし》。（32～33行）

(2)「彼」に「れ」の加點があるが「ソレ」か「カレ」か未詳。

能《くへ》鄣二大事《を》一及《ひ》壞《るか》レ彼《れを》　故。（266行）

(3)助詞「イ」を讀添える。

非《(す)》三直《(た)たい》　助修《るのみに》二　如《き》レ前・等事《のを》一（209行）

(4)助詞「バ」を用いず已然形だけで條件句を表す。

復見《(る)いは》レ　有《らむを》二　三甜食《の》二［者］蘇蜜乳飯是《なり》［也］。（763行）

(5)「彼」を「カシコ」と訓む。（用例を見ず）

乃至未《るより》レ　到《たら》二彼《(か)し(こ)に》一所二已來《たれ》勿下懷《き》二瞋嫉《を》一順《(ふ)こと》中　諸境《のに》上。（372行）

(6)後置添詞「者」が人を表す場合に「モノ」と訓む。

求《メむ》二成就《を》一者《ものは》　須解《るへし》二　眞言《の》上中下法《のを》一。（42行）

(7)竝列の連詞「及」を「オヨビ」と訓む。

受《くとも》二　惡《き》房舍及《ひ》麁《き》飲食《を》一皆不レ應レ弃《つ》。（308行）

(8)否定の「不」は「ザル」と訓む。

此《の》中《に》不《るをは》レ具《なは(ら)》　隨《て》二所作食《のに》一八部等用《に(ゐ)よ》。（731行）

(9)接續副詞「卽」「仍」は「スナハチ」と訓む。

當知。卽《ち》入《れて》二扇底迦《に》一用《(ゐ)る》。（110行）

不レ應二癈忘《(す)へから》一。仍《ち》依《れ》二本法《に》一。（806行）

蘇悉地羯羅經延喜九年點の方に、(2)「彼」の全訓加點が無いので訓みが未詳であることと、(4)助詞「バ」を用いず已然形だけで條件句を表す用例が見られないことを除くと、共に新舊の訓讀法を用いていて相通じている。

第三項　三彌勒經疏古點の加點者

園城寺藏三彌勒經疏古點の加點者について、吉澤義則博士は、「園城寺に昔ながらに傳はりたる圓珍の手澤本に、後人が粗點を無雜作に加ふるが如きことは、決して有るべからざるなり。園城寺の諸寶物の悉く燒失せるが中に、圓珍將來品の今に殘れる故は、これのみは大切に別置し、事ある時は先づ之を携へて避難せしに由るといふ。かくまで祕藏せる品に、圓珍以後の末資が漫に加筆することはあるべくも思はれざるなり」とされつつも、「圓珍が加へしものとは速斷すべからざるや勿論なり」と說かれた。(34) これに對して、中田祝夫博士は、本書のヲコト點が四隅にテ・ヲ・ニ・ハを配置し、ニ・シ・カの三星點が西墓點の特徵を有する所から、西墓點に親近するので、西墓點より後出となるから、圓珍自身の加點でなく、後人の加點であるとされた。(35) 中田祝夫博士の歸納されたヲコト點の星點圖（『ヲコト點圖錄』16頁）は、上揭のようであるが、筆者の歸納した結果は先揭の通りであって「シ」「テ」「カ」の歸納に差異がある。

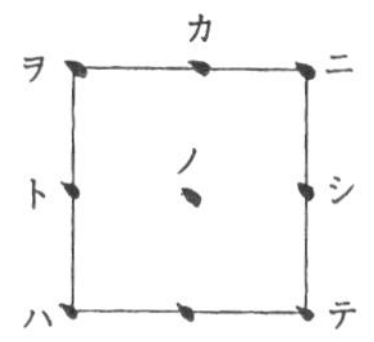

築島裕博士の歸納された星點圖では、「テ」が右中央にあり、「コテ」が右邊の中央にあって、しかも

「シ」と共用されてゐるといふ、不自然な形を持ってゐる。この星點は、後出の「西墓點」の基を成したものと推察される」と說かれた。(36) 西墓點より前となると、圓珍の弟子の空惠が西墓點を使っているので、時代の上で先行するならば、空惠の師の圓珍加點の可能性が生ずる。但し、點圖集に入らない特殊點は、一般的には、平安初期が多いが、平安後期以降に用いられた例もあるから愼重に考えねばならないものの、ニ・シ・カの三星點を接近して備えていて西墓點に近く、その基を成したと說かれることは注目して良い。

　圓珍の將來經に後人が加點することは、中田祝夫博士の說かれるように、同じ園城寺藏の金光明文句卷中などにその例があるから、三彌勒經疏の褐朱點も、後人の加點と見る餘地は殘るが、ここで前述の、ヲコト點に(I)短線と點とを組合せた符號「∕.」「.∕」「・二」「:二」と、(II)複星點「:.」「.:」の他にも「..」「.:」と「:.」「.:」が用いられていることが顧みられる。

　既述のように、この(I)・(II)の符號は、日本の平安初期の訓點には使用例が見られず、(I)は天台宗寺門派系の資料に痕迹を止め、(II)は天台宗山門派の十世紀の資料に若干と、十一世紀の寶幢院點とその關係資料に見られるが、この三彌勒經疏の褐朱點が初見である。しかも、(I)・(II)の符號は、韓國の點吐（ヲコト點）ではその特徵を成すものであり、寶幢院點におけるその使用は、韓國の點吐の影響によるものと考えられた（東アジア篇第二章第二節、二〇八頁）。して見ると、三彌勒經疏におけるこれらの符號も、溯って、韓國の點吐の影響を考えて見る必要がある。この三彌勒經疏を撰述したのが新羅の學僧憬興であり、正倉院文書の「造東大寺司牒案」によると神護景雲二年（七六八）以前に將來されていたことが參考となる。(37)

　九世紀後半には當時の社會情勢からすれば、新羅との國交は無かったであろうから、日本國內において新羅僧から得たことは考え難い。とすれば、天台僧が留學した折にその知見を得たと見るのが自然である。その留學僧は、ヲコト點を創始する學力の持ち主であるから、凡僧ではあり得ず、圓珍かその身邊の學僧と見るべきであろう。具體的にその僧を特定することは難しいが、ここで參考になるのは、圓珍が在唐中に新羅和上に接觸している記文である。行歷抄の大中九年（八五五）六月七日に、

其後載珎（圓載圓珎）到街《カイ》。西龍興寺㆒相看雲居院主ヲ、此新羅和上ナリ、心行清直ニ道心堅固ナリ

七月一日、弥移ニ龍興寺ヲ一住淨土院ノ居院主房ノ、ニ惣是圓覺闍梨ノ氣力不可說也、（石山寺藏本）

とあり、智證大師傳にも、

七月一日　移住右街崇化坊龍興寺淨土院新羅國禪僧雲居房　七月十五○日共僧圓載　入○大悲胎藏壇　授學大法灌頂　卽授受胎藏大瑜伽畢（石山寺藏本）

とある。新羅雲居房については教學授受のことは全く記されていないので、點吐の知見を得たか否かは未詳であるが、このような新羅僧との接觸の折に新羅の點吐の知見を得た可能性は皆無とは言えない。圓仁が在唐中に赤山法花院において新羅僧の聖林和尚が法華經を新羅の風俗に據り、新羅語音で講說するのを聽講した（東アジア篇第二章第二節、二〇六頁）のが參考となる。

三彌勒經疏の褐朱點の加點者が誰であるかは特定できないが、韓國の點吐の影響が考えられるならば、圓珍の可能性を否定することは出來ない。假名字體や加點の狀態や訓讀法が九世紀末と見られることによれば、圓珍か一步下ってもその身邊の學僧と考えられそうである。

注

（1）拙稿「大東急記念文庫藏大方廣佛華嚴經卷三十四の草假名」（「かがみ」第三號、昭和三十五年一月）。

（2）拙稿「吉水藏の九世紀・十世紀の訓點」（『青蓮院門跡吉水藏聖教目錄』平成十一年三月）。

（3）卷下には假名が一箇所だけあることは既述の通りである。ヲコト點らしい褐朱點が「疑《むは》」「言《と(?)》唯《に》」に見られるが未詳である。又、白點のヲコト點は卷上の一部に少量加えられているが、點法は褐朱點と同じである。

（4）吉澤義則「尙書及び日本書紀古鈔本に加へられたる乎古止點に就きて」（『國語國文の研究』二一七頁）。

（5）中田祝夫『古點本の國語學的研究研究篇』六八三頁。

（6）築島裕『平安時代訓點本論考研究篇』三二七頁。

（7）注(5)文獻。ヲコト點圖は、同書別册『ヲコト點圖錄』第十三圖に揭げられている。

(8) 注(6)文獻。ヲコト點圖は、『平安時代訓點本論考 ヲコト點圖假名字體表』第三部(A)19(890)(四五〇頁)に掲げられている。

(9) 築島裕博士のヲコト點圖には「∴」(ナル)と「∵」(タマフ)が歸納されているが、㈠の短線と點との組合せの符號は歸納されていない。但し、「∴」(シテ)の右側の點がやや長めにも見える。

(10) 中田祝夫編『古本點圖集二種』及び築島裕『平安時代訓點本論考 ヲコト點圖假名字體表』所掲點圖。『古本點圖集二種』では「尓志波加點」に「⸌」の壺があり、『平安時代訓點本論考 ヲコト點圖假名字體表』では「西墓點」に「⸌」の壺を載せている。

(11) 高野山學園藏蘇悉地羯羅經寛弘五年(一〇〇八)點に「∵」(フ)が一符號あるが、雙點と線の形に歸納している。この資料のこの符號については後述する。

(12) 東大寺圖書館藏百法顯幽抄延喜頃(九〇一―九二三)點に「/・」が一符號あり、高山寺藏金剛界儀軌平安後期點に「//」(ト)が一符號あり、高野山學園藏蘇悉地羯羅經寛弘五年(一〇〇八)點に「∵」が一符號見られるが、これについては後述する。

(13) 注(5)文獻、二七二頁。

(14) 注(6)文獻、三六一頁。

(15) 注(6)文獻、五〇八頁。

(16) 巻下の奥書を擧げる。

(朱書)「寛弘五年三月廿七日於仁和寺之御南御室高尾法照闍梨受學了　沙門叡算之」

(別朱書)「長元八年十一月十六日於田野御房點了傳授師僧都御房也」

(17) 注(10)の築島裕『平安時代訓點本論考 ヲコト點圖假名字體表』五六三頁。

(18) 注(6)文獻、三六五頁。

(19) 注(6)文獻、三一八頁。

(20) 注(6)文獻、一五九頁。

(21) 注(6)文獻、五〇九頁。

(22) 注(6)文獻、一九五頁。

(23) 星點のうち、「モ↕ヲ」「テ↕ト」「ハ↕ム」が寶幢院點と位置が入れ替っている。注(6)文獻、六六五頁。

(24) 注(6)文獻、第三章第十節「寶幢院點」。
(25) 文安本點圖集。
(26) 高野山三寶院藏金剛頂瑜伽護摩儀軌一巻に天暦頃（九四七―九五七）の朱點があるが、ヲコト點は少ない。
(27) 注(6)文獻、六一五頁。
(28) 注(6)文獻、六一五頁。
(29) 白點は假名とヲコト點（第一群點）が施されているが、「逐《ヲフ》」「駭《ヲトロ（カ）スコト》」などオとヲとの假名遣の混同があるので、平安中期の加點である。中田祝夫博士は平安中期（九〇一―九五〇年）頃と推定されている。
(30) 本書東アジア篇第一章第五節（九六頁）。良諝は、開元寺の僧で、智者大師の九世の孫に當り、圓珍に台教を講授した。
(31) 『大日本史料』（第一編之二）、寛平三年十月二十九日、八二〇～八二四頁。
(32) 中田祝夫「華嚴經元慶三年點本―天台宗の最古の點本寸解―」（「かがみ」第三號、昭和三十五年一月）。
(33) 中田祝夫、注(5)文獻六九七頁。宇都宮啓吾「西教寺藏『無量義經疏』の訓點について―憐昭加點のヲコト點を巡る問題―」（「訓點語と訓點資料」第一一〇輯、平成十五年三月）。
(34) 注(4)文獻。
(35) 注(5)文獻、六八七頁。
(36) 注(6)文獻、三一七頁。
(37) 憬興の撰述書は、正倉院文書に「最勝王經疏五巻惊興師」（天平十二年七月八日「寫經所啓」、『大日本古文書 七』）など見られ、この「彌勒經疏一部三巻」は審祥師の藏書の中にあったことが、神護景雲二年十月十二日の「造東大寺司牒案」（『大日本古文書 十七』一三六頁）で知られる。この將來經に點吐があったか否かは、新羅における點吐の創案が何時であったかに係り、現段階では未詳であるが、韓國の點吐の特徴である(I)・(II)の符號は、平安初期古點本に見難いのによると、九世紀後半期に天台僧が新羅撰述書を讀解するに當り新羅釋讀法とその符號等の知見を得た可能性が考えられる。
尚、憬興が妙法蓮華經を注解した音注・義注等が、中算の妙法蓮華經釋文（醍醐寺本）の中に十箇條引用されて傳わっている（南豐鉉「新羅僧順憬과 憬興의 法華經註釋書에 대하여」〈「口訣研究」第十輯、二〇〇三年二月〉）。

第四節　新羅の角筆文獻——大谷大學藏判比量論に加點された角筆の文字と符號——

第一項　はじめに

韓國の十世紀と十一世紀の經典に角筆で施された加點の內容を、日本の古訓點と比較することによって、韓國では八世紀に溯っても、經典を讀誦するのに、加點が行われたであろうことが推定された。それを裏付ける資料が、本書の校正中に日本で發見された。大谷大學圖書館藏の判比量論殘卷一卷である。二〇〇二年の年頭、戸田聰氏の賀詞の中に、「判比量論に二・三の文字の眞上や右上に針で開けたような穴がある」という趣旨の情報があった(1)。更に詳しいことを尋ねた所、それは、二〇〇一年秋、大谷大學で開催された古文書學會の折に展示された經卷で、奈良時代の草書だが近年、新羅の寫本と見られているとのことであった。針で開けたような穴は、韓國の點吐を想起させたが、展示ケース越しの通常の明りでは見得る筈もないと疑いつつも、「新羅寫本(2)」が氣になって、原本について確認してみようと思い立った。

大谷大學元教授の高橋正隆氏に事情を話し、圖書館にこの貴重書の閲覽を願い出た。高橋氏は、長年大谷大學圖書館に勤められ、故神田喜一郎博士の信任が厚く、博士舊藏の判比量論について特別の盡力をされた方である。角筆文獻に深い關心を持たれ、館所藏の鎌倉時代乃至江戸時代の寫本・刊本から角筆書入れを見付け出され、筆者も度々その確認調査に參上させて頂き教示を得た間柄である。

圖書館は新圖書館移轉のために取込み中であったが、幸いにも、沙加戸弘館長の許可を頂き、一月下旬から三月中旬にかけて計三回にわたる第一次の原本調査をさせて頂き、新圖書館開館後も、木場明志館長の許可を頂き、九月・十月・十二月（二回）の四回にわたる第二次調査をさせて頂いた。その結果、後に掲げるような新羅語で書入れたと見られる角筆の文字と諸種の符號を見出すことが出來た。この調査には館員尾崎正治氏の手厚いお世話と協力を終始頂き、圖書館關係者の御厚情を忝うした。又、高橋正隆氏にも第一次の調査に立會って頂き、角筆の文字と符號の確認をして頂き、新たな發見もして頂いた。

大谷大學圖書館藏の判比量論殘巻一巻は、故神田喜一郎博士の舊藏書であり、そのうち本文の三紙一〇五行は裏打修補等の近年の手が加えられたらしいものの、八世紀に書入れられた角筆の文字と符號が、千三百五十年餘を經て二十一世紀初頭の今日まで傳えられることになった。とは言え、その凹みの迹は極めて淺く薄くて、重要文化財指定の折の文化財保護審議會の専門委員はじめ、今までに閲覽調査された研究者に氣付かれなかったのは、誠に無理からぬことである。室内の通常の燈火では認め難く、角筆スコープを使い、ルーペを用いて辛うじて確認することが出來る程度である。そのため、用例の採取に當っては、逐一、高橋正隆氏と尾崎正治氏に確認して頂き、三人の目を通すことにした。調査の回を重ねる都度、新たな文字や符號が見出されたり、確認されたりしたが、未だ解讀することの出來ない箇所もあり、誤認のあることを惧れる。本文の殘存量が百行程の少量であるので同種例を多く得られず歸納が難しい上に、凹みが極めて見にくいので、今後の再確認や檢討を要するものがあることを豫め斷っておかねばならない。

尚、大谷大學圖書館においては、日本の角筆文獻の他に、韓國の角筆文獻が再雕高麗版から、この度の調査で、新たに二點見付かった。その書名等と角筆書入れの內容は次のようである。

法句經巻上、巻下　二帖　再雕高麗版（乙巳歳〈一二四五〉刊）（餘丙152）禿盦文庫

角筆の口訣・節博士（A型・B型）(3)・聲點・合符

法句經巻上、巻下　二帖　再雕高麗版（乙巳歲〈一二四五〉刊）（六獸ィ五・六）

角筆の節博士

これについては、別の機會に讓ることにする。

第二項　大谷大學藏判比量論について

大谷大學圖書館藏の判比量論については、昭和四十二年九月に神田喜一郎博士が『優鉢羅室叢書』の第一巻として公刊された『判比量論』に、本文三紙一〇五行分の影印と、富貴原章信博士の「判比量論の研究」が収められている。[4]富貴原博士の論考は、「判比量論の傳世」「本文と和譯」「元曉の略傳」以下、「本文の解說」「判比量論の逸文」に至る九項にわたる詳論である。又、これを踏まえた圖錄解說が、大谷大學圖書館刊の、『神田鬯盦博士寄贈圖書善本書影』[5]（書影第22頁、解說第8〜12頁）と『大谷大學圖書館所藏貴重書善本圖錄佛書篇』[6]（50・51頁）に揭げられている。

これらに導かれそこから多くの教示を與えて頂くことによって、原本調査を有效に進めることが出來た。

大谷大學藏判比量論の現狀は、巻子本一巻であるが、巻首を缺く本文三紙の一〇五行と補紙（空白紙）を置いて、巻末の廻向偈二行分とこれに直に續けて記した奥書三行分の計五行の墨付紙を繼いだものである。墨界を施し、これに本文を草書體で、一行に十八字乃至二十字詰で墨書している。天地二七・一糎、界高二一・二糎、界幅一・六糎を算する。

本文三紙の所收內容と法量とは、次のようである。

第一紙　本文第七節の後半「定過亦能破彼」から第七節の終り「如是進退皆不應理／二量」までの八行と、第八節の十四行と、第九節の九行と、第十節の四行までの、計三十五行を收める。紙長五五・三糎。

第二紙　第十節の第五行目から第十節の終り「由此等難彼因不定／五量」までの十六行と、第十一節の十九行までの、計三十五行を収める。紙長五五・六糎。

第三紙　第十一節の第二十行目から第十一節の終り「其因是／不定　五量」までの七行と、第十二節の九行、第十三節の十二行と、第十四節の始めから「有所緣故如緣」までの七行の、計三十五行を収める。紙長五五・三糎。

以下は本文が切斷されて失われている。

卷末の廻向偈二行と奥書三行とは、縱二七・一糎、横一〇・八糎の零葉で、本文と同質紙に墨界七行を引き、その始めから五行内に記し、後の二行は空白で、以下切斷されているが、これに軸付新補紙を付け、新軸に續けている。

この卷末の廻向偈と奥書との五行を墨書した一紙分は、本文の三紙とは切離されて傳來を別にした爲に、この紙には本文とは異なる修補の手が加えられ、從って、角筆の迹も、本文よりも更に見にくい狀態になっている。

この五行の墨書は、次のように解讀される。（資料篇、五七頁）

證成道理甚難思　自非笑却微易解
今依聖典擧一隅　願通佛道流三世
　判比量論一弓　釋元曉述
　咸亨二年歳在辛未七月十六日住行
　名寺着筆租訖

「判比量論一弓　釋元曉述」以下三行の奥書は、廻向偈竝びに本文の草書體の墨書と同じ筆致で、行を空けずに一續きに書かれているので、本奥書であることが分る。しかし、この本奥書によって、判比量論の撰述者が新羅の僧の元曉（六一七―六八六）であり、咸亨二年（唐年號〈六七一〉）に、元曉五十五歳の七月十六日に執筆されたことが知られる。

この卷末紙には、「内家／私印」の朱方印（四・二糎×四・二糎）が、廻向偈二行の行頭各四字から奥書の書名上字にかけて一顆、更に奥書の三行目から空白の二行の行頭に一顆、その下方に二顆、計四顆が押捺されている。この朱方印は、本文の第二紙と第三紙の紙背紙繼目にも一顆押捺されている。

この「内家／私印」朱方印は、光明皇后（七〇一―七六〇）が天平十六年（七四四）に書寫され、紫微中臺の遺品として正倉院に傳えられる皇后御筆の樂毅論にも押捺されている。このことは、富貴原博士の指摘された所であり、(7)他にも禮記子本疏義（早稲田大學圖書館藏）、瑜伽師地論卷三十六、卷四十二、卷十五、卷四十五（根津美術館等藏）にも押されていることが指摘されている。又、東大寺圖書館藏出曜經卷第三（天平十二年五月一日光明皇后願經）にも卷末と紙背紙繼目とに押捺されている。從って、大谷大學圖書館藏の判比量論が、光明皇后の藏品であったことが知られ、降っても皇后の崩御された七六〇年以前の書寫に係るものであることが指摘されている。

昭和六十三年（一九八八）に、奈良時代寫本として、國の重要文化財に指定された。

判比量論は、元曉が「因明の形式を藉りて唯識の教説を論じ(8)」た書であり、現存する本文の三紙に收められた第七節から第十四節までの一〇五行は、その一部に過ぎない。富貴原博士は、失われた第一節から第七節前半までを九十七行と推定され、第十四節の後半から奥書までを、正倉院文書に「判比量論、二十五紙（張）」とある所から、十九紙、四十四節、行數にして六六〇行あったと推測されている。(9)

本文の斷簡三紙と、卷末の廻向偈・奥書五行の零葉とは、別々に傳來されて來たが、神田喜一郎博士が兩者を合せられて、後に現裝の形をとるに至った。その事情については、富貴原博士の「判比量論の研究」はじめ、大谷大學圖書館刊の先掲圖錄二書に說かれている所であるが、その事情について、當初から關與され現裝に至るまで終始深く係わられた高橋正隆氏が、「『判比量論』餘滴」と題する記文を筆者に寄せられたので、それに基づき、筆者が便宜的に項目を立て、その項目別に、記文を引用させて頂きながら記すことにする。

(1) 廻向偈と奥書との五行零葉の殘存及び公刊

廻向偈と奥書との五行の零葉は、文化庚午（七年〈一八一〇〉）には、既に本文から切斷された斷簡としてあり、一古家に舊藏されていたのを箕曲默齋が購い入手したことを看松處士が十八行（一行十九字）の漢文で記し、廻向偈・奥書の模刻と共に木版刷で公にした。[10] 御府祕藏の本がどのようにして世間に流れ出て何人の手に落ちたのか知らないが嘆くべきこととしている。五行五十九字が分明に書かれ、御府の印があり、この奥書によって元曉の著と分るとし、高僧傳によって元曉の傳を記している。

その後、伊勢の箕作龜哉氏の藏する所であったこの零葉は、明治四十五年五月刊行の『書苑』第七號にその寫眞が載せられ、『日本續藏經』に「判比量論」としてこの五行が收録された。

(2)「判比量論」の本文三紙の出現と認定

このことについて、「『判比量論』餘滴」は次のように記している。

昭和四十年ころと記憶している。神田喜一郎先生から「論艸」と題簽のある獨草體の三紙の斷簡を提示され、この文獻が何であるか調査するようにとのご下命があった。先生からの助言として、文獻の紙背に「內家私印」という紫微中臺の藏印の朱印が捺されており、獨草體の筆跡に共通點が見られることから、明治四十五年刊行の『書苑』所收の『判比量論』と僚巻ではないかという指示であった。『判比量論』という因明の論疏であるという前提にたって、大谷大學敎授で唯識倶舍學ご專門の富貴原章信博士に依頼することにした。博士の調査研究の結果、平安時代の藏俊著『因明大疏抄』の引用文を指摘して『判比量論』の文章と同じ部分の在ることから、三紙の斷簡が紛れもなく元曉の著した『判比量論』であることを論證されたのであった。そして、平安時代の高僧たちの著述の中から、『判比量論』引用文を示して、新出『判比量論』と併せて逸文を編集された。

(3)富貴原博士の『判比量論』の研究經過

富貴原博士の『判比量論』の研究經過として、「『判比量論』餘滴」は次のように記している。

「論艸」と名付けられた巻子本が元曉著『判比量論』と斷定できると、神田喜一郎先生は、中村不折著『禹域出土墨寶書法源流考』（昭和二年刊）を示して、草書體の文字をわが國ではいつ頃から用いていたかを明らかにするように求められた。佛典を書寫する場合、一切經目錄に收錄する經典を錄內の佛典、目錄外の佛典は錄外の佛典といい、錄內の佛典は楷書で錄外の佛典は草書の書體でもって書寫されていたことが明らかになった。內藤乾吉氏が「正倉院古文書の書道史的研究」（『正倉院の書籍』昭和三十九年刊所收）のなかで、草書と楷書について明確にされていたが、佛典を寫す場合に正倉院文書でも錄內外の區別があった。中村不折の研究から、唐土では錄外の佛典は草書體によっていること、『判比量論』は正倉院文書による寫經の經緯から、紫微中臺において寫されたものと考えたのであった。

今回、小林芳規博士によって、『判比量論』斷簡の隨所に省晝文字・聲點・合符・節博士が角筆で記錄された文字・符號が新たに發見された。そして、この角筆の記錄は朝鮮半島において記入した可能性のあることを明らかにされた。『判比量論』斷簡に限って考えると、角筆文字等を記入した『判比量論』は、唐土に渡りそれからわが國に傳來したものか、朝鮮半島から直接に傳來したものかが、紫微中臺に納められて書寫のテキストになったことが明らかになった。このことは、富貴原章信博士が解說文中において指摘されたように、わが國の唯識宗はおおいに新羅の佛教の影響があったとされることを裏付ける文化財である（ことを示す）。（略）新羅において角筆の記入されたことが明らかになったことから、この斷簡は直接に新羅からもたらされた可能性を考えることができる。この斷簡と深い係わり合いをもった私にとっては望外の喜びである。

⑷迴向偈・奧書の五行零葉と本文三紙との邂逅

迴向偈・奧書の五行零葉を神田喜一郎博士が入手された經緯について、「『判比量論』餘滴」は次のように記している。

昭和五十三年十一月十九日付、神田喜一郎先生から「（前略）淨名玄論のことありがたく御禮申上げまする。ところで判比量論の奧書の部分（すなわち書苑に掲載のもの）原本が發見されました。いま東京の某氏が所藏しています。かつて伊勢にあったものです。一寸御報告迄　かしこ」という急信の書葉に接した。同二十三日、文華堂主人中山善次氏から十一月十九日・二十日に上京の砌り、一誠堂酒井宇吉氏の許で『判比量論』廻向偈と識語の部分の原本を拝見した旨の報せをうけた。この歳の暮に、神田先生からお電話があり、『判比量論』廻向偈と識語が入手できた旨のお知らせを受けた。そして、三紙の本文と廻向偈と識語とをつなぐようにとの依頼があった。論草として傳えられていた『判比量論』の本文と廻向偈・識語が邂逅した一瞬であった。

廻向偈・奥書の五行の零葉が、「論艸」の三紙と共に現装の巻子本一巻に仕立てられる前の状態について、『『判比量論』餘滴」は次のように記している。

掛幅仕立てとなっており、茶道の大切な掛物とされていたようである。料紙が可成り焼けていたが、表具師の手によって本文と同じ風合いに戻すことができた。

(5)『判比量論』の斷簡

廻向偈・奥書の五行零葉と本文三紙一〇五行の他に、判比量論の斷簡がその後に發見された。この事情を高橋氏は餘滴にも記しているが、ここでは、同氏が「日本佛敎」第二十九號（昭和四十四年一月）の「追記」に發表された所を紹介させて頂く。

『判比量論』が昭和四十二年に刊行されてから、判比量論の斷簡らしいものの存在を神田喜一郎博士のもとに知らされたうち、東京の酒井宇吉氏所藏の手鑑の中に収められている十一行一紙が、確かにその斷簡と認められた。この手鑑には、文化七年に摸刻した判比量論廻向偈奥書の部分を添えていること、また、天平の古薫をしのばせる獨草の書風など、さきに影印に付された判比量論とまぎれもない。これを惟うに、判比量論は江戸末期に寸斷して、多くの好事家の間に東寺切として所藏されたことと思われる。摸刻廻向偈奥書はその際に各斷簡に添付されたものであろう。神田博士所藏の三紙斷簡は、それ以前のかなり早い時期に散逸していたものらしく、寸斷をまぬがれたことは喜ばしい。

新出の斷簡は、完全な一章の形をなしていないから、判比量論全體のどの部分にあたるか明らかでなく、また、意味もいま少し明確にできないので、原文のみを翻刻するにとどめた。これで、元曉・判比量論の現存を確認したすべてであるが、今後さらに出現することを期待したい。

（新出斷簡）

何所言類同相異、同異二義耳、相乖違而(言)言體一必不應理　判云、此中有九比量、於中前六破彼本宗、後之三量破衆賢救、謂和合時應非眼等異前眼等故。猶如色聲等。又類應非同與異體一故猶如異相、相亦非異與同一體(故)故、猶如同類。遠自比量故不應理、此中或有□破大乘、謂大乘色處應非假色、是所知故、如聲處等。餘處亦爾、若大乘宗許有假色、則不能離、如是等過、然此大乘亦不許有。如言假色說有實色。故彼量便立已成、蘊界處等一切法門、皆於□言假施設故。十量。

第三項　大谷大學藏判比量論に書入れられた角筆の文字と符號

大谷大學圖書館藏判比量論には、既に述べたように、角筆で紙面を凹ませて書入れた文字と符號が認められる。本文に書入れられているのは、補入のための漢字と、字句の訂正のために墨書した符號の他は、角筆の文字と符號だけであって、日本の古訓點に見るような白書や朱書の書入れは全く見られない。この用具を異にする加點方式は、韓國において發見された十世紀と十一世紀刊の角筆文獻にも通ずる（東アジア篇第二章第一節第一項・第二項參照）。

一、墨書による字句訂正の符號

字句の訂正のために墨書した符號には、ミセケチ符號と顚倒符とがある。

(1)ミセケチ符號「ミ」

「ミ」を當該漢字の右傍に施して、その漢字を抹消することを示す符號が、次のように二箇所ある。

意識倶有根／定非能能縁性（第十節46行）

無性性有情決定二乘皆當作佛（第十三節92行）

(2)顚倒符「ノ」

「ノ」を當該漢字の右傍に施して、上字と顚倒することを示す符號が次の一箇所ある。

此因不定故成不難（第十三節88行）

富貴原博士は、(1)のミセケチ二箇所はその旨注記しているが、(2)の顚倒符については言及がなく、「和譯」文では、「成不難」の語順のままに「この因に不定（の過）あり、故に不難を成ずるなり」と解された。この箇所は、「五種の性を難ぜんがために、比量を立てて」論ずる所であるから、「故に不成の難なり」と見る所であろう。さすれば顚倒符は「成不難」の「不」を「成」の上に移して「不成難」と訂することを示すものであろう。

二、角筆の文字と符號

角筆の書入れは、本文三紙と巻末五行のうちの廻向偈二行とに施される。但し、全漢字の一字一字に施すのではなく、讀解する上で必要な字句に施されている。これは日本の初期古訓點に相通ずる加點方式である。しかし隨所に施されてあり、一〇五行と廻向偈二行という本文の分量ではあるが、角筆の文字と、角筆の符號の節博士（B型）・四聲點（圏點）・合符・節博士（A型）という諸種が用いられ施されていて注目される。以下に、この角筆の文字と符號とを擧げる。

先ず、角筆の文字と符號の書入れられた狀態を知るために、本文の第九節の全文（九行）とそこに角筆で施された文字と節博士（B型）と合符とを例示する（經本文の漢字竝びに右傍に補入された漢字「如」「識」「ホ」以外の行間書入れが角筆の文字と符號）。

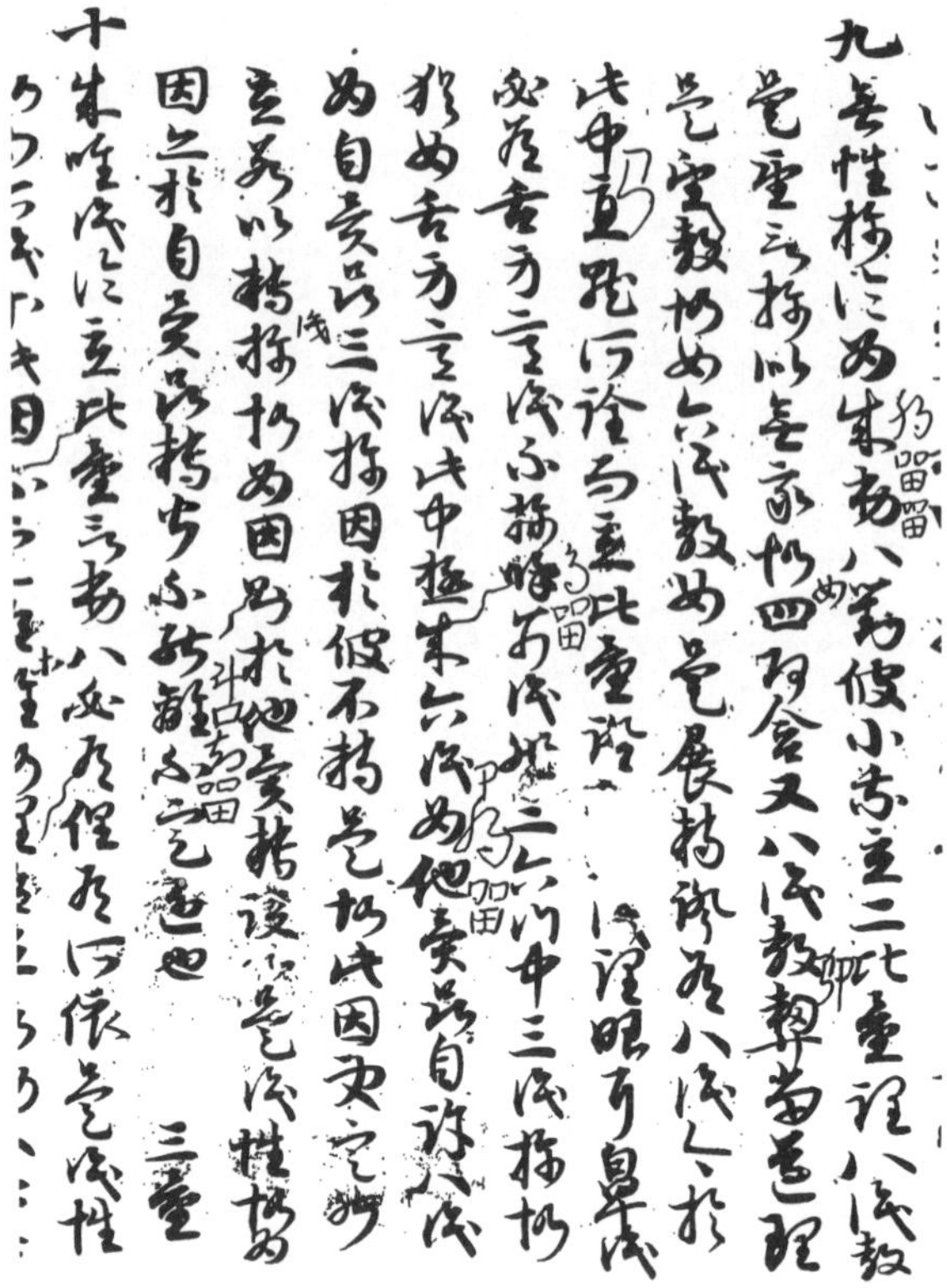

㈠　角筆の文字

角筆の文字は、現段階で、少なくとも二十三箇所に施されていることが分った。いずれも漢字を主とする。それは、經本文の漢文を訓讀するために、本文の漢字漢文の行間や上欄に角筆で書入れたものである。その内容は、

一、本文には對應する漢字が存しないが訓讀するに當って補い讀添えて文法機能を表した文字、竝びに敬語を讀添えた形式語の「白」

二、本文の漢字の音を示すのに用いた注音の漢字

三、本文の漢字の訓を表した假名、竝びにその訓の終聲を添えた音假名、及び文法機能を表した假名
四、本文の漢字句の釋義を示した漢字の字句

が認められる。角筆の假名の字體は草書を主とし、解釋によっては省畫體と見る可能性のある字體も含まれている。

角筆の文字は、第一回の調査で、「根」と「共」との右傍にそれらしい書入れを見付けて以來、第七回の調査に至るまで、調査の都度、新たな凹み文字の筆畫の存在に氣付き、その筆畫を手掛りとして次回にはその文字の全字形を解讀すべく努めるという手順で、漸く二十三箇所を認め得たものである。以下のようである。第一回調査（平成十四年一月）で見付けたのは、本文「根」（第十節42行）の右傍と、「不共」（第十一節53行）の「共」の右傍とに、何らかの凹みがあるらしいという程度であり、直ちには判讀することが出來なかった。目に見えたままに摸寫した形は、「根」の右傍の凹みが「ㄋ」、「共」の右傍の凹みが「ㄠ」であった。先ず、「根」の右傍の凹みが文字であるのか否かを考え始めた。歸りの新幹線の車中で、草書體の文字であるかも知れない、若しそうなら、經本文の漢字が草書體であるから、似た字形の筆畫を持つ漢字が本文中にあるかも知れない、として複製本文の巻首から一字一字探し求めて、巻末の廻向偈の中の「却」字の旁が酷似していることを見出した。古寫本では、旁の「卩」と「阝」とは屢〻通用して書かれる。「阝」とすれば、「部」の旁「阝」が、省文として上代の金石文や木簡や正倉院文書に使われている。これかも知れないと新幹線を降りる時に氣付いた。しかし最終畫の斜線がこの考えを否定する材料となる。假りにこの斜線が筆畫でないとすると、現代韓國語の「뿌리」の音と關係がありそうで、「根」の訓の第一音節を示すのかも知れないとも考えられた。第二回調査（平成十四年二月二十七日〜三月一日）で、原本について確めた所、斜線に見えたのは、凹みではなくて大部分は紙の纖維であることが分り、「マ」の字形と認めることになった。一方、「共」の右傍の凹みについては、第二回調査でも解讀することが出來なかった。歸りの新幹線の車中以來、連日、この帆掛船の帆の形に見えた凹みに該當しそうな漢字を探し求めたが解くことが出來なかった。一週間後の三月七日に、第二回調査時に寫眞技師東祥司氏の撮影した紙燒寫眞が届くや、一枚一枚恐る恐る見るうちに、「共」の右傍の帆掛船に見えた凹みの下に更に「口」が映ってい

て、「宫」の字であると讀めた。「根」の紙燒寫眞には、「マ」の下にこれに續けるように「刂」の凹みも映っていた。早速に、第三回調査（平成十四年三月十日、十一日）を行い、「宫」と「マ刂」とを確認する作業を行った。帆掛船に見えた帆の下の波線は、原本の紙の皺であった。「刂」に見える長短二本の縦線のうち、第二畫目の縦線は、前行の「依故」の左傍に近い位置に長めに紙を凹ませて書かれているのが漸く確認できた。第一畫の短い線（右上から左下へ向っての短い凹み）の凹みが弱く、確認するのに時間を要したが、やはり筆畫であると認められた。第三回調査では、他に、「於此中直」（第九節26行）の「直」の右傍と、「餘」（第十一節63行）の右傍に、文字らしい凹みを見付けたが解讀は出來なかった。この調査で、「聖教」（第九節25行）に角筆の合符「〱」が施されてあり、その凹みに墨汁の流れ込んでいるのを尾崎正治氏が見付けた。又、「定」（第八節21行）の左隅圏點、「過失」（第八節22行）の節博士も見出された。

　第三回調査で新たに見付けられた二箇所の文字らしい凹みは解讀することが出來ないまま、同年四月二日の大谷大學眞宗總合學術センター響流館の新圖書館開館記念の講演「大谷大學藏新出角筆文獻について」の資料の中で、「他に少なくとも二箇所に文字らしい書入れが認められるが未解讀」として、その一箇所の「此中直「ら」（角）就所詮而立比量」（第九節26行）を擧げるに止めた。角筆の「ら」は、「良」の草書體に見えるが、本文の漢字「直」との關係が仲々解けないで、日時が經った。

　夏も終る頃、「直」の右傍ではなく、「直」の上の字「中」の讀添えの助詞「아」（日本語の助詞「に」に當る）ではないかと氣付くや、節博士の再調査を兼ねて、第四回調査（平成十四年九月十七日）を行い、角筆の「ら」の書入れられた位置が、豫想通りに、「直」の右傍よりやや上で、「於此中」の「中」の右傍やや下寄りにあることを確かめた。角筆の文字を書入れる位置は、助詞を讀添えるには當該漢字の右傍のやや下寄り、卽ち右下であるのに對して、訓は「根」に對する「マ刂」のように、漢字の右傍の眞橫であって、區別しているらしいことも分った。この時の調査で、もう一箇所の「亦有餘不定過」（第十一節63行）の「餘」の右傍の凹みも、「多留」（「多」の草書と「留」の異體字）と解讀された。その下にもう一字分の凹み迹もあるらしいが未解讀である。この二文字（又は三文字）も、「餘」の右傍の眞橫に書入れられているので、「餘」の訓を表したものと見られる。

この第四回目の調査では、四月の講演の後に、判比量論の角筆の節博士を原本に就いて調査された岩田宗一大谷大學名譽教授が、『判比量論』の角筆譜について」の論稿を寄せて下さった。(11) 同教授は、『聲明の研究』(12)の著者であり、この角筆譜が聲調と關聯のあることを指摘された。この論稿に導かれて、筆者も角筆の節博士を、起筆位置に注意して全巻にわたり再調査することも行った。その間に、眼が角筆の凹みを見るのに次第に馴れて來たらしく、その日の作業終了間際に、今まで氣付かなかった箇所にも、角筆の文字らしい書入れのあることが分った。新たに見付かったのは十五箇所を數えたが、殆ど解讀することが出來ず、次回を期することにした。

第五回調査（平成十四年十月二十九日）は、前回に新たに見付かった十五箇所の角筆の文字の解明に作業を絞った。その結果、「八識教」（第九節24行）の「教」の右傍のやや下寄りに「ア」、「於八識及与心所」（第十節44行）の「所」の右傍のやや下寄りに「お」の書入れが認められた。その書入れの位置が當該字の右下であることから、讀添えの助詞かそれに近い機能を表すと考えられた。「ア」については「イ」（人偏）が有るか否かの認定作業に一時間近くを費した。次いで、

更立レ因言、後二相中闕二一相一故、猶如二「白」(角)共等四不定因一。此因亦有二餘不定過一。如下「白」(角)於二空宗一緣生故因上。（第十一節62〜63行）

の二箇所の「如」の左傍下の內寄りにそれぞれ「白」が角筆で書入れられているのが解けた。

更に、漢字の右傍の眞横に施された凹みで、位置から考えて漢字の訓らしい文字として、

爲レ成二第八一（第九節23行）の「成」の右傍の「為留」

餘別識（第九節27行）の「餘」の右傍の「ろ留」

未レ解二所依一（第十節43行）の「解」の右傍の「□留」

不レ能レ離二不定過一也（第十節31行）の「離」の右傍の「□口ち」

が認められた。

續いて、本文「猶如正因」（第十一節55行）の右傍に角筆で「當□因」とあり、本文の釋義を示した字句らしいと分った。他の箇所については未解讀に終った。この調査では、巻末近くの第十三節93行の中の二箇所からも新たな角筆の文字らしい凹みが見付かった。

殘りの凹み文字の解讀を諦めかけた時、十一月初に、池炯律氏の鄕歌の新解釋を知り、これが切掛けで、小倉進平博士の『鄕歌及び吏讀の研究』を讀み學び、鄕歌の用字法の知識を基に、第六回目の調査を平成十四年十二月十二日に行い、翌十三日には、四月以降に新たに見出した角筆文字の寫眞撮影を東祥司氏に依賴して行った。この調査では、先ず、「離」の右傍の凹み文字三字のうちの第一字目が、豫測した通りに「斗」の草書「斗」であることが分り、「斗古支」の訓が得られ、更にその下にもう一字「留」のあることも認められた。又、「攝」（第十節38行）の右傍の凹み文字が「捷」の草書「捷」であり、類音字を表したと分った。前回に新たに見付かった巻末近くの第十三節93行の二箇所のうち、本文「井」の右傍の凹み文字は「菩薩」（「薩」の筆畫の一部が認め難かった）であると分り、もう一箇所の「成佛」の「成」の右傍に「□留留」があることも分った。巻首に戻り、「相不離相故五識見分」（第八節18行）の上欄の凹み文字群は「□□加述也」と讀まれ、「五識」に係わる注と考えられた。

又、第五回調査の時に「八識敎」（第九節24行）の「敎」の右傍のやや下寄りに認められた角筆の「尸」の左隣に「弓」も竝記されていることが分った。この「弓」の右肩邊に、角筆の「ノ」らしい凹みもあるようである。人偏の第一畫のようでもあるが、人偏の第二畫に當る縱線は確認できない。更に、新たに「六識爲ニ他異品一」（第九節28行）の「識」の右傍のやや下寄りに「尸」らしい凹み文字が見られたが疑いが殘る。尙、「根」（第十節42行）の右傍の凹み文字「マリ」の「リ」がやや右寄りに書かれているので「禾」偏の存否を確かめたが、その痕迹が認められなかった。その下に「ヤ」（中）の有無も調べたが存否は明らかではない。恐らく無いであろう。

翌十三日の寫眞撮影に當り、各〻の凹み文字をテレビ畫面に大きく映し出して確認した。その結果、「爲レ成ニ第八一」（第九節

23行）の「成」の右傍の「乃留」の下に「留」がもう一字あることが分った。

第七回調査は、同年十二月二十一日に寫眞撮影の續きを主として行い、テレビ畫面に凹み文字を映し出す工夫を重ねる間に、巻末近くの「未レ成レ佛有情」（第十三節93行）の「成」の右傍の角筆文字の第一字目が「可」であり、「可留留」と書かれていることが分った。又、同じ行の「井」の右傍の角筆文字「菩薩」の下に「也白」の凹み文字が見出された。この「白」は二十三箇所目である。

その後、平成十五年二月に、韓國口訣學會の南豐鉉名譽會長、李丞宰前代表理事、尹幸舜理事、鄭在永理事、金永旭編集委員長の五氏が、日韓國際的共同研究の一環として、日本の角筆文獻と古點本調査に來日され、十九日に大谷大學圖書館に於いて判比量論及び再雕高麗版の角筆文獻調査等を、日本側研究者三名と共に行った。判比量論の角筆文字は、凹み迹の認定に多くの時間を要するために、全例の確認には一日だけでは足りないことを考慮して、約十箇所の文字と符號を選び認定作業を行った。

以上のように、七回の調査と共同調査とを重ねて角筆文字等の解讀を試みたが、未だ解讀することの出來ない箇所も殘り、又、疑いも存し確定し得ないものもある。特に解釋については今後の檢討に俟たなければならず、補訂が望まれるところである。

ここに、右のような角筆の文字を見付け出し解讀する經緯を細かに煩わしいまでに敢えて記したのは、千三百年前に書入れられた角筆の凹み文字の迹が極めて淡く、その上に修補の手が入ると、認定することが如何に難しいかを告白して、當時の角筆文字を見馴れない眼では、單なる爪の傷と見損い、八世紀の新羅語の資料を見捨ててしまう惧れのあることを訴えたいからである。

以下には、角筆の文字について、右の箇所など筆者に見得たものを、一應、用法によって類別して掲げることとし、若干の卑見を添えることにする。

一、本文には對應する漢字が存しないが訓讀するに當って補い讀添えて文法機能を表した文字

(1)「良」

左の一例がある。

今於此中「ㄋ」(角)　直就所詮而立比量證□□(破損)識（第九節26行）（資料篇、五八頁）

（和譯[13]「いま、此れが中において直ちに所詮について比量を立て、第八識あることを證す」）

角筆の「ㄋ」は、經本文の「中」の右傍やや下寄りに書入れられていて、書入れの位置から見て、讀添えの文字と考えられる。この文字は「良」の草書體と見られる。日本で毛筆による訓點記入が始まった平安初頭期には、この字體が假名の ra を表すのに用いられ、片假名の「ラ」の字源となっている。又、變體假名でもこの字體を ra を表すのに用いている。朝鮮半島では、十二世紀以降の墨書口訣に「良」を字源とする音假名の「ㄋ」[14]（아）が用いられ、處所格を表している。日本語の格助詞「に」に當る。本文の「中」の右下に書入れたのは、「中に」に當る助詞を讀添えたものと見られる。角筆の「ㄋ」は、その古形であり、字源「良」を草書として用いた段階を示し、高麗時代の墨書口訣の「ㄋ」はそれを更に極草にまで崩したものと考えられる。恰も、日本の平假名の成立過程において、字源の漢字を初めは草書として用いたものが更に略草化して平假名を生んだのに通ずる。

新羅の歌謠を傳えたとされる鄕歌にも、「良」が處所格を表すのに用いられている。次のようである。

一等隱枝良出古（「月明師爲亡妹營齋歌」三國遺事[15]卷五。景德王十九年〈七六〇〉）

（「一つの枝に生えても」林英樹譯『三國遺事』）

彌陁刹良逢乎吾道修良待是古如（同右歌）

（「極樂で遭おう私は道を修めてきみを待つ」同右譯）

東京明期月良夜入伊遊行如可（「處容歌」三國遺事卷二。憲康大王時代〈八七五—八八六〉）

（「東京の明るい月に夜通し遊び廻り」林英樹譯『三國遺事』）

角筆の「ㄋ」は、これらの「良」と同じ用法と見られ、本文「於此中」の「於」を不讀としてその意を、「中」に讀添えて表している。さすれば、三國遺事（釋一然〈一二〇六―一二八九〉）の著作された十三世紀を五百年も溯る八世紀の新羅の使用實例として、三國遺事に所收の鄕歌の「良」の裏付けともなり、それが漢文讀解の場で助詞として讀添えに用いられた例となる。

(2)「尹」（「伊」の旁）

「尹」と見られる角筆の書入れが次の二箇所にある。

又八識教「尹」(角)「ㄋ」(角)　契當道理（第九節24行）（資料篇、五九頁）

（和譯「又、八識教は道理に契當すべし」）

此中極成六識「尹」(角)「ㄋ留」(角)　爲　他異品（第九節28行）

（和譯「此のうち極成の六識は他の異品となす」）

角筆の「尹」とすれば、「伊」の旁の「尹」の草書となるが、二例とも檢討が必要である。第一例は、左隣に竝記された角筆の「ㄋ」の右肩邊に角筆の「ノ」が重ね書してあり、人偏の第一畫とすれば「伊」を書いたことが想定されるが、第二畫に當る縱線が確認できないので、「ノ」は人偏とは關係がなく、「ㄋ」の抹消符號であろう。第二例の「尹」には人偏は認められないが、この凹み迹が極めて淡いので、確定するのは保留する。二七〇頁の摸寫例示には見えたままを記した。その書入れの位置は、第一例の「尹」が「ㄋ」と共に「教」の右傍のやや下寄りであり、第二例も「識」の右傍のやや下寄りに見える。位置からすれば讀添えの文字となる。

日本でも毛筆による訓點記入が始まった平安初頭期にはこの字體がｉを表すのに用いられている。例えば、聖語藏大乘阿毗達磨雜集論白點では「伊」と共にその省畫の「尹」が用いられている。(16) 同じく東大寺關係の平安初期點本で、ヲコト點に第一群點を使用する資料でも、成實論天長五年（八二八）白點を始めとして、ｉを表すのに省畫の「尹」を用いている。

溯って、奈良時代の文書にも、この省畫體が既に用いられている。天平寶字（七五七—七六五）以降、寶龜二年（七七一）以前の書寫と推定される[17]唐招提寺文書の家屋資財請返解案に、

然毛ム甲可弟於止ム甲ア父尓從弖（以下破損）（『南京遺文』第十八）

と「ア」（尹）が使われている。これについて、橋本進吉博士は、「「尹」は多分「伊」の略字であらう。さすれば、此は當時行はれた主格をあらはす助詞「い」の一例と觀る事が出來る」と説いている。[18]これについて春日政治博士は「小記する爲、而も文案として粗書した爲に尹となったものと見るべきであらう」と説かれたが、[19]この文書の他の箇所や他の文書では同じ條件でも省畫が見られないので尚検討の餘地があろう。判比量論の右掲例は、「ア」と見られるなら、この文書と同じく主格の助詞を表していて、草書の字形まで一致しているのが注目される。

奈良時代に、「伊」の省畫の「尹」が用いられた例は、右以外には管見に入らない。しかし、漢字を省畫した字形が省文として漢字文の中で使われることは、既に朝鮮半島で五世紀中葉の高句麗長安城壁石刻に「ア」（部）が見られ、[20]貞元二十年（八〇四）銘の新羅禪林院鐘銘文にも「旦」（檀）を始め諸字形が使われている。[21]日本でも「阝」（部）が六世紀後半の岡田1號墳出土の圓頭大刀銘文に用いられ、その用字が朝鮮半島の影響と説かれている。奈良時代の唐招提寺文書の「ア」が、このような風潮を背景として用いられたとすれば、判比量論の「ア」との關聯も考えられ、これを認定する一證となる。

主格を表す文法形態としては、新羅時代の吏讀で[22]「是」（이）が用いられているが、鄕歌の次例の、

脚烏伊四是良羅（「處容歌」三國遺事卷二、憲康大王時代（八七五—八八六））

（「脚が四つあった」林英樹譯『三國遺事』）

「伊」が、小倉進平博士の「伊は이で主格を表はす助詞」と説かれる通りであれば、判比量論の「ア」との關聯が生ずる。[23]主格の「伊」は、地藏菩薩本願經（一七九七年刊）等の口訣資料に見られ、「童蒙先習」では「主格語尾に伊、指定詞語幹として是を用いる」[24]資料も指摘されている。又、省畫の「尹」も口訣として用いられている。[25]判比量論の「ア」がこの通りであるな

ら、その古例となろう。[26]

尚、判比量論の第一例の「八識教」に角筆の「ㄋ」も施されているのは、恐らく初めに「八識教」を處所格と解して「良」(아)を書入れたが、これを主格と理解し直して、改めてその右傍に「ㄗ」を書入れたものであろう。[27]

(3)「於」

左の一例が見られた。

若論所依通於八識及与心所「ぉ」(角)（第十節44行）

（和譯「若し所依を論ずれば、八識と及《およ》び心所とに通ず。」）

角筆の「ぉ」は、「於」の行書體「扵」の草書である。經本文の「心所」の「所」の右傍のやや下寄りに書入れられている。書入れの位置から考えると、右掲の「ㄋ」「ㄗ」のような讀添えの助詞に通ずるが、新羅の鄕歌や吏讀には「於」にこの文脈に該當する助詞の用法を見ることが出來ないようである。鄕歌では、小倉博士は音어か訓는（現在的連體形）、걸・갈を表す用字とされている。[28] 吏讀では、[29] 高麗時代の金石文の淨兜寺造塔形止記（大平十一年〈一〇三一〉）に「國家覇業長興、鴻基永固、保遐齡於可久、延寶祚於無疆」とあるように、中國語文の助字の用法であり、或いは通度寺國長生石標銘（一〇八五）の「改立令是於爲」のように、「어ᄒ」と讀まれる吏讀であって判決文の結辭部分に使われその判決の當爲性を示す用法と說かれる。[30]

「於」が助詞「に」を表すのに用いられることは、日本の古事記や上代木簡の用字に見られるが、判比量論では、「ㄋ」を始め後掲のように、新羅語を表しているから、ここだけ日本語の用字が使われたとは考え難い。從って、その働きは未詳である。敢えて、推考を加えるなら、「通㆓於八識及与心所㆒」の「於」の下に六文字があり、訓讀するとそこから「通」に返るから、六字目の「所」に「ぉ」を記して、ここから「通」に返讀することを注意させる、返讀符的な役割をしたのでもあろうか。

因みに、「於」の行書體を假名に用いることは、平安初期の訓點でも見られ、その草書の「お」「ぉ」も、例えば東大寺藏金光明最勝王經註釋一本白點や正倉院聖語藏菩薩善戒經白點等に用いられている。

(4)「白」

次の三例が見られる。

若爲避此不定過故更立因言後二相中闕一相故猶如「白」(角)共等四不定因此因亦有餘不定過如「白」(角)於空宗緣生故因雖於後二相中闕一而是眞因非不定故（第十一節62〜63行）（資料篇、六〇頁）

（和譯「若し此の不定の過を避けんが爲の故に、更に因を立てて、後の二相のうち一相を缺くが故に。猶し共等の四の不定因の如しと言はば、この因にも亦餘の不定の過あり。空宗に於いて緣生なるが故にの因の如き、後の二相のうち一を缺くといへども、これ眞因にして不定に非ざるが故に）

若爲避此更立宗言無性「性」《ミセケチ》有情決定二乘皆當作佛以未成佛有情攝故猶如井「菩薩也白」(角)（第十三節92〜93行）

（和譯「若し此れを避けんが爲に、更に宗を立てて、無性有情と決定二乘とは、皆當に作佛すべし。未だ成佛せざる有情に攝するを以ての故に。猶し井（菩薩）の如し、と言はば」）

右揭のように、三例の角筆の「白」が、いずれも「言」で導かれる引用文の中にあり、その末尾又はその引用を受ける文末の「如」に讀添えられている。第一例の「猶如「白」(角)共等四不定因」も、第二例の「如「白」(角)於空宗緣生故因」も、角筆の「白」は「如」の左傍やや下寄りに書入れられている。書入れの位置が漢字の傍の眞横でなくやや下寄りであることは、(1)「ろ」、(2)「ア」、(3)「お」に通ずるが、(1)・(2)・(3)が右傍であるのに對して、「白」は左傍である。書入れの位置がやや下寄りであるのは、(1)・(2)・(3)と同樣に、本文に對應する漢字が無く訓讀するに當って補い讀添えられたものであることを示している。第三例も、「言」で導かれる文の末尾の「猶如㆓井㆒」に讀添えられているが、この例では、省文の「井」の右傍に角筆で「菩薩」と書き、その下に一字（「也」であろう）を書いて、それに續けて、やや右寄せに小字で「白」を書入れている。富貴原博士の和譯では、この第三例の「言」は、これが導く引用文の末尾の「猶し井（菩薩）の如し」の後に廻して「と言はば」と讀み、第一例も、「言」はこれが導く引用文の終の「猶し共等の四の不定因の如し」の後に廻して「と言はば」と讀んでいる。第二例は、これを受けて「此の因にも不定の過がある」とする理由を、「空宗の緣生故の因（淸辨、掌珍論）の如き」と申すのは「後二相のうち一相を缺いているが眞因となるからである」と說いている。

日本の平安初期の古訓點でも、「白」が會話文の結びに讀添えられて用いられている。白鶴美術館藏大般涅槃經集解白點、山田本妙法蓮華經方便品白點、聖語藏・東大寺圖書館藏成實論天長五年白點、京都國立博物館藏妙法蓮華經化城喩品白點、石山寺藏佛說淨業障經白點などに見られる。ここでは山田本妙法蓮華經方便品白點の例を擧げる（括弧内は私の補讀、「」内は別點、返點と會話文の『』は私に施す）。

舍利弗重《(ね)て》白レ佛《に》言《(さ)く》『世尊、唯《(うけたまは)る》願說《ふ(き)たまへ「ト白」》之・唯願說《「(き)たまへ」》之。所以者何《(ゆゑはいかにと)ならは》・是會《の》无數《の》百千萬億阿僧祇衆生《の》曾《はし》見《たてまつり》二

「り」諸佛《を》一・諸根猛利《「ナリ」「を」なると》　智慧明了《「ナリ」ナルをもちて》　聞《(き)たまへては》二　佛所《の》說《を》一・則能《(く)》敬信《(し)ぬへキをもちてなり(と)白》』。（70～73行）

舍利弗が佛に申上げた會話文を「白レ佛言」で導き、會話文の結びに「敬信《(し)ぬへキをもちてなり(と)白》」と「白」を讀添えて呼應させている。別點の訓讀では、會話文の中の「世尊、唯《(うけたまは)る》願說《ふ(き)たまへ「ト白」》之」という文の終りにも「ト白」を讀添えている。

平安初期訓讀では、このように、「言」に「く」のヲコト點等があるので、「言」の文意から見て、會話文の前に「言《まう》さく」を先ず訓讀したことが分り、會話文の終りにはこれに呼應させて、「白《まう》す」を讀添えて訓讀している。判比量論が「言」の導く引用文の終りに「白」を讀添えているのは、平安初期訓讀に通ずるようである。但し、判比量論のような論書の漢文で、「言」の謙讓語を讀添えるような釋讀をしたのかが疑問となる。判比量論では、引用に當っては、「立二比量一云」「判二云」の「云」と、「彼救言」「理門論言」の「言」とが用いられていて、第一例の「言」は著者の元曉が不定の過を避けるために比量を立てて申した所であり、第二例もこれを受けている。第三例の「言」も、元曉が過失を避けるために別の比量を考えて申した箇所であるから、「言」の字義から見て謙讓に釋讀することは考えられるものの、引用文を導く「言」を、日本の古訓點の「言《まう》さく」のような副詞風の訓讀をしたか否かは、加點が無いから未詳である。

鄕歌及び吏讀において、「白」が謙讓の意の動詞として用いられていることは、小倉進平博士が夙に說かれた所であり、こ

れが謙讓の助動詞として用いられるようになることについては、特に一章を設けて詳說している。[31] 鄕歌と吏讀とから一例ずつ示す。

南无佛也白孫舌良衣（「稱讚如來歌」均如傳）

「（南無佛と唱へまつりし舌より）（中略）白孫の白は鄕歌第一の例にありては「慕呂白乎隱」・「邀里白乎隱」「禮爲白齊」等の如く、何れも主たる動詞の下に添加し、謙讓の助動詞となったのであるが、此處にある「白」は他の動詞を借らずして、「白」の字それ自身が動詞であり、「申す」・「唱ふ」といふ義に用ひられたのである。[32]」

善州云集据院主人貞元伯士本貫義全部乙白旀（申し）（淨兜寺造塔記）（一〇三一）

「〔註〕此の場合の「白」は숣（申す）なる動詞であって「白旀」は숣며と讀み、「申し」の義である。[33]」

又、南豐鉉博士は、三國時代の金石文の丹陽新羅赤城碑銘の、

……□兄弟耶　如此白者　大人耶　小人耶□……

の「白」の用法について、「稟白」の意で書いた訓であって、吏讀的用法の端初とされ、鳴鳳寺慈寂禪師碑陰記（九四一）の、

成造爲內臥乎亦在之白賜縣以　入京爲使臥　金達舍

の「白賜」が尊敬待遇の「賜」と共に用いられ、赤城碑銘の「白」の意味と一致するので、後代の國語に繫り、吏讀の初期的用例と見ていられる。[34]

この「白」は、高麗時代の口訣にも、この字形で用いられている。

判比量論に角筆で讀添えられた「白」は、これらの用法に通じ、又、日本の平安初期訓點の用法にも通ずる用法で且つそれに先行している。

二、本文の漢字の音を示すのに用いた注音の漢字

注音の漢字とは、本文中の漢字の音を注記するのに、同じ音で異漢字を角筆を以て傍に書入れたものである。次の二例が認められた。

(5)「宮」

對佛弟子不共《「宮」(角)》不定（第十一節53行）（資料篇、六一頁）

（和譯「佛弟子に對すれば、不共不定あり。」）

「不共不定」とは、不定因の一つで、同品にも異品にも存在しない因という意味と說かれる。その用語の「不共」の「共」の右傍に、角筆で「宮」と解讀できた漢字が施されている。「共」と「宮」との共通點を求めると、「共」の音を「宮」で注音したとする見方が成り立つ。本文の「共」も、角筆の「宮」も、見母三等字であり、韻母は「共」が鍾韻であるのに對して、「宮」は東韻であって、聲母が共通し、韻母は體母音に少異があるが同じ通攝に屬して類音の關係が成り立ち得る。

被注字と注音字とがこのような關係にあるのは敦煌文獻に認められる。[35] 墨書の音注資料の開蒙要訓（P.2578）に、

嵩《松》（7行）（「嵩」は東韻三等、「松」は鍾韻四等）

腫《衆》（49行）（「腫」は腫韻三等、「衆」は送韻三等）

癰《龍》（1行）（「癰」は東韻三等、「龍」は鍾韻三等）

蜂《風》（93行）（「蜂」は鍾韻三等、「風」は東韻三等）

とあり、東韻三等字に對して鍾韻字で注音したり、鍾韻字に對して東韻三等字で注音している。これについて高田時雄氏は、次のように說いている。[36]

一等の東韻（*-uŋ）と冬韻（*-oŋ）、三等の東韻（*-iuŋ, -ïuŋ）と鍾韻（*-ioŋ, -ïoŋ）の區別はどうなっていたかというと、資料によっては用例を缺くため明白でないものもあるが、少なくとも用例の存するものについて言えば、これらを區別していた痕跡は全く見えない。「慧琳音義」では、一等の東一韻、冬韻は合併していたが、三等の東三韻と鍾韻はなお區別が

あったとされる。しかしこれら三等韻も恐らく合併していたであろう。十世紀の河西方言でこの合併が確實なことは、別字異文の資料や音注資料がこれを證明する。

一方、古代韓國漢字音について、その基層となった中國音系に、唐五代の西北方音があることを、權仁瀚氏が新羅國號の異表記資料に據って論じている。(37) 西北方音は、敦煌を中心とした河西方言の音であり、高田時雄氏によると、十世紀初に唐が滅亡する前まで、當時の標準音である長安音との差が大きくなかったとされる。(38) 新羅の元曉が撰述した判比量論の「共」と角筆で注音した「宮」は、十世紀の敦煌文獻と同様に、當時の朝鮮漢字音でも同音であったことを示していて注目される。「共」という字の字音は現代の知識から見ると平易な音であるが、この字にわざわざ注音したのは、「不共」という佛教語を、訓ではなく音で讀むことを示したものであろう。

(6)「捷」

賴耶末耶必無俱有所依之根非六識性之所攝「捷」(角)　故（第十節38行）（資料篇、六二頁）

（和譯「賴耶（第八識）と末耶（第七識）には、必ず俱有所依の根なかるべし（宗）。六識性に攝せらるるに非ざるが故に（因）。」）

「攝」の右傍に「捷」と見られる漢字が角筆で書入れられている。「捷」は草書で「捷」とある。「攝」と「捷」との共通點は、音が類似することであり、「攝」の字音を「捷」で注音したとする見方が成り立つ。本文の「攝」も、角筆の「捷」も韻母が葉韻であり、聲母は「攝」が審母三等で無聲であるのに對して、「捷」は從母四等で有聲である。韻母が共通し聲母は清濁の異なりがある。

被注字と注音字とでこのような齒音摩擦音の有聲が無聲音の注音に用いられるのは、敦煌文獻で指摘されている。高田時雄氏は、藏漢對音資料の、チベット文字音注「千字文」（P.tib.1046）、「金剛經」（India office C129）、音注本「大乘中宗見解」（India office C193）、「天地八陽神呪經」（P.tib.1258）において、齒音摩擦音の有聲の邪母も無聲の心母も S- で寫されていて、藏漢對音資料では心母邪母はともに主としてS⁻で寫されている。チベット文字はSに對して有聲のZを持っているのであるから、心母はともかく邪母を寫すのにこれを用いずSを用いることは邪母が無聲音に變化していたことの證據となる

と說き、「敦煌寫本の別字異文中にも心母邪母の交替は4例を數える」ことを指摘している。(39)

判比量論において、本文の無聲字「攝」に對して、齒音摩擦音の有聲の「捷」で注音しているのは、敦煌文獻で、齒音摩擦音の有聲の邪母が無聲の心母と同じS⁻で寫されている現象に通ずると考えられる。前揭の(5)で、本文の「共」に對して角筆で「宮」と注音したのが、敦煌文獻にも見られる現象であることを指摘したのに併せて、古代韓國漢字音においても音體系に有聲無聲の對立のなかったことを窺う例として注目される。

角筆の注音として解讀することが出來たのは、この二例だけである。更に類例を得る必要がある。

三、本文の漢字の訓を表した假名、竝びにその訓の終聲を添えた音假名、及び文法機能を表した假名

本文の漢字の傍（右傍）に、角筆を以て、その訓を表したと見られる漢字が施された例がある。

(7)法處所攝不待根《「マリ」(角)》　故（第十節42行）（資料篇、六三頁）

（和譯「法處所攝（色）は根に待せざるが故に」）

角筆で施した二字形が認められた。上の字形は、當初は漢字「部」の偏を省き、旁の「⻏」（邑《おおざと》）を草書體に崩した「マ」の形に見えた。この字形は、日本語の片假名「へ」の字源に當り、毛筆による訓點記入のことが始まった平安初頭期の古點本では Fe の音節を表す假名として用いている。下の字形は、第二畫の長い方の縱線が右行の「依」字の人偏の左傍の中程よりやや上寄りの位置から起筆してその下の「故」字の偏「古」の左傍の中程邊りまで長めに引かれ、一見は二重線に紛らわしいような凹みであり、第一畫はその長めの縱線の左側に右上から左下へかけて短か目の凹みが微かに認められる。上の字形に對し

て、やや右寄りに書かれているので、「禾」（ノ木偏）のような偏の有無を確めたが、その痕迹は認められなかった。下の字形は、漢字「利」の偏を省き、旁の「刂」（立刀《りっとう》）が書かれたと考えられる。東大寺圖書館藏傳景雲寫大方廣佛華嚴經卷第四十一に角筆で奈良時代に書入れたと見られる訓點假名に、「菩薩摩訶薩「伊」(角)住「世リ」(角)此三昧「尓」(角)」のように、(40) ri の音節を表す假名として用いられ、平安初期古點本では屢〻用いられている。(41) この二字形の下に、もう一字形があるようにも見えるが確かめられない。文字とすれば、「中」の草書に近いが明らかではない。

本文の「法處所攝不待根故」は、富貴原博士の和譯には前掲のように記されている。認識の生ずる據點としての存在領域におさめられる幾許かの色は〝根〟に依存しないが故に、の意と解される。「根」は目・耳・鼻・舌・身などの認識器官であり、感覺を起させる機關でもあり能力でもあって、草木の根が成長發展させる能力を持って幹や枝を生ずるのに喩えられる。

角筆で施された二字形が、右の通りとすれば、これがその右傍に施された本文の「根」に對して、如何なる注記を示したのであろうか。「根」との間に共通點を求めると、「根」の漢字音を注音したとは考え難く、意味か訓を注記したことになる。本文の「根」と同じ意味の「根」は、韓國の湖巖美術館藏大方廣佛華嚴經（卷第一～卷第十）一卷で天寶十四年（七五五）書寫本の奥書(42)の中に、

經之成內法者楮根|中香水散尓生長令內弥

と用いられ、均如傳所載の鄕歌にも、

迷火隱乙根中沙音賜焉逸良（恆順衆生歌）

と用いられている。この鄕歌の「根中」について、小倉進平博士は「根は今日の語では뿌리であるが、古語は불휘である、中は애と讀み、場所を表はす助詞」と說かれる。(43) 朝鮮半島の、北は平安北道から南は濟州島に至る各地の二十一地點の地方の老人達の習った千字文の音と訓を收錄した李基文・孫熙河企畫・編輯『千字文資料集―地方千字文篇―』(44) によると、「770根」は音が二十一地點とも「큰」であるが、訓は濟州道の三地點が「불휘」で他は「뿌리」である。「불휘」は、一四四七年刊の「龍

飛御天歌」にも見られる。(45) 南豐鉉博士は、天寶十四年（七五五）書寫の大方廣佛華嚴經の奥書に用いられた「根」について、「訓讀字で '블' を表記したもので、十五世紀の '블휘' は古代には '블' であったと推定される。(46)」（意譯）と説いていられる。尙、「根中」の「中」は處所格の助詞 '긔' を表記した訓讀字で、既に三國時代初期から吏讀文に使用されて來たと説かれている。(47)

判比量論の「根」の右傍に角筆で書入れた二字形のうち、上の字形が、「阝」の草書とすれば、「部」の省文「阝」が、六世紀後半の高句麗長安城壁石刻や百濟の宮苑遺跡の扶餘宮南池出土木簡に既に用いられ、(48) わが國の金石文や木簡にも見られるか(49)ら、このような省文が漢文の訓讀の場に持込まれたということも一應考えてみた。

しかし、原本を一緒に調査した金永旭氏から、後日、同氏が歸國の際に次の教示を得た。上の字形は「ろ」と見えて「火」の草書の下の筆畫部分であり、下の字形「刂」は「是」〔i〕の草書「之」の上の筆畫部分であって、「火」の訓は블であるから、二字の發音は블이＞브리・부리となり、十五世紀に블휘となり、二十世紀に뿌리（根）と變化した、という趣旨であった。歸宅後に寫眞で點検した所、上の字形の上部に筆畫らしい痕迹が微かに存するようであり、「火」の草書「少」が浮かび上った。原本で確認する機を得たい。

「火」の草書とすると、南豐鉉博士が十三世紀の「鄕藥救急方」の「根」を高麗語で示すのに「火」（블）を宛てたとされる(50)のに通ずることになる。但し、下の字形は、第二畫目の縦線が本文の漢字二字にわたる長さであるから、「是」の草書の上の筆畫部分とは形が合わない。字形は「利」の旁と見るのに適う。とすると、この字形は何を表すのであろうか。小倉進平博士は、三國遺事卷五所載の鄕歌の、

道尸掃尸星利望良古（「融天師彗星歌」）

の「星利」の「利」について、「利は音리であるが、此處では目的格を表はす을の意で、其のㄹを表はすに用いられたものである」(51) と説いていられる。「利」にこのような用法が認められるなら、その省書の「刂」は、「火（블）」の終聲のㄹを添記す

るのに用いたものではなかろうか。郷歌では、後述のように、終聲のㄹの添記に、同じ母音性的子音の流音の「留」を用いているとされるのが參考となる。

本文の漢字の右傍に、角筆を以て、その訓を表したと見られる漢字の施された例が、他にも次のように認められた。

(8)皆不能離「斗古知畄」(角)不定過也（第九節31行）（資料篇、六四頁）

（和譯「みな不定の過を離れ《(ママ)》ること能はざるなり。」）

(9)此因亦有餘「多畄」(角)不定過（第十一節63行）（「畄」の下にもう一字あるか。未詳）（資料篇、六五頁）

（和譯「この因にもまた餘の不定の過あり。」）

(10)謂眼耳鼻識必有舌身意識不攝餘「多畄」(角)別識（第九節27行）（「畄」の下の文字の存否未詳）

（和譯「謂く眼耳鼻識には、必ず舌身意識に攝せざる餘の別識あるべし。」）

(11)是故彼宗雖知依与所依差別未解「□畄」(角)所依与根有異（第十節43行）

（和譯「この故に、かの宗は依と所依との差別を知るといへども、いまだ所依と根と異あることを解せず。」）

(12)無性攝論爲成「移畄畄」(角)第八對彼小乘立二比量（第九節23行）

（和譯「無性攝論に、第八（識）を成ぜんがため、かの小乘に對して二の比量を立てる。《(ママ)》」）

(13)此中極成六識「尸」(角)(?)「移畄」(角)爲他異品（第九節28行）

（和譯「このうち極成の六識は他（小乘）の異品となす。」）

(14)無性「性」《(ミセケチ)》有情決定二乘皆當作佛。以未成「可畄畄」(角)佛有情攝故（第十三節93行）（資料篇、六六頁）

（和譯「無性有情と決定二乘とは、みな當に作佛すべし（宗）。いまだ成佛せざる有情に攝するを以ての故に（因）。」）

(8)から(14)に用いられた角筆の文字は、草書と「畄」とを主としている。草書は(8)「斗」（斗）、(8)「知」（知）、(9)・(10)「多」（多）、(12)・(13)「移」（移）であり、「畄」は「留」の異體字である。尚、(11)の第一字目は「多」（多）のように見えるが、未詳である。

これらを、「郷歌の漢字の用法(52)」と「高麗時代の口訣(53)」とによって、その使用の有無を比べてみると、次のようになる。

「라」は、郷歌には使用例を見ないが、高麗時代口訣に「4」(音두)として用いられている。「4」は「斗」の草書の「라」の字體を更に崩した字形と見られる。「ち」(知)は、郷歌に、

　民焉狂尸恨阿孩古爲賜尸知(「安民歌」三國遺事巻二、景德王〈七四二—七六四〉)

　吾良遺知支賜尸等焉(「盲兒得眼歌」三國遺事巻三、景德王〈七四二—七六四〉)

と用いられ、高麗時代口訣でも「知」(音디)と共に省畫の「矢」(音디)が用いられている。

「ろ」(多)は、郷歌に、

　君如臣多支民隱如(「安民歌」三國遺事巻二、景德王〈七四二—七六四〉)

　祈以支白屋尸置内乎多(「盲兒得眼歌」三國遺事巻三、景德王〈七四二—七六四〉)

と用いられ、高麗時代口訣でも「ㅣ(多)」(音다)が諸文獻に用いられ、省畫の「タ」が一文獻に見られる。

「ね」(移)は、字形にやや確認し難い所があるが「移」の草書であろう。但し、音假名としての使用例が郷歌にも高麗時代口訣にも見られない。鶴林類事に「有日移實」「有客日孫集移室」と이실に用いた例が擧がっているが(54)、宋の孫穆の用字であろう。日本でも萬葉集に「移乎佐伎太多尼」(眠《い》を先立たね)(巻十四・三三五三。東歌・信濃國)と用いている。この箇所の角筆の字形を再三にわたって確めたが、郷歌の用字の「伊」「以」「爾」「逸」や「尼」とも、高麗時代口訣の「是」「亦」「已」「伊」のいずれとも筆運びや筆畫が合わず、「移」の草書に最も近い。

⒁の「可」は、郷歌に、

　惱叱古音(郷言云報言也)多可支白遣賜立(「廣德嚴莊」三國遺事巻五、文武王〈六六一—六八〇〉)

　此如趣可伊羅行根(「總結无盡歌」均如傳)

と用いられ、高麗時代口訣でも「可」(音가)が十三世紀の朴東燮本楞嚴經以下に用いられている。

(8)の「라ロ去留」の「ロ」は、鄕歌の漢字の用法には擧っていず、高麗時代口訣では「古」（音고）の省畫として用いられているが、「呂」の省畫の可能性も考えられる。「呂」（音려）は高麗時代口訣では朴東燮本楞嚴經の使用が指摘され、鄕歌では「請佛住世歌」（均如傳所載）の「道尸迷反群良哀呂舌」の「呂」について、小倉進平博士が「哀は스러울と訓ずる。呂は其の스러워の러に宛てた字である[55]」と說かれる。日本の平安初期古點本では「ロ」を「呂」の省畫として用いている。

「畱」（留）は、(8)～(14)のいずれにも用いられ、語末に付き、更に文法形態を添えるのに用いられているように見られる。「留」は、高麗時代口訣には使用例が擧っていないが、鄕歌（均如傳所載）には音假名として次のように用いられている。

灯炷隱大海逸留去耶（「廣修供養歌」）

際毛冬留願海伊過（「總結无盡歌」）

皆往焉世呂修將來賜留隱（「常隨佛學歌」）

皆佛體置然叱爲賜隱伊留兮（「常隨佛學歌」）

佛體頓叱喜賜以留也（「恆順衆生歌」）

小倉進平博士は、第一例の「逸留」について、「逸留去耶の〔逸〕は音일、〔留〕は音류であるが、〔留〕は單なるㄹ音に用ひられ、兩字合して일とよむべく、「である」（to be）の義である。[56]」と說き、第二例の「毛冬留」について、「毛冬は몰을と讀み「知らぬ」の義であるが（鄕歌第六の(6)參照）、此處では「毛冬留」三字で몰을と讀み、留は몰을の最後のㄹを表はしたものである[57]」と說き、第三例の「賜留」について、「賜留隱は「賜乙隱」（鄕歌第五の(6)參照）と同一語で샬은と訓ずべく、敬語法である[58]」と說き、第四例の「伊留」について、「伊留は일と讀み「事」の義である[59]」と說き、第五例の「以留」について、「以留也は일야と讀み、「逸良」（鄕歌第九の(2)參照）と同じく、感歎の意義を有する助詞である[60]」と說いている。これらによると、「留」は、「乙」（ㄹ）の用法にも通じ、語の終聲の「ㄹ」を表すのに用いられた可能性のあることを示している。漢字音で「乙」が閉音節であるのに對して、「留」は母音を持つ開音節であるが、母音性的子音の流音を持ち、終聲の「ㄹ」を表すのに流用さ

れたのであろう。小倉博士が、郷歌の「星利」の「利」がㄹを表すのに用いられたと説かれたのも、「利」の子音が流音であることに係っているのであろう。高麗時代口訣に「留」が用いられず、ㄹに「乙」「尸」が用いられているのは、字畫の畫數の多いものから畫數の少ないものへ變遷したことを反映するかも知れない。

(8)〜(14)に掲げた角筆の文字は、右のように見ると、主に音假名として用いられている。それらが經本文の漢字のよみを表していると考えられるが、それぞれ如何なる語を示しているのであろうか。(9)・(10)の「餘」の右傍に角筆で書入れられた「多留」についてみると、本文の「餘」は「他《ほか》(の)」(それ以外)の意であり、その訓と關係がありそうである。小倉進平博士は、郷歌(均如傳所載)の「伊留叱餘音良他事捨齊」(「總結无盡歌」)の「他事」を달은일と讀んでいる。千字文でも[61]、「異」を「다를」と讀み、「別」にも「다를」の讀みが朝鮮半島の南部地方の濟州道北濟州郡と北部地方の平安北道博川の資料に見られる。「餘」は體言を修飾しているから、「多留」の下に、連體形の機能を示すもう一字がある可能性があるが解讀できていない。このように見られるなら、語末の「留」は終聲のㄹを表した可能性があろう。又、「移留留」は經本文の「成」が「成ぜんがため」と未來の連體形であり、「可留留」は經本文の「未成佛」が未來に成佛させるべき有情であるという文意がある。「—留留」と續いた下の「留」の機能も含めて、他の漢字の右傍に書入れられた角筆の音假名が、經本文の漢字の如何なる訓を表したのかは、今後の檢討に委ねることにする。

以上の一・二・三に掲げた角筆の文字は、字音注と見られる二の「宮」と「據」、一の中の「在」を除くと、口訣(假名)として用いられている。これを、音假名と訓讀字とに分けると、

〔音假名〕 ㄋ(良)　尹(尹↑伊)　刂(刂↑利)　斗(斗)　口(呂?)　知(知)　多(多)　移(移)

可(可)　留(留)

〔訓讀字〕 火　白

となる。これを、郷歌の用字及び高麗時代口訣と比べると、

(ア)郷歌にも口訣にも用いられているもの

（ろ→ろ、라→4のような字形の變遷による差異は捨象する。〔 〕内が郷歌、〈 〉内が高麗時代口訣で、*印を附したものは特に十二、十三世紀墨書口訣にも見られるもの）

ろ（良）――〔良〕〈*ろ〉　ア（尹）――〔伊〕〈イ〉　刂（利）――〔利〕〈*禾・刂〉　口（呂?）――〔呂〕〈呂〉

ち（知）――〔知〉〈*矢・知〉　ろ（多）――〔多〕〈*丨・夕〉　可――〔可〕〈可・丁・号〉　白――〔白〕〈*白〉

(イ)郷歌に用いられるが口訣には見られないもの

留（留）――〔留〕

(ウ)郷歌には見られないが、口訣に見られるもの

라（斗）――〈*4〉

(エ)郷歌にも口訣にも見られないもの

移（移）

のようになる。

四、本文の漢字句の釋義を示した角筆の漢字の字句

本文の釋義を角筆で書入れたと見られる漢字句が、行間又は上欄に次のように認められた。

(15)猶如井「菩薩也白」（角）（第十三節93行）（「薩」は筆畫により推定）（資料篇、六七頁）

（和譯「猶し菩薩の如し。」）

(16)此因應非不定異品無故猶如正因「當□因」（角）（第十一節55行）

（和譯「此の因は不定（因）に非ざるべし（宗）。異品になきが故に（因）。猶し正因の如し（喩）。」）

⒄設彼救言相分三□(角)。相非心分攝（第八節21行）

（和譯「設ひ彼が救して、相分の三相は心分に攝するに非ずと言ふとも、」）

⒅第四分有言而無義　二□(角)量（第八節22行）

（和譯「第四分には、言のみあって義なきことを」）

⒆又自證分爲如兔角無卽體能／證故非心分攝爲如耳識相分□□□(角)三相無卽體能證／故（第八節14～16行）

（和譯「また自證分は、兔角の如く、體に卽する能證なきが故に、心分に攝せられるに非ずとせんや。耳識相分の三相の如く、體に卽する能證なきが故に」）

（第15行上欄、角筆）「□□」

⒇相分三／相不離相故五識□(角)見分亦得緣故（第八節17～18行）

（和譯「相分の三相は相（分）を離れざるが故に、五識の見分もまた緣ずることを得るが故に。」）

（第18行上欄、角筆）「□□加述セ(也)」

⒂は、本文が「菩薩」を省文の「井」で書いてあるのに對して、角筆で「菩薩」と注記したと見られる。「菩」字は確認できたが、「薩」は筆畫の一部に確かめられない所があるものの、文意と筆畫から見て「菩薩」と考えられる。その下の一字は「也」らしく、その下に小字で「白」が、前掲のように見出された。

⒃は、本文の「猶如正因」の義注と見られる。第二字目は「圖」の草書のように見えるが、未詳である。

⒄は、「三」と「相」との間に「○」の補入符のような角筆の書入れがあるが、その右傍に書入れた角筆の字句が解讀できない。

⒅は、角筆の書入れの二字目の筆畫に「里」が見えるので「量」かも知れない。

⒃～⒇については、文意が難解である上に、角筆の凹みが極めて見難いので、未だ解讀することが出來ていない。

(二) 角筆の符號

角筆の符號には、(1)節博士（B型）、(2)四聲點（圈點）、(3)合符、(4)節博士（A型）が認められた。

(1)角筆で施した節博士（B型）

既に述べたように、經本文の漢字の傍に、その高低や長短の旋律を譜として施した、節博士が角筆で書入れられている。これには、形を異にし、機能も異なると考えられる二種があるので、私に、假にA型とB型とする。B型は、經本文の漢文の行と行との間に書入れた譜である。

判比量論の巻末の廻向偈には、二行にわたって各句の漢字に節博士（B型）が角筆で詳密に施されたらしいが、修補の手等を經た爲に、凹みの迹を確定するのに困難が伴う。第四回目（平成十四年九月十七日）の調査においてはこの節博士に重點を置いて確認作業を行った。岩田宗一大谷大學名譽教授の論稿に導かれて、特に起筆位置に注意して全巻にわたり再調査した結果、廻向偈についても極めて薄いながらも以下のような譜の書入れが認められた。（廻向偈の翻字は二六三頁を參照）

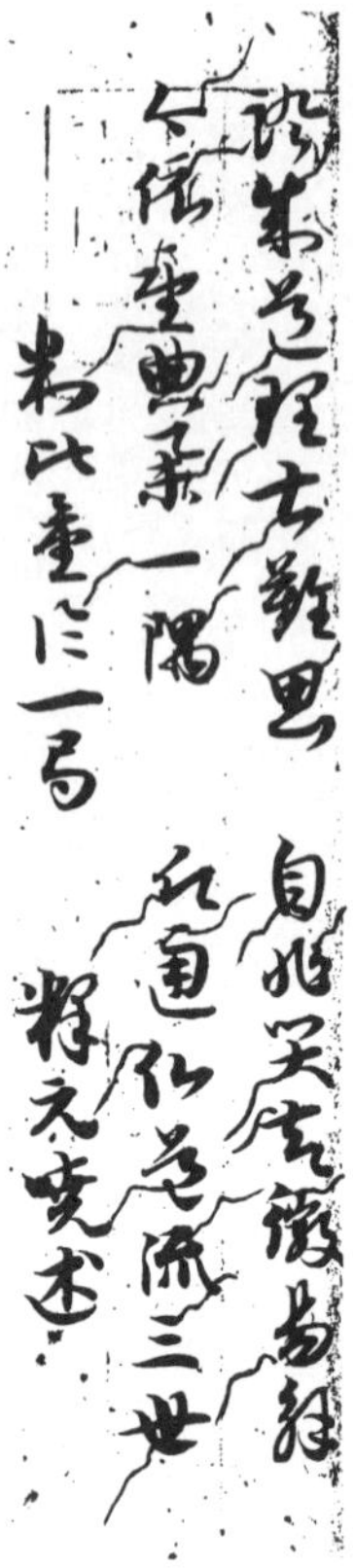

節博士の型は、後世云う「ユリ搖」が主となっている。各漢字に施された節博士が、漢字のどの位置から筆を起しているかに注意して見ると、漢字の四隅のいずれかより筆を起していることが知られる。これを、四隅の位置によって類別すると、

(a) 漢字の右上隅――成・思・非・微・今・依・隅・通・流・三

(b) 漢字の右下隅――典・擧

(c) 漢字の左下隅――ⓑ道・理・道（二行目）

ⓒ甚・自・笑・易・聖・願・世

(d) 漢字の左上隅――却・一・佛

となる。各漢字の聲調を切韻系の韻書「廣韻」で調べると、

(a)＝平聲　(b)―上聲　(c)ⓑ上聲　(c)ⓒ去聲　(d)＝入聲

となり、節博士の起筆位置が漢字音の聲調と關係していることが知られる。但し、二つの問題點がある。その一つは、右上隅＝平聲、右下隅＝上聲、左下隅＝去聲、左上隅＝入聲となり、日本で平安時代以降に行われる聲點の差聲位置が、平聲＝左下隅、上聲＝左上隅、去聲＝右上隅、入聲＝右下隅であるのと合わないことである。しかし張守節『史記正義論例』發字例によると、平聲が右上隅で右廻りに入聲が左上隅に差聲するのは古い型であるから（東アジア篇第一章第四節、八七頁）、判比量論の角筆の節博士（B型）はこの古い型を示していることになる。もう一つの問題は、上聲字の中に(c)ⓑのように、去聲字と同じように左下隅から起筆している字群のあることである。これは、朝鮮漢字音では、中國の上聲が上聲で現れ、あるいは去聲で現れる（後述、二九八頁）とされることに係るのであろう。

節博士は、廻向偈だけでなく、本文の漢字にも隨所に施されている。その起筆位置は、廻向偈に見られたのと同様である。

(a) 漢字の右上隅から起筆

極成六識（第九節28行）　此因不定（第九節33行）　若言（第十節36行）

所依根（第十節44行）　倶有根（第十節45行）　餘不定過（第十一節63行）

非不定故（第十一節64行）　立比量云（第十二節80行）　更立宗言（第十三節91行）

(c) 漢字の左下隅から起筆

法相雜亂（第八節20行）　足作不定（第八節21行）　相違過失（第八節22行）（資料篇、七一頁）

此中問意（第十二節80行）　有俱有所依（第十節32行）　此等難（第十節50行）

(d) 漢字の左上隅から起筆

相違過失（第八節22行）　六識性（第十節38行）　立相違比量（第十一節67行）

所有差別（第十一節70行）　向離故（第十一節71行）

(b) 漢字の右下隅から起筆

所聞性因（第十一節57行）　實我（第十四節100行）（前行の「不」の譌か）

節博士の施されている字は、(a)が平聲字、(c)が去聲字、但し「有」「此」は上聲字、(d)が入聲字である。(b)は「因」が平聲、「我」が上聲である。

韓國の十一世紀の初雕高麗版にも、同種の節博士が角筆で施されていて、そのうち大方廣佛華嚴經卷第五十七の節博士を、第一節第二項（二五六頁）に掲げた。右掲の諸例は、後世云う「ユリ搖」を主とし「ソリ反」を交える。韓國の角筆による節博士（B型）が、十一世紀以前刊の版本から十七世紀刊の版本までに見られることも述べた通りである。十三世紀の再雕高麗版にも角筆で書入れられてあり、又、大谷大學圖書館藏の再雕高麗版の法句經にも角筆の節博士の施されていることは、第一項の「はじめに」（二六一頁）で言及した通りである。

このことは、韓國では節博士が盛んに使われ、角筆で施されたことを推定させると共に、八世紀の新羅でも行われたであろうことを、天寶十四年（七五五）書寫の新羅白紙墨書大方廣佛華嚴經（湖巖美術館藏）の奧書中の、「書寫に際して「梵唄」を唱えた」という記文に據って推定した（第二節第二項、二〇五頁）。又、三國遺事巻五の景德王十九年（七六〇）四月の記文にも「聲梵」の語がある。大谷大學藏判比量論に施された角筆の節博士は、正にその裏付けとなるものであり、韓國で見出された初雕高麗版の節博士より三百年も溯る資料となる。

日本では、八世紀、九世紀には毛筆による節博士は使われなかったとされ、毛筆文獻にはその資料が見られず(62)、十世紀になって、平安新興の天台宗の僧が使い始める。その毛筆文獻による現存する最古の資料は、比叡山麓にある天台宗寺院の來迎院如來藏の熾盛光讃を康保四年（九六七）法性寺座主の奉讀した寫本である（第二節第二項、二〇四頁）。

(2)角筆で施した四聲點（圏點）

漢字の聲調を示す爲に、漢字の四隅に、角筆で圏點を施した、と見られる箇所がある。但し、總ての漢字に施すのでなく、極一部の漢字にだけ施してある。認め得たのは次の例である。圏點は大きな楕圓に近い形で、一筆に書かれている（資料篇、六八・六九頁）。

(a) 由一向離故（第十一節76行）（和譯「一向に離れたるが《ママ》故に」）（資料篇、六八頁）

(c) 足作不定（第八節21行）（和譯「不定を作るに足る」）

(d) 以未/成佛有情攝故（第十三節93行）（和譯「いまだ成佛せざる有情に攝するを以ての故に」）（資料篇、六九頁）

(b) 若爲避此（第十三節91行）（和譯「もし、これを避けんがために」）

「○」が角筆の聲點である。(a)の「離」は「はなれる」の意で紙韻平聲であり、(c)の「定」は徑韻去聲であり、(d)の「攝」は「引受けて導く」の意で葉韻入聲である。(b)は「此」という平易な頻出する字のここにだけ施すのが不審であるが、聲點とすれば紙韻上聲である。いずれも用例が一例ずつであるので確かでないが、これを聲點と見ることが出來るなら、角筆の圏點の位置と差聲漢字の聲調とが對應して、

右上隅＝平聲　　左下隅＝去聲　　左上隅＝入聲

となる。但し、「此」は上聲で左下隅に差聲されているので一致しない。これを違例とするならば、張守節『史記正義論例』發字例で述べている、聲調符の古い型に合うことになる。「此」の圏點が間違いなく、上聲字に去聲の圏點を差したとすれば、朝鮮漢字音で、「中國の上聲は、上聲（低高調）で現われ、あるいは去聲（高調）で現われて（その根據が判らない）[63]」とされることに係るかも知れない。但し、これは十五世紀のハングル創制以後の資料に據ったものであり、これが新羅時代まで溯るのか否かは明らかでないが、角筆の節博士の起筆位置が、右上隅が平聲字、右下隅が上聲字、左下隅が去聲字、左上隅が入聲字であり、上聲字の中に左下隅の去聲を示す位置から起筆する字群のあった（前述、二九五頁）ことに關聯していて注目される。

韓國の十一世紀の初雕高麗版に、圏點の四聲點が角筆で施されていて、それ以前の刊本やそれ以後にも角筆で圏點の四聲點が施されていることは既述の通りである（東アジア篇第二章第一節、一五四頁）。その差聲位置は、

左下隅＝平聲　　左上隅＝上聲　　右上隅＝去聲　　右下隅＝入聲

であって、新しい型となっている。

日本では、八世紀、九世紀には毛筆による聲點は使われなかったらしくその資料が見られない[64]。毛筆では九世紀末から十世紀初に、平安新興の天台宗比叡山の僧の邊で使い始めて、廣まった。日本の聲點は、差聲位置が、左下隅＝平聲で始まる新しい型である。尙、日本の毛筆の訓點では聲點は朱書や墨書で施されるので、圏點は小さな丸を用いている。

(3)角筆で施した合符

本文の漢字二字が、一つの單語であることを示したり、又は一つの概念を表すことを示すのに、角筆で「〵」又は「｜」（縱線）が施された箇所がある。本文の總てには施されず、極一部に見られるに過ぎない。認め得たのは次の例である。

(i)是聖〵敎故（第九節25行）（「〵」が角筆。凹みに墨痕の墨が嵌っている）（資料篇、五八頁）

(ii)此非不｜定（第十節41行）（「｜」が角筆）

以有心故必當作佛（第十三節89行）（「｜」が角筆）（資料篇、七〇頁）

今｜者別立（第十節37行）（「｜」が角筆）

(i)は、「聖教」の右傍に角筆で「〻」の符號を施したものである。「聖」と「教」との二字が一單語であることを示す働きをしていると見られる。この合符の起筆位置は、上の漢字「聖」字の最終畫の横線の右端の墨書の上にあり、その墨痕を角筆で削り取るようにして、凹みに嵌り込んでいる。凹みで「〻」を書いて、下の漢字「教」字の「文」の右肩まで續けている。角筆の先端で削り取られた墨の墨色が凹みに嵌り込んでいる。このことは、墨書の本文が書寫されて程遠くない時日に、墨書が年月を經て乾き切ってしまう前に、角筆の書入れが行われたことを語るものと見られる。この合符は、第三回目の調査の時に尾崎正治氏が見付けたもので、凹みに嵌り込んだ墨色も確認された。

(ii)は、「不定」と「必當」と「今者」のそれぞれの、上字の筆畫の中（やや左寄り）から起筆して、下字の筆畫にかかる長い縦線が角筆で引かれ、施されたものである。「不」と「定」、「必」と「當」、「今」と「者」は、二字を合せて一つの概念を表すことを示しているように見られる。

(i)と(ii)とが、右のような機能を分擔していたかどうかは、用例數が少ないので確定は出來ないが、このような合符が八世紀に既に用いられていたことが知られる。

合符は、既に敦煌文獻に角筆で施されてあり、[65]韓國の十一世紀の初雕高麗版にも角筆で施されている（東アジア篇第二章第一節、一五〇頁）。(i)の形の合符は、敦煌文獻の觀音經（S.5556）の「天龍夜叉」の角筆の合符にも見られた（東アジア篇第一章第三節、四九頁）。(ii)の縦長線の合符は、十一世紀の大方廣佛華嚴經と瑜伽師地論に見られ、形は通ずるが、機能分化は見られない。

日本の古訓點本でも毛筆では九世紀初から合符が用いられているが、形が異なっている。先ず、(i)の「〻」の合符は平安初頭期に若干見られるに過ぎない。[66]縦線の合符は、漢字と漢字との間に短い線を施す形であり、韓國の合符が、上字の筆畫の中から起筆して下字の筆畫にかかる長い縱線を施すのとは異なっている。これは日本では朱書・白書等で書入れるのに對して、韓國では角筆の凹みで施すという筆記具の違いに基づく差異と考えられる。

(4)角筆で施した節博士（A型）

B型の節博士とは別に、A型の節博士も角筆で本文中の隨所に施されている。A型の節博士は、經本文の幾つかの行にわたって右方向に横長の波線を施したものである。漫然と見ると、紙の皺と見間違えるような線であるが、いずれも起筆位置が本文の漢字の筆畫の部位（右肩や左下畫等）にあり、そこから、わずかな起伏を描きつつ横に延びている。次のような例である。

（翻字文には返點と句切點を私に施し、「句」には點線を左傍に施した）

(1)(ア)

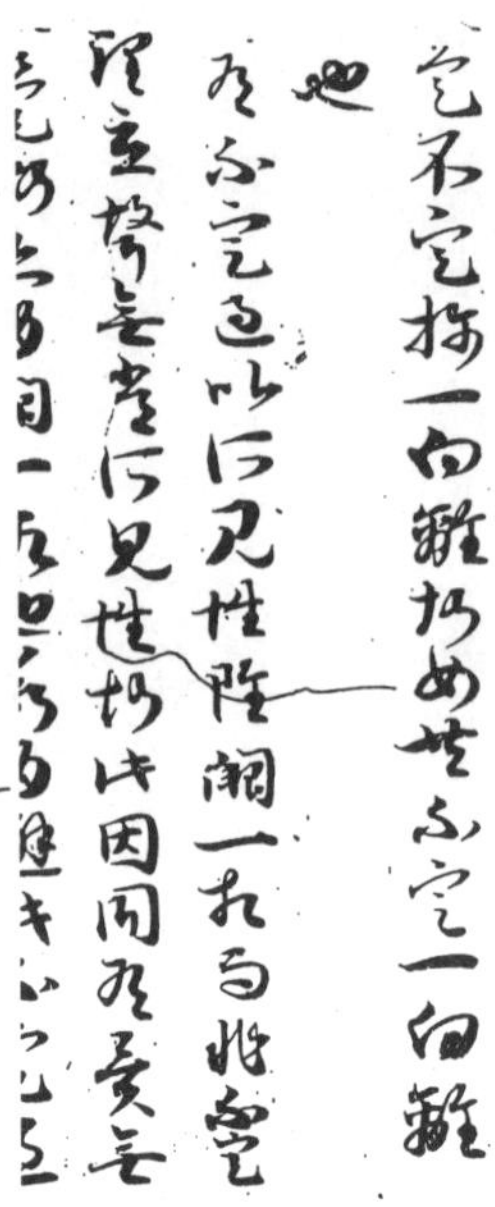

所見性雖闌

謂立二聲無常、所見性故一（第十一節60行）

(イ)

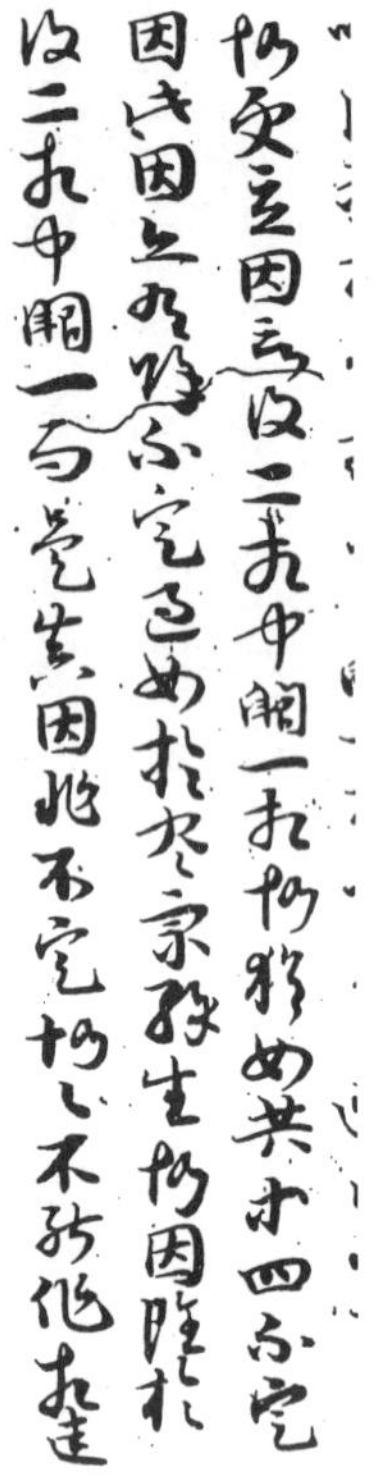

故更立因言後二相中
有餘不定過如於空宗緣生故因雖㆘於㆓
後二相中㆒闕㆖一而是眞因　（第十一節64行）

(ウ)

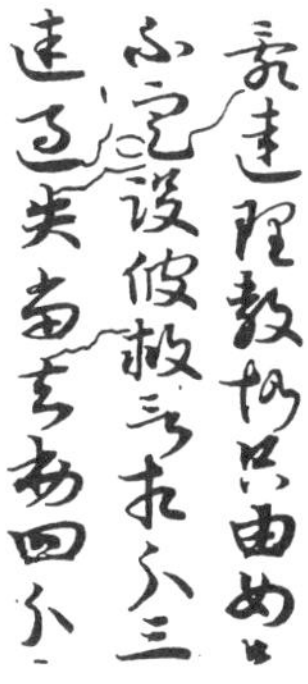

設彼救言　有比量相
違過失當知　（第八節22行）（資料篇、七一頁）

(2)
(エ)

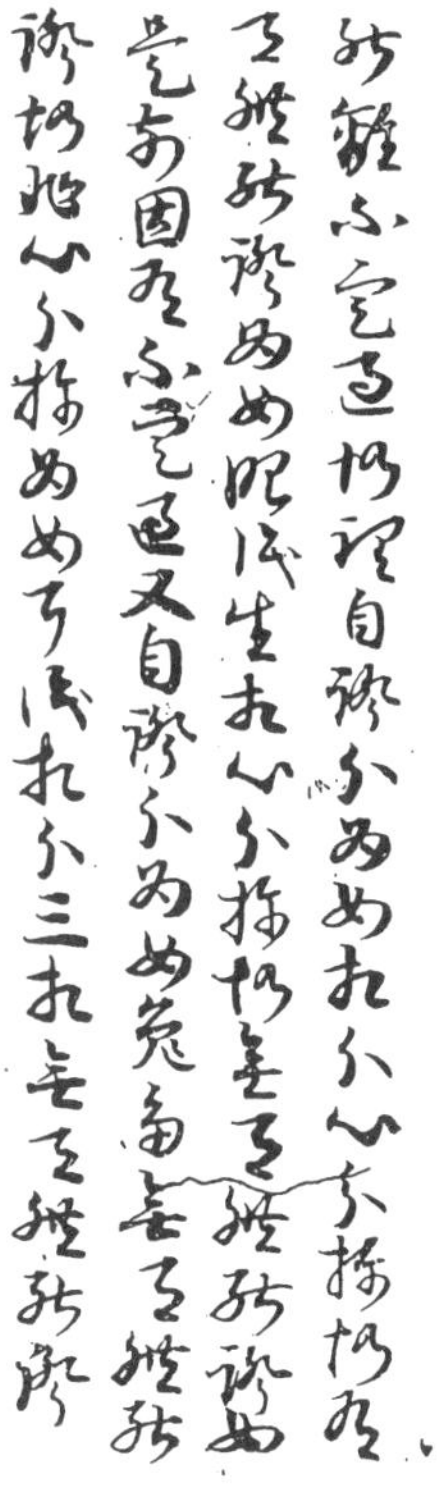

無即體能證
爲如㆓兎角㆒、無㆓即ㇾ體能／證㆒故　（第八節14行）

㈹

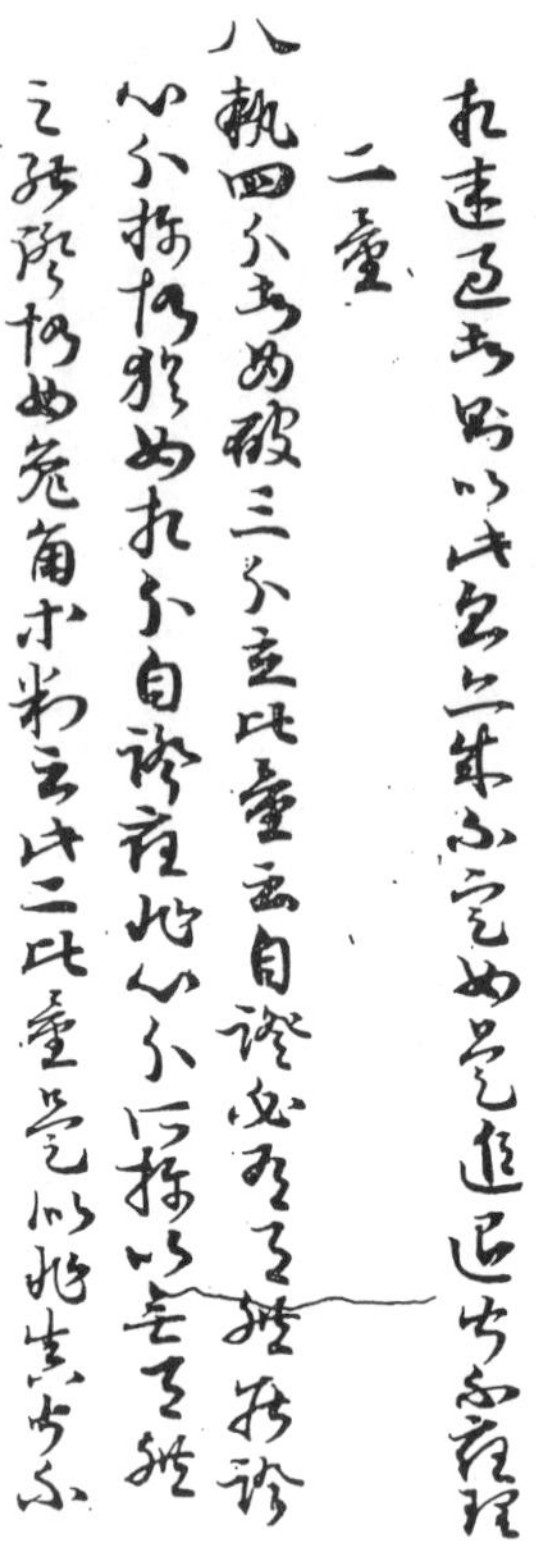

即レ體能證

以レ無ニ即レ體／之能證ニ故（第八節10行）（資料篇、七二頁）

これと同種のA型の節博士は、韓國の十一世紀の初雕高麗版と十一世紀以前刊の版本に角筆で書入れた資料にも良く見られるし、十五世紀の刊本に角筆で書入れた資料にも見られる（東アジア篇第二章第一節、一六一頁）。角筆で書入れることが、この横長の波線の使用を可能にしたと考えられる。

このA型の節博士は、日本の毛筆では管見に入らない。日本では朱書・白書を用いるという筆記具の違いと係るのであろう。

このA型の節博士の機能について注目されることがある。この節博士が句（二字以上から構成され、或る意味を表す集り。翻字文で左傍に點線を施した字群）の末尾の漢字に施されていることである。右掲例では、⑴は、句を構成する漢字群の字列の一番下の字に施されたもので、㈷は「聲無常、所見性。」の「性」に施されて、「故」に續いている。㈸は「雖下於二後一相中闕上一而。」という逆接句の「而」に施される。㈹は「當知。」の「知」に施されている。現行の日本式訓讀では「當《まさ》ニ知ル當《へ》シ」と再讀して「當」で句が終ることになるが、平安初期の訓讀では「當《まさ》ニ知レ」のように「當」を副詞に訓讀して「知」を句末に訓んでいる。これと同様に「知」を句末に解した可能性がある。これに對して、⑵は、その漢字群の字列の一番上の字に施されている。㈺は「無二即レ體能證一」の「無」に施されて、「故」に續いている。㈹も「無二即レ體之能證一」の「無」に施されている。

この字を字順に從って音讀したとすると、句の末尾は「證」であるが、この漢字には施されていない。A型の節博士が句の終りに施される機能があるとすれば、(エ)と(オ)とにおいて「無」に施されているのは、字順に從って音讀したのでなく、朝鮮語の語順に直して釋讀したことを示すと考えられる。さすれば、A型の節博士は、釋讀による句の末尾字に施されたことになり、B型の節博士が單に本文中の字を誦唱する旋律を表したのに對して、句末における旋律を表したものと見られ、中でも、(2)の用例によって、音讀(順讀)したのでなく朝鮮語の語順で釋讀したことが考えられる。

第四項　大谷大學藏判比量論の角筆書入れ時期と傳來

前項に掲げた角筆の書入れは、何時、どこで行われたのであろうか。

一、角筆書入れの時期

大谷大學藏判比量論に角筆の文字と符號を書入れた時期を考える手掛りが二つある。その一つは、墨書の筆畫の上から角筆で書いた合符である。前項の合符で述べたように、本文の「聖教」に角筆で施した「〱」の起筆が、「聖」の最終畫の横線の右端の墨書の上にあり、その墨痕を角筆で削り取るようにして「〱」を書いて「教」に續けた凹みに墨が嵌り込んでいる。このことは、墨書の本文が書寫されて程遠くない時日に、角筆の書入れが行われたことを語っている。

手掛りのもう一つは、「內家私印」朱印の押捺される前に角筆が書入れられていたと見られることである。卷末の廻向偈の二行の上方に押捺された朱印は、廻向偈の漢字に角筆で施された節博士と重なった所がある。例えば、前項の節博士(B型)

で例示した「今依聖典擧一隅」の「今」字の節博士が、朱印の單廓上邊の横線と交叉した箇所を仔細に觀ると、朱印の横線のその箇所が切れている。凹みの爲に朱肉が乘らなかったことを示すと見られる。朱印の單廓上邊のこの箇所が缺損していたことも考慮しなければならないが、本文の紙背紙繼目に押捺された同じ朱印では、この箇所に缺損は見られない。「內家私印」の朱印が、光明皇后の藏品に押捺されていることからすれば、降っても、皇后の崩御された七六〇年より以前に、角筆が書入れられていたことを語っている。

この二つの手掛りに加えて、角筆の符號そのものが、毛筆では八世紀の日本で未だ使われない節博士（B型）や聲點が施されたり、日本で毛筆の使用例の見られない縱長線の合符や節博士（A型）が施されたりしていることから考えれば[67]、角筆の書入れは、朝鮮半島の新羅の用法を基にして施されたと見るのが自然であろう。これらの符號が、韓國の十世紀、十一世紀刊本の角筆書入れに見られることは先述した通りである。「根」等に施された假名や注音漢字や讀添え假名が朝鮮語を表しているので、新羅の訓讀を表したと見るのが更に有力となる。

その場合、渡來人が日本で書寫し角筆の書入れをした場合も考えられる。渡來人は日本の僧などとの文化的交流があったであろうから、その符號等の知見は日本の僧などに何らかの影響を與えた筈であり、現に日本の八世紀の角筆加點資料に朝鮮半島で使用した角筆の諸符號に通ずる符號が用いられているから、その影響を受けたことが考えられる。又、日本から新羅に留學した僧が歸朝後に書入れた場合も考えられる。八世紀當時の經典の讀解と修得の實態の解明に俟たねばならないが、現段階では未詳である。いずれにしても、八世紀に新羅で訓讀が行われ、日本に傳って來ていたことは、この資料で知られる。そこで、傳來の點から見ることにする。

二、判比量論の傳來

「判比量論」の書名は、正倉院文書に見られる。石田茂作編「奈良朝現在一切經疏目錄」(68)には天平十二年（七四〇）に「判比量論一巻」を『大日本古文書』（巻七・四八八）により載せている。富貴原章信博士は、天平十二年に次いで、天平十五年の寫了律論疏章集傳等帳（巻二四・二五二）、天平十八年の寫疏經師手實帳（巻九・一五七）、天平十九年の經疏検定帳（巻九・三八四）・寫疏所解（巻九・三八六）、天平勝寶元年（七四九）七月の本經疏奉請帳（巻十一・一四）、同年九月の一切經散帳（巻十一・二二六）・造東寺司請經論疏注文案（巻十二・二五九）、從行信師所奉請經論疏目錄（巻十二・三八五）などに載っていることを指摘している。(69)更に、宮﨑健司氏は『判比量論』關係史料」として、右揭の他を加えて二十三條を正倉院文書より拾い出して表示している。(70)

右揭のように、判比量論のわが國での初見は、正倉院文書の天平十二年（七四〇）である。次のように載っている。

判比量論一巻　ノ涅槃經疏十巻遠法師／以上大官寺（大安寺）本（天平十二年七月八日、寫經所啓）

同年七月八日の寫經所啓に「判比量論一巻」「以上大官寺（大安寺）本」とある。七四〇年以前に將來されていたことが知られる。

この天平十二年には、大安寺僧の審祥が、新羅留學から歸朝して、華嚴經を我が國で初めて講說している。良辨が東大寺の前身の金鍾寺で華嚴經講說を發願したのに伴い、その依囑によるものである。

天平十二年始所レ講之者。乃是舊譯六十華嚴。新羅學生大安寺審祥大和尙屬二講弘之選一初演二此宗一。

（凝然、三國佛法傳通緣起　巻中、華嚴宗）(71)（堀池春峰「華嚴經講說よりみた良辨と審詳（ママ）」『南都佛敎史の研究上　東大寺篇』）

審祥は、新羅に留學し華嚴を學んで、歸朝するに際して、多くの經巻を持ち歸っている。このことは堀池春峰氏が說かれた所であり、(72)現に正倉院文書の中から、それらの資料を拾うことが出來る。

その審祥の藏書の中には、新羅系のものとして、

義湘　一乘法界圖　一部一巻　造東大寺司牒案

元曉　華嚴經疏（探玄記）　十巻　同右

〃　不增不減經疏　一卷　同右
〃　廣百論撮要　一卷　同右
〃　法華略述　一卷　僧智憬借書啓　等
表員　華嚴文義要決　一部一卷

等が擧げられ、五十部一三二卷を數え、中でも元曉の著作は三十二部七十八卷を占めるという。(73)

この審祥の藏書中の、元曉の撰述書には、全卷が草書體の經卷も存していたことが、天平十六年（七四四）の律論疏集傳等本收納幷返送帳の次の記事で知られる。(74)

五月廿七日　納摩訶衍起信論別記一卷 白紙无軸已草也 元曉師選書　以十六年七月十一日依長官宮宣借令請善／攝師所知人成同月十二日返已訖知人成 以十六年八月廿四日還送受使御弟子師善戒師 使人成 判進膳／令史
右依　令旨從審詳（ママ）大德所請來　使安寬師　受酒主
（天平十六年、律論疏集傳等本收納幷返送帳）

大谷大學藏判比量論も、元曉の撰述書で、同じ白紙であり本文は草書體である。

その元曉の選述書は「令旨」（恐らく光明皇后）によって、審祥師の所から請來している。

光明皇后の紫微中臺請留經目錄（正倉院文書、『大日本古文書』卷十二・四四一頁）によれば、大小乘經貳千陸伯捌拾卷があり、それは、東寺請返の二千三百九十七卷と、內裏請留二百八十三卷とであった。これは、天平勝寶五年（七五三）五月四日宣により請留したもので、同月七日に撿紫微中臺舍人少初位上他田水主らの署名がある。この目錄の終に、奉寫章疏集傳目錄があり、その中に、

判比量論一卷　廿五張

とあり、附紙の「已上東第二廚子第五棚北」によると、そこに納められたことが知られる。これは書寫本であろうから、その元になった底本があった筈であり、その底本についての記事は見られないが、それが大谷大學藏本であった可能性が大きい。

判比量論は、審祥の藏書の中にも載っている。次のようである。

○造東大寺司牒　奉寫一切經所

合《「可」》經論律章疏集等惣壹伯捌拾柒巻竝審詳師經內者

「判比量《ママ》一巻（他、經卷名は省略）

牒、件疏等、依今月十日牒旨、附廻使舍人田邊廣吉、且令請如前、故牒、

神護景雲二年十一月十二日主典正六位上建部

大判官外從五位下上毛野公

案主「上村《自署》主馬養」

（『大日本古文書　十七』一三七頁）

○奉寫一切經所牒　「造東《追筆》大寺司及三綱所」

合經論律疏章集「等惣《追筆》貳伯捌拾肆巻」

✓判比量一巻（他、經卷名は省略）

右「二百《追筆》十四巻審詳師」（中略）

牒、件疏等爲用勘經所證本、差舍人田邊廣吉、所請如前、故牒、

神護景雲二年十一月十日主典正八位上念林老人

次官外從五位上秦忌寸「智麻《自署》呂」

「司判《異筆》許　大判官上毛野公「眞清」

主典建部」「廣足」

（『大日本古文書　十七』一三九頁）

神護景雲二年（七六八）は、光明皇后の崩御の八年後である。従って、審詳が紫微中臺から借り出した原本か、或いは原本から寫したものであろう。

宮﨑健司氏は、正倉院文書の判比量論關係記文を踏まえて、書風・字體が六朝風であるという考證に料紙の點をも加味され

て、大谷大學藏判比量論が、「八世紀前半の書寫にかかる新羅からの船載經であり、さらにそれが正倉院文書に見える審祥師經そのものである可能性」を指摘された。[75]

大谷大學藏判比量論に書入れられた角筆の文字と符號は、日本の毛筆の訓點とは異なり、朝鮮半島所用のものであり、時期から見て新羅の本文が書寫され、程なく角筆が書入れられたものであって、新羅加點本が傳來されたと考えられるのならば、宮﨑氏の說を裏付けることになるであろうが、傳來事情については今後の檢討に委ねなければならない。[76]

第五項　大谷大學藏判比量論の角筆の文字・符號發見の意義

大谷大學藏判比量論から角筆の文字と符號が發見された意義は、韓國における言語文化史上の意義と、日本の言語文化史との係りの二面が考えられる。

韓國における言語文化史上の意義は、新羅において八世紀に經典を讀誦した當時の、生《なま》の資料が初めて發見されたことである。韓國においても、金石文や木簡等により古代語研究の文字資料は殘っているが、その多くは漢文であり、中に吏吐を交えたものもあるが、經典の讀誦に當り漢字の訓等を韓國の言語で具體的に示した資料に惠まれなかったようである。

從來は、十二世紀に撰述された三國史記の卷第四十六、列傳第六の「薛聰」の項で、元曉の子の薛聰（七世紀—八世紀初）が「方言」（古代朝鮮語）で經書を讀んだという記文[77]に據って、種々に推定されていたが、それを裏付ける具體的な資料の一つが得られることになった。その結果、節博士と四聲點（破音字の機能から離れた圈點）とが、東アジア漢字圈における現存最古の資料として、聲明と朝鮮漢字音の歷史的研究に重要な役割を果すことになるばかりでなく、漢字の訓や注音等により、八世紀の經典讀誦の具體相が明らかになる道が拓かれることになった。

日本の言語文化史との係りについても、重要な意味を持って來たと考えられる。日本において、經典を讀誦するのに、文字や符號を直接に毛筆で書入れることが始まったのは、平安時代の初頭八〇〇年頃であるが、それよりも少なくとも六十年以前に、新羅でその方法が行われていたことが判った。その中で、解釋によっては漢字の省畫體と見られる字形を使っていることは、日本の片假名の起源を考える上で重要な資料となる。日本で訓點記入が始まった八〇〇年頃は、經典を讀下すのに、眞假名に交えて省畫字を用い、素朴なヲコト點と共に使い始め、この兩者が平安時代における日本の訓點の基本的な兩輪としての役割を果すことになったが、そのヲコト點が新羅の影響によると考えられることは前々節に説いた所である。さすれば、省畫字形と併せて、日本の訓點の發想が新羅に由來する可能性を示すものとして意味が大きい。

注

(1) 原本調査の結果では、穴は全く認められなかったが、角筆の文字と符號とが認められた。

(2) 韓國において、十世紀、十一世紀の刊本に角筆による點吐(ヲコト點)・口訣や四聲點・節博士などの施されていることが明らかになり、又、日本の九世紀初の華嚴文義要決に黃褐色で施されたヲコト點や返讀符・合符・句切符が新羅の影響と考えられるに至り、新羅の現存寫本について角筆加點を確かめる必要を痛感していた。韓國における新羅の寫本の調査については、誠庵古書博物館の趙炳舜館長の御敎示と御高配に預ったが、日本に現存する可能性を示唆して頂いた矢先であった。

(3) 節博士のA型・B型は、長さと機能との異なる二種の符號を區別するために、筆者の假に付けたものである。A型は、經本文の幾つかの行にわたって右方向に横長の波線を施したものである(本書東アジア篇第二章第一節、一六〇頁參照、竝びに本節で後述)。B型は經本文の行間に施した譜で、日本の節博士と形態が通ずる(同、一六〇頁參照、竝びに本節で後述)。

(4) 本文の製版は便利堂、解説は中村印刷で、壹百部を限って發行された。高橋正隆氏の「『判比量論』餘滴」によると、「百部を料紙と装丁を代えて增刷の上、大學圖書館と佛敎研究者に贈られた」由である。

(5) 昭和六十三年十月刊。

(6) 平成十年三月刊。

(7) 富貴原章信「判比量論の研究」(『判比量論』昭和四十二年九月)。

(8)『判比量論』(神田喜一郎博士、昭和四十二年九月刊)の神田喜一郎博士の序。

(9) 注(7)文獻。

(10) 高橋正隆氏より恵與された木版刷の複本によって、看松處士の全文を左に掲げる。

近郷一古家舊藏名人書畫極夥會來賽之箕曲默齋一日會謙堂上人逸叟居士及余其家展玩其中偶得元曉大師判比量論斷簡四人照燭鑑賞相與雀躍欣歎不已蓋其家久藏不知其爲希世鴻寶默齋亦初無意購偶然獲之因謂此物祕藏御府固當可傳不朽何以流落人間至其斷簡殘片則又不知落在何人手也豈不可嘆乎如其全弓不能復見今此斷簡僅存久所湮晦乃遇默齋得復顯於世不亦奇乎想世亦有購得然無元曉款無辨其爲何人書幸今所獲卽卷尾結歸分偈及有咸亨某月某日元曉述五行五十九字字畫甚分明上有御府印云大師高麗人傳法於震旦嘗夜宿荒陂渴甚暗中飲髑髏水及曉方覺欲嘔出忽自猛省由是不復遊往及還本州龍王附金剛三昧經師造疏講演事見高僧傳今世所行唯有遊心安樂道持犯要記僅存今此判比量論當是大師所述也

文化庚午冬日

看松處士謹識

愚園逸叟拜書

(11)「大谷學報」第八十二巻第二號(平成十五年三月)に收載。

(12) 岩田宗一『聲明の研究』(一九九九年三月、法藏館刊)。

(13) 富貴原章信「判比量論の研究」(注(7)文獻)の「本文と和譯」による。

(14) 南豐鉉『瑜伽師地論 釋讀口訣의研究』の「文字體系」一一頁。並びに白斗鉉「高麗時代口訣의文字體系와通時的變遷—高麗時代釋讀口訣자료와麗末鮮初의音讀口訣자료를 대상으로—」(第一回아시아諸民族의文字에 관한國際學術會議發表論文、一九九六年九月)、後に口訣學會編『아시아諸民族의文字』(一九九七年七月刊)に所收。

(15) 李朝中宗七年刊に基づく學習院東洋文化研究所刊『三國遺事』による。

(16) 拙稿「正倉院聖語藏華嚴經探玄記古點と大乘阿毗達磨雜集論古點について」(『正倉院年報』第七號、昭和六十年三月)。その白點の假名字

體表を表示する。(○印は濁音假名)

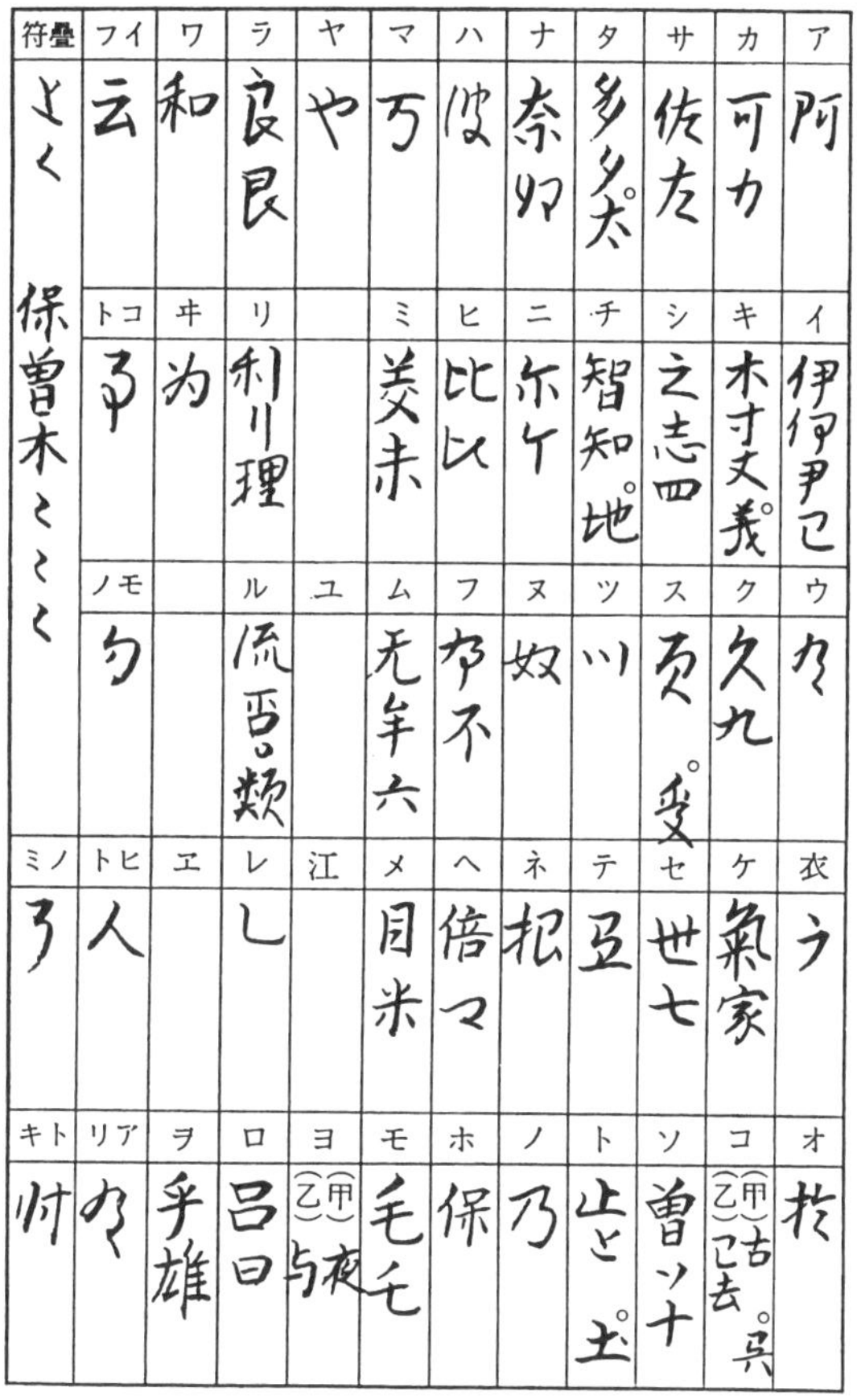

(17)『南京遺文』第十八の解說。文中に「去寶字」とあり、紙の右端に別筆で「(寶)龜二年二月廿二日」と書かれているのによる。

(18)注(17)文獻。

(19)春日政治『假名發達史序說』(『岩波講座　日本文學』、昭和八年四月)六五頁。

(20)南豐鉉『吏讀研究』(二〇〇〇年十月刊)の「三國時代의吏讀」に、「高句麗城壁刻書」(四四六年?)として『朝鮮金石總覽』の拓本により、「丙戌十二月中漢城下後卩小兄文達節」を擧げ、鮎貝房之進氏、홍기문氏、著者譯を紹介している。「後卩」はいずれも「後部」としている。又、忠清南道扶餘郡扶餘邑宮南里の百濟の宮苑遺跡から一九九五年に發掘された「扶餘宮南池出土木簡」に「卩」が次のように使われている。

・西卩後巷巳達巳斯丁　依活率?前?後?／歸人中口四　小口二　邁羅城法利源水田五形

・西卩丁　卩夷?

（國立歷史民俗博物館『古代日本　文字のある風景—金印から正倉院文書まで—』（二〇〇二年三月）第一部の「古代朝鮮の文字文化」の圖錄による。解說は李成市氏。「木簡研究」十九號にも同氏の紹介がある）

「西ア後巷」「中口」は、隨書百濟傳に載る王京內の行政區域の名稱「西部後巷」「中口」に當るという。日本でも、島根縣松江市大庭町の岡田1號墳出土の圓頭大刀（島根縣六所神社藏）の銀象嵌の銘文に「各田ア臣□□□素□大利□」とあり「各田ア」は「額田部」を表し、「ア」の用字は朝鮮半島の影響とされている。この古墳は六世紀後半の築造とされる。日本では、その後も、藤原宮木簡の「物ア小盾」「汗奴麻里五百木ア」「石寸ア安末呂」や、平城京左京三條出土の長屋王家木簡の「各田ア里□古ア建」「田寸里日下ア否身五斗」など使われている。

省文の使用は、既に中國の古鏡の銘文に見られる。「竟」（鏡）が青龍三年（二三五）銘の方格規矩四神鏡や景初三年（二三九）銘の三角緣神獸鏡に見られ、「同」（銅）が三角緣神獸鏡（大阪府國分茶臼山古墳出土）にある。日本の隅田八幡宮の人物畫像鏡（癸未年四四三、五〇三の說もある）にも「竟」（鏡）、「同」（銅）が用いられている。これらによれば、省文の方法は中國から直接に入ったことも考えられるが、中國から朝鮮半島を經て傳わったことも考えられる。

日本の紙本では、大寶二年（七〇二）の御野國戸籍帳に「ヅ」（「州」の三點とする）、「マ」（部）、「ム」（牟）が見られ、「マ」は正倉院假名文書など奈良時代の古文書に多く見えることが春日政治博士（注(19)文獻）によって指摘された。

(21) 南豐鉉博士の注(20)文獻の三二八頁に、「十方旦（檀）越」を始め、「訢」（誓）、「廷」（鋌）、「令」（零）の使われていることが指摘されている。

(22) 注(20)文獻の「新羅時代吏讀의文法形態」四五二頁。

(23) 鄕歌の中で主格助詞に解される「伊」には、別の解釋も行われて說が分れている。小倉進平博士が『鄕歌及び吏讀の研究』で、「稱讚如來歌」（均如傳所收）の「今日部伊冬衣」の「伊」について、「伊は이といふ主格の助詞である」（五七頁）と解されたが、池炯律氏の現代朝鮮語譯を李秉熙氏の日本語譯では「今日　衆生の」としている（內山汎『記・紀などの革新的解釋』二〇〇二年十一月）。一方、「隨喜功德歌」（『均如傳』所收）の「佛伊衆生毛叱所只」の「伊」について、池炯律氏は「가」と解し李秉熙氏の日本語譯は「佛さまが衆生である限り」としているが、小倉進平博士の右揭書では、

佛伊の「佛」は他の箇所には「佛體」としてある（鄕歌第一の(8)等參照）。「體」は부텨の텨を表はしたまでのもので、實は「佛」の

一字で부터の訓があるのである。此處に「伊」を添加したのは、今日부터を부톄などいふ如く、音便によって이音の入ったのを書

寫したものであらう（九六頁）

と說いている。

(24) 菅野裕臣「朝鮮の口訣について」（昭和53・54年度科學研究費補助金（總合研究Ａ）研究成果報告書「李朝に於ける地方自治組織竝びに農村社會經濟語彙の研究」所收）。

(25) **이건식**「口訣字의 **코드제겨** 定立을 **위한**試論」（『口訣研究』第一輯、一九九六）。

(26) 口訣「ㄐ」（「斗」）のように、十二世紀以降の口訣資料に見られ、鄕歌には使用例を見ないものの、判比量論には「라」（「斗」の草書）として用いられている（後述）ものもある。

「伊」「尹」が主格助詞を表すのに用いられたとすると、日本の平安初期古訓點本における主格の「イ」とその表記に「伊」「尹」が用いられたこととも關聯が生ずると考えられる。

尙、現代韓國語では、母音で終る單語には「가」が用いられ、子音で終る單語に「이」が用いられるが、「가」は十六世紀以後の文獻に現れる語であるとされる（金思燁『古代朝鮮語と日本語』二五九頁）。

(27) 角筆で紙面を凹ませて書入れた文字を消すには、その文字全體に凹みを施して見えなくする例もあるが、その上から凹みの文字を書くと不分明になってしまうので、傍書することが行われたと考えられる。

(28) 注(23)引用の『鄕歌及び吏讀の研究』の第五章「鄕歌に於ける漢字の用法」二四一頁。

(29) 注(20)の南豐鉉『吏讀研究』。

(30) 注(29)文獻、五〇一頁及び五四三頁。

(31) 注(23)引用の『鄕歌及び吏讀の研究』の第三篇第三章「謙讓の助動詞の變遷」。

(32) 注(23)引用の『鄕歌及び吏讀の研究』五八頁。

(33) 注(32)文獻、三五一頁。

(34) 注(29)文獻、一一七頁。

(35) 羅常培『唐五代西北方音』（中華民國二十二年）。高田時雄『敦煌資料による中國語史の研究—九・十世紀の河西方言—』（昭和六十三年二月）。

本書東アジア篇第一章第三節、五六頁。
(36) 注(35)の高田時雄氏著書一七七頁。
(37) 權仁瀚「古代韓國漢字音に關する一考察―新羅國號の異表記資料を中心として―」（原文韓國語）（문법과텍스트〈별쇄본〉서울대학교출판부二〇〇二）。
(38) 注(36)文獻、一八六頁。
(39) 注(36)文獻、八二・八三頁。
(40) 本書東アジア篇附章、三七五頁參照。
(41) 注(16)に掲げた假名字體表を參照。
(42) 本書東アジア篇第二章第二節、二三二頁。
(43) 注(32)文獻、一三二頁。
(44) 蒐錄・解說は金履弘・金永鎭（外）で、一九九五年七月發行。
(45) 藤本幸夫氏の教示による。筆者も高麗大學校藏本を拜見した。
(46) 注(21)文獻、二一五頁。推定の根據について、南豐鉉博士の直話によると、十三世紀の「鄕藥救急方」の中で「根」の訓を高麗語で表すのに「火」（블）を宛てているのによるという。
(47) 注(46)文獻。
(48) 注(20)文獻。
(49) 注(20)文獻。
(50) 注(46)參照。
(51) 注(32)文獻、二一九頁。
(52) 注(32)文獻の第一編第五章。
(53) 注(14)文獻のうち、白斗鉉氏論文。
(54) 注(32)文獻、一〇〇頁。

(55) 注(32)文獻、一二二頁。
(56) 注(32)文獻、六九頁。
(57) 注(32)文獻、一四六頁。
(58) 注(32)文獻、一二四頁。
(59) 注(32)文獻、一三〇頁。
(60) 注(32)文獻、一三五頁。
(61) 注(44)文獻。
(62) 平安初期（九世紀）の毛筆による訓點本のいずれにも全く使用例が見られず、その痕迹も管見に入らない。角筆では奈良時代に節博士を施したと見られる資料がある（本書東アジア篇附章參照）。
(63) 河野六郎「朝鮮漢字音」（『國語學大辭典』）。同「朝鮮漢字音の研究」（『河野六郎著作集2』所收）。
(64) 平安初期（九世紀）の南都系の訓點本のいずれにも全く使用例が見られない。
(65) 敦煌文獻に角筆で施された合符の例については、本書東アジア篇第一章、四九・五五・六八・八四頁。
(66) 正倉院聖語藏大乘阿毗達磨雜集論古點（假名字體は注(16)に掲げた）に、

了‿二知廣大補特伽羅法无我一を故二（卷十一）

解‿釋二一切の深隱法相一（卷十一）

のように用いている。尙、東大寺諷誦文稿に「□‿□」が見られるが、返讀符號である。
(67) 角筆では八世紀に使われているが、これについては本書東アジア篇附章參照。
(68) 石田茂作『寫經より見たる奈良朝佛敎の研究』附錄。
(69) 注(7)文獻。
(70) 宮﨑健司「大谷大學圖書館藏『判比量論』と大安寺審祥」（史聚會編『奈良平安時代史の諸相』所收、一九九七年二月）。
(71) 本書東アジア篇第二章第二節第二項、一九九頁。
(72) 堀池春峰『南都佛敎史の研究上 東大寺篇』（昭和五十五年九月）所收「華嚴經講說よりみた良辨と審詳《ママ》」の內、「審詳所藏の聖敎と傳來」。

(73) 注(72)文獻。

(74)『正倉院古文書影印集成 四』正集裏巻三三、『大日本古文書 八』一八九頁。

(75) 注(70)文獻。

(76) 大谷大學藏判比量論の料紙について、「麻紙」「穀紙」「茶毗紙」の諸説がある。「麻紙」は注(5)(6)文獻が說き、宮﨑健司氏も「白麻紙」として論じている。「茶毗紙」は富貴原章信博士（注(13)文獻）と赤尾榮慶氏（直話）の說く所である。「茶毗紙」と呼ばれる料紙は、「ニシキギ科の落葉灌木であるマユミの靭皮纖維をベースにして漉かれていた」ことが、「稱讚淨土佛攝受經」（東京國立博物館藏）の修理に際して、料紙を顯微鏡による紙質調査で明らかにされた（岡墨光堂「修復」第6號、平成十二年三月）。高知縣立紙產業技術センターの大川昭典氏の「古代の造紙技術について」（「東方學誌」第一〇六輯、延世大學校、一九九九年）にも同樣の指摘があり、正倉院文書、天平感寶元年（七四九）に「更別眞弓紙十三張」とある「眞弓紙」と同一物と見て、「天平時代の九年間だけに漉かれたと思われる」と說いている。大谷大學藏判比量論の料紙についても紙質調査が必要であろう。

このニシキギ科の落葉灌木のマユミの紙は、日本獨自のものとの說がある。若しそうなら、大谷大學藏判比量論の料紙が茶毗紙とすると、日本で書寫されたことになるが、朝鮮半島における古代の料紙についての情報が少ない現狀では檢討の餘地が殘る。北村四郎・村田源共著『原色日本植物圖鑑』「木本編〔I〕」によると、ニシキギ科の落葉灌木のマユミは、南朝鮮にも自生し、近似の「チョウセンマユミ」はウスリー・アムール・滿州・北朝鮮に分布し、「アンドンマユミ」が平安北道妙香山に自生するとある。又、李昌福著『大韓植物圖鑑』にもマユミが收載され、マユミが朝鮮半島南部に自生することが分る。（廣島大學名譽敎授關太郎氏敎示）。

(77) 本書東アジア篇第二章第二節第二項、二〇〇頁。

第三章　東アジア漢字文化圏における漢文加點法の比較

第一節　東アジア漢字文化圏における漢文讀解法の比較考察の可能性と必要性

ここに、東アジアの漢字文化圏として取上げるのは、中國大陸と朝鮮半島と日本列島とである。漢字文化圏としてはインドシナ半島の越南等も含まれるがこの地域の漢字文獻の角筆使用についての調査が出來ていないので、姑く措くことにする。

中國大陸に生まれた高度な漢字文化は、曾て周邊の諸國に大きな影響を與えた。その古代文化の流れの重要な一つに、大陸から朝鮮半島を經て日本列島に傳わるという經路があった。漢字文化が朝鮮半島から日本に傳來した記録は、古事記や日本書紀に存し、近時發掘の進んだ金石文の銘文(1)や木簡の文字(2)からも裏付けられるが、それらは主に七世紀以前のことであり、八世紀から十一世紀にかけての、言語文化の具體的な影響については、必ずしも明らかではなかった。それは、朝鮮半島における當時の生の言語資料に恵まれていなかったことが大きな理由と考えられる。

この度、幸いにも、十一世紀以前の朝鮮半島の言語資料が、角筆文獻という形で出現することになった。しかも或る纏った數量として發掘されて、考察することの出來る言語量を持って來ていることは、第二章で説いた通りである。

それらは、漢文を讀解するに當って、角筆で文字や符號を加點した資料であり、敦煌文獻も第一章で説いたように、漢文を讀誦するに際して角筆や朱筆で文字や符號を加點した資料があり、日本でも漢文の訓點として朱點・白點等や角筆點で、假名や符號を加點した資料が多量に遺存する。漢文の讀解は、古代學問の基本的な方法であったから、東アジア漢字文化圏における、中國大陸と朝鮮半島と日本列島との三つの言語文化圏について、それぞれの加點資料に基づいて、三者を比較して、その異同を調べ、綜合的な立場からそれぞれの特質を考え、相互の關聯が認められるならば、東アジアにおける文字文化の傳流と變容の一經路を明らかにすることになるであろう。

その加點資料の三者に共通するのは、角筆で文字や符號を加點することであり、そうして加點された角筆の文字・符號によって、はじめて三者を綜合的に比較することが可能になったと言える。

從來の、漢文の加點資料についての考察は、中國大陸では主に樓蘭・敦煌文獻の朱點・墨點、朝鮮半島では十二世紀以降の墨書口訣、日本では白點・朱點等の毛筆による訓點資料が主對象であり、概ねそれぞれが獨自のものとして別々に行われて來た傾きがある。但し、敦煌文獻の朱點（星點）が日本の古訓點に關係があるとすることは、石塚晴通氏が主唱されたが、敦煌文獻の加點方式は、第一章で述べたように、毛筆では星點だけを表記し、他の字音・字義注の主なものや諸種の符號は角筆で表記したから、角筆加點を視野に入れた綜合的な考察が必要となって來る。又、朝鮮半島の墨書口訣は、その漢字を省畫した字形が、日本の古訓點の省畫假名に類似することが指摘されることもあったが、十二分の論證が得られたものではなかった。日本の古訓點の研究の大方の視野が、專ら日本國內に止まっていたのは、國內に遺存する訓點資料の豐富な量と、大方が東アジアの漢字文化圏に向ける視點を缺如していたこととが原因の一つであったと思われる。「ヲコト點の日本固有」説[3]は朝鮮半島における角筆點吐の發見に伴い、再考されなければならない。

このように、毛筆や墨書の加點だけを取上げたのでは、比較考察は一部に止まってしまったり、朝鮮半島の十一世紀以前についは不可能に近かったりする。角筆の加點に目を向けることによって、はじめて三つの漢字文化圏の加點法の比較が可能となり、いわば同じ土俵に上げることが出來ると言える。してみると、角筆加點資料を用いて、比較作業をする必要が生じて來る。

注

（1）埼玉縣稻荷山古墳出土辛亥銘鐵劍の銘文の人名の表記に用いられた音假名が、日本書紀に引かれた古代朝鮮固有名（人名、地名等）の表記に用いられた音假名に極めて良く一致することが擧げられる。辛亥年は四七一年又は五三一年に比定される。（埼玉縣教育委員會『埼玉稻荷山古墳辛亥銘鐵劍修理報告書』一九八二年、37頁）。

（2）一九九五年に忠淸南道扶餘郡扶餘邑宮南里の百濟の宮苑遺跡から發掘された「扶餘宮南池出土木簡」の中に用いられた「ア」（「部」の省文）は高句麗長安城壁石刻にも用いられていて、それが日本の岡田1號墳出土の圓頭大刀銀象嵌銘文や藤原宮木簡・長屋王家木簡などにも見られて、この用字が朝鮮半島の影響とされている。（本書東アジア篇第二章第四節、二七八頁）

（3）石塚晴通「中國周邊諸民族に於ける漢文の訓讀」において、「ヲコト點は組織的な音節符號であり、中國語に無い助辭類を補ふ場合等に極めて簡便であり、日本語による訓讀の場に於て大いに發展した固有の形態である」と說いている（「訓點語と訓點資料」第九十輯、平成五年一月）。

第二節　筆記用具の使い分けに基づく加點の文字・符號書入れ方法の差異

敦煌文獻の加點本と、朝鮮半島の角筆點吐本と、日本の古訓點本とを比較する場合、先ずは、角筆書入れ文獻の量の違いを考慮しなければならない。敦煌文獻の角筆加點本も、朝鮮半島の角筆點吐本も、未だ發掘が緒に着いたばかりの段階であり、發掘點數は前述の如く、敦煌文獻が四十四點であり、朝鮮半島の角筆加點本が六十點程であるに過ぎない。この段階で比較考察するのは、日本の角筆文獻の點數に比べると不十分であるが、現段階で分ったことを前提として考察することにし、今後の新たな發掘資料によって補訂されることに期待したい。

現段階で見る限り、右掲の三つの漢字文化圏における漢文讀解のための加點の仕方に、筆記用具の使い分けによる差異が認められる。

先ず、敦煌文獻の角筆加點本については、第一章第三節・第四節で言及した所であるが、これを、この章で比較するために整理すると次のようになる。

毛筆の朱・墨點――「・」(星點)による句切點・破音字點

角筆の凹み書――漢字の注音・釋義、「・」(星點)による句切點・破音字點(主に朱書が重ね書)、合符、節博士、四聲點、注示符

毛筆の朱・墨點は「・」(星點)の書入れを主とするものであるから、角筆の凹みで書入れられた、漢字の注音や釋義や、合符

・節博士・四聲點・注示符のような加點內容は、角筆に氣付かなければ見逃してしまうことになる。

このことを、同じ文獻に書入れられた、朱點・墨點と角筆點との關係について見てみよう。

敦煌文獻の加點本を調べ紹介された石塚晴通氏は、「訓點は朱點が一般的であり、墨點も若干存するが、日本の平安初期點に多い白點は殆ど見られず（文字を訂したものが極少數存する）」(1)と述べている。筆者が調査した敦煌文獻でも毛筆の加點ではその通りであり、しかも朱點・墨點ともに「・」（星點）を用い、段落頭を示す科段符の諸形を除き、句切點・破音字點は、この「・」（星點）で記されている。これに對して、角筆の書入れ符號は、既述の如く、句切點・破音字點だけでなく、校合に當っての補入符の縱線・斜線や抹消符に用いると共に、合符・節博士・四聲點・注示符にも用いられているのである。

從って、朱點や墨點と角筆點とで共通する符號は、句切點と破音字點である。句切點と破音字點は、朱點か墨點だけの箇所があり、一方、角筆點だけの箇所もあるが、朱點又は墨點と角筆點とが共に加點されて色の點と凹みの點とが重なった所もある。その重なった所を調べると、例えば、瑜伽師地論巻第三十（S.5309）では第一章で說いたように（七九頁）、句切の大中小に應じて點三つ、點二つ、點一つを施しているが、先に角筆の凹みで點三つ、二つ、一つを施しておき、後からその上をなぞるように朱點で三つ、二つ、一つをそれぞれに重ね書している。それは、朱書が角筆の凹みに嵌ってかすれていることから判る。大中十一年（八五七）に沙州開元寺で沙門法成が行った講義を比丘恆安が聽講しながら加點するに當り角筆で書入れておき、後刻、改めて朱點をその上から施したと見られる。その朱點は、句切點の「・」（星點）だけであって、角筆で書入れた注示符と文字（存疑）とには重ね書をしていない。同じ瑜伽師地論巻第二十八（S.735）・巻第三十（S.3927）を大中十一年に、巻第五十五・五十六（S.6483）を大中十三年に、比丘明照が、同じく沙州開元寺で沙門法成の講義を聽講した折の本にも、句切の大中小に應じて點三つ、二つ、一つが、角筆點が先に、朱點が後から施されている。角筆による合符、注示符もあるが、朱點はこれをなぞっていない。瑜伽師地論の加點に見られた、角筆の加點と朱點（又は墨點）との關係は、調査した他の敦煌文獻についても同樣であった。

石塚晴通氏が敦煌文獻の加點について、「朱點が一般的であり、墨點も若干存する」と指摘され、句切點と破音字點を取上げたのは、朱・墨という色の點にだけ注目された結果である。角筆の凹みの加點にも注目することによって、敦煌文獻における、「・」(星點)以外の、諸符號や文字の書入れが浮かび出ることになる。その結果、活用の仕方によっては、敦煌文獻が更に新たな資料的價値を加え持つことになり、新たな研究分野も拓かれることが豫想される。

敦煌文獻において、角筆では「・」(星點)以外の諸符號や文字をも書入れるのに、朱點・墨點が「・」(星點)だけしか書入れないのは、漢字文の字面を朱色・墨色の諸符號や文字で漫りに汚さず、最小限の「・」に止めるという配慮の現れであろうか。他の理由もあったかも知れないが、この方式は、朝鮮半島や日本列島の加點の仕方とは、基本的に異なる特徴と見られる。

次に、朝鮮半島の角筆加點本については、第二章で言及した所であるが、この章の比較作業のために整理すると次のようになる。

八世紀新羅寫本・十世紀版本・十一世紀初雕高麗版　角筆の凹みによる加點のみ

漢字による訓讀、注音・釋義、口訣(假名)、句切點、節博士、四聲點、合符

(十世紀版本以降)

點吐(ヲコト點)、返讀符・返讀點、注示符

十二世紀以降

墨書――口訣、點吐(ヲコト點)、返讀點・返讀符、注示符

角筆點――漢字の字音注・義注、口訣、句切線、ハングル、節博士、四聲點、合符、注示符

朝鮮半島の角筆加點本は、六十點程が發掘された現段階で見る限り、十一世紀以前と十二世紀以降とで、加點用の筆記具の使い方に差異が認められる。卽ち、十一世紀以前の加點は、角筆の凹みによるものであり、しかも、一巻の巻首から巻尾にわたる全巻に施されたものが少なくない。

十一世紀以前の角筆加點本は二十四巻を數えるが、殆ど角筆だけで加點されている。これは今までに發掘された二十四巻が偶〻そうであったということも考えられるが、點吐（ヲコト點）を施す位置が、一つの漢字の二十一又は二十五區畫を使ったり、又、合符や節博士（A型）や弧の返讀符などのように漢字の字畫上に直接に符號を施したりするのは、角筆の凹みであるからこそ可能であって、毛筆では、一つの漢字の二十一又は二十五區畫を使い分けて點吐（ヲコト點）を施すことは不可能に近く、又、漢字の字畫上に直接に符號を施すことも特に墨書では、本文の漢字を讀解し難くしてしまうことになるからである。

新羅で八世紀前半に加點されたと見られる判比量論（大谷大學藏）は、東アジア篇第二章第四節（二六九頁）で説いたように、漢字の訓、注音・釋義、讀添えの音假名、節博士（A型・B型）、四聲點、合符が角筆で書入れられている。加點は角筆だけであって、朱點・墨點・白點は全く見られない。本文の一〇五行と巻末の廻向偈二行及び奧書を殘存するだけであるから、全巻の加點狀況までは推測できないが、本文一〇五行と廻向偈二行にわたって、右掲の諸符號が施されている。この限りでは殘存部分の箇所にだけ偏って加點するという方式であったとは見られない。

十一世紀以前刊の妙法蓮華經巻第一・巻第八も金光明經巻第三も、節博士（A型）が角筆で施され、しかも全巻にわたっている。十世紀刊の六十巻本大方廣佛華嚴經巻第二十を始め、十一世紀刊の瑜伽師地論巻第五・巻第八及び巻第三、大方廣佛華嚴經巻第六・巻第二十二・巻第五十七、竝びに巻第三十一・巻第三十四は角筆で點吐（ヲコト點）を中心に、それぞれ巻首から巻末に至るまで全巻にわたって加點されている。

全巻にわたって、角筆の加點だけを施すことは、敦煌文獻では、第一章で述べたように觀音經（S.5556）に見られるが、日本の平安時代以降の古訓點資料には見られない。このことは後述する。

朝鮮半島における、點吐（ヲコト點）と返讀符の使用は、今日までに發掘された角筆點吐本では、十世紀以降であるが、日本に傳來された皇龍寺表員撰集の華嚴文義要決の佐藤本の黃褐色加點のヲコト點や返讀符等が、東アジア篇第二章第二節（一八八頁）に説いたように、新羅の影響で用いたものと見ると、既にこれらのヲコト點や返讀符等を八世紀の新羅で用いていたことになる。その場合、日本では黄褐色で移寫したが、その親本となった新羅の加點本が、符號の諸形態から見て、角筆加點であったろうと考えられることは既述の通りである。又、延暦二年（七八三）に東大寺で新羅正本と校勘した華嚴刊定記卷第五も、大東急記念文庫藏本に朱書で加點した返讀符（返讀を含み訓讀の順序を示す漢數字）が、新羅の影響と見られることは既述の通りである。その親本の加點が朱書などの色であったか又は角筆によるものであったかは明らかではなく、朱書であったことも考えられるが、佐藤本華嚴文義要決に準じて考えれば、角筆の加點であった可能性を否定することは出來ないであろう。

新羅の角筆加點が、大谷大學圖書館藏判比量論では、訓や讀添え語が眞假名（又はその草書體）か、解釋によっては省畫體と見られるものであり、ヲコト點の加點を見ないのに對して、佐藤本華嚴文義要決では、口訣點はヲコト點で表されて、眞假名や省畫體を見ないのは、偶然であったかも知れないが、ヲコト點が星點本位の素朴なものであることからすれば、判比量論が八世紀の前半の加點であるのに對して華嚴文義要決が八世紀の後半か末頃という時期の違いに基づき、この推移の間にヲコト點が創案されたことを反映するかも知れないが、華嚴文義要決に假名が全く用いられていない點も考慮する必要があり、更なる資料の出現が望まれる。

ともあれ、十一世紀以前の新羅と高麗の經典の加點が、專ら角筆の凹みで施されて、朱點や墨點や白點で施されたものでなかったことが、今まで韓國において、十一世紀以前に點吐（ヲコト點）が使用されていたことを始め、節博士や四聲點や合符及び返讀符等の諸符號、竝びに漢字の注音や釋義、訓や讀添え語の存在に氣付かれなかったわけである。

十一世紀以前が角筆加點を主としたのに對して、十二世紀以降は、墨書の加點本が現存する。墨書口訣資料は十二世紀と十三世紀の五點が知られている。[2] いずれも、墨書の口訣と返點（〻・〼）だけの加點である。[3] 墨書點吐（ヲコト點）を加點した資料も、目下三點の存在が知られている。第一點は祇林寺本法華經卷第七で、十三世紀末刊本に遲くとも十四世紀初と推定される加點が施されている。[4] 第二點目は大乘法界無差別論（折本一帖）で、十三世紀の高麗高宗三十一年（一二四四）刊の後刷本、第三點目は般舟三昧經卷上（折本一帖）で、十四世紀の高麗恭愍王代（一三五一―一三六七）刊、この二點ともに趙明基教授藏で、墨書の點吐

（ヲコト點）が施されていることを、鄭在永氏が見付けられて報告され、[5]筆者に教示されたものである。

墨書による加點が何時から行われるようになったかは、現段階では明らかでない。今までに調べた角筆文獻では、十世紀刊本と十一世紀刊本の極一部分に墨書の口訣又は墨點のヲコト點が認められる。十世紀刊の六十巻本大方廣佛華嚴經巻第二十（誠庵古書博物館藏）は、全巻に角筆の點吐（ヲコト點）が施され、角筆の節博士も認められるが、上欄外に墨書による異本校合注記が次のように書入れられている（資料篇、三八・三九頁）。

「有本種〻分別」（墨書）（第一張15行上欄）　（本文）種境界種種相種種事種種分无量行无量／語言

（本文の「種種分」に對して、或本では「種〻分別」と「別」字の存することを示している）

「別本云一切淨」（墨書）（第六張1行上欄）　（本文）如善根亦尓廻向隨順一切時如一切如善／根

（本文の「一切時如一切」に對して、別本では「一切淨」とあることを示す。上欄墨書の「一切淨」の「淨」の右傍に角筆の點吐「・二」が施されている）

「有本云衆生／身中」（墨書）（第十三張17行上欄）　（本文）脫心得普賢菩薩自在於一切衆生身皆悉／得見諸佛自在

（本文の「衆生身」に對して、或本では「衆生身中」とあることを示している。その上欄墨書には同筆墨書で「衆生身中」の口訣も施されている）

尙、內題下の欄外には同じ墨書で「雲龍」とも書入られている。この本の墨書書入れは、右の四箇所である。この墨書が何時書入れたのかは確定し難い。本文が刊行された十世紀とすれば、墨書口訣が十世紀に存したことになり、上欄校合墨書の「淨」に角筆の點吐が施されていることから、本文の角筆點吐も十世紀となる。本文に施された角筆の點吐の內容（特に文法事象など）から時代が推定できれば、[6]この方から上欄校合墨書の書入れ時期が推定されることになる。內題下に墨書された「雲龍」が人名とすれば、墨書の書入れの時期を推定する手掛りとなる。鄭在永氏は、高麗史列傳十九諸臣篇の郭預條に、郭預の息子の一人に雲龍があり、「子雲龍、鎭、雲龍、仕至都津長」を引くが、「同じ人物である可能性は薄いと見られる」とされる。[7]

郭預の仕えた高宗（一二一三—一二五九）・元宗（一二五九—一二七四）と時代が合わないためであろう。角筆點吐の加點狀況や内容からすれば十三世紀までは降らないからであろう。

次に十一世紀以前刊の金光明經卷第三（誠庵古書博物館藏）にも一部に墨書のヲコト點らしい加點がある。

姓一名號曰壽目優鉢羅華香山如來應供

衣服臥具病痩醫藥象馬車乘殿堂屋宅園（第十三幅）

のようである。全卷にわたらず、第十三から第十五幅の邊に若干施されているだけで、ヲコト點の歸納・解讀は出來ていない。この金光明經卷第三には別に角筆の節博士（A型）が全卷に施されているが、墨書の加點された時期は未詳である。

十一世紀の初雕高麗版の瑜伽師地論卷第五（誠庵古書博物館藏）には全卷にわたって角筆のヲコト點と口訣等が施されていることは既述の通りである。その角筆のヲコト點の凹みの上に、墨點を重ね書きした箇所が若干認められる。

意憒轉増意憒増（角、墨）故/從彼處沒（第九張10行）

（「増故」の「増」に角筆で⊡の加點があるうち、斜線「/」のヲコト點は角筆の凹みのままであるが、右下の「・」は角筆の凹みの上から墨點が重ね書している。尚、「増」「故」「處」「沒」のヲコト點は角筆の凹みだけで墨書の重ね書はない）

諸有不欲苦者（角、墨）（第十二張10行）

（「者」に角筆で⊡の加點があるうち、中央の「・」は角筆のままであるが、右上の「・」は角筆の凹みの上から墨點が重ね書している。尚、「諸」「有」「苦」のヲコト點と「不」「欲」の弧の返讀符は角筆の凹みだけで墨書の重ね書はない。）

同じく誠庵古書博物館藏の瑜伽師地論卷第八（卷第五の僚卷）でも、第十張上欄に角筆で書かれた點圖を、その上から墨書で重ね書している（資料篇、一八頁）。これらの墨書の重ね書が何時行われたのかは明らかでない。その箇所も極めて少なく、恣意的に見える。

右掲の十世紀刊本と十一世紀刊本の中の極一部分に書入れられた墨書の口訣や點吐が、十二世紀以降に書入れられたとすれば、墨書加點が一般に行われるようになって、その方式でそれ以前の角筆加點本に墨書を一部に書入れたことになり、一方、十一世紀以前に書入れたとすれば、それが一部に止まっていることから見て、角筆加點から墨書加點に移行する過渡の姿を示すことになる。十一世紀以前における全巻を墨書で加點した點吐本の出現が期待できないとすれば、右のいずれかであろう。後者の場合は、日本において九世紀から十一世紀の角筆點や角筆の校合・奥書の字句が、十二世紀には緑色や朱書・墨書などの色の訓點や字句に書換えられることが行われた事實[8]に符合することになる。日本の場合は、書換えの理由に角筆の凹み文字が見にくくなったことが記されている。朝鮮半島においても同様な事情があったかどうか検討する必要がある。

十二世紀と十三世紀の墨書口訣資料の五點が、墨書の口訣本位であり、又、墨書點吐（ヲコト點）資料の點吐が漢字の二十一又は二十五區畫を使わなくなっていることによると、角筆書から墨書に變る間に、點吐（ヲコト點）本位から口訣本位への質的變化が起ったかも知れない。墨書點吐は、角筆點吐使用の古態が繼承されたものの、毛筆の制約があって二十一又は二十五區畫は區別できず、形式上に變化が生じたのであろう。

十二世紀以降も、角筆の加點は行われているが、現段階では、角筆の點吐（ヲコト點）を加點した資料は見られない。角筆の書入れは、漢字による字音注・義注、口訣、句切線、節博士、四聲點、合符、注示符が認められ、一四四六年のハングル創制以後は、角筆によるハングルの書入れも認められる（資料篇、四九～五一頁）。角筆が十五世紀以後も使用された確證でもある。

十二世紀以降における墨書の加點は、口訣、點吐（ヲコト點）、返讀點・返讀符、四聲點が主であるから、角筆に注目しなければ、漢字の字音注・義注、口訣や節博士、四聲點、合符などは見逃してしまうことになる。この爲に、節博士については、韓國では今までその存在が注目されず、「梵唄の樂譜は現存しないと言われ、但、『同音集』という旋律の同じ曲を「同音」として記した文獻が唯一の梵唄に關する音樂資料として知られる」とされている。[9]四聲點による漢字音史研究も、角筆加點を加えることによって、ハングル以前についての研究の進展が期待される。

朱書による加點が何時から行われるようになったかは、現段階では明らかでない。經卷に朱色を用いることは、既に誠庵古書博物館藏金剛般若波羅蜜經の七世紀末書寫本に朱界線を施しているから、新羅時代に存したことも考えられるが、現存する文獻では、朱點を加點した古いものとして、次の資料を誠庵古書博物館の藏書について、趙炳舜館長から教示された。

①藥師瑠璃光如來本願功德經　一卷

初雕高麗版、卷子本、天地橫墨界、一行十五字、全十五紙、天地二九・〇糎、界高二二・九糎

全卷に朱句切點、欄外に墨書音注書入れ、角筆の加點なし

（奧書）（朱書）「戊午十月日音辨幷落點」

朱句切點は、次のように施されている。（句切點が朱）

尓時・(朱)世尊讃・(朱)曼殊室利童子言・(朱)善哉善

哉・(朱)曼殊室利・(朱)汝以大悲・(朱)勸請我說・(朱)諸佛

名號・(朱)本願功德・(朱)（以下略）（卷首の冒頭）

婆羅門・(朱)居士・(朱)天龍・(朱)藥叉・(朱)捷達縛・(朱)阿素洛・(朱)

渴路茶・(朱)緊捺洛・(朱)莫呼洛伽・(朱)人非人等・(朱)一

切大衆・(朱)聞佛所說・(朱)皆大歡喜・(朱)信受奉行（卷末の三行）

朱句切點は、文末と句末の區別なく、「・」を漢字の中下に全卷にわたって施している。この朱色が、奧書の「戊午十月日音辨幷落點」の朱と同じであるから、この奧書の「戊午十月」に朱點を施したことが分り、朱點を「落點」と呼んでいる。特に「點」の用語を用いるのが注目される（資料篇、七五頁）。尙、この奧書の「音辨」は、上下の欄外に墨書で書入れた次のような音注を指している。

（上欄）「瘖於深反不解言

瘂於假反

（本文）瘖瘂・(朱)攣躄躄背僂・(朱)白癩癲狂・(朱)種種病苦・(朱)聞

攣呂員反
黠戸八反慧也」
我名已(朱)・一切皆得(朱)・端正黠慧(朱)・諸根完具(朱)・
無諸疾苦　　(句切點「・」は朱書)

この朱句切と音注とが何時書入れられたかを知るには、奥書の「戊午十月」が手掛りとなる。戊午年は十一世紀には、一〇一八年と一〇七八年が當り、十二世紀では一一三八年が當る。筆蹟から見て十三世紀には降らないと思われる。恐らく、一〇七八年か一一三八年であろう。十一世紀後半から十二世紀に朱點の加點が見られることは、十二世紀に墨書口訣資料が見られることと時期の上で並ぶ。しかも「落點」と呼んでいることは、加點そのものに意味を認めた現れと考えられる。朱點が後世にわたって用いられたことは、例えば、誠庵古書博物館藏の次の文獻でも知られる。

②唐柳先生文集卷之一　一册

一四四〇年刊（趙炳舜館長による）、袋綴装、四周雙邊、半葉十行、一行十八字、縦三四・五糎、横二〇・二糎、「宣賜／之記」(朱印)、「金漢／啓印」(朱印)

全巻に朱の句切點・聲點・注示點（右傍）・注示縱線（右傍）が施され、一部に青色の注示點（右傍）がある。

朱の句切點と聲點を例示する。（聲點の「ɔ」「c」は朱）

臣宗元誠感誠荷(朱)・頓首頓首(朱)・伏惟／睿聖文武皇帝陛下天造神ɔ斷(去)(朱)・
臣伏自忖度ɔ(入)(朱)・
訓于羣ɔ帥(去)(朱)・拳勇
嘗聞皷ɔ吹(去)署有戎樂(朱)・
乏者德(朱)・莫能享c(平)(朱)・
凱還ɔ(平)金奏(朱)・

涕浪(平)浪(平)而常流・(朱)
質魁(上)壘(上)而無所隱・(朱)
瞻故邦之。殷(上)轔・(朱)

注示縱線は次のようである（縱線は朱）

公曰吾今形體不衰・(朱)
秦緩乃窮神極思
醫乃勃然變色・(朱)

朱の聲點は「ɔ」「c」の半圓形であり、極一部に「。」が見られる。

筆記用具による差異の第三に、平安時代以降における日本の訓點について、加點用具の面から見ると次のようになる。

毛筆の白點・朱點・墨點等――主要加點方式

角筆の加點――副次的加點方式。特に角筆のヲコト點は十二世紀以降は用いられなくなる

日本の訓點では、毛筆による訓點記入が始まった平安初期九世紀には、師の講説を聽講する際に、經巻に直接に記入するのに、主に白點を用いた。白點は、墨書本文の字句を著しく損ねることが無く、又、水洗いによって抹消することが出來る。白點の他に朱點も用いられた。朱點は、特に平安中期十世紀以降に、訓點授受の方式が點本に基づく師資相承という形に變ると、盛んに用いられた。他に墨點や時に黃點、綠點等も用いられた。これに對して、角筆の加點は、平安時代以降は白點・朱點や墨點と共用されるのが普通であり、その副次的な役割であったと見られる（奈良時代の角筆加點については東アジア篇附章參照）。

それには、時代による差異があるので、時期を分けて見ることにする。

㈠　平安初期九世紀〜平安後期十一世紀

(1)角筆で全巻にわたって加點するが、後から白點や朱點を重ね書する文獻

この文獻が多いが、これに二種がある。第一種は、角筆で加點したヲコト點、假名や漢字注等を、選ばずにいずれにも白點や朱點を重ね書したものである。興聖禪寺藏大唐西域記平安初期點が角筆點の上から白點を施し、石山寺藏求聞持法應和點が角筆點の上から墨點を施したのはこの例である。[10]

第二種は、角筆で加點したヲコト點、假名や漢字注等に對して、朱點はヲコト點のうちの星點と句切點の「・」と聲點「。」だけに重ね書し、ヲコト點の「|」「し」等の符號や假名や漢字には重ね書はしないものである。これは、寛平法皇の加點本に見られるもので、東寺藏三親王灌頂時儀式書作法一帖と、隨心院藏無畏三藏禪要一卷、龍藏寺藏蘇悉地羯羅供養法卷上一卷がこれである。このうち、東寺藏三親王灌頂時儀式書作法一帖については既に述べたので、[11]その後に見出された隨心院藏無畏三藏禪要一卷と龍藏寺藏蘇悉地羯羅供養法卷上一卷について、日本國内篇第二章第二節（四五三・四八五頁）で取上げる。

この第二種は、今まで日本で見出された角筆文獻では、寛平法皇の加點本に見られるだけであるが、その加點方式は右述の敦煌文獻における角筆書入れと朱點「・」との關係に通ずる。偶然の一致なのか、寛平法皇が大陸の知識を得てその方式を採用したのかは詳かでない。

朝鮮半島で今までに見出された角筆文獻で、十一世紀以前のものは、既述のように、角筆加點だけであって、朱點の重ね書は全く無く、墨點も極僅かに見られるのみである。日本にも、角筆加點だけであって、朱點や白點等を重ね書しない文獻も、後述の奈良時代のものを除くと、平安中期十世紀に見られるが、加點は全卷にわたっていない。次のようである。

(2)角筆加點だけであり朱點・白點等を重ね書しないが、全巻にはわたらない文獻

石山寺藏沙彌十戒威儀經平安中期角筆點と石山寺藏漢書高帝紀下平安中期角筆點とがこれである。石山寺藏沙彌十戒威儀經平安中期角筆點は、全五百五十行のうちの前半の二百六十七行に角筆の加點があるだけで中斷している。[12]石山寺藏漢書高帝紀下平安中期角筆點も、角筆の加點で訓讀できるのは前半だけであって、後半は句讀點・返點が主となってしまっている。[13]兩文

獻とも、角筆の加點によって全卷が訓讀できる狀態には無い。

(3)角筆の加點が部分的であり、白點・朱點の補助的な役割をしている文獻

これにも二樣がある。第一は、先に白點又は朱點を加點し、その補加として後から角筆の加點が施されるものである。京都國立博物館藏妙法蓮華經八卷（澄覺寄進本）の平安初期朱點・白點に對して、角筆で卷二、四、五、六の四卷に、字音を表す假名と聲點を一部に施したのがこの例である。第二は、師から傳受された口傳を部分的に角筆で記して置き、これを參照し基づきながら後に朱點等で全卷に加點する場合である。御遺告の安和二年（九六九）本に覺源が萬壽二年（一〇二五）僧都御口習を書入れた本がこの例であり、日本國內篇第二章第三節（四九一頁）で取上げる。

(二)　院政期十二世紀以降

平安後期十一世紀を過渡として、院政期十二世紀には、角筆加點だけで訓下すことがなく、朱點・墨點に對して補助的に用いられている。角筆の書入れは散在的で一、二箇所という文獻もある。角筆のヲコト點も、十二世紀以降は一般には用いられなくなる。院政期に、親本の角筆點を綠色に書改めたという記文が屢〻見られるのも[14]、このことと關聯するのであろう。十二世紀に角筆の機能に變質があったことを窺わせる。

右述の(一)、(二)によると、平安時代以降における日本の角筆加點は、朱點・墨點との關係において、一部に敦煌文獻に通ずるものがあるが、全體として、敦煌文獻とも異なり、又、朝鮮半島の十一世紀以前の角筆だけの加點本とも大きく異なっている。白點・朱點や墨點が主要な加點であり、これらが角筆點の上に重ね書しているものが多いから、これらでは、角筆點は、獨自な價値が低く、訓點としてはその補助的な所に止まってしまう。從って、獨自な價値は、毛筆による規範的・傳統的な表現から外れた角筆表記による音韻・文法・語詞などを持つ文獻に認められることになる。

注

(1) 拙著『角筆文獻の國語學的研究研究篇』一〇〇四頁。敦煌文獻について筆者に寄せられた文章の中で述べたもので、「角筆點は一點も見出し得てゐない」ともされた。

(2) 南豐鉉・李丞宰・尹幸舜「韓國の點吐口訣について」（『訓點語と訓點資料』第一〇七輯、平成十三年九月）。

(3) 南豐鉉教授藏瑜伽師地論巻第二十の十三世紀後半書寫の一巻は、原本を閲覽したが角筆加點の形迹が無く、南教授も角筆加點は無いとされる。

(4) 注(2)文獻。慶州祇林寺の毗盧舍那佛像（寶物九五八號）の腹藏から出た七巻の一巻であり、巻七は全巻に加點されているが、巻四は一折、巻五は二折、巻六の八折にも加點があるという。一九九七年に南權煕教授が、日本の訓點と非常に類似していることを指摘した（『借字表記資料の書誌』〈『新しい國語生活』第七巻第四號〉）が放置されて來たという。

(5) 鄭在永氏が「韓國의口訣」と題して、二〇〇二年六月十九日にソウル大學校における「The 6th Pacific and Asia Conference on Korean Studies」で發表された資料を二〇〇二年七月に贈呈された所による。

(6) 十二世紀の墨書口訣において稀に現れる古形の文法が、この六十巻本華嚴經巻第二十の角筆點吐に確認できるから、それよりも古形の文法を有していると指摘されている（南豐鉉「高麗時代點吐釋讀口訣の種類とその讀法について—晉本華嚴經巻二十の角筆點吐釋讀口訣を中心にして—」朝鮮學會公開講演原稿、二〇〇一年十月六日。後に「朝鮮學報」〈第百八十三輯、平成十四年四月〉に掲載）。

(7) 鄭在永「誠庵古書博物館藏晉本華嚴經巻二十について」（『漢文古版本とその受容（訓讀）』二〇〇一年八月）。

(8) 注(1)拙著、二二頁以下。

(9) ソウル大學校東洋音樂研究所の研究員李知宣氏の私信による（二〇〇二年八月二十一日附）。

(10) 注(1)拙著第三章第二節第三項、三七五頁。

(11) 注(1)拙著、六三頁以下。

(12) 注(1)拙著、三〇四頁以下。

(13) 注(1)拙著、三五二頁以下。

(14) 注(1)拙著、二五頁。

第三節　加點法の比較

中國大陸の敦煌文獻も、朝鮮半島の初雕高麗版も、日本の平安時代の古點本も、漢文の讀解に當り、角筆による加點を施しているが、それぞれの加點本の中で、朱書や白書や墨書で「點」という呼稱を記し用いていることも、三者に共通して見られる。但し、その指す內容には、それぞれに少異がある。

先ず、中國大陸では、敦煌文獻において、巻末識語に「點勘」「加點」「點」があり、七世紀末、八世紀初から使われている。又、智證大師圓珍が在唐中に求得して將來した大小乘經律論疏の目錄の中に「科點」と共に「點」と注記したものがあり、中國の高僧の加點したものであることが知られ、圓珍自身も在唐中の大中十二年（八五八）に台州開元寺で釋觀無量壽經記を讀んで、その記に「點過」と注している。このことは、第一章第五節（九五頁）で見た所である。

日本の加點本においても、圓珍は、仁和四年（八八八）の大日經義釋批記で「同點」「朱汚點」「朱點」「點本」の語を用い、又、圓珍の弟子の空慧が書寫させ自ら署名した吉水藏山王院藏書目錄（延長三年〈九二五〉）書寫本の中でも「點汚」「朱點」「有點」「點本」「丹後和上點」「加賀昌遠點」が用いられている（東アジア篇第一章第五節、九九頁）。これらの「點」の具體的な內容は未詳であるが、圓珍のような入唐僧が大陸で知得したものに據ったと考えられる。とすれば敦煌文獻の朱點のような句切點を主とするものであったろう。

從來、日本における「點」の最古例とされていた、延長三年（九二五）に石山寺內供淳祐が自ら加點した、石山寺藏蘇悉地羯羅供養法巻上、巻下の巻末識語に記された「點了」（東アジア篇第一章第五節、一〇一頁）の「點」は、假名やヲコト點を含む、いわゆる「訓點」である。以後の日本の古點本の奥書識語に用いられている「點」はこの意味で用いている。中國大陸で用いた「點」が句切點などの符號であるのと異なっている。

朝鮮半島における「點」の使用例は先述の通りであり、「戊午十月日音辨幷落點」とある（東アジア篇第三章第二節、三三〇頁）。欄外の音注は「音辨」に當るから、「點」には含まれず、「落點」の「點」は本文中に朱で施された句切點を指している。その意味では、敦煌文獻の「點」に通ずる。この「落點」の語が中國大陸の影響であったかどうかは未詳であるが(1)、その可能性は否定できない。尙、わが國でも「落點」の例が、醍醐寺藏金剛界念誦次第一帖鎌倉中期寫本（第六九五函2號）の奥書に、

御記云／以遍智院御本書了爲輔入道資實被草／之云〻／於旅宿交合朱砂不隨身之間落點等以墨加之了

正嘉元年（一二五七）九月四日岡屋禪定殿下／以此本印圖等少〻加之御傳受了／前權僧正憲ー（以上本奥書）

とある。旅宿であるから朱墨を持ち合せていないために墨で「落點」を加えたとある。醍醐寺藏本には、朱では句切點・返點・合符・聲點、別に墨書では假名が施されているが、右の奥書は本奥書であるから、朱・墨點は轉寫の間に變更した惧れもあり、「落點」の指す内容は特定できない。從って朝鮮半島の「落點」との關聯は未詳である。

さて、右述の「點」の指す内容を含め、角筆加點と朱・墨・白點等を併せて、中國大陸の敦煌文獻と朝鮮半島の角筆加點本と日本の古訓點本とについて、三者の加點法を比較することにする。その共通點と相違點を通して、影響關係と獨自性とを考える手掛りを得ようとするのである。ここでは、それぞれの時代差や資料差は捨象して、それぞれを全體として見ることにする。敦煌文獻の具體例は、東アジア篇第一章第三節（四〇頁）と第四節（七一頁）に擧げた所に據り、朝鮮半島の角筆加點本の具體例は、第二章（一〇七頁）に擧げた所に據り、それぞれの箇所に揭げてあるので、それに基づいて表で示すことにする。この表は、加點法の比較を主目的とするものであるが、影響關係を見るには、漢文本文の校異に用いるミセケチ符や顚倒符や補入符も有效と考えられるので、表の始の方に［參考］として揭げ、その具體例の主なものは、この章の末尾に「附載」として擧げることにする。

I　敦煌文獻と朝鮮半島高麗版等と日本古訓點本とに共通する加點法

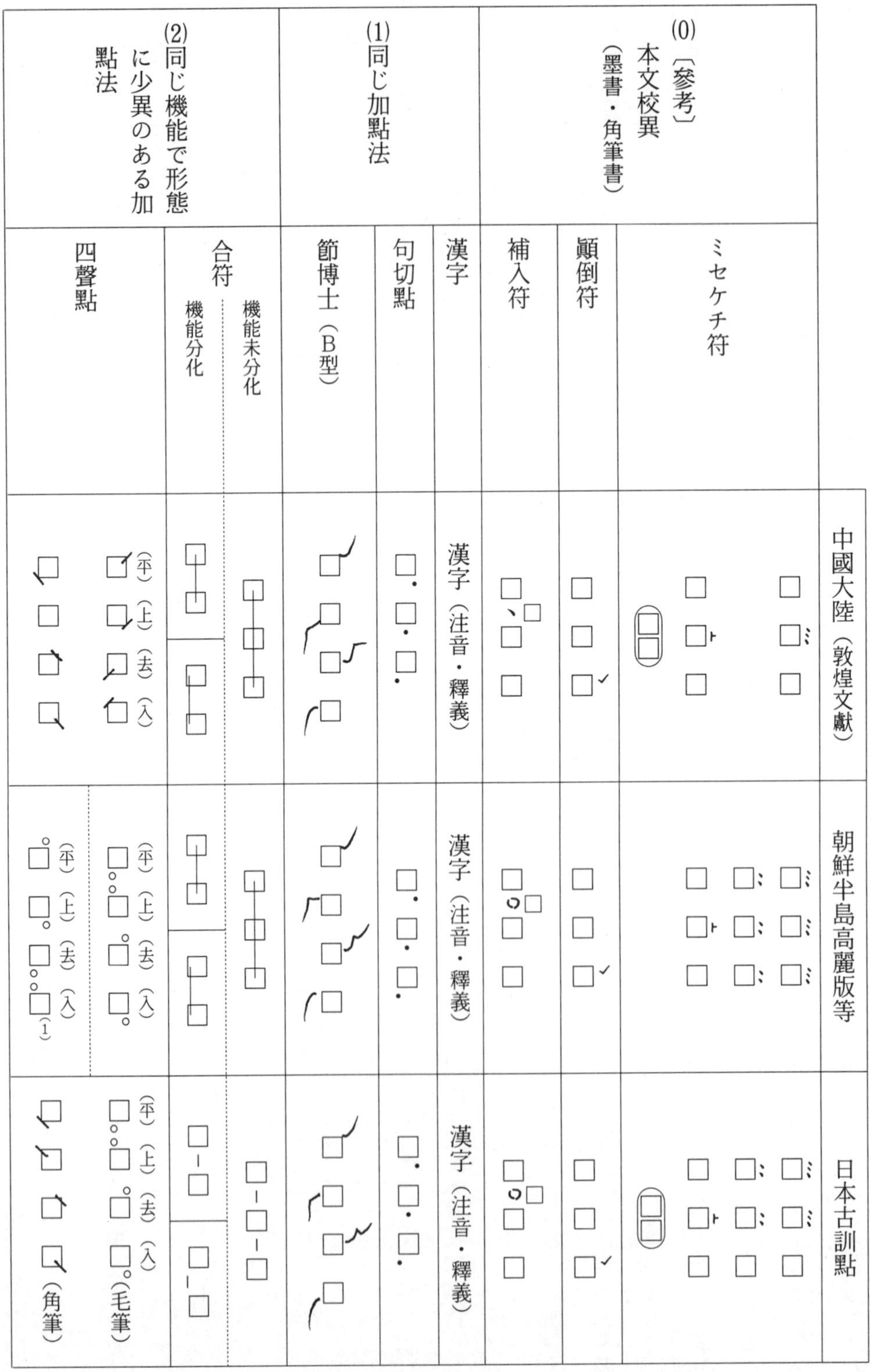

		中國大陸（敦煌文獻）	朝鮮半島高麗版等	日本古訓點
(0)〔参考〕本文校異（墨書・角筆書）	ミセケチ符			
	顛倒符			
	補入符			
(1)同じ加點法	漢字	漢字（注音・釋義）	漢字（注音・釋義）	漢字（注音・釋義）
	句切點			
	節博士（B型）			
(2)同じ機能で形態に少異のある加點法	合符　機能未分化			
	合符　機能分化			
	四聲點	（平）（上）（去）（入）	（平）（上）（去）（入）／（平）（上）（去）（入）(1)	（平）（上）（去）（入）（毛筆）／（角筆）

Ⅱ　中國大陸と朝鮮半島とに共通する加點法

四聲點	ɔ　c	ɔ　c	
注示符	□□□	□□□	

Ⅲ　朝鮮半島點吐口訣と日本古訓點とに共通する加點法

(1)同じ加點法	假名		口訣（眞假名・草書略化・省畫體）	假名（眞假名・草書略化・省畫體）
	ヲコト點　符號の形		諸系統あり　星點・複星點・線・線と點との組合せ	諸系統あり　星點・複星點[2]・線・鉤[3]・弧
	返讀點		□ ·□ ／ □ □·	□ □ □·
(2)同じ機能で形態に少異のある加點法	弧の返讀符		□□ ／ □□	□ ·□ ／ □ □·

Ⅳ　朝鮮半島角筆加點のみに見られる加點法

返讀を受ける弧		□□□□	
合符と返讀の兼用		□□□□	
節博士（A型）		横長の波線	

（表の注）（1）日本に遺存した大谷大學圖書館藏判比量論に角筆で書入れられた圏點で、新羅方式の加點と見られ、四聲點の古い形式

を示している。（東アジア篇第二章第四節、二九七頁）

（2）日本古訓點に用いられた複星點は、十世紀以降では天台宗關係及び九世紀の一部の資料に見られ、朝鮮半島の影響と考えられる。（東アジア篇第二章第三節第一項、二四二頁）

（3）ヲコト點の鉤は日本古訓點には一般的に用いられているが、朝鮮半島では角筆點吐には見られず、十四世紀の法華經の墨書點吐に見られる。

この表から、次のことが知られる。

一、先ず、漢文本文の字句校異の符號には、ミセケチ符、顚倒符、補入符が、敦煌文獻、朝鮮半島資料、日本古訓點本のいずれにも用いられていて、その形態や用法が一致する。その時代の先後から見ても、中國大陸から朝鮮半島に傳わり、更に日本古訓點本等に影響したことが考えられる。朝鮮半島から日本に影響したことを考える具體的な資料として次のものがある。先ず、新羅撰述書に基づいて書寫されたと考えられる大谷大學圖書館藏判比量論に、

意識俱有根定非能能緣性（第十節46行）

無性性有情決定二乘皆當作佛（第十三節92行）

故成不難（第十三節88行）（「不」の右傍に角筆の顚倒符「✓」があり、その上に墨書の顚倒符がある）

の墨書のミセケチ「⁝」や顚倒符「✓」と角筆の顚倒符とが用いられている。次に新羅の皇龍寺僧表員の撰集した華嚴文義要決を日本で書寫した二本のうち、延暦寺藏華嚴要義問答の延暦十八年（七九九）近事行福書寫本に、

不盡不盡何以故（ミセケチは墨書）

と用いられ、佐藤本にも、次のように用いられている。

華嚴文義要決問答 巻第一 五科入皇龍寺表員集（◯は墨書）

成相者此由諸義緣起成故（顚倒符は墨書）

答成或倶釋或但指自己盡（ミセケチ符は墨書）

判比量論は本文が新羅寫本を基に書寫され、角筆も書入れられたもので、その本ごと今日に傳來したと見られるものであり、角筆の顚倒符はその上から本文同筆の墨書の顚倒符も施されている。華嚴要義問答と華嚴文義要決は新羅の表員の撰集書を日本で書寫したものであるが、判比量論のミセケチ符や顚倒符と同じ符號が施されているのは、書寫の親本に既にこれらの符號が施されていたことを考えさせるものである。

二、經本文の漢文を讀解するために、本文に施された加點についても、敦煌文獻と初雕高麗版と日本の古訓點本とに共通するものが認められる。

右に掲げた表の、Ⅰ敦煌文獻と朝鮮半島高麗版等と日本古訓點本とに共通する加點法の⑴、⑵の欄に示したものである。これには、⑴、⑵の二様が認められる。⑴は、三者が同じ加點法を示すものであり、漢字による注音や釋義の書入れと、句切點と、節博士（B型）である。これらが共通するのは、本文校異の諸符號に影響が考えられたように、三者に影響關係の存した可能性がある。中國大陸から朝鮮半島への影響を示す具體的な資料は未だ得られていないが、朝鮮半島角筆點から日本古訓點への影響は、節博士について、既に述べた所である。中國大陸から直接に日本に影響したものもあったであろう。四聲點に斜線を用い、これを角筆で書入れているのが敦煌文獻と日本古訓點本の十世紀天台宗資料に見られるのが、そのことを考えさせるが、朝鮮半島でも使ったか否かは今後の課題である。

⑵の欄は、三者が同じ機能の符號を用いるが、形態に少異のある加點法であり、合符と四聲點が擧げられる。このうち、合符は、機能未分化から機能分化への變化が時代の推移に伴って起っている點も共通するが、縦線の長さと施す位置には少異が認められる。即ち、敦煌文獻と朝鮮半島高麗版等では、合符の縦線が漢字の字面上に直接に長く施されるのに對して、日本古訓點本では、漢字と漢字の間に短い縦線が施されている。これは、敦煌文獻と朝鮮半島高麗版等の合符は角筆の凹みで施されるのに對して、日本の古訓點は朱書・白書・墨書等の毛筆で施されることが、この

差異に係わっていると考えられる。

(2)の中の四聲點は、漢字の四隅に斜線又は圏點「。」を施して、漢字の聲調を區別して示す點は共通する。但し、敦煌文獻が角筆の斜線を用いるのに對して、朝鮮半島高麗版等では圏點「。」を用い、日本古訓點本でも圏點「。」を用いるが、日本の平安時代の古點本の一部（天台宗僧の加點）に角筆で施した中には、敦煌文獻の角筆斜線と同じ斜線が用いられている。尙、朝鮮半島の新羅で角筆加點したと見られる判比量論では、圏點を用いるが、四隅の位置は、右上（平聲）・左下（去聲）・左上（入聲）で古い型を示していて、時代差を反映したと見られる。

三、次に、右に掲げた表のⅡは、中國大陸と朝鮮半島とに共通する加點法である。四聲點に半圓形の「ↄ」「c」を用いることは、中國大陸では宋版を始め明代の資料にも見られる。朝鮮半島では初雕高麗版の角筆點を始め、高麗版の附刻本や十五世紀の刊本の朱書書入れにも見られることは既述の通りである。日本の古訓點本では、原則として用いない。[2]

注示符として、當該漢字句の傍に縦線を施すことも、中國大陸の文獻と朝鮮半島の文獻とに見られるが、日本の古點本では用いられない。

四、右に掲げた表の、Ⅲ朝鮮半島點吐口訣と日本古訓點とに共通する加點法の(1)は、二者が同じ加點法を示すものであり、假名（眞假名・草書略化・省畫體）と、ヲコト點の符號と、返讀點とがある。朝鮮半島では口訣が新羅から用いられ、日本古訓點でも假名が訓點記入の始まった當初から用いられている。ヲコト點は、朝鮮半島では八世紀には行われていたと推定され、日本古訓點でも毛筆による訓點記入の始まった九世紀初には用いられている。共に異なった形式が見られ諸系統が行われたと考えられる。複星點は朝鮮半島の點吐（ヲコト點）の總てが積極的に用いていてその特徴と見られる。日本の古訓點本の中にも複星點が見られるが、主として十世紀以降の天台宗資料と九世紀の一部の資料に偏っている。ヲコト點の符號のうち鉤・弧等は、朝鮮半島の角筆點には見られない。

返讀點として星點「・」を返讀する漢字の左下に施すことも二者に共通する。

(2)の欄は、朝鮮半島の點吐加點本と日本古訓點本とが同じ機能の符號を用いるが、形態に少異のある加點法であり、弧の返讀符が擧げられる。朝鮮半島の點吐本では返讀する漢字の下（やや内寄り）から起筆した長い弧を施すが、日本古訓點本では、返讀する漢字の傍に短い「ノ」「し」を施している。これは、朝鮮半島の返讀符が角筆で施されるのに對して、日本の古訓點は朱點・白點・墨點等の毛筆で施されることが、この差異に係わっていると考えられる。

五、表の最後の、Ⅳ朝鮮半島の角筆加點のみに見られる加點法は、返讀を受ける弧と、[3]合符と返讀を兼用した弧とが初雕高麗版に見られ、節博士（A型）の横長の波線が新羅から十五世紀までの文獻に角筆で施されている。このいずれも、角筆の凹みによる符號であり、しかも本文の墨書漢文の漢字句の字面に直接に書入れられている。若し毛筆の墨書でこの符號を書入れたなら、漢字句の字面を損ない見難くしてしまう。日本古訓點にこれらの符號が用いられないのは、毛筆による朱點・白點・墨點を主とする加點方式であることが係わっているのであろう。

右の表のⅠ・Ⅱ・Ⅲ・Ⅳを綜合して見るに、ⅠとⅢとが、加點法としては主要な内容であり、そこでは、朝鮮半島點吐口訣と日本古訓點とで共通するものが多いことが分る。そこには影響關係の存した可能性がある。四聲點に圏點「。」を用いることも共通する。そのうちの、節博士（B型）とヲコト點の複星點と四聲點の圏點とは、日本の毛筆による古訓點では、十世紀に天台宗で使い始めている。日本で毛筆による訓點記入の始まった九世紀初頭のヲコト點と省畫假名と併せて、朝鮮半島からの影響の可能性が考えられる所である。

同じ機能で形態に少異のある合符や弧の返讀符が、朝鮮半島が角筆加點であるのに對して、日本古訓點が朱點・白點等の毛筆加點であるという筆記具の違いに基づく、二者の差異とすれば、これにも、影響の可能性を考える餘地はあろう。

尚、Ⅱの四聲點の「ɔ」「c」が日本古訓點に用いられない理由は、種々あるであろうが、四聲點として圏點「。」が別に用いられていることも、その理由の一つであろう。

右述のように、朝鮮半島點吐口訣本と日本古訓點本との間に影響關係が考えられるとすれば、更に多くの資料を得て、第二章で考えたように、個別的に具體的に比較検討する必要がある。

注

(1)「落點」の語は、藤本幸夫氏の直話によると、韓國の十五世紀等の文獻の識語にも見られる由である。

(2)宋版の加點本等で、中國大陸の影響と見られるものには用いられることがある(拙著『角筆文獻の國語學的研究 研究篇』九九九頁)。

(3)日本の平安初期古點には、返讀を受ける漢字の傍に、「ʅ」を施して、

□ʅ……□ノ

のように用いたものがある。例えば次のようである。

我見ʅ《すそ》下佛子等《の》志二求《する》佛道《を》一者《ひとの》 无量千萬億《にして》 咸以《くて》二恭敬《の》心《を》一皆來二至《せるか》 佛《の》所《に》一曾從《し(ひ)たてまつりて》二 諸佛《に》一聞ノ《タマヘルを》中 方便《の》所說《の》法《を》上 (山田本妙法蓮華經巻一方便品古點)(返點の「二一……一二」「下…中…上」は私に附したものである)

この返讀を受ける漢字に施された「ʅ」が、朝鮮半島の初雕高麗版に角筆で施された「返讀を受ける弧」と關係があり、筆記具の違いによる形態の少異とすれば、表のⅢの(2)に入ることになる。

第四節　東アジア漢字文化圏における日本の角筆文獻の位置

角筆文獻の第一號は、日本で發掘された。第一號が發掘されてから二十八年間は、專ら曾て都の在った古代文化の中心地の京畿の古文獻からの發掘が續き、やがて日本列島全縣下の典籍文書からも發掘されるに至った。發掘の手順からすれば、日本が最初であり、中國大陸、そして朝鮮半島へと發掘地域が擴がった。

しかし、角筆文獻の時代の先後から見れば、中國大陸が最も古く、既に漢代木簡に認められ、敦煌文獻でも建初二年（四〇六）の書寫本に認められた。朝鮮半島では七世紀末書寫の金剛般若波羅蜜經（誠庵古書博物館藏）に角筆の補入符が認められ、八世紀前半に新羅方式で角筆加點をしたと見られる判比量論（大谷大學圖書館藏）が見出された。日本の紙本の角筆文獻は、現時點では年紀の分る最も古いのは、天平勝寶元年（七四九）書寫の正倉院文書である。木簡等ではこれを溯ると見られるものもある。時代の上では、中國大陸から朝鮮半島、そして日本列島への順となる。東アジアにおける古代の言語文化の流れからすれば、中國大陸が源であり、朝鮮半島を經て日本の古代文化に入り、列島全體に浸透した筋道が考えられる。

この筋道を、現存する角筆文獻の分析によって確かめる必要がある。ここでは符號を對象として比較したが、その符號によって解讀される言語內容そのものの比較も必要である。それは、日本の古代文化の源の一つを解明することに繫るであろう。日本が、この筋道における到達點であるとすると、源の中國大陸とも、經路の朝鮮半島とも、角筆使用の基本は通底するとしても、影響と共に變質したものがあったに違いない。日本の平安初期以降の古訓點の加點が朱點・白點等の毛筆を主として、角筆使用は副次的であったのは、その現れと考えられ、そうとすれば、日本の平安時代以降の角筆文獻の性格も、この點に配慮して考察する必要がある。その具體的な考察は、日本國內篇の課題の一つである。

日本の角筆文獻は三三〇〇點餘が現在までに發掘されている。發掘の年月が、第一號から四十年を經て、地域も日本全國に及んだためである。その結果、角筆文獻の圖書內容も、漢文の加點だけでなく、口傳・手紙・古文書や繪畫の下繪など多様になって來ている。その具體的な內容は日本國內篇に說く所である。

日本の角筆文獻に對して、中國大陸の角筆文獻も、朝鮮半島の角筆文獻も、現段階では、點數がそれぞれ數十點に過ぎないのは、前述のように、發掘が緖に着いたばかりであることが大きな一因である。しかも、角筆文獻の圖書內容から見ると、敦煌文獻はその性格上、漢文の加點である。朝鮮半島の角筆文獻も今までに發掘されたのは、漢文の加點が主內容である。しかし、既に指摘したように、繪畫の下繪に角筆を用いた文獻も發掘され始めている。今後、朝鮮半島における發掘が進めば、漢文の加點以外の文獻も見出されるかも知れない。古文書その他の文獻も視野に入れた發掘が必要である。その角筆使用の全體像の中で、漢文の加點資料が更に多く發掘されて、位置づけされ、その上に立って、日本の角筆文獻との關聯の一層明らかにされることが期待される。

［附載一］

ミセケチ符號の用例（ミセケチとは、寫本などで字句を訂正するのに、もとの字句もそのまま讀めるようなしかたで消すこと『國語學大辭典』小林芳規執筆）

(1)敦煌文獻

A □ミ　餘者恠者之不出（法句譬喩經卷第三殘卷、書道博物館藏、甘露元年〈三五九〉書寫、毎日新聞社『重要文化財 21』）

等若有人供能養父母（大般涅槃經卷第廿三〈S.116〉、「一交竟／比丘德念寫供養之」奥書、五世紀か、『敦煌寶藏　一』による）

B □ト　佛子北臺頂上有龍宮、雷聲曲震震烈山林、（五臺山讚〈S.5548〉、『敦煌寶藏　四三』による）

靈而請請佛、（佛堂文〈S.5638〉、『敦煌寶藏　四四』による）

C □□　歡奉行／奉行（梵網經佛說菩薩心地戒品〈S.102〉、『敦煌寶藏　一』による）

謹急逐日逐巡旬。不敢怠慢。（縣泉鎭遏使安進通狀七件〈p.2814〉、天成三年〈九二八〉狀上、『敦煌寶藏　一四〇』による）

(2)朝鮮半島

A □ミ　脩普賢因速成佛　成檀越新羅國／京師所白　紙作人仇叱珎

（湖巖美術館藏大方廣佛華嚴經卷第一～卷第十奥書、天寶十四年〈七五五〉寫、문화재청『新羅白紙墨書大方廣佛花嚴經』）

（同館藏大方廣佛華嚴經卷第四十四～卷第五十の奥書にも同文の奥書があるが、右のミセケチの十字は除かれてある）

□ミ　無性性有情決定二乘皆當作佛（大谷大學圖書館藏判比量論、第十三節92行）

(3)日本國內

A □ミ　四十月午五十一月申六十二二月成（石山寺藏黃帝術飛鳥式經平安中期寫本）

□ミ　肥音被訓川古由（小川本新譯華嚴經音義私記）

守護者謂爲大法三所者謂（華嚴刊定記卷第五延曆二年・七年校勘識語本）

⁚□

無點、⁚音占訓汙也文 正玷字于⁚（小川本新譯華嚴經音義私記）

B

□ㅏ

晏聞此語益後驚惶（「復」（追筆））（石山寺藏金剛波若經集驗記卷上平安初期寫本）

又呪勸若欲止百恠（石山寺藏黃帝術飛鳥式經平安中期寫本）

C

(□□)

合米拾湥斛(肆斗)玖斗捌升鹽壹斗湥升(肆合)玖合捌勺

（正倉院文書、正集第三卷、內膳司解、天平十七年〈七四五〉四月十七日、『正倉院古文書影印集成　一』）

周歳(時)星而現漢(明帝之時)代夢而現（東大寺諷誦文稿　4行）

尙、日本のミセケチについては、拙稿「見せ消ち符號について――訓點資料を主として――」（「訓點語と訓點資料」第七十七輯、昭和六十二年三月）を參照されたい。

[附載二]　顚倒符の用例

(1)敦煌文獻

有人ˇ一言是住ˇ中處衣布施（十誦比丘波羅提木叉戒本〈S.797〉、建初二年〈四〇六〉比丘德祐書寫）（「―」線は角筆）

緊那羅摩睺羅伽人非等人ˇ（角、墨）身（觀音經〈S.5556〉、八ウ2、戊申年〈九〇八〉寫）

(2)朝鮮半島

竹尸□牟✓于支稗一（慶尚南道咸安郡加耶邑城山山城出土木簡、五五一以降五六一以前。『古代日本文字のある風景』による）

故成不✓（角、墨）難（大谷大學圖書館藏判比量論、第十三節88行）

(3)日本國内

（表）越前國登能郡✓翼倚□（裏）庸米六斗　和銅六年□（平城宮木簡、佐紀池南出土、越前國庸米貢進札）

長押角銅肱✓四枚別長一尺八寸 廣四寸（正倉院文書、太神宮御餝注文、天平寶字六年か七年、『南京遺芳』）

[附載三]

補入符の用例

(1)敦煌文獻

若比丘自知「・」所（角）應受鉢「・」（角）未滿五綴（十誦比丘波羅提木叉戒本〈S.797〉、建初二年〈四〇六〉比丘德祐書寫）

(2)朝鮮半島

菩提言如是「ｏ」如是（角）以□（破損）（誠庵古書博物館藏金剛般若波羅蜜經、七世紀末寫本）

(3)日本國内

如二諦有本无ｏ本二智亦以中觀爲本（京都國立博物館藏淨名玄論卷第六、慶雲三年〈七〇六〉書寫）

附　章　奈良時代寫經の角筆加點の性格

第一節　奈良時代の角筆加點についての假說

本書の校正中に、奈良時代寫經に角筆だけで全卷にわたって加點した資料が見付かった。白點や朱點の加點が無い場合は、漢文本文だけが書かれた白文と見過されてしまうような資料である。長い年月を經た上に、修補の手が加わった爲に、角筆の凹みは極めて薄く、肉眼では甚だ見難いものである。今までその存在に氣付かれなかったのは無理からぬことである。

その角筆の書入れられた時期が、若し本文書寫と同じ奈良時代であったとすると、日本で假名やヲコト點等の訓點記入の始まりが平安時代初頭期であるとする從來の說[1]に對して、新たな問題を提起することとなる。

これに關して、今までの知見に對して、二つの疑問が浮かび上って來る。

その一つは、何故に日本の訓點記入が平安時代初頭期から始まったのかということである。訓讀そのことは八世紀以前から行われていた（東アジア篇第二章第二節、二〇二頁）のに、經卷に訓點を記入することが九世紀初頭に始まることの必然性が考え難い。八世紀には訓點記入のことが全く無かったのかどうか、單に筆記用具だけの問題であって、毛筆とは異なる別の方法で記入されていたのが、九世紀になって毛筆で白點や朱點を施すことが始まり、白書や朱書が目に付き易いので、注目されるようになったに過ぎないのではないのか、という疑問である。

もう一つは、八世紀前半期に既に朝鮮半島の新羅では經卷に訓點を記入することが行われていたこととの關聯である。八世紀前半期に角筆で訓點を記入した判比量論が、光明皇后（七〇一―七六〇）の藏書となり、その現物が大谷大學藏本として現存している（東アジア篇第二章第四節、二六〇頁）。既に說いたように、訓點の內容は、日本の訓點ではなく、新羅語とその符號による加點であるから、新羅で記入されたか、それに係るものである。大安寺の審祥の將來經とすれば、七四〇年以前に傳來したことになる。この經卷の角筆加點のことについて、經典讀誦を事とした日本の當時の知識僧が、その知見を持っていたのかどうかということである。渡來僧又は新羅留學僧の記入とすれば、日本でも或程度の知見があったことになるが、角筆の知見が全く無かったとするならば、この角筆加點の經卷は日本の僧にとっては、單なる白文の漢文を綴っただけの經典に過ぎないことになる。眞假名の訓も新羅の諸符號も、無縁の存在となる。果してそうであったのか、という疑問である。

この二つの疑問に共通するのは、共に經典の漢文を讀解する場で起った事柄であり、それが東大寺を中心とする南都佛教に深く係っていることである。從って、この二つの事柄は別々の事象ではなくて、相互に關聯する事柄と考えられる。それを關聯づけるのが、奈良寫經に角筆で書入れられた訓點である。

注

（1）春日政治「初期點法例」（『古訓點の研究』昭和三十一年六月刊、所收）に左のように說いている。

抑ゝ點法の事は、之を現存の古資料に徵するに、その淵源が佛徒の手にある如く、而も南京古宗のそれに在つたと推測されるのみならず、年代的に之を觀る時、ほゞ平安朝初頭から起り、その中期に至つて定型化を遂げたものの如く思はれるのである。

第二節　華嚴刊定記の加點の性格

第一項　華嚴刊定記に施された漢數字の加點

日本の加點本で年時の分る現存最古とされるのは、大東急記念文庫藏華嚴刊定記卷第五である。近事智鏡が書寫した本文を、延暦二年（七八三）に東大寺に於いて新羅正本で校勘し、五年後の延暦七年に唐正本と校勘した識語があり、本文には朱書による科段・句切點と共に訓讀の順序を示す漢數字が施されている（東アジア篇第二章第二節、一八六頁）。この朱書の書入れのうち漢數字が返讀を含むので新羅の方式に基づいた可能性が高い。これは、この漢數字が返讀を示すだけでなく訓讀の順序をも示す加點方式で、朝鮮半島において行われたものであり、十五世紀後半の口訣資料や施符資料に見られるのに對して、日本の毛筆による古訓點には見られないことに據っている（東アジア篇第二章第二節、一九四頁）。

又、これと同じ方式の漢數字の加點は、新羅傳來經にも見られる。新羅の皇龍寺僧の表員が撰集した華嚴文義要決の佐藤達次郎氏舊藏本に黄褐色で素朴なヲコト點、句切線、弧の返讀符、縦長線の合符と共に、返讀を含む訓讀の順序を示す漢數字が加點されていて、これらが新羅の加點を移寫したものと考えられることも先述の通りである（東アジア篇第二章第二節、一九三頁）。

このような、返讀だけでなく訓讀の順序を示す漢數字を加點することは、次の資料にも見られる。いずれも、日本で漢文に加點が始まったとされる時期の經卷である。

○東大寺圖書館藏華嚴刊定記卷第九　一卷　奈良時代（八世紀）寫

名同一趣入刹來往路之名尒・（句切點と「〻〻〻、」等の加點は朱書）

何故不得有脩友趣・見是解心・（同右）

○東大寺圖書館藏根本説一切有部毗奈耶卷第二　二卷　神護景雲二年（七六八）寫

仁若憶者爲我憶之（漢數字の加點は白書）

謂有守護無屬已想（同右）

東大寺圖書館藏の華嚴刊定記卷第九は、大東急記念文庫藏卷第五と同じ華嚴刊定記であり、この卷第五を新羅正本と校勘したという東大寺に遺存し、同じ時期の寫本でもあるので、卷第五と密接な關係が考えられる。

後者の、東大寺圖書館藏の根本説一切有部毗奈耶卷第二は、やはり東大寺に傳來したものであり、同種の經卷が東大寺正倉院の聖語藏（第四類一〇四號）に遺存され、これと白點が同じ形式である。春日政治博士は、聖語藏本の白點を「點本中最古のもの」と説かれた。(1) 白點は、この漢數字の他には、句切點と漢字による助辭、及び返讀を示す「乙」(2) であるが、白點より先に角筆加點が施されていて、それが後述のように新羅方式の加點を示している。

訓讀の順序を示す漢數字を加點した右掲の四點は、右述のように、日本で毛筆による訓點記入が始まった時期のものであり、東大寺に傳來し、四點のうち三點は、東大寺と關係の深い華嚴經の注釋書である。華嚴文義要決は原本が燒失したので確かめ得ないが、三點には朱點・白點より先に角筆加點があり、その加點が後述のように新羅の加點に通じている。

第二項　東大寺における華嚴刊定記の使用

唐の慧苑が撰述した華嚴刊定記は、續華嚴經略疏刊定記（東大寺藏本の內題等）とも呼ばれ、新譯華嚴經（八十巻本）の注釋書である。正倉院文書の天平二十年（七四八）十二月十七日の「東大寺華嚴供所牒」に、「續花嚴略疏刊定記巻第十二」「同巻第七」の書寫のことが載っているから、撰述後、この時までには日本に齎されたことが分る。

この華嚴刊定記が、東大寺における華嚴經の講說に注釋書として使われたことが、東大寺の凝然の著の三國佛法傳通緣起の記文で知られる。そもそも、日本で華嚴經が初めて講說されたのは、天平十二年（七四〇）である。既揭のように（一九九頁）、三國佛法傳通緣起には、次のように記している。

天平十二年始所レ講之者。乃是舊譯六十華嚴。新羅學生大安寺審祥大和尙屬二講弘之選一初演二此宗一。（略）既以二敕詔一爲二宗講師一。于レ時請二慈訓小僧都。興福寺最初別當鏡忍僧都。圓證大德一以爲二複師一。請二十六德一爲二其聽衆一。首尾三年講二六十經一。一年二十卷。三年之中終二六十卷一。以二探玄記一講二六十經一。審祥禪師三年終レ經。

この時の講師の新羅學生で大安寺の審祥が、東大寺の前身の金鍾寺で講說に用いたのは、六十巻本の舊譯華嚴經であり、注釋書として華嚴經探玄記が用いられた。凝然は、この講說がその後、延曆八年（七八九）まで五十年間恆に續いたと記し、新經舊經とその疏が用いられたが、智璟の講說の時より後は、新譯の八十巻本華嚴經が用いられ、注釋書としては華嚴刊定記が用いられたと記している。

自レ此以後古經及疏新經及疏講演繁多。（略）言二新經及疏一者。是刊定記一十六卷釋二八十經一。具言二續華嚴疏刊定記一。清涼大疏未二傳度一前。以二刊定記一講二八十經一。

その華嚴刊定記も、澄觀の華嚴經疏（華嚴大疏）（七八七）が空海の歸朝（八〇六）の折に請來されて傳わってからは餘り行われなくなったという。(3)

第三項　華嚴刊定記の現存古寫本とその角筆加點

華嚴刊定記の古寫本は少ないが、奈良時代（八世紀）と平安時代初期（九世紀初）の古寫本が計七卷、遺存している。次のようである。

①大東急記念文庫藏　卷第五　一卷　奈良時代寫（延曆二年以前）
②東大寺圖書館藏　卷第九　一卷　奈良時代寫
③東大寺圖書館藏　卷第十三　一卷　奈良時代寫（安宿廣成校）
④東大寺圖書館藏　卷第十三（別本）　一卷　奈良時代寫（犬養木積萬呂校）
⑤國藏（文化廳保管）　卷第八本　一卷　奈良時代寫
⑥東大寺圖書館藏　卷第二　一卷　平安時代初期寫
⑦東大寺圖書館藏　卷第九　一卷　平安時代初期寫

奈良時代の寫本が①〜⑤の五卷、平安時代の寫本が⑥・⑦の二卷である。②・③・④と⑥・⑦とは東大寺に傳わって來たものである。①の大東急記念文庫藏本も東大寺で新羅正本と校勘している。⑤の國藏（文化廳保管）本は傳來が未詳であるが、加點の内容が後述のように①〜④の奈良時代寫本に通ずるから、これらが東大寺で華嚴經の講說に使われ、東大寺に傳わったものであることを考えさせる。

このうち、①の卷第五と②の卷第九とに、朱書で訓讀の順序を示す加點があり、新羅との關係があることは先に述べた通りであるが、原本を調査すると、朱書より先に、角筆で紙面を凹ませて書入れた加點が施されていることが分った。③〜⑦のいずれにも角筆の加點が認められた。但し、①〜⑤の奈良時代寫本と⑥・⑦の平安時代寫本とでは角筆加點の内容が大きく異なっている。①〜⑤の奈良時代寫本の角筆加點が文字や諸符號であるのに對して、⑥・⑦の平安時代寫本の角筆加點にはそれらは見られず、單に句切線だけである。

奈良時代書寫の華嚴刊定記に角筆で書入れられた五本の内容は、次のようである。

㈠　華嚴刊定記（續華嚴略疏刊定記）卷第五（①）　一卷　大東急記念文庫藏

奈良時代寫（延暦二年〈七八三〉以前寫）、卷子本、卷首缺、墨界、一行二十三字、天地二七・一糎、界高二三・四糎、界幅一・九糎、一紙二十七行、一紙長五五・〇糎、奥書（筆者の近事智鏡の署名と延暦二年に新羅正本と校勘、延暦七年に唐正本と校勘した識語がある）。(4)

全卷にわたって角筆による書入れが認められた。(5) 書入れは、角筆による漢字、節博士（A型）、節博士（B型）、合符、注示符、顚倒符が認められる。他に圏點の四聲點らしい書入れがある。

⑴角筆の漢字

㈠ 後卅句明正今「令」(角、白)　佛歡喜行（第一張）
故云无善「能」(角、白)　名善觀也（第四張）

㈺ 八悟有支起滅盡「仭」(角)　願（第九張）

㈧ 若依本業纓絡下卷因果亦有三方便「爲」(角)（第九張）

㈡ 四求法無倦爲成聞恵「四句」(角)（第二張）

他にも漢字らしい書入れがあるが、角筆の凹みが薄くて解讀できていない。右掲の諸字も辛うじて讀み得たものであるが疑いの殘るものもあり、今後の檢討が必要である。右掲の通りであるとすると、㈠は經本文の字句の校異であり、㈺は字音注と考えられ、(ハ)は訓讀した際の讀添語かと見られ、(ニ)は本文の釋義と見られる。(イ)は角筆の漢字の上に白書で同漢字を重ね書きしている。本書には後述のように別に朱書の校異もあり、その白書と朱書が角筆書に重ねて記された場合があり(6)、朱書が返讀等を示す漢數字にも用いられているので延暦二年の書入れと考えられることにより(7)、白書に重ね書された角筆の校異も延暦二年以前の書入れと見られることになる。

(イ)の校異では白書が角筆の漢字に重ね書しているのに對して、(ロ)・(ハ)・(ニ)は角筆の書入れだけであって、白書の重ね書はない。これらは、本文の訓讀に係る加點と見られるが、角筆の書入れだけであった爲に、今まで氣付かれずにいたものである。

(2)角筆の節博士（A型）

然不放逸行持
乘行故淨菩提心（第一張）

角筆の譜が「淨」字の右下隅より起筆して右方向に前行を越えて起伏のある波線として施されている。

(3)角筆の節博士（B型）

說法之心專一法性成自利禪行（第七張）
一利樂勤謂遍策諸行亦普勸發（第七張）
後四脩惠中初兩句正是惠體（第九張）
八悟有支起滅盡「仮」(角)願九現淨土盡願（第九張）

角筆の譜が當該の漢字の右傍又は左傍の行間に施されている。起筆位置は、漢字の四隅のいずれかにあり、四聲をも示しているように見えるものもある。旋律は、後世云う「ユリ搖」が多く、一部に「ソリ反」が見られる。

(4)角筆の合符

一法門者謂隨地相得果等法（第三張）

初中云各不放逸者一釋如前一云遠離耽着五欲（第一張）

五觀事行以合理六依法性而行事（第三張）

或第二結説分中所説契理令佛歡喜

角筆の縦線が當該字句の字面にわたって施されている。熟字であること又は一纏りの概念であることを示している。

(5)角筆の注示符

以深厚大悲磨瑩以明利智（第三張）

第二應量第一所以然者此觀已是入地（第四張）

諸結名竝准此知雖自利由説法利生即利他也（第七張）

角筆の長い縦線が、漢字句の右傍又は左傍に施されていて、語句を注示する働きを表している。一見、合符と紛らわしいものもあるが、合符は字面の內寄りであるのに對して、注示符は字面の右傍又は左傍である。

(6)角筆の顚倒符

四禪支者十句初ヿ（角）中ノ（角、墨）一句及第三句（第八張）

角筆の顚倒符がこの一箇所に認められた。角筆で「中」の右傍に「ノ」を施し、その上の「初」の右傍には「ヿ」を施している。「中」が「初」と順序を入れ換えることを表している。「中」には角筆とは別に墨書の「ノ」も施されている。恐らく先ず角筆でこの顚倒符を書いて置き後から墨書の顚倒符を加えたものであろう。さすれば、墨書の顚倒符が本文の墨書と同筆と見られるから、角筆の書入れは、本文書寫と殆ど時を同じくして爲されたと考えられる。但し墨書では「〲」の方の書入れはない。角筆の「〲」は顚倒符を受ける漢字を明示したものと見られ、初雕高麗版の瑜伽師地論の角筆による返讀符のうち、返讀を受ける弧の返讀符號（東アジア篇第二章第一節、一四二頁）に働きが通ずる所があり、注目せられる。

(7)角筆の圏點

角筆で漢字の四隅に施したと見られる圏點が次のように拾われる。（圏點が角筆。傍線は私に施したもの）

［右下隅］　靜慮无色四相分別如雜。集第九（第八張）

［右上隅］　ⓐ開。闡　爲法。標。相（第二張）　令。歡喜。（第九張）　第。三句（第八張）

　　ⓑ聚。淨戒（第一張）　爲法。標。相（第二張）

［左下隅］　ⓒ聚。淨戒（第一張）　令。歡喜。（第九張）

　　ⓓ眞佛不離。（第六張）　徹窮。（第九張）

角筆の圏點が四聲點であるとすると、右下隅は入聲點、右上隅は去聲點、左下隅は平聲點を表している。左上隅の上聲點を表す例は見られない。右上隅の去聲點のうち、ⓑは廣韻でも去聲であるが、ⓐは廣韻では平聲であり、左下隅の平聲點のうち、ⓓは廣韻でも平聲であるが、ⓒは廣韻では去聲を持つ字であることになり、これらの聲點は當時の聲調を考える資料となる。但、「聚。淨戒」のように聲點と節博士とが角筆で施されている例のあることによると、この節博士は旋律だけを示したのであろうか。特に「聚。」では節博士が聲點とは異なる位置から起筆している。

(二)　續華嚴略疏刊定記卷第九（②）　一卷　東大寺圖書館藏（101/8）

奈良時代寫、卷子本、卷首缺、墨界、天地二八・九糎、界高二三・五糎、界幅二・〇糎、全二十八紙、一紙三十行、一紙長五八・〇糎、朱書校合、奥書なし。

全巻にわたって角筆による書入れが認められる。[8] 書入れは、角筆による漢字、節博士（B型）、注示符が認められる。

(1)角筆の漢字

(イ)但以樂「色」(墨、角、朱) 通根非顯慶喜

所證而敎「化」(角、墨) 故

菩薩「爲」(角、朱) 衆生故求不辭倦

於三寶境深信敬「故」(角、朱、墨)

(ロ)或「人」(角) 從未以尋本

他にも漢字らしい書入れがあるが、角筆の凹みが薄くて解讀できていない。(イ)は經本文の字句の校異であり、(ロ)は訓讀した際の讀添語と見られる。(イ)は角筆の漢字の上に朱書や墨書を重ね書している。第一例は先ず「色」字を「樂」の右下に墨書し、これに角筆で合點を右肩に附してその角筆で墨書の下に「色」を書き、その角筆の上に朱書で重ね書し、朱書で墨書の「色」を塗り潰している。第二例は「敎」の右傍下寄りに角筆で「化」を書き、その上に墨書で「化」を重ね書している。第四例では角筆「故」の上に朱書を重ね書し、更に朱書の上に墨書を重ね書している。これらによると、朱書と墨書は相先後して書入れられ、角筆はその朱書や墨書よりも先に書入れられたことが知られる。

(ロ)は、角筆の書入れだけであって、朱書や墨書の重ね書はない。(イ)が本文字句の校異であるのに對して、(ロ)は本文の訓讀に係る加點と見られ、「或(る)ヒト」の讀添語を角筆の漢字「人」で表したものであろう。

(3)角筆の節博士（B型）

［右下隅より起筆］ 上未別顯行德了

四念佛對治諸度障行故

一斷轉得出世淨行

无我性法本不生故

論經此句与前初句合爲一句

初一切世界

[右上隅より起筆] ⓐ四念佛對治諸度障行故

初一切世界

於外貪取名爲渇愛

ⓑ明所住位竟

一斷轉得出世淨行

初一切世界

[左下隅より起筆] ⓒ〻(似)言顯超過義

謂見有我故
ⓓ三念
於有障難

角筆の譜が當該漢字の右傍又は左傍の行間に施されている。起筆位置は、當該漢字の聲調と對應している。即ち、右下隅より起筆しているのは入聲字である。右上隅より起筆するのは去聲字と對應するが、ⓑが廣韻でも去聲であるのに對してⓐは廣韻では平聲である。左下隅より起筆するのは平聲字と對應するが、ⓓが廣韻でも平聲であるのに對してⓒは廣韻では去聲である。左上隅の上聲點を表す例は見られない。起筆位置が聲調をも反映しているとすると、當時の調値を考える資料となる。入聲と去聲は漢字の右傍に右上りに、平聲は漢字の左傍に左下りに記されている。

(3)角筆の注示符

是聞恵常渇聞無足故二如所等是思恵
一不貪着名利恭敬

角筆の長い縦線が、漢字句の右傍に施されていて、語句を注示する働きを表している。

㈢ 續華嚴略疏刊定記卷第十三 ③ 一卷 東大寺圖書館藏（101/6）

奈良時代寫（天平寶字二年〈七五八〉—寶龜七年〈七七六〉頃）、卷子本、墨界、一行二十字、天地二九・八糎、界高二三・二糎、界幅一・九糎、全四十七紙、一紙三十行、一紙長五七・四糎。

（卷末端裏）華嚴經刊定卷第十三用紙卌五枚空一枚安宿廣成　十一月廿六日了
一挍正了石作馬道　二挍正了

この巻末端裏の墨書により安宿廣成が校正したことが分る。安宿廣成は「百濟安宿公廣成」（天平寶字八年十月三日、造東大寺司移文案）[9]、「百濟飛鳥戸伎美廣成」（天平神護元年正月十三日、造東大寺司移）[10]とも稱し、河内國安宿郡人で、式部省位子、無位の經師で天平寶字二年より寶龜七年頃まで經師として奉仕したことが正倉院文書で知られる。

全巻にわたって角筆による書入れが認められた。[11]書入れは、角筆による漢字、節博士（A型）、節博士（B型）、合符、句切線が認められる。

(1)角筆の漢字

次徵後「官」（?）（角）　釋標中云

角筆の漢字は「官」に見えるが確定できない。

(2)角筆の節博士（A型）

○法後今此會中下擧（下略、次行以下同じ）
讃說三佛子我等下
後擧益證中五一得
家記盡現一生成佛
菩提心一記多劫成佛
境界故三我等爲令下
○卄頌每二頌ゝ前一喩
界中長行内一法說
菩薩摩訶薩爲入下

○句然亦之文乃是
生作惡知識博少

この他にも見られる。いずれも、角筆の譜が「我」「薩」「惡」のように當該漢字の右上隅又は右下隅から起筆して、右方向に前行を越えて起伏のある波線として施されている。

(3)角筆の節博士（B型）

現一生
記多劫
隨時示現
生作惡知識博
自在行八了知

角筆の譜が當該漢字の右傍の行間に施されている。起筆位置は、漢字の四隅の右上隅又は右下隅にあり、四聲をも示しているようである。旋律は後世云う「ユリ搖」が見られる。但し、次の例は凹みが鋭く見易いが右掲の譜と形の上で少異がある。

諸剎坐寶蓮華衆所觀又云普賢恆以種身

(4)角筆の合符

中長行內三十見聞信向益二佛子
了知根本自性如眞如

角筆の縦線が當該字句の字面にわたって施されている。熟字であること又は一纏りの概念であることを示している。

(5)角筆の句切線（横線「—」が角筆）

三結可知—七（朱）藥王生長

流入衆生心中也—四（墨）寶珠出喩

前後諸會不一不異故—第（墨）二偈頌中

角筆の横長線（漢字の横幅より長めの線）を施して、句末・文末であることを示している。

(四)　續華嚴略疏刊定記卷第十三（別本）（④）　一卷　東大寺圖書館藏（101/5）

奈良時代寫（天平勝寶元年〈七四九〉—同三年頃）、卷子本、卷首缺、墨界、一行二十二字、天地二八・〇糎、界高二二・三糎、界幅一・八糎、一紙二十七行、一紙長四九・二糎。

（卷末端裏）茨田花嚴經疏第十三用紙冊五枚一挍犬甘木積万、正了

この卷末端裏の墨書により犬甘木積万呂が校正したことが分る。犬甘木積万呂は「若犬養木積万呂」（天平勝寶元年十二月十四日、寫書所解）[12]とも記し、天平勝寶元年より同三年頃まで校生として校經に從っていることが正倉院文書で知られる。

全卷にわたって角筆による書入れが施されたらしいが、紙面の狀態により見出し讀解することが難しい。[13]角筆による漢字と合符とが確認された。角筆の節博士もあるらしいが確認できていない。

(1)角筆の漢字

一了器二增「福」（角、墨）○　次二於時

若約事者何「故」（角、墨）　釋中

角筆の漢字は本文の校正により脱字を補入したものであり、その上から墨書を重ねて書している。この墨書が犬甘木積万呂の校

正時に補入されたとすれば、角筆の漢字はその前に書入れられていて、角筆の書入れ時期が天平勝寶元年から同三年頃となる。
又、校正に際して、豫め角筆の書入れが行われるという、當時の校正の方法の一面が窺われることになる。

(2)角筆の合符

八 眼 耳 鼻 舌 下 五 頌 了 達 根 境

角筆の縦線が當該字句の字面にわたって施されている。熟字であることを示している。

㈤ 續華嚴略疏刊定記卷第八本 ⑤　一巻　國藏（文化廳保管）

奈良時代寫、巻子本、首缺、天地横墨界、一行二十四〜二十五字、天地二七・四糎、界高二三・六糎、全二十四紙、一紙二十四行、一紙長五一・八糎、奥書なし。

（尾題）華嚴略疏刊定記卷第八本

（軸付補紙）（墨書、後筆）「此卷天平年間所寫也後昆宜寶重／甲戌仲夏／淨土門主　松翁題」

全巻にわたって角筆による書入れが認められた。[14] 書入れは、角筆による漢字、節博士（A型）、節博士（B型）、合符が認められる。

(1)角筆の漢字

散在するが凹みが薄くて解讀できていない。

(2)角筆の節博士（A型）

難 故 六 救 脫 造

四 魔 故 八 无 畏 施

決 定 說 法 九 救 脫 鼙

(3)角筆の節博士（B型）

(i)
二廣脩／大行三御物以慈
初及第十中願得智慧
佛法菩薩聲聞獨覺
佛中四一聞法

(ii)
ⓐ下八願中所願者
知三中准梵本應云願一切衆生得潤澤
此下十願缺一於中前八別明
三一明所施物

ⓑ願證不生死
下結四爲令下顯意物中
一切世間最第一首者

ⓒ初二約侍佛用心

(iii)　七名无所住耳四中云

(iv)　下顯非餘爲故

　　願中初及第十

(v)　与古今諸菩薩同

　　其室利鞢瑳相莊嚴胷臆

　　佛所得法故

角筆の譜の起筆位置が漢字の四隅にあり、四聲まで示したと見られるものが多い。

(4)角筆の合符

　　知三中准梵本應云願一切衆生得潤澤

第四項　華嚴刊定記の角筆加點の時期

これらの華嚴刊定記の角筆加點が何時施されたのか考えるに、①〜⑤の奈良時代（八世紀）寫本は、奈良時代に角筆加點がなされたと見られる。次の三點から知られる。第一は、①の大東急記念文庫藏卷第五において、延暦二年（七八三）、延暦七年（七八）に白書・朱書で本文を校合する前に、角筆で校合がなされ、同筆で加點がなされていることである。第二は、奈良時代中期（又は後期にかけて）に本文の校合を行っているが、墨書の漢字を補加するに先立って、同字を角筆で豫め書入れていることである。

④東大寺圖書館藏卷第十三（別本）は、先揭のように、卷末端裏の墨書で、犬養（甘）木積万呂が校正したことが分る。この犬養木積万呂は、天平勝寶元年（七四九）から同三年頃まで校生として校經に從ったことが正倉院文書で知られる。③東大寺圖書館藏卷第十三も、先揭のように、卷末端裏の墨書で安宿廣成らが校正したことが分る。この安宿廣成は、天平寶字二年（七五八）から寶龜七年（七七六）まで經師として奉仕したことが正倉院文書で知られる。

これらの人物が校正する際に角筆を使ったことが窺われるが、角筆加點まで行ったかどうかは明らかでない。恐らく別人が行ったのであろうが、本文書寫校正が終ってから遠くない時期であろう。

第三は、平安初期（九世紀）に書寫した華嚴刊定記の⑥卷第二と⑦卷第九とは、角筆の句切線だけであって、奈良時代寫の角筆加點と比べて、變質していることである。

如大婆娑第十三說╱二依大乘亦有三門（⑥卷第二）

二十方者顯敎通方故╱三各過等者明來處數量故╱四…（⑦卷第九）

これは、澄觀の華嚴經疏（七八七）が傳わってからは、華嚴刊定記が餘り行われなくなったことと關聯していると考えられる。

注

（1）春日政治『古訓點の研究』二六六頁。

（2）白書で「乙」が次のように書入れられている。

欲娶爲妻彼便告曰我不惜命入汝舍乎時彼長者求妻不得自知家事・

口訣のｒ（日本語の助詞「ヲ」に當る）のように見えるが、白書は「ㄘ」(キ)、「有」(アリ)のように日本語の訓讀を書入れているので、「乙」は返讀を示す符號と見られる。中國で「乙」が上下の倒置に用いられたことを金文京氏が指摘している（「東アジア漢字圏の訓讀現象―日韓近世の加點資料」〈「口訣研究」第八輯、二〇〇二年二月〉）。唐の韓愈「讀鶡冠子」の曾國藩の注に「乙なる者は上下の倒置」とあるという。金文京氏はこれが日本の返點「レ」の起源であろうとされる。「レ」點の起源を「甲乙丙」の「乙」とする說は、足利衍述『鎌倉室町時代の儒教』にも說かれているが、「レ」點の前身の雁點の發生が院政期末・鎌倉初期であり（拙稿「返點の沿革」〈「訓點語と訓點資料」第五十四輯、昭和四十九年五月〉）、それ以前には「乙」も雁點も使用例がないので、「レ」點との關聯は考え難い。しかし右揭の白點の「乙」は、日本の訓點記入が始まった頃の使用例と見られる。これが中國から直接に影響されたのか朝鮮半島を經て入って來たのかは定め難いが、同じ白點の漢數字が訓讀の順序を示す用法であり、これが朝鮮半島の用法であるので、返讀符「乙」も朝鮮半島でも行われていて、これが傳わった可能性が高い。

（3）李惠英「慧苑と『續華嚴略疏刊定記』」（「南都佛教」第七十二號、平成七年十一月）。
（4）本書東アジア篇第二章第二節、一八六頁に揭示。
（5）平成十五年三月十三日の原本調査による。
（6）校異・訂正に用いられた白書と朱書との先後關係については、月本雅幸氏の詳細な調査報告がある（「大東急記念文庫藏續華嚴經略疏刊定記卷五の訓點について」〈『鎌倉時代語研究』第二十三輯、平成十二年十月〉）。同氏によると、「白書の訂正・校異と朱書（通常）の訂正・校異とでは朱書の方が新しい場合が多い」「前項とは逆に、白書の訂正・校異の方が朱書（通常）の訂正・校異よりも新しいと見られる場合がある」「朱書→白書→朱書のように記されたかと思われる例がある」ことを指摘している。
（7）本書東アジア篇第二章第二節、一九三頁。
（8）平成十五年一月二十七日、二十八日の調査による。
（9）『大日本古文書　五』四九五頁。
（10）『大日本古文書　五』五一四頁。
（11）平成十五年一月二十七日、二十八日の調査による。
（12）『大日本古文書　三』三四二頁。

(13) 平成十五年一月二十七日、二十八日の調査による。

(14) 平成十五年四月十七日、十八日の調査による。

第三節　華嚴經の奈良時代寫本に施された角筆加點

角筆加點は、華嚴刊定記という注釋書だけでなく、華嚴經そのものにも施されている。八世紀（奈良時代）書寫の華嚴經の次の二本について確認した。

㈠　大方廣佛華嚴經卷第四十一（新譯）⑧　一卷　東大寺圖書館藏（本坊25）

奈良時代寫（神護景雲二年〈七六八〉御願經と傳わる）、卷子本、墨界、一行十七字、天地二七・五糎、界高二一・七糎、界幅二・二糎、全十四紙、一紙二十五行、一紙長五四・四糎、奧書なし。

東大寺の本坊に傳來した奈良時代寫經で、全卷にわたって角筆による書入れがある。(1) 書入れは、角筆による眞假名（省畫體を含む）、節博士（A型）、節博士（B型）、合符、注示符が認められる。他に角筆の漢字らしい書入れがあるが解讀できない。

(1)角筆の眞假名（省畫體を含む）

莊嚴佛子菩薩摩訶薩「伊」(角)　住「世リ」(角)　此三昧「尓」(角)

或見佛身微妙光色「阿留□(?)」(角)　或見佛身……

八者同諸如來敎化「久且」(角)　衆生恆不止息

雨不可說（略）殊妙香花雲「乎」(角)

他にも眞假名らしい書入れがあるが、角筆の凹みが薄くて解讀できていない。字體は右揭例のように眞假名を用いているが、

「刂」（利の省畫）の省畫體が認められた。

(2)角筆の節博士（A型）

此菩薩摩訶薩亦復如是不得如來出興於
世及涅槃相諸佛有相及以無相皆是想心
之所分別佛子此三昧名爲清淨深心行菩
薩摩訶薩於此三昧入已而起起已不失辟
如有人從睡得寤憶所夢事覺時雖無夢中
境界而能憶念心不忘失菩薩摩訶薩亦復

角筆の譜が「菩薩」の「薩」の右下隅より起筆して右方向に數行にわたって波線として施されている。

(3)角筆の節博士（B型）

佛子此三昧名爲清淨深心行
知過去諸解則
神通大三昧善巧智淨深心
於如來所一念則

角筆の譜の起筆位置は、漢字の四隅にあって、その漢字の聲調と關係があるように見られる。

(4)角筆の合符

知過去諸解則

莊嚴佛子菩薩摩訶薩「伊」(角)住「世リ」(角)此三昧「ホ」(角)

或見佛身微妙光色「阿留□(?)」(角)

角筆の縱線が、「諸解」「訶薩」「微妙」「光色」の各上下の漢字の字面にわたって施されて熟字であることを示している。

(5)角筆の注示符

無量佛過阿僧祇世界微塵

而供養散一切種種寶而

角筆の長い縱線が、漢字句の右傍又は左傍に施されていて、その語句を注示する働きを表している。

右の他に、角筆の圈點らしい書入れも認められる。

而現水相。爲識所(「相」の左下隅の圈點が角筆)

自性不分。別音聲(「分」の左下隅の圈點が角筆)

圈點が聲點であるとすると、右例は平聲を表すと見られることになるが、採取した用例數が少ないので、指摘するに止める。

尙、角筆の書入れの他に、角筆書入れより後から施した句切線と素朴なヲコト點の白點が少々散在する。ヲコト點は、星點の「テ」(左下隅)、「ノ」(右中)、「ヲ」(右下隅)程度であり、ヲコト點の系統は未詳で、特殊點に屬する。

(二) 大方廣佛華嚴經卷第十二〜卷第二十(⑨) 大一卷 東大寺圖書館藏(101/2)

奈良時代寫(包紙表書)、卷子本、無界、一行十八〜二十字、天地二六・八糎、一紙三十二行、一紙長五六・六糎、奥書なし。

(內題)大方廣佛花嚴經如來名號品第七 卷十二 用紙卅七張

（尾題）大方廣佛花嚴經卷第廿

東大寺に傳來し、奈良寫經とされる。加點は角筆だけで、次の内容が認められた。[2]

(1)角筆の漢字（散在するが未解讀。次揭例は字音注と考えられる）

瞻蔔「福」(角)　花色世界

(2)角筆の音假名による訓讀の書入れ

是「伊」(角)　佛邪行「□(?)」(角)　是佛邪識是佛邪神通「□(?)」(角)　是「伊」(角)　佛邪業行「□(?)」(角)

(3)角筆の節博士（B型）[3]

法慧菩薩言佛子一切世界諸菩薩

大方廣佛花嚴經卷第廿（尾題）

(4)角筆の合符

是戒邪教

是有爲是无爲是色爲非色爲

忉利天中有天皷

(5)角筆の四聲點（圈點）らしい書入れ

結加。趺坐（「趺」の右上隅の圈點が角筆）

曲躬合掌。恭敬向佛而（「掌」の左下隅の圈點が角筆）

集會隨所來方。各化作毗盧遮那藏（「方」の左下隅の圈點が角筆）

圏點が聲點であるとすると、第一例は去聲、第二・三例は平聲を表すと見られるが、採取できた用例數が少ないので、指摘するに止める。

(6)角筆の注示符

衆生具諸方便得寂勝法若入堂宇當願衆生

(7)角筆の科段符

於无上菩提之道法慧菩薩言

緣作意觀察所謂身身業語語業意意業佛法

僧戒應如是觀爲身是梵行邪「□」(角)　乃至戒是梵行

(8)角筆の返讀符

梵 行 從 何 處 來 誰 之 所 有 體

これらの角筆加點は、華嚴刊定記の奈良時代寫本の角筆加點に通ずるものが多い。

注

（1）第一回の平成十四年十月三十日と、第二回の平成十五年一月二十七日、二十八日と第三回の同年七月十七日、十八日、第四回の同年十月三日の調査による。第二回の調査では角筆スコープの開發者の吉澤康和廣島大學名譽教授も參加され、奈良時代の角筆文字・符號を調査する爲の新角筆スコープの開發の基礎作業を行った。

（2）平成十五年五月八日、九日の調査による。

（3）節博士（B型）の起筆位置等の別說を併記したと見られる例も次のようにある。

我 性 未 曾 有 我 所 亦 空 寂

第四節　華嚴經・華嚴經注釋書以外の奈良時代寫經に施された角筆加點

角筆加點は、華嚴經とその注釋書だけでなく、それ以外の奈良時代（八世紀）の寫經にも施されていることが分った。ここでは次の四點を掲げる。

㈠根本說一切有部毗奈耶卷第二（⑩）　二卷　東大寺圖書館藏（101/2）

奈良時代（神護景雲二年）寫、卷子本（本來の一卷を前半と後半とに分卷して二卷としている）、尾缺、薄墨界、一行十七字、天地二七・一糎、界高二三・〇糎、界幅二・三糎、一紙二十四行、一紙長五六・三糎。

第二節第一項で、訓讀の順序を示す漢數字が白書で書入れられている資料として取上げたものである。白書には、校合の漢字や句切點と訓を表す漢字も見られて、春日政治博士が「點本中最古のもの」と說かれたものであった。ところが、白書より先に角筆加點が施されていることが、原本調査で分った。(1) 白書の校合漢字を例示すると、

即便欲出偈「一」(角、白)　女思念　（下欄）「偈」（角筆の上から白書が重ね書）

のようである。角筆の加點は次のようである。

(1)角筆の漢字（散在するが未解讀、次揭例は字訓注と考えられる）

若不尒者汝宜「當」(角)　速去

(2)角筆の音假名による訓讀の書入れ（句切點は白書）

有地餅出色香味具、色如少女花、「乃」（角）味如新熟蜜

彼長者求妻不得「□（?）留」（角）自知家事、

(3)角筆の節博士（B型）

有何疾患豎爲詠已　女人作是念

諸根無缺身有光明　佛告苾芻

聲聞衆中有作如是有漏法者何況滅度時

(4)角筆の合符

至第七悉皆命過時

我共來相喚不許淹停

(二)瑜伽師地論卷第七十～卷第七十二、卷第七十四、卷第七十七、卷第八十四、卷第九十八～卷第百（⑪）　九卷

石山寺藏（一切經三九函ノ內）

奈良時代天平十六年（七四四）寫、折本裝（卷子本改裝）、墨界、一行十七字、天地二三・九糎、界高一九・二糎、界幅一・八糎、一紙長五六・三糎（法量は卷第七十による）。

（奥書）天平十六年歲次甲申三月十五日

讃岐國山田郡舍人國足　（九卷とも同じ）

各巻とも角筆の節博士（B型）が認められ、更に巻第七十と巻第七十一には角筆の合符、巻第七十二には、角筆の句切符も認められ、巻第七十一と巻第七十二には角筆の文字らしい書入れがあるが解讀できていない。(2)

(1)角筆の音假名による訓讀と見られる書入れ

十者不遍知等「止」(?)(角)　及遍知等「止」(?)(角)　過患功德相（巻第七十七）

(2)角筆の節博士（B型）

二於厄(危)難信知堅牢　三由世務信知无缺（巻第七十）

嘔拕南曰捴擧別分別有實世俗等若生若異等相行等色等（巻第七十二）

引發故雖離加行若於眞如等持相應妙慧（巻第七十四）

順流而漂溺（巻第八十四）

生老死藏等　可喜等煩惚　廣說貪瞋癡　少等差別等（巻第八十四）

障隨惑尋等　果欲細身勞　學住及作意　智无執爲後（巻第九十八）

角筆の譜が當該漢字の右傍又は左傍の行間に施されている。起筆位置は右上隅（去聲）、右下隅（入聲）、左下隅（平聲）で當該漢字の聲調とほぼ對應している。左上隅（上聲）の起筆例が認められない。

(3)角筆の合符

二於厄難信知堅牢（巻第七十）

能決定了諸行无常（巻第七十一）

角筆の縦線が當該漢字の字面にわたって施されている。熟字であること又は一纏りの概念であることを示している。

(4)角筆の句切符

非超過言說戲論相義∧故如世間出世間（巻第七十二）

角筆の「∧」が施されて、句末を示している。

尙、この九巻には、角筆の書入れより後に、平安初期白點が施されている。假名とヲコト點であり、ヲコト點は第三種點（第四群點）である。

(三) 瑜伽師地論巻第五十七（⑫）　一巻　石山寺藏（一切經三九函21號）

奈良時代寫、折本裝（巻子本改裝）、墨界、一行十七字、天地二三・九糎、界高二〇・二糎、界幅一・八糎、一紙長五七・六糎、奥書なし。

全巻にわたって角筆による書入れが認められる[3]。書入れは角筆の漢字、角筆の節博士（B型）角筆の合符が認められる。

(1)角筆の漢字

如是餘大種如應當知「可(?)」(角)

角筆の「可」らしい文字が「知」の右下の欄外に書入れられている。「可」とすれば、「應當」に對應する助動詞「ベシ」を實字を以て讀添えたことになる。他にも諸所に角筆の文字らしい書入れがあるが解讀できていない。

(2)角筆の音假名らしい書入れ

問不還果成就幾「ア□(?)」(角)　根

(3)角筆の節博士（B型）

嘔拕南曰葉實有色等
无位人趣有情
處无位地捨自相成餘界相无有是處
當知无處无位有貪愛者
建立二根

角筆の譜が當該漢字の右傍又は左傍の行間に施されている。起筆位置は右上隅（去聲）、右下隅（入聲）、左下隅（平聲）で當該漢字の四聲と概ね對應している。

(4)角筆の合符

云何一切種差別謂依初成辨
復次顯有情事增上義故建立木根顯有情

角筆の縱線が當該漢字の字面にわたって施されている。一纏りの概念であることを示している。

尙、この巻第五十七には、角筆の書入れより後に平安初期白點が施されている。假名とヲコト點であり、ヲコト點は第二種點（特殊點）である。

㈣　大乘掌珍論巻上⒀　一巻　國藏（文化廳保管）

奈良時代寶龜三年（七七二）寫、巻子本、墨界、一行二十字〜二十二字、天地二八・八糎、界高二四・四糎、界幅一・八糎

〜二・〇粍、全十三紙、一紙二十八行、一紙長五三・三糎。

（奥書）大和國田中郡御作連清成之書一巻 寶龜三年正月廿五日［於］

（後筆）「長元四年四月廿四日得書也他人不

可取用文也東大寺住僧花

嚴宗香像大師宗僧（草名「信祐」）」

（表紙見返）「東大寺圓實宗沙門「信祐」（合字）之本」

（白書）「天曆九年三月四日念佛院講論講師觀理已講」

角筆の節博士（B型）が、主題をなす偈に施され、又本文の字句にも施されている。角筆の合符と、他に角筆の補入符が認められる。角筆の漢字も散在するが解讀できていない。

(1)角筆の節博士（B型）

眞性有爲空 如幻緣生故 无爲无有實 不起似空花（偈19行）

一切有爲无爲空性（177行）

復言所說空因（179行）

是所顯性（217行）

瓶等顯事盆等顯事（231行）

此教意言（244行）

依他起自性爲有契當正理（250行）

是故說言（267行）

實性同喩无故（280行）

角筆の譜の起筆位置は右上隅（去聲）、右下隅（入聲）、左下隅（平聲）で當該漢字の四聲と概ね對應している。左上隅（上聲）の起筆例も認められる。

(2)角筆の合符

謂空无性虛妄顯現門之差別（160行）

此非有言唯遮有性功能斯盡（166行）

(3)角筆の補入符

言有〇爲法從衆緣（255行）（「〇」が角筆の補入符）

「有」の下に角筆の補入符「〇」を施して、その右傍に墨書で「爲」の脫字を補入している。

これらの角筆加點は、華嚴經・華嚴刊定記の奈良寫本の角筆加點に多く通ずる。

右掲の外にも神護景雲御願經を始め奈良時代寫經に角筆加點が瞥見で認められた。今後の調査により更に點數の増えることが豫想される。

注

（1）平成十五年五月八日、九日の調査による。

（2）平成十四年十二月二十三日、二十四日の調査による。

（3）平成十四年十二月二十三日、二十四日と平成十五年二月十八日の調査による。大坪併治『石山寺本大方廣佛華嚴經古點の國語學的研究』（平成四年二月、風間書房刊）等に、石山寺藏本の白點についての擧例があるが、角筆の書入れについては全く言及されていない。

第五節　奈良時代寫經の角筆加點の時期——平安初期寫經との比較——

前節に擧げた十一點は、いずれも本文が奈良時代に書寫された經卷である。書寫年時の明らかであるもの又は推定されるのは、天平十六年（七四四）書寫の瑜伽師地論、犬甘木積万呂（天平勝寶元年〈七四九〉―三年頃）の校正した續華嚴略疏刊定記卷第十三（別本）、百濟安宿廣成（天平寶字二年〈七五八〉―寶龜七年〈七七六〉頃）の校正した續華嚴略疏刊定記卷第十三、神護景雲二年（七六八）書寫とされる大方廣佛華嚴經卷第四十一、根本說一切有部毗奈耶卷第二、寶龜三年（七七二）書寫の大乘掌珍論卷上、延暦二年（七八三）以前書寫の華嚴刊定記（續華嚴略疏刊定記）卷第五の七點である。八世紀の中葉から末期にかけての寫經である。奥書が無く年時未詳の四點も、書寫は奈良時代か同期の八世紀と見られる。

それらに書入れられた角筆の文字・符號は、朱書・白書や墨書が後から重ね書していることから見て奈良時代の書入れと見られるものもあるが、その角筆で年月等を記したものがないので、加點時期を特定することは難しい。しかし、加點の内容から時期を推定することは可能である。

先に述べたように、華嚴刊定記において、平安初期書寫本の角筆加點は句切線のみであって、奈良寫經の角筆加點が文字や諸符號を用いているのと内容が異なり變質しているのは、その一例である。これは、華嚴經講說において、澄觀の華嚴經疏が傳わってからは、刊定記が餘り行われなくなったということに係わっていると考えられる。他の經典においても、平安初期に角筆加點は行われている（日本國内篇第二章、四二〇頁參照）が、加點内容に變質が加わっている。ここでは、平安時代初頭期と平安初期前半期の角筆加點を取上げて、右掲の奈良時代寫經の角筆加點と比べてみることにする。

㈠ 京都興聖禪寺藏大唐西域記卷第一　一帖　延暦四年（七八五）寫

平安時代初頭期に施した角筆加點が存する。その具體的な内容は別に述べた通り[1]であるが、要點を擧げる。

(1)角筆の漢字による字音注

伽藍佛院「爲因」(角)　東門南大神王像（359行）

(2)角筆の漢字（訓を表す）による書入れ

山谷積雪春夏含凍「氷」(角)（165行）

(3)角筆の音假名（眞假名とその草書體）による訓讀の書入れ

從大城西南入雪山阿「久末尓」(角)（301行）

(1)・(2)・(3)は奈良時代寫經の角筆加點にも見られて、その用法に通ずるが、次の(4)・(5)は奈良時代寫經の角筆加點には見られなかった新しいものである。

(4)角筆のヲコト點

ヲコト點は序の三十八行分に施され、その上から朱點がなぞるように重ね書しているが、星點本位の素朴な形式であり、本文中に施された同じ角筆點の音假名が總て眞假名であることに併せて、角筆加點は平安時代初頭期と認められる。奈良時代寫經の角筆加點には未だヲコト點が用いられた例を見ないことと、次掲の合符が變形していることから、奈良時代寫經の角筆加點と異なることが分る。

(5)角筆の合符

聖-迹（29行）（角筆の上から朱書の合符を重ね書）

城-南四十餘里（381行）（合符は角筆のみ）

漢字と漢字との間に短い縦線を施している。これは平安初期の白點・朱點などに見られる一般的な形であって、奈良時代寫經の角筆加點の合符が字面にかけて長い縦線を引くのと異なっている。

尚、角筆點より後から白點が加えられているが、白點のヲコト點は星點の外に線點・鉤點も用いて發達している上に、假名字體も省畫體を多く用いているので、角筆加點より十數年或いは二、三十年後に、角筆點とは係りなく加えたと見られる。

㈡　大東急記念文庫藏大乘廣百論釋論卷第十　一卷　平安初期寫

本文は平安初期の書寫で、承和八年（八四一）の白點と朱點が詳しく施されている。[2]白點・朱點より先に角筆の加點があるが、角筆の假名字體は省畫體を多く用い、白點・朱點の假名字體と同じであるので、承和八年頃に角筆も加點されたと見られる。

(1)角筆の節博士（B型）

論者本意決定應然（389行）

惡-取（366行）　心智所行（380行）　虚妄分別（433行）　隨聞隨譯訖（467行）

(2)角筆の四聲點（圈點）

色。(入)心（280行）　不能及。(入)（359行）　不。然(去)（258行）　染淨。(平)義（274行）　世。間(上)（369行）　。知(去)依他起（373行）

。起(去)堅執見（433行）

(1)・(2)は奈良時代寫經の角筆加點にも見られて、符號の形は通ずるが、角筆の節博士（B型）は、起筆位置が必ずしも聲調に合わず、單に旋律を示す働きになっている。次の(3)・(4)・(5)・(6)は奈良時代寫經の角筆加點と異なるものである。

(3)角筆のヲコト點（一部に見られる。白點と同形式）

(4)角筆の假名（省畫體を多く含む）による訓讀の書入れ

所見既異「こと」(角)　誰‐肯順‐從「フ」(角)　（60行）

妙藥投「ナクロ」(角、朱)　衆病　（409行）（「ナクロ」は角筆の上に朱書重ね書。「ロ」は「留」の省畫）

(5)角筆の合符

尋「ネ」(角、朱)‐究　（259行）　相‐應　（324行）　世‐俗　（433行）

角筆の合符は、漢字と漢字との間に施す短い縱線を用いている。

(6)角筆の返讀符

由心轉變似外諸塵「ヿ」(角)　（324行）

弧の返讀符を漢字の右傍や左傍に施すことは、十一世紀の初雕高麗版の角筆點に用いられているが、返讀する漢字の下隅や傍から起筆して長い弧を施している（東アジア篇第二章第一節、一四一頁）。これに對して、平安初期の白點や朱點では、右掲例と同じように短い弧を漢字の傍に施すのが一般である。

以上のように、平安初期の角筆加點は、奈良時代寫經の角筆加點に通じこれを承けたものもあるが、新たに平安初期の白點・朱點に通ずるものが用いられ、その影響を受けている。從って、平安初期の角筆加點と比較することによって、奈良時代寫經の角筆加點が八世紀であることが知られることになる。

注

（1）拙著『角筆文獻の國語學的研究研究篇』三七五頁。

（2）白點と朱點については、大坪併治『訓點語の研究』（昭和三十六年三月刊）の「大東急記念文庫本大乘廣百論釋論承和點」で紹介されているが、角筆點については全く言及されていない。角筆點の用例は本書日本國内篇第二章第一節、四四九頁參照。

第六節　奈良時代寫經の角筆加點の性格

第一項　角筆の符號の新羅からの影響

八世紀の奈良寫經に角筆加點のあることに氣付いたのは、一昨年（二〇〇二年）十月である。その後の半年間に、奈良の東大寺を始め、京都近在、東京所在の奈良時代寫經の調査を進めて、十數點から角筆加點のあることを確認した。調査した殆どから見付かったことになる。點數は未だ十數點に過ぎないが、それらに共通する特徴が浮かび上って來た。次のようである。

一、八世紀（奈良時代）には角筆で加點が施された。從來の訓點研究は白點・朱點等の色の訓點を對象として來たために氣付かなかった。その上に、角筆の凹み迹が長年月の間に薄れ、更に修補の手が加えられた結果、極めて見難い狀態であったので、見逃されて來たと考えられる。

二、角筆加點は、漢字による字音注、義注や訓を表す漢字や眞假名による訓讀が施されていて、これらが解讀できれば、節博士や四聲點と共に奈良時代語の新しい資料となる。

三、假名は眞假名（草書體も含む）が主であるが、一部に省畫體も用いられている。

四、節博士（B型）は、殆どの經典に施されている。偈の箇所にだけでなく、本文中にもあり、論書にも施されている。これは、奈良時代に經典を音讀したことと關係があると考えられる。奈良時代に日本でも梵唄の行われたことは、延暦二年（七八三）の太政官符等で知られる。

五、節博士（A型）と縦長線の合符と注示符と句切符「∧」は、日本の訓點資料では他に使用例が見られないものである。

六、節博士（B型）と四聲點（圏點）は、平安初期の白點・朱點など色の訓點では使用例が見られず、十世紀になって天台宗關係僧が使い出したと說かれて來たものである。

七、八世紀の角筆加點にはヲコト點は見られなかった。未だ使われなかったらしい。

このような八世紀の日本の角筆加點は、その源が何處にあるのであろうか。ここで考えられるのは、五と六の諸符號が、いずれも朝鮮半島の新羅・高麗時代の角筆加點に使用されていることである。十世紀版本や十一世紀初雕高麗版の角筆點については先に述べた通りである（東アジア篇第二章第一節、一四九頁以下）。ただ八世紀の奈良寫經に比べて時代が降るので、直接の影響關係を論ずる上で、八世紀當時の朝鮮半島の資料が必須であった。そういう折に、大谷大學藏判比量論から角筆加點が發見された。

大谷大學藏判比量論は、東アジア篇第二章第四節で述べたように、光明皇后の所藏書であり、角筆の書入れは、それ以前になされていることから、八世紀の前半期と考えられ、新羅の元曉の撰述書であるから新羅で成立し、角筆で新羅語の文字や符號が書入れられている。その符號には、節博士（A型）、節博士（B型）、縦長線の合符、四聲點（圏點）が用いられている。八世紀の日本の奈良寫經の角筆加點と同じ符號である。但し、四聲點や節博士の基となった漢字音は檢討の餘地があるが、符號の形としては同一である。新羅學生の大安寺審祥の將來經とすれば、經典と共に角筆加點も齎された可能性が高くなる。偶然の一致や逆に日本から新羅に影響したと見ることは、當時の華嚴經等の受容のことから考えても不自然である。

大谷大學藏判比量論に角筆で加點した符號と、八世紀の日本の角筆加點の符號とを比較して一覽したのが、次掲の表である。八世紀の日本の角筆加點の符號が、大谷大學藏判比量論の角筆加點の符號に良く一致していることが分る。符號の使用で影響を受けたとすれば、判比量論には同じ角筆で漢字注と共に假名も用いられているので、それらの影響も考えられる所である。

角筆加點（文字と符號）									
新羅式									日本式
合符	四聲點	返讀符	句切符	注示符	漢字注	眞假名	省書假名	ヲコト點	合符
	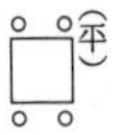				○	○	○	×	×
	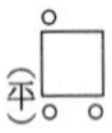				○(訓も)			×	×
					○(訓)			×	×
			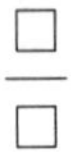		○			×	×
								×	×
					○			×	×
						○	○	×	×
	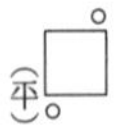				○	○		×	×
					○(訓も)	○		×	×
					○	○		×	×
			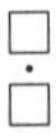		○(訓も)		○	×	×
					○			×	×
×					○(訓も)	○		○(星點)	
×	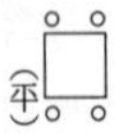	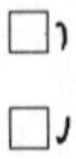				○	○	○(一部)	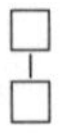
×	×	×	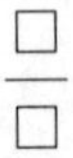	×	×	×	×	×	×

	時代		資　料（所藏・書寫時代）	節博士B	節博士A
角筆加點本	新羅經		判比量論（大谷大學藏・八世紀前半期寫）	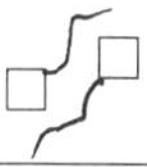	
	八世紀（奈良時代）加點本	華嚴刊定記	卷第五（大東急記念文庫藏・延曆二年以前寫）	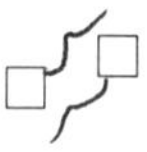	
			卷第九（東大寺圖書館藏・奈良時代寫）	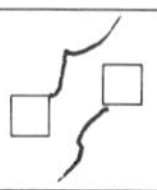	
			卷第十三（東大寺圖書館藏・天平寶字二年 寶龜七年頃 寫）		
			卷第十三（別本）（東大寺圖書館藏・天平勝寶年寫）		
			卷第八本（國藏〈文化廳保管〉・奈良時代寫）	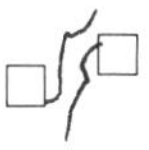	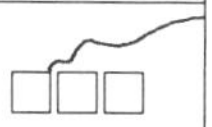
		華嚴經	卷第四十一（東大寺圖書館藏・傳神護景雲二年寫）	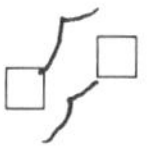	
			卷第十二～卷第二十（東大寺圖書館藏・奈良時代寫）	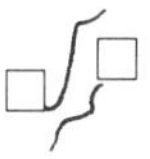	
			根本說一切有部毗奈耶卷第二（東大寺圖書館藏 神護景雲二年寫）	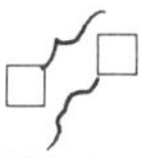	
			瑜伽師地論卷第七十～卷第百（石山寺藏・天平十六年寫）	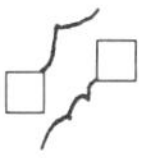	
			瑜伽師地論卷第五十七（石山寺藏・奈良時代寫）	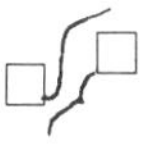	
			大乘掌珍論卷上（國藏〈文化廳保管〉・寶龜三年寫）	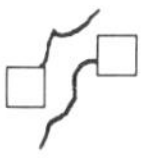	
	九世紀（平安初期）加點本		大唐西域記卷第一（興聖禪寺藏・延曆四年寫）		
			大乘廣百論釋論卷第十（大東急記念文庫藏 平安初期寫・承和八年頃）	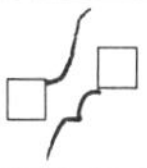	
			華嚴刊定記卷第二・卷第九（東大寺圖書館藏 平安初期寫）	×	×

第二項　奈良時代寫經に書入れられた角筆の節博士

奈良時代寫經に書入れられた角筆の符號の中で、特に節博士の使用が注目される。右掲の十一點の殆どの文獻に用いられている上に、本文中の偈だけでなく經本文にも施され、しかも全卷にわたっている。經本文に角筆で節博士を施すことが奈良時代に積極的に行われたことを窺わせる。

新羅で梵唄が行われ、その譜としての節博士を角筆で施したことについては既述の通りである。日本でも奈良時代に梵唄が行われ、しかも諸國でも盛んであったことは、次の太政官符で知られる。(傍線は私に施したもの)

①養老二年（七一八）太政官告二僧綱一

凡諸僧徒勿レ使二浮遊一。或講二論衆理一、學二習諸義一、或唱二誦經文一、修二道禪行一、各令下分レ業、皆得二其道一、其崇二表智德一、顯紀中行能上。（續日本紀卷第八）

②養老四年（七二〇）太政官符

癸卯（十二月二十五日）、詔曰、釋典之道、敎在二甚深一。轉經唱禮、先傳二恆規一。理合二遵承一、不レ須二輙改一。比者、或僧尼自出二方法一、妄作二別音一。遂使二後生之輩積習成一レ俗。不二肯變正一、恐汚二法門一、從レ是始乎。宜下依二漢沙門道榮・學問僧勝曉等一轉經唱禮上。餘音竝停之。（續日本紀卷八）（類聚三代格卷三、諸國講讀師事、扶桑略記第六にも同文あり）

十二月。詔曰。眞詮佛乘。化在二音聞一。唱禮轉經。元有二規矩一。比來僧尼。或出二私曲一。妄作二別調一。後生之輩。慣習成レ俗。若不二變正一。恐壞二聲敎一。自レ今當レ式《ノトル》二唐沙門道榮及沙門勝曉《カ》轉唱一。餘皆停之。（元亨釋書卷二十二、資治表二）

③延曆二年（七八三）太政官符

敕曰。梵唄讃頌。雅音正韻。以則《トリ》二眞乘《ニ》一。以警二俗耳一。比來僧讃唱動則哀蕩叫吟。曲折萬態。以レ衒《テラフニ》二技藝一。頗近二鄭府一。有司往二諸寺一。告二戒《セヨ》濫唱一。（元亨釋書巻二十三、資治表四、桓武）

④天長五年（八二八）二月二十八日太政官符（「應二諸國々分寺僧廿口之内令レ得レ度年廿五以上五人一事」）

右得二大宰府解一偁。觀音寺講師傳燈大法師位光豐牒偁。依二太政官去弘仁十二年十二月廿六日符一令レ度二六十已上之人一既以二老耄之極一始入二甚深之道一。勸學修行更無二如何一。至二梵唄散花用音之事一。令二會集者掩レ口大咲一。

（類聚三代格巻三、國分寺事）

「梵唄」の語が③・④に見られる。②の「唱禮」は、講勤拾要によると、法會に表白が終った後、唱禮師が禮盤に登り、五悔五大願等の文を唱えること（『大漢和辭典』）とある。「唐沙門道榮」は、元亨釋書によると「唐人、尤善二梵唄一」とあるから、養老四年の「唱禮」にも梵唄の行われたことが考えられる。

②の元亨釋書巻二十二の養老四年の詔に、「化在二音聞一」とあり、「妄作二別調一」（類聚三代格は「妄作二別音一」）とあるのは口傳口授であったことを考えさせ、太政官符で「餘音」を停めて梵唄を善くする唐沙門の道榮等の轉經唱禮に依據すべしと統一を圖っている。別音が廣く行われ、その私曲による別音が後進に傳習されて〝俗《くにぶり》〟となったことを語っている。その傳習が口傳口授であったとすると、節博士を加點することが何時から行われるようになったかが問題となるが、八世紀中後期の角筆加點に見られる節博士はその一證となろう。

ここで考えなければならないのは、上代における、漢文音讀の問題である。中田祝夫博士は、上代に漢文音讀の存したことを、奈良時代等の記錄に基づいて推定し、今後の研究によって確證されるならば、國語史研究上、廣く文化史の上で大きな意味を持って來ることを指摘された。[1] 奈良時代の記錄に記された「音」が「誦」[2]と同じであるか否か檢討しなければならないが、奈良時代寫經に角筆で書入れた節博士が、偈などの特定字句だけでなく、經本文の全體にわたって施されていることは、經典を音讀する狀況から推して、旋律を以て行われたと考えられる。さすれば、角筆の節博士は、奈良時代における經典音讀を反映した可能性がある。

尙、角筆の節博士が起筆位置によって漢字音の四聲まで示すことが行われたと見られる一方、奈良時代末の延曆二年以前の華嚴刊定記卷第五では必ずしも四聲と對應しないものがあるのは、奈良時代における節博士の機能の變化を示すものであろうか。

第三項　奈良時代寫經に書入れられた角筆點の訓點史上の位置

奈良時代寫經に書入れられた角筆點が、日本で施されたことは、經本文が奈良時代書寫であることから疑う餘地がない。加點者が日本僧又は日本語を解する渡來僧であることも、奈良時代寫經である點から考えて首肯できるであろうし、日本語の訓讀が書入れられている資料については一層確かになる。さすれば、本章の初めに抱いた二つの疑問のうち、第二の當時の知識僧が角筆加點の知見を持っていたのかどうかについては、自ら解けて來る。卽ち、角筆の知見を持って、實際に經卷に角筆で加點したことが現存資料から判明したわけである。

第一の疑問の、日本の訓點記入が平安時代初頭期から始まったと見たのは、毛筆による白點・朱點等の記入が起ったということであって、それ以前の奈良時代は角筆による加點が行われていたということを右掲の角筆加點の諸資料が語っている。

それは、新羅の漢文訓讀を傳えた光明皇后藏本の判比量論が角筆だけで加點したのと同種であり、その節博士（A型）、節博士（B型）、四聲點（圈點）、合符（縱長線）が奈良時代寫經の角筆の符號に一致するのは、偶然ではなく、判比量論に見るような角筆加點が新羅で行われ、その加點方式が筆記方法ごと日本に傳わり、影響したと見るのが自然であろう。新羅華嚴經の受容はその重要な役割を擔ったと考えられるが、これが唯一の經路ではなく、中國大陸からの影響も含めて幾筋かの經路のあったことが推測される。奈良時代の日本の加點は、それらを取入れて吸收消化する段階であったと考えられる。

平安時代に入っても角筆は加點に使われたが、初頭期の八〇〇年頃から日本では毛筆によって白點や朱點を施すことが起り、これが主要な加點方式となり、それに伴い訓點の符號の內容も變質し、ヲコト點も獨自に發達して日本的に變質した。奈良時代寫經の角筆加點に用いられた諸符號が、平安時代に入って、如何に傳承され、如何に變質し、何が使われなくなったかについては、平安初期の書寫本について角筆加點の有無を含めて再調査をしなければならないが、從來の調査で判った平安時代の角筆加點については、次の日本國內篇で說くことにする。

八世紀、特に日本の奈良時代の角筆加點は、右述の如く、本書の校正中に見出されたものであり、又、內容が東アジア、特に新羅の影響を色濃く殘した樣態であるので、東アジア篇の末尾に附章を設けて說くことにした次第である。

注

（1）中田祝夫『古點本の國語學的研究總論篇』（昭和二十九年五月刊）第一篇第一章「漢文の音讀」。

（2）天平十四年十一月十五日の秦大藏連喜達年廿七の優婆塞貢進解に、

讀經　涅槃經一部　法花經一部
　寂勝王經一部　梵網經一卷　疏二卷
　理趣經一卷暗誦　瑜伽菩薩地　中論一部
　肇論一卷已上破文　文選上帙音　脩行十二年　（『大日本古文書 二』三一五頁）

とある。

著者略歴

1929年　山梨縣甲府市生

1952年　東京文理科大學文學科國語學國文學專攻卒業

1992年　德島文理大學教授　廣島大學名譽教授

　　　　文學博士

主要著書

平安鎌倉時代に於ける漢籍訓讀の國語史的研究（昭和42年、東京大學出版會）

中世片假名文の國語史的研究（昭和46年、廣島大學文學部紀要として單刊）

高山寺本古往來（昭和47年、『高山寺資料叢書　第二册』の內、東京大學出版會）

法華百座聞書抄總索引（昭和50年、武藏野書院）

中山法華經寺藏本三教指歸注總索引及び硏究（昭和55年、共編、武藏野書院）

古事記（日本思想大系第一卷）（昭和57年、共著、岩波書店）

神田本白氏文集の硏究（昭和57年、共著、勉誠社）

角筆文獻の國語學的硏究　全２册（昭和62年、汲古書院）

角筆のみちびく世界（平成元年、中公新書・中央公論社）

圖說　日本の漢字（平成10年、大修館書店）

角筆文獻研究導論　上卷　東アジア篇

平成十六年七月三十日　發行

著者　小林芳規

發行者　石坂叡志

整版　中臺整版

印刷　モリモト印刷株式會社

發行所　汲古書院

〒102-0072　東京都千代田區飯田橋二―五―四

電話(三二六五)九七六四　振替東京五―一五八〇三五

第一回配本（全四册）

ISBN 4－7629－3514－X　C3380

KYUKO-SHOIN, Co.,Ltd.　Tokyo

角筆文獻研究導論　全四巻　巻別目次一覧

上卷　東アジア篇

中巻　日本國內篇㈤

下卷　日本國內篇（下）

別卷　資料篇

苦緣漸更猛盛衆多差别如是如是苦轉殊勝如如時分漸遠无間如是如是苦轉殊勝如如內心無簡擇力漸漸增廣如是如是苦轉殊勝如如所依苦器漸增如是如是苦轉殊勝如苦殊勝如是樂殊勝義隨其所應廣說應知又樂有二種一非聖財所生樂二聖財所生樂非聖財所生樂